高等学校城市地下空间工程专业规划教材

轨道交通线路与轨道工程

戴学臻　马书红　主　编

彭　辉　主　审

人民交通出版社股份有限公司
China Communications Press Co.,Ltd.

内 容 提 要

本书对轨道工程基础知识进行了系统的阐述,主要侧重点在于对轨道工程基础知识、轨道交通选线问题及其必备理论基础的介绍,以求为轨道交通线路设计从业者提供全面系统的知识架构。本教材主要内容有铁路能力计算、轨道结构组成与类型、轨道几何形位、轨道结构力学分析、选线设计、轨道交通和环境分析以及课程设计部分。

本书内容侧重于选线设计方面,适合交通土建专业铁路方向与城市轨道交通方向的学生学习使用。

图书在版编目(CIP)数据

轨道交通线路与轨道工程 / 戴学臻,马书红主编
. — 北京 : 人民交通出版社股份有限公司,2017.6(2024.9 重印)
高等学校城市地下空间工程专业规划教材
ISBN 978-7-114-13841-6

Ⅰ. ①轨… Ⅱ. ①戴… ②马… Ⅲ. ①城市铁路—轨道交通—铁路线路—高等学校—教材 ②城市铁路—轨道(铁路)—铁路工程—高等学校—教材 Ⅳ. ①U239.5

中国版本图书馆 CIP 数据核字(2017)第 112791 号

高等学校城市地下空间工程专业规划教材

书　　　名:	轨道交通线路与轨道工程
著 作 者:	戴学臻　马书红
责任编辑:	张征宇　赵瑞琴
出版发行:	人民交通出版社股份有限公司
地　　　址:	(100011)北京市朝阳区安定门外外馆斜街 3 号
网　　　址:	http://www.ccpcl.com.cn
销售电话:	(010)59757973
总 经 销:	人民交通出版社股份有限公司发行部
经　　　销:	各地新华书店
印　　　刷:	北京虎彩文化传播有限公司
开　　　本:	787×1092　1/16
印　　　张:	19.75
字　　　数:	452 千
版　　　次:	2017 年 6 月　第 1 版
印　　　次:	2024 年 9 月　第 2 次印刷
书　　　号:	ISBN 978-7-114-13841-6
定　　　价:	45.00 元

高等学校城市地下空间工程专业规划教材

编　委　会

序　言

近年来，我国城市建设以前所未有的速度加快发展，规模不断扩大，人口急剧膨胀，不同程度地出现了建设用地紧张、生存空间拥挤、交通阻塞、基础设施落后等问题，城市可持续发展问题突出。开发利用城市地下空间，不但能为市民提供创业、居住环境，同时也能提供公共服务设施，可极大地缓解中心城市密度，疏导交通增加城市绿地，改善城市生态。

为适应城市地下空间工程的发展，2012年9月，教育部颁布了《普通高等学校本科专业目录》(以下简称专业目录)，专业目录里将城市地下空间工程专业列为特设专业。目前国内已有数十所高校设置了城市地下空间工程专业并招生，在这个前所未有的发展时期，城市地下空间工程专业系列教材的建设明显滞后，一些已出版的教材与学生实际需求存在较大差距，部分教材未能反映最新的规范或标准，也没有形成体系。为满足高校和社会对于城市地下空间工程专业教材的多层次要求，人民交通出版社股份有限公司组织了全国十余所高等学校编写"高等学校城市地下空间工程专业规划教材"，并于2013年4月召开了第一次编写工作会议，确定了教材编写的总体思路，于2014年4月召开了第二次编写工作会议，全面审定了各门教材的编写大纲。在编者和出版社的共同努力下，目前这套规划教材陆续出版。

这套教材包括《地下工程概论》《地铁与轻轨工程》《岩体力学》《地下结构设计》《基坑与边坡工程》《岩土工程勘察》《隧道工程》《地下工程施工》《地下工程监测与检测技术》《地下空间规划设计》《地下工程概预算》《轨道交通线路与轨道工程》等12门课程，涵盖了城市地下空间工程专业的主要专业核心课程。该套教材的编写原则是"厚基础、重能力、求创新，以培养应用型人才为主"，体现出"重应用"及"加强创新能力和工程素质培养"的特色，充分考虑知识体系的完整性、准确性、正确性和适用性，强调结合新规范、增大例题、图解等内容的比例，做到通俗易懂，图文并茂。

为方便教师的教学和学生的自学，本套教材配有多媒体教学课件，课件中除教学内容外，还有施工现场录像、图片、动画等内容，以增加学生的感性认识。

反映城市地下空间工程领域的最新研究成果、最新的标准或规范，体现教材的系统性、完整性和应用性，是本套教材力求达到的目标。在各高校及所有编审人员的共同努力下，城市地下空间工程专业系列规划教材的出版，必将为我国高等学校城市地下工程专业建设起到重要的促进作用。

高等学校城市地下空间工程专业规划教材编审委员会

人民交通出版社股份有限公司

前　言

随着轨道交通的快速发展,轨道工程和轨道交通线路设计两者之间的关系越来越密不可分。目前关于这两个方面的教材众多,将两者结合起来的教材尚属空白,于是在教学中无法系统地向学生进行知识教授,也加大了学生的学习难度。本书的出版有效地解决了这一难题。

本书在轨道工程和轨道交通线路设计两类教材的基础上进行整合编撰,对相关知识进行整理融合,力求精简易懂,编排顺序由简到繁、循序渐进,使得读者按照由浅入深、从理论到实践的步骤进行课程学习,以达到较好的学习效果,给读者构建完整的轨道交通及其选线设计知识体系。本书适合交通土建专业铁路方向与城市轨道交通方向的学生学习使用。本书在介绍轨道结构的基础上,偏向于选线设计方面,较为适合有线路设计需求的专业使用。另外,也可根据具体情况取舍不同的内容,以适应不同的教学对象。

本教材分为两个部分:第一部分是正文,包括八章。第一章为绪论,主要介绍轨道交通的定义、发展历史以及轨道的建设标准和程序;第二章给出了铁路的分类、等级划分及其标准,着重介绍了铁路的运输能力及其计算;第三章作为本书的基础内容部分,对轨道的各部分结构以及不同的轨道类型进行阐述;第四章介绍轨道的几何形位;第五章为轨道结构的力学分析;第六章阐述选线设计的原则与方法;第七章对铁路路基工程的知识进行补充和拓展;第八章分析了轨道交通的振动和噪声污染产生的原因,并提出了防治措施。第二部分为课程设计,旨在通过课程设计的方法引导读者进行实践学习,对理论知识进行融会贯通。

本书由长安大学公路学院交通工程研究所的戴学臻和马书红主编,长安大学公路学院交通工程研究所彭辉教授主审。具体编写分工为:西安科技大学杨洁编写了第六章、第七章,长安大学陈元元参与了第二章的编写,高赛宇参与了第三章的编写,刘青云参与了第五章的编写,吕桃参与了第四章的编写,裴文杰参与第八章的编写。本书在定稿过程中得到了许多领导、学者和朋友的帮助,在此一并表示感谢。

限于编者水平,本书难免不妥和错误之处,恳请读者批评指正。

编　者
2017 年 5 月

目　　录

第一章 绪 论

第一节 轨道交通的定义及发展

一、轨道交通的一般定义

(1)狭义的轨道交通是指运送乘客或货物的车辆依靠动力驱动在铺设轨道的线路上运行的一类交通系统,主要包括火车、地铁、轻轨等传统钢轮钢轨方式的轨道交通系统。

(2)广义的轨道交通是指运送乘客或货物的车辆依靠动力驱动沿固定导轨运行的一类交通系统,除上述传统钢轮钢轨方式轨道交通系统外,还包括磁浮交通、新交通系统、独轨等轨道交通系统。

二、轨道交通的基本类型

从服务的区域范围来看,轨道交通可以分为城市间铁路和城市轨道交通,如图 1.1-1 所示。

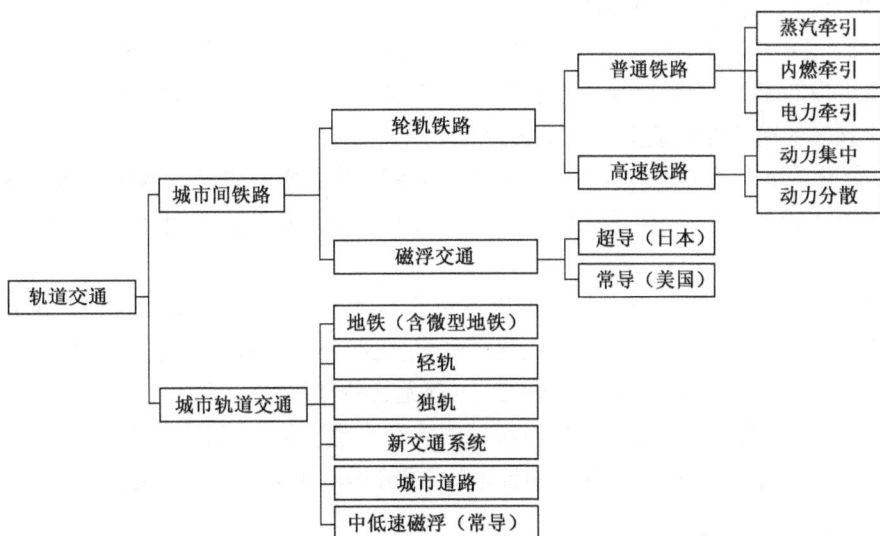

图 1.1-1 轨道交通系统基本类型

城市间铁路从车辆与轨道的相互关系方面,可以分为轮轨铁路系统和磁浮交通系统。其中,轮轨铁路系统按列车运行速度高低可以区分为普通铁路和高速铁路。从列车动力方面来看,普通铁路又可以细分为蒸汽机车牵引铁路(1988 年我国国铁线上的蒸汽机车基本被淘汰,2005 年 12 月,世界最后一台蒸汽机车退役)、内燃机车牵引铁路和电力机车牵引铁路;高速铁路又可分为动力集中型高速铁路(以法国高速铁路为代表)和动力分散型高速铁路(以日本新干线为代表);而高速磁浮交通系统可分为超导型的高速磁浮交通系统和常导型的高速磁浮交通系统。

(1)普通铁路。主要承担城市间客货运运输功能。通常是指列车最高运行速度小于120km/h 的铁路。

(2)高速铁路。主要承担城市间客运交通功能或客货共运交通功能、列车最高运行速度大于200km/h 的铁路。我国目前在建的客运专线铁路均为高速铁路。

(3)高速磁浮交通。主要承担城市间客运交通功能,通过直线电机驱动使列车悬浮在轨道上运行、全封闭的非钢轮钢轨式高速轨道交通系统。以德国高速常导磁浮列车 transrapid 为代表的常导型磁浮交通系统,利用电磁铁引起的电磁吸力原理将列车悬起,悬浮的气隙较小,一般为 10mm 左右,速度可达 400 ~ 500km/h;而以日本 MAGLEV 为代表的超导型磁浮交通系统,利用超导磁体产生的电磁斥力将列车悬起,悬浮气隙较大,一般为 100mm 左右,速度可达500km/h 以上。

城市轨道交通系统一般可以区分为地铁(含微型地铁)、轻轨、独轨、新交通系统、城市铁路、中低速磁浮(如我国的长沙磁悬浮交通系统)交通系统等。

(1)地铁。线路全部或大部分位于市区,能适应远期单向高峰小时客流量为 3 万 ~ 6 万人次,为全封闭的轨道交通系统。而微型地铁是指线路主要位于市区、隧道断面较一般地铁小、依靠线性电机驱动、能适应大坡道和急弯曲线需要、中等运量、全封闭的轨道交通系统。

(2)轻轨。线路全部或大部分位于市区,能适应远期单向高峰小时客流量为 1 万 ~ 3 万人次,基本上为全封闭的轨道交通系统。

(3)独轨(又称单轨)。车辆沿架空的单根轨道上运行的轨道交通系统,输送能力与轻轨相当。轨道可以有钢梁、钢筋混凝土梁等形式。按车辆运行形式可分为车辆悬挂在轨道上的悬挂式独轨和车辆骑跨在轨道上的跨座式独轨。

(4)新交通系统。通常是指具有特殊导向、自动驾驶功能的胶轮车辆单车或数辆车编组运行在专用轨道梁上的中、小运量运输系统。常用于连接新开发区与附近的铁路车站或交通枢纽。

(5)城市铁路。在城市区域内主要承担城市客运交通功能、线路主要位于地面以上的铁路系统。市郊铁路(仅服务于城市郊区)、区域快速铁路(服务于城市市区及郊区)或通勤铁路(主要服务于中心城与卫星城之间的通勤交通)都是其特殊的服务形式。

(6)中低速磁浮交通。主要承担城市区域内客运交通功能、通过直线电机进行驱动、使列车悬浮在轨道上运行的轨道交通系统,如日本的 HSST-100 中低速磁浮交通系统。

三、轨道交通的发展概况

1.世界铁路发展概况

1)世界铁路的三个发展时期

铁路是一种有轨运输工具。简单来说,车厢由机车驱动,靠车轮在轨道上转动前进。它的诞生,便利了人类的迁徙和政治、经济、军事活动,改变了人类的生活面貌,在人类的发展史上产生了深刻的影响。

世界上第一条铁路产生于19世纪初,它的出现可以说是工业革命的产物。1825年,英国在达林顿(Darlington)至斯托克顿(Stockton)间修建了第一条铁路,这条耗时3年多修建成功的线路,标志着商业铁路的正式运营,也拉开了近代世界铁路轰轰烈烈的发展序幕。世界铁路的发展经历了以下三个时期:

(1)快速发展时期。

1840~1913年第一次世界大战前,铁路发展最快,全世界每年平均修建铁路20000km以上。美国在1881~1890年的10年间,平均每年建成10000km铁路。到1913年,美国铁路营业里程达402000km。德国在1866~1870年间,用投资的70%来修建铁路,共修建了2443km长的铁路。在第一次世界大战前,美国、英国、法国、德国、意大利、比利时、西班牙等国先后建成了各自的铁路网,铁路成了这些国家工业化的先驱,并奠定了工业化的基础。

到1913年,世界铁路营业里程达1100000km,其中80%集中在美、英、法、德、俄五国。当时,铁路垄断了陆上的交通运输,其承担的运输量一般高达80%以上。

19世纪后半期,铁路的兴建才由欧洲、美国扩展到殖民地和半殖民地国家。1870年,亚洲、非洲、澳洲及美洲(美国除外)的铁路只是世界铁路总长的9.4%。19世纪末期,美、英、法、德、俄等老牌帝国主义为了对殖民地和附属国进行政治控制、军事侵略及经济掠夺,在殖民地和附属国修建了大量铁路。到1913年,上述四大洲(美国除外)的铁路里程达到世界铁路网总长的31.8%。

(2)衰落期。

1913~1970年,期间经历了第二次世界大战。一方面,西欧各国的经济受到战争的破坏。直到1955年前后,世界经济才复苏发展;另一方面,第二次世界大战后,铁路运输受到公路和航空运输的挑战,铁路客货运量锐减,而公路和航空运量却猛增。因此,铁路亏损严重。英国、美国、法国、德国、意大利等国大量封闭或拆除铁路,不少国家不得不把铁路收归国有。第二次世界大战后,苏联和第三世界国家铁路有所发展。到1970年为止,全世界铁路的营业里程为1279000km。

(3)振兴时期。

自1970年以后,世界铁路由于下列原因而得到了振兴和新的发展:

①能源危机。1973年,因埃以战争中阿拉伯国家以石油为武器,致使资本主义国家爆发了能源危机,石油大幅度涨价,受此影响最大的是公路和航空运输。而承担同等运力的情况下,铁路所耗的石油比公路和航空要低。因此,铁路具有明显的优越性。此外,世界资本主义国家为摆脱石油能源危机,决定将内燃机车牵引改成电力机车牵引,以节约石油。

②汽车排出的废气严重污染环境,飞机的噪声危害健康,而铁路的污染和噪声较小。另外,汽车的车祸严重,飞机的安全性较差,相对而言,铁路的安全性比较好,所以,从环境和安全角度出发,铁路具有明显的优越性。现在,铁路已被公认为"绿色交通工具"。世界铁路重振雄风是势在必行。

铁路运输现代化的标志是高速列车和重载列车的出现,这率先发生在欧美国家和日本。20世纪60年代,高速铁路技术横空出世,成为铁路现代化的一个主要标志。根据《高速铁路设计规范》(TB 10621—2014)的定义,高速铁路是指新建铁路旅客列车设计最高行车速度达到 250km/h 及以上的铁路。依据此标准,我国新建的客运专线基本上都是高速铁路。

2)高速铁路发展

1964 年 10 月,日本在东海道新干线东京至大阪高速铁路以 210km/h 的速度运行,法国在 1981 年修建第一条高速铁路(TGV 东南线),高速铁路显示出旺盛的生命力。由于它具有明显的经济效益和社会效益,所以欧洲、北美洲和亚洲等许多国家和地区纷纷兴建、改建或规划修建高速铁路。据国际铁路联盟(UIC)的最新统计,截至 2013 年年底,全世界运营中的高速铁路营业里程总长达 22633km。如图 1.1-2 所示为瑞典 X2000 摆式列车,其最高设计速度达 260 ~ 350km/h,最高运营速度可达 160 ~ 250km/h,此类摆式列车属于较为典型的利用既有线来提高运行车速的列车。

图 1.1-2 瑞典 X2000 摆式列车

3)重载列车

伴随着高速铁路技术的迅猛发展,重载铁路技术也在快速发展。世界铁路重载运输起步于 20 世纪 50 年代。伴随着牵引动力的现代化改造,新型大功率电力机车和内燃机车逐步取代了蒸汽机车,开启了铁路重载运输的新纪元。世界各国重载铁路借助于高新技术,促使重载列车牵引质量不断增加,重载列车最高牵引质量的世界纪录已达 10 万 t,最高平均牵引力达 3.9 万 t。随着重载运输的发展,国际重载协会(IHHA)在 2005 年国际重载运输协会巴西年会上对重载铁路的标准做了最新的修订,重载铁路必须至少满足下列 3 条标准中的 2 条:重载列车牵引质量至少达到 8000t;轴重(或计划轴重)为 27t 及以上;在至少 150km 的线路区段上年运量达到 4000 万 t 及以上。

50 多年来,重载运输技术在美国、加拿大、俄罗斯、澳大利亚、中国、巴西等一些幅员辽阔、矿产资源丰富的国家得到快速发展,并逐渐成为世界铁路发展的一个重要趋势。这些国家充分地发挥了重载运输的优势,取得了良好的社会效益和经济效益,并在交通运输业中占据重要的地位。

2. 国内铁路的发展

1)我国铁路修建的几个阶段

(1)开创时期(1876 ~ 1893 年)。

图 1.1-3 唐胥铁路

中国第一条铁路是 1876 年英商在上海至吴淞间修建的上海吴淞铁路,长 145km,轨距 762mm,轨重 13kg/m,是我国第一条营业性铁路。

1881 年我国自办的第一条铁路唐胥铁路(图 1.1-3)建成,自唐山起至胥各庄止,全长 9.7km,采用 1435mm 的轨距和 15kg/m 的钢轨,掀开了中国铁路建设的序幕。

1886 年,开平铁路公司成立。开平铁路公司是我国自办的第一个铁路公司。

(2)缓慢发展时期(1894～1948年)。

1876～1911年,清政府修建铁路约9400km,其中,京张铁路(北京至张家口)是第一条由中国人主持修建的铁路干线。

1912年,孙中山先生提出要修建16万km铁路的规划。这是中国最早的铁路网布局设想。

1912～1927年,北洋政府在关内修了约2100km铁路,大都是原有铁路的展筑和延续;在东北修了约1800km铁路,多数是日本帝国主义采用借款、垫款或"合办"等方式修建和控制的,还有一些是官商合办的铁路。

1928～1948年,南京国民党政府共修建铁路约13000km。

(3)抢修恢复铁路运输生产时期(1949～1952年)。

1949年一年共抢修恢复了8278km铁路,到1949年年底,全国铁路营业里程共达21810km,客货换算周转量314.01亿t·km。

1952年6月18日,满洲里至广州间开行了第一列直达列车,全程4600km畅通无阻。至1952年年底,全国铁路营业里程增加到22876km,客货换算周转量达802.24亿t·km。

在三年经济恢复时期(1949～1952年),相继完成了成渝、天兰铁路的铺轨通车任务,接着又动工新建兰新、宝成、丰沙铁路。

(4)铁路网骨架基本形成时期(1953～1978年)。

从1958～1965年,新建铁路干线有包兰、兰新、兰青、干武、黔桂铁路都匀至贵阳段、京承、太焦、外福、萧甬铁路等,建成第一条宝成铁路宝鸡至凤州段91km的电气化铁路区段。

"文革"期间,铁路建设遭受了极大的干扰,但施工生产没有完全停滞,建成铁路干线有贵昆、成昆、湘黔、京原、焦枝等铁路。

到1980年年底,铁路营业里程达49940km,全国铁路网骨架基本形成,如图1.1-4所示,客货换算周转量达7087亿t·km。

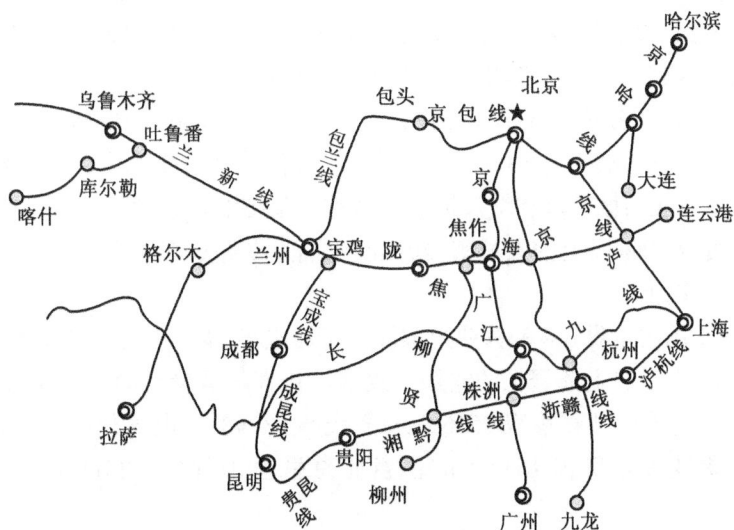

图1.1-4 铁路路网图骨架

(5)新的发展时期(1979~2002年)。

1986年开始进入第七个五年计划时期(1986~1990年),京秦、大秦(第一工程)等双线电气化铁路相继竣工。全长超过14km的大瑶山隧道顺利打通,使南北主要大干线——京广铁路双线全线通车,大大提高了通过能力。兰新铁路修到了阿拉山口,完成了横贯我国东西的钢铁运输线。

1992年8月,国务院批准中央与地方合资建设铁路的政策。合资建设铁路政策的实施,调动了中央和地方两方面建设铁路的积极性,带来了铁路建设和运营体制上的变革,加快了铁路建设速度,促进了地区经济的发展。至1996年,全国建成的合资铁路有三茂线、集通线、阳涉线、合九线、广梅汕线、漳泉肖线、成达线、西北疆线和孝柳线,正在建设的有广大、金温、石长、横南、邯济、水柏、朔黄等铁路。

1997年,国家铁路全年完成货物发送量17.2亿t,货物周转量13253亿t;完成全年旅客发送量9.3亿人次,旅客周转量3585亿人·km。

(6)跨越式发展新时期(2003年至今)。

2004年4月18日,铁道部*对列车运行图进行了大的调整,增开北京至上海、杭州、南京、哈尔滨、武汉、西安、长沙等19对一站到达的直达特快旅客列车。

截至2009年年底,我国铁路营业里程达到8.6万km,超过俄罗斯,跃居世界第二位。2010年,全国铁路营业里程达到9万km以上,快速客运网总规模达到2万km以上。

2012年铁路新线建成路线包括京石武、哈大、盘锦到营口、津秦、地下直径线(北京枢纽北京站至北京西站地下直径线,简称地下直径线)、合蚌、宁杭、杭甬、杭州东、厦深、汉宜、龙厦、湘桂扩能改造、合肥三线电改、遂渝二线、沾六复线、南疆二线,6366km铁路新线中包括7条高速铁路,总里程3400km。

2013年有一批重要的铁路线路开通运营,包括津秦客专、宁杭客专、杭甬客专、厦深铁路、武汉黄冈城际、武咸城际等,其中大部分铁路为200km/h的城际间线路。

2015年我国铁路建设以中西部铁路建设为重点,新线投产9531km,创历史最高纪录。我国铁路营业里程已达12.1万km,其中高速铁路1.9万km。

2016年3月5日,国务院总理李克强在2016年《政府工作报告》中指出,坚持以区域发展总体战略为基础,以"三大战略"为引领,形成沿海沿江沿线经济带为主的纵向横向经济轴带,培育一批辐射带动力强的城市群和增长极。加强重大基础设施建设,到2020年高铁营业里程将达到3万km、覆盖80%以上的大城市,新建改建高速铁路通车里程约3万km。2016年铁路投资达8000亿元以上。

目前,我国铁路用占世界6%的营业里程完成了占世界24%的换算周转量,换算密度为世界平均水平的4倍,是世界上最繁忙的铁路。我国铁路客货运量在国内运输市场占有份额分别达到35%和55%左右。复线里程25566km,复线率33.4%。电气化铁路里程21604km,电气化率28.2%。提速线路里程16500km,占营业总里程21.6%。2015年我国铁路网如图1.1-5所示。

---

*铁道部现已并入交通运输部。

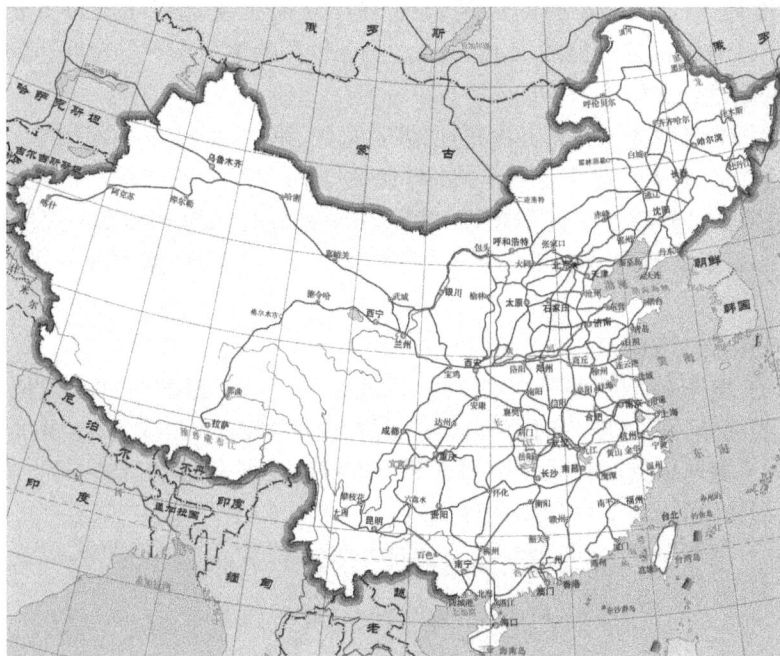

图 1.1-5 2015 年我国铁路网

2）我国铁路的六次提速

（1）我国铁路第一次提速。

1997 年 4 月 1 日，我国铁路第一次提速，主要在京广、京沪、京哈三大干线进行，开行 9 对快速旅客列车。速度超过 120km/h 的路线延长为 1398km，其中有 588km 线路开行 140km/h 快速旅客列车。全国铁路旅客列车旅行速度由 1993 年的 48.1km/h 提高到 54.9km/h；首次开行了快速列车和夕发朝至列车。

（2）我国铁路第二次提速。

1998 年 10 月 1 日，我国铁路第二次提速，重点还是北京至上海、北京至广州和北京至哈尔滨三大铁路干线，开行快速旅客列车增加到 39 对。速度超过 120km/h 的路线延长为 6449km，速度超过 140km/h 的路线延长为 3522km，速度超过 160km/h 的路线延长为 1104km。全国铁路旅客列车平均速度达到 55.2km/h，首次开行了行包专列和旅游热线直达列车。

（3）我国铁路第三次提速。

2000 年 10 月 21 日，我国铁路第三次提速，提速范围扩大到了陇海、兰新、京九、浙赣等繁忙干线，北京至绝大部分省、自治区、直辖市开行了特快旅客列车、快速旅客列车。共开行"T"字头特快旅客列车 49 对，"K"字头快速旅客列车 39 对，开始了全路全面提速。速度超过 120km/h 的路线延长为 9581km，速度超过 140km/h 的路线延长为 6458km，速度超过 160km/h 的路线为 1104km。全国铁路旅客列车平均速度达到 60.3km/h。

（4）我国铁路第四次提速。

2001 年 10 月 21 日，我国铁路第四次提速，主要范围是京九线、武昌—成都、哈大线、浙赣线、京广线南段。开行"T"字头特快旅客列车和"K"字头快速旅客列车共 98 对，实现了全路全面提速。速度超过 120km/h 的路线延长为 13166km,速度超过 140km/h 的路线延长为 9779km,速度超过 160km/h 的路线为 1104km。全国铁路旅客列车平均速度达到 61.6km/h。

(5)我国铁路第五次提速。

2004 年 4 月 18 日我国铁路第五次提速,涉及京沪、京广、京哈等铁路干线。开行"T"字头特快旅客列车和"K"字头快速旅客列车共达 118 对,开行"Z"字头跨局一站直达(途中不进行技术作业)特快旅客列车 19 对。速度超过 120km/h 的路线延长为 16500km,速度超过 140km/h 的路线为 8800km,速度超过 160km/h 的路线为 7700km。全国铁路旅客列车平均速度达到 65.7km/h。

(6)我国铁路第六次提速。

2007 年 4 月 18 日我国铁路第六次提速,动车组列车运行速度达 200km/h,其中京哈、京广、京沪、胶济线部分区段速度达到 250km/h。开行速度 120km/h、载重 5000t 货运重载列车。至此,我国进入了高速铁路时代。全国列车平均旅行速度提升到 70.18km/h。如图 1.1-6 所示为第六次大提速中的"和谐号"动车组列车。

图 1.1-6 第六次大提速中的"和谐号"动车组列车

3)我国高速铁路、重载铁路的发展

(1)重载铁路。

20 世纪中期,重载铁路得到长足的发展,现已成为铁路运输技术的重要发展方向。重载铁路的主要技术特征是加大列车轴重,加大列车编组,实现全程直达运输。利用一条线路,按照具体的技术条件,尽可能多地输送车流,充分发挥铁路集中、大宗、长距离、全天候的运输优势,提高运输能力,取得了良好的经济、社会效益。我国幅员辽阔、资源丰富,为满足国家建设对资源物资的需求,20 世纪 90 年代初,我国建成第一条重载铁路——大同—秦皇岛运煤专线,开行 6000t 及 10000t 重载列车。2004 年 12 月成功开行了 20000t 重载列车,2008 年的年运量达到 3.4 亿 t,成为世界上年运量最大的铁路线,这标志着我国重载运输达到国际先进水平。2010 年 12 月 26 日,大秦铁路提前完成年运量 4 亿 t 的目标,为原设计能力的 4 倍;2011 年大秦铁路的年运量达到 4.4 亿 t,相比 2010 年增长了 10%。此外,在京沪、京广、京哈等重要干线普遍开行了 5000t 重载列车、轴重 25t 的双层集装箱列车。重载铁路占据了我国货运市场 54.6% 的份额,取得了显著的经济效益,为国民经济建设做出了巨大的贡献。

(2)高速铁路。

我国铁路客、货列车在很长时间里都是在同一条线上混跑,这种情况很难提高客运列车的速度,由于速度相差较大,快速列车开得越多,扣除系数就越大;此外,客运提速与货运重载对线路的要求存在一定的矛盾。因此,要想提高客车速度就必须新建客运专线。目前,我国新建的客运专线一般都是高速铁路。

2008年4月18日,历经十几年讨论,总投资2209.4亿元的京沪高速铁路全线开工,并于2011年6月30日正式开通,运行速度达到350km/h,它的建成使北京和上海之间的往来时间缩短到5h以内(图1.1-7)。京沪高速铁路是《中长期铁路网规划》中投资规模最大、技术含量最高的一项工程,是目前世界上里程最长的高速铁路,正线全长约1318km,与既有京沪铁路的走向大体并行,全线为新建双线,可与既有线实行客货分线运输,可使新线和既有线的能力得到充分发挥。

图 1.1-7 2011年6月30日开通运行的京沪高速铁路

为满足快速增长的旅客运输需求,建立从省会城市到各大中城市间的快速客运通道,我国《中长期铁路网规划(2008年调整)》确立了客运专线铁路网"四纵四横"以及经济发达地区和人口稠密地区城际客运系统的建设蓝图,具体如下所述:

①"四纵"客运专线。

a. 北京—上海客运专线(京沪高速铁路,全长1318km),贯通京津至长江三角洲东部沿海经济发达地区。

b. 北京—武汉—广州—深圳客运专线(京广客运专线,全长2230km),连接华北和华南地区。

c. 北京—沈阳—哈尔滨(大连)客运专线(京哈客运专线,全长1860km,含北京至哈尔滨1230km,天津至秦皇岛260km,沈阳至大连370km),连接东北和关内地区。

d. 上海—杭州—宁波—福州—深圳客运专线(沪甬深客运专线,全长1600km),连接长江、珠三角和东南沿海地区。

②"四横"客运专线。

a. 徐州—郑州—兰州客运专线(徐兰客运专线,全长1400km),连接西北和华东地区。

b. 杭州—南昌—长沙—贵阳—昆明客运专线(杭长客运专线,全长680km),连接西南、华中和华东地区。

c. 青岛—石家庄—太原客运专线(青太客运专线,全长770km),连接华北和华东地区。

d. 南京—武汉—重庆—成都客运专线(宁汉蓉客运专线,全长1900km),连接西南和华东地区。

同时,建设南昌—九江、柳州—南宁、绵阳—成都—乐山、哈尔滨—牡丹江、长春—吉林、沈阳—丹东等客运专线,扩大客运专线的覆盖面。

③城际客运系统。

包括环渤海地区、长江三角洲地区、珠江三角洲地区城际客运系统,覆盖区域内主要城镇。

到2020年,我国将形成完善的"四纵四横"高速铁路网,总里程超过1.6万km。届时,将会形成以北京为中心的1~8h高速铁路网圈,除乌鲁木齐、拉萨、海口以外,绝大部分省会城市及区域中心城市都将被高速铁路网络圈所覆盖,城市间的时空距离将会进一步拉近,经济和社会运行效率将会大大提高,更多的城市和地区将享受到高速铁路带来的便捷生活和全方位的经济"拉动效应"。

根据客运专线所处地理位置、环境、地域人口、经济发展水平的不同,在设计各条客运专线时的技术标准有一定的差异,大致分为如下三类:

第一类为城际客运专线,如京津、广深港、广珠等城际客运专线;

第二类为仅运行动车组的长大客运专线,如武广、郑西等客运专线;

第三类为近期兼营货运业务的客运专线,如石太、合武、合宁、甬台温、温福、福厦等客运专线。

截至2014年,我国高速铁路营业里程已达到9356km,成为世界上高速铁路系统技术最全、集成能力最强、营业里程最长、运行速度最高、在建规模最大的国家。

4)我国城市轨道交通的发展

城市轨道交通具有运量大、速度快、安全、准点、保护环境、节约能源和用地等特点,发展城市轨道交通已经成为解决大城市交通拥堵问题的重要手段。当前被广泛使用的城市轨道交通方式主要有地下铁道、市郊铁路和轻轨铁路,它们组成的轨道交通已成为世界许多大都市客运交通的骨干。经历了150多年的发展,目前世界上已有30多个国家和地区、近70个大中城市修建了总长约5000km的地铁和总长约3000km的城市轻轨交通线路。

近年来在我国,经济及城镇化的快速发展使城市客运量大幅增长,在一些特大城市,单纯采用常规公共交通系统已经不能适应我国城镇化交通的实际需求。随着我国城市交通的迅速发展,轨道交通越来越受到重视。建设以大容量轨道交通为骨干,形成一个包括地面、地下、高架多平面、多交通模式的现代化交通网络,是解决城市交通问题,特别是像北京、上海这样的大城市交通问题的必然选择。同时,城市轨道交通项目的建设是一个城市建设史上最大的公益性基础设施,是一个涉及面广、综合性强的系统工程。它的建设是城市发展的百年大计,对城市的全局和发展模式都将产生深远的影响。

1995~2011年间,我国建设并运营有轨道交通的城市,从最初的2个增加到14个,运营里程从43km增加到约1500km,年客运总量达68亿人次。其中,北京地铁的满载率和单车运行均居世界第一。根据初步统计,截至2011年年底,全国已有28个城市轨道交通近期建设规划获得国务院批复,北京、上海、广州、武汉等27个城市共有79条、2149.811km地铁线路。到2015年,全国共建设有87条地铁线路,总里程2495km,总投资9886亿元。

北京地铁1号线是我国第一条地下铁道,建于1965年7月,第一期工程线路全长22.17km,于1971年开始投入运营。随后,地铁2号线、13号线、8号线相继开通运营。2008年奥运会前完成建设的地铁5号线、10号线一期(含奥运支线)和机场线,新增运营里程

84km,累计达到 200km,客运量日平均 400 万人次。2009 年 9 月 28 日,北京地铁 4 号线正式开通运营,4 号线是国内一次建成地下线路长度最长的城市轨道交通项目,它使北京轨道交通运营里程达到 230km,在设备与安全标准上也有所提升。截至 2015 年 12 月 26 日,北京地铁共有 18 条运营线路(包括 17 条地铁线路和 1 条机场轨道),组成覆盖北京市 11 个市辖区,拥有 334 座运营车站(换乘车站重复计算,不重复计算换乘车站则为 278 座车站)、总长 554km 运营线路的轨道交通系统。依据城市总体规划和综合交通规划,北京市城市轨道交通 2020 年线网将由 30 条线组成,总长度将达 1177km。如图 1.1-8 所示为 2016 年北京市轨道交通运营线路图。

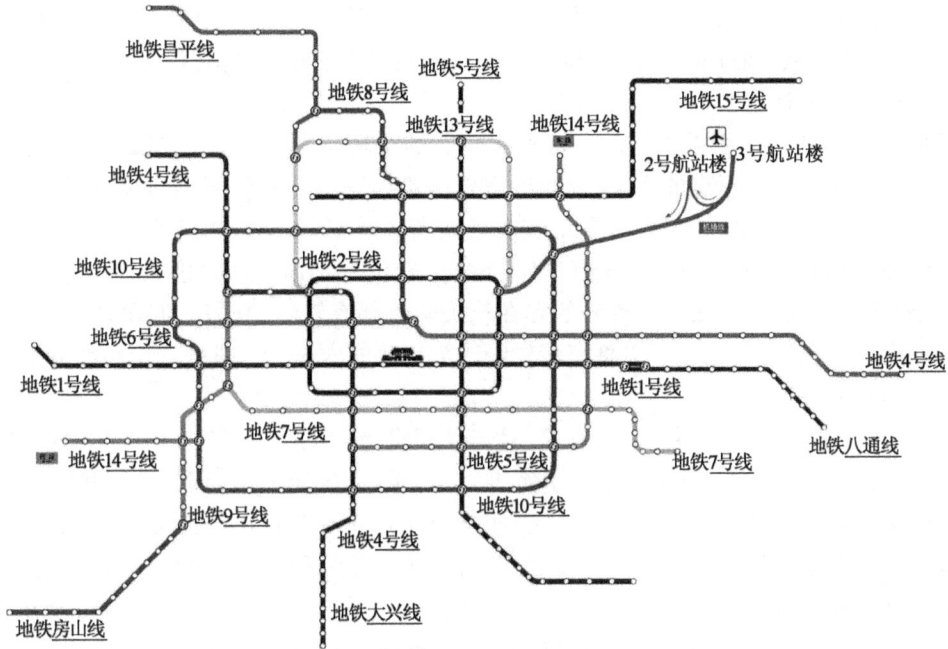

图 1.1-8 北京市轨道交通运营线路图(2016 年版)

第二节 轨道的类型与发展

一、轨道结构的形成和发展

我国最早的轨道是在河南南阳发现的 2200 年前大秦帝国铺设的"双轨、复线"木质轨道,其木材质地坚硬,经过特殊防腐处理,至今保存完好,其设计理念以及部分技术已经接近现代铁路。在国外,两条凹槽的道路(Guideways)可追溯到 2400 年前的古希腊和罗马时代,当时是利用两条车辙的凹槽以减小车辆走行的摩擦力,后来被大量模仿。

现代铁路的起源可追溯到 16 世纪的德国和英格兰。Harmann(1891)指出,最早的木槽道路起始于德国,当时是用榫头和钉子将木槽拼接起来,车辆既可在一般道路上行走,也可在木槽上行走。后来,这种木槽道路被引进英格兰和德国的矿山中,大约在 1630 年,木槽轨道用横向木条连接固定,用于运输煤炭,这样一匹马能拉的重量是普通道路上的 4 倍。由于木槽很容易磨损,后来在木条上钉铁皮,但铁皮也太薄弱,很容易破损。1767 年,由于铸铁产量的上升,使得铸铁轨的使用成为可能。Reynolds(英国)为了克服木条上铁皮容易破损的缺点,在轨道上使用了长 5ft、宽 4.5in,高 1.25in 的铸铁轨*,每根铸铁轨有 3 个螺栓孔,铸铁轨形状类似于现在的槽钢,凹槽朝上,并用钉子固定,车轮在凹槽内走行。

金属轨的运用大大延长了轨道和木条的使用寿命,并且大大减小了车辆的运行阻力。但凹槽形的铸铁轨受力并不十分合理。1776 年,Curr 引进了 L 形的铸铁轨,由于 L 形铸铁轨有垂直边,故提高了轨道的导向性能,如图 1.2-1 所示。当时的 L 形铸铁轨下用纵向木条承垫,但当纵向木条腐烂后,横向塞入木条,或者用石块塞入 L 形铸铁轨下,这样就形成了横向轨枕支承的结构形式。从 1800 年开始,马拉车辆铁路的铸铁轨长度为 1yd(码),两端支承在石头上,此时的轨道已能运行 2~3t 的马拉车辆。

直到 1789 年,Jessop 引进了铸铁梁轨和有轮缘的车辆轮,从而结束了车辆既可在普通道路上行走,又可在轨道上行走的历史,至此标志着道路和铁路开始分离,当时采用的轨距也是1435mm。Jessop 轨是鱼腹式,即铸铁轨的支座处轨高较矮,在两支点之间轨高较高,在支座处轨底较宽,以便铸铁轨在石支座上稳定安放。Jessop 轨长 3~4ft,轨头宽度 1.725in。当时车轮轮缘有在轨头内侧的,也有在轨头外侧的和在轨头两侧都有轮缘的,但人们发现,当车轮缘在外侧时,车辆运行很容易脱轨,所以将车轮轮缘改为在轨的内侧。当时的轮缘高度为 1in,至今的车轮轮缘也在 1in 左右。

由于铸铁轨只有 4ft 长,所以接头较多,且铸铁较脆,容易断裂。在 19 世纪初,炼铁技术得到了较大的发展。Nixon 在 1803 年生产了宽 1.25in、高 2in 的矩形截面锻铁轨,并铺设于 Lard Carlisle 的煤矿铁路上,轨枕为纵向支承。以后几年,Birkenshaw 生产出截面更为复杂的鱼腹式 T 形锻铁轨,这种铁轨轨头成圆弧形,轨腰较厚,并用铸铁支座支承铁轨。1825 年,在英国 Stockton 到 Darlington 的第一条公共铁路线上,Stephenson 使用的就是这种锻铁轨,如图 1.2-2 所示。1829 年,在英国 Liverpoo 到 Manchester 的商用铁路上,Stephenson 也使用了这种鱼腹式 T 形锻铁轨。Birkenshaw 的 T 形截面轨长 15ft,铸铁座间距 3ft,所以一根 T 形轨由 5 个支座支承而成连续梁,减少了铁轨的接头,提高了铁轨和支座的承载力,这种铁轨的质量为 35lb/m(17.37kg/m)。

图 1.2-1 早期的 L 形铸铁轨轨道图

图 1.2-2 在 Stockton 到 Darlington 线路上使用的 Birkenshaw 锻铁鱼腹 T 形轨

---

*:1ft = 0.3048km;1in = 2.54cm;1yd = 0.9144m。

由于 T 形轨的下缘较薄,张拉应力较大,在轨座处也由于接触应力较大而极易磨损,1835年,Manby 和 Locke 开发了一种双头铁轨(Bullhead Rail)。3 年后,Robert Stephenson 将此种钢轨用于伦敦至伯明翰的铁路上,如图 1.2-3 所示,双头铁轨也用轨座形式,铁轨接头放在轨座当中,没有接头夹板。原设计时考虑铁轨铺设完成后,在轮载作用下轨头磨损,然后翻转铁轨。但使用时发现,由于铁轨与轨座之间的磨损和腐蚀,铁轨翻转后轨面很不平整,而且无法使用;而原轨头由于磨损,在轨座中也无法固定。这种钢轨在线路上固定困难,影响列车速度的提高,但英国直到第二次世界大战后才在正线上淘汰此种类型的双头铁轨,现在英国的一些尚在运营的旧线路(旅游线)上仍在用此种双头铁轨。

由美国,Stricland 设计、1835 年在 Susquehanna-Wilmington 线路上使用的 π 形轨如图 1.2-4a)所示;19 世纪 40 年代,在 Baltimore 和 Ohio 铁路上也使用过类似的铁轨。这种铁轨42lb/yd(20.8kg/m)。这种 π 形轨被引入欧洲使用后,人们发现其木枕表面很容易被压溃,遂将其改进。1849 年,由英国 Barlow 设计生产出如图 1.2-4b)、c)所示的 π 形轨,应用在英国和法国铁路上,这种铁轨铺设里程达 1000mile[*],但当此种铁轨轨头磨损后,很容易产生轨头纵向劈裂而无法继续使用,所以这类铁轨的使用时间较短。

在同一时期,美国使用了如图 1.2-4d)所示的木轨,在 Saratoga 和 Schenectady 镇的铁路上使用了这种木轨铁路,并一直使用到 19 世纪末。虽然这种轨道结构缺点多,但由于此类轨道设计简单,铺设方便,在欧洲一些国家也使用过类似的轨道结构,如德国和奥地利,但使用时间很短。

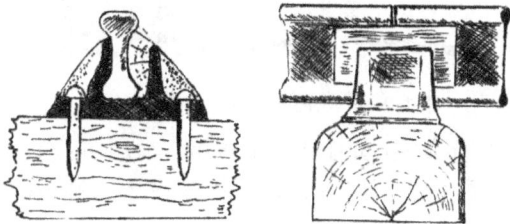

图 1.2-3 双头铁轨和轨座

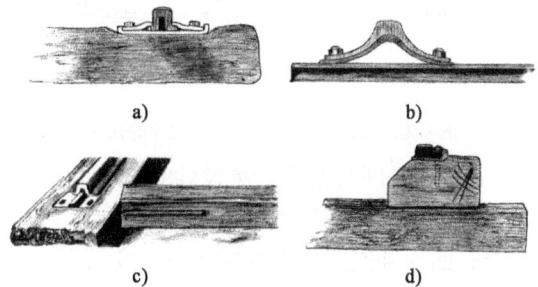

图 1.2-4 π 型轨和木轨
a)二形轨;b)π 形轨;c)π 形轨;d)木轨

1830 年,随着美国铁路的兴建,首要问题是钢轨(也可称为铁轨,下文同),Robert L. Stevens 考察了英格兰生产的钢轨,他熟悉了英格兰铁路部门使用的 Birkenshaw T 形铁轨以后,认为这种铁轨的铸铁轨座成本和养护费用较高,不适合于美国的铁路。此外,从英格兰运输铁轨到美国,运输成本也较高。Stevens 在 T 形轨下缘加一轨底,从而取消了 Birkenshaw 轨的铸铁轨座,这种钢轨首先铺设于美国的新泽西铁路上,使用较为成功。这种钢轨与现代的钢轨截面相类似,只是在轨枕支承处将轨底加宽,以减小轨座压力,如图 1.2-5 所示。1831 年以后,这种被称为"Best Friend of Charleston"的钢轨广泛用于美国铁路中,此时也是美国第一次引进使用蒸汽机车。

---

[*] 1mile = 1609.344m。

由于 Stevens 首次设计的钢轨轨底宽度周期变化,轧钢机不能适应,而且使用这种钢轨的轨枕间距不能变化。后来 Stevens 将钢轨设计成通长等截面,使用后发现,这种钢轨性能非常优良,而且可随意改变轨枕间距。与此同时,Stevens 设计了一种"Hook-headed Spike"的道钉(俗称"勾头道钉"),固定钢轨非常方便,直至现在,在木枕线路上还广泛使用这种勾头道钉。

最初 Stevens 钢轨为 42kg/lb(20.8kg/m),钢轨长度为 16ft(4.88m)。当时还采用石枕,但石头破损后用木头代替,发现效果良好。1840 年以后,美国几个铁路公司的铁路,如 Philadel-phia-Wilmington-Baltimore 铁路、Baltimore-Ohio 铁路和英国的许多铁路都使用这种 Stevens 钢轨。大约在 1938 年,欧洲大陆的 Leipzig-Dresden 铁路上首先使用这种钢轨。由于其截面合理,重量较轻,容易固定在横向枕木上。而且这种钢轨的垂向和横向都有较大的弯曲刚度,使得其在欧洲许多铁路中都得到应用,如在 1840 年后德国铁路将工字形截面的轨道结构作为主要的轨道结构系统。由于使用横向轨枕,轨道稳定性很好,所以这种轨道结构一直沿用至今。

随着钢轨截面的不断改进,铁路部门企图取消轨枕,典型的例子就是 1865 年在德国 Braunschweig 铁路上使用的 Scheffler 钢轨,如图 1.2-6 所示,该钢轨也是 T 形,用螺栓固定在纵向铸铁座上,铸铁座直接放置在道砟上,但使用结果很不理想,钢轨很容易断裂,螺栓孔也很容易产生裂纹。

图 1.2-5 1830 年 Stevens 首次设计的钢轨

图 1.2-6 Scheffler 钢轨和铸铁座(轨枕)

在同一时期,专业人员设计和试验了许多种纵向金属枕,如图 1.2-7 所示;与此同时,也开发了多种横向金属轨枕,如图 1.2-8 所示。这些金属轨枕在使用过程中,由于产生腐蚀、扣件螺栓孔四周开裂等问题而被淘汰。但在第二次世界大战后不久,德国使用这些横向金属轨枕铺设了 3000km 以上的主要干线轨道。

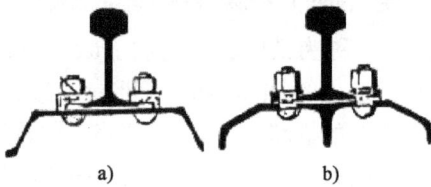

a)   b)

图 1.2-7 纵向金属轨枕

a)1876 年的 Menne 金属轨枕;b)1867 年的 hilf 金属轨枕

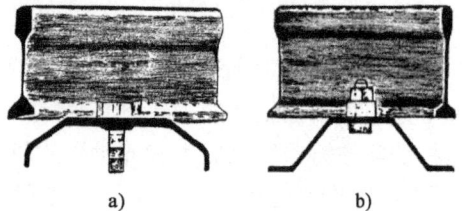

a)   b)

图 1.2-8 横向金属轨枕

a)1870 年的 Vautherin 金属轨枕;b)1889 年的 Hangen-Haspe 金属轨枕

自 19 世纪 30 年代开始,专业人员对各种各样的钢轨—轨枕系统进行了试验和铺设试验,在轧钢方法发明以来,这一试验持续了几十年。19 世纪末 20 世纪初,在横向轨枕上的 Stevens 工字形钢轨结构形式已明显占主要地位,至今这种轨道结构也是世界铁路的主要轨道结构形式。

在研制钢轨和钢枕时期,轨道上使用的主要是木轨枕,但进入20世纪30年代后,混凝土的使用越来越广泛,铁路也开始研制混凝土枕替代木枕,钢轨和横向混凝土轨枕的有砟轨道结构在世界铁路中得到了广泛的应用。随着铁路的发展、车辆速度的提高和轮载的增大,一些发达国家积极研制开发了适合不同运输条件、不同列车运行工况的轨道结构,主要有高速客运专线轨道结构、货运重载线路轨道结构、普通客货混运线路轨道结构、少维修轨道结构(如日本的梯子式轨道结构)、减振降噪型轨道结构(轨下基础低刚度轨道结构)等。

二、世界铁路的轨距

在古罗马时代,罗马的战车遍及欧洲各地,由于战车是由两匹战马牵引,所以战车的轮距就要大于两匹马的宽度。战车所到之处,留下了车辙。在新造车辆时,为了使得车辆也能在罗马战车留下的车辙上行走,将轮距做得与罗马战车的轮距一样。后来用木头导轨,直到铸铁轨也用这一轮距的车辆,这样轨距也就基本固定。英国是铁路的发源地,1825年George Stephenson在建造第一条公共铁路时,采用56in的轨距,后来为了增加轮轨之间的空隙(也称游间),增加了0.5in轨距,成为1435mm。在19世纪上半叶,世界各国铁路所采用的轨距也是多种多样的。美国一开始有多种轨距,但由于当时美国铁路的机车由英国进口,所以采用的轨距也是以56.5in为主,占53.3%,同时还是有20多种其他轨距存在,如58in、60in、66in、72in等轨距。在美国南北战争时,56.5in轨距的铁路在运送战争物资和人员时起到了极大的作用,而要到其他轨距的铁路上时需要转运,极不方便。1862年,美国军事铁路部门就考虑采用标准轨距,在后来的新建铁路中,都采用了1435mm这一标准轨距,并将其他轨距的线路也改造成标准轨距。

世界铁路的标准轨距为1435mm,小于1435mm的称为窄轨距,大于1435mm的称为宽轨距。世界商业铁路的轨道有650~3000mm的轨距近120种,但有些轨距的铁路里程很短,使用最多的轨距在10种以内,1435mm标准轨距的铁路里程最长。许多国家同时有几种轨距的铁路共存,但有一种主要轨距。使用1435mm标准轨距的有中欧一些国家、美国、加拿大、中国、日本(高速铁路);使用宽轨距的国家有西班牙、葡萄牙、印度、阿根廷(1676mm)、爱尔兰、澳大利亚(1600mm)、俄罗斯及苏联一些加盟共和国、芬兰(1524mm);使用窄轨距的国家和地区有南非、日本、瑞典、挪威、印度尼西亚、新西兰、中国台湾、日本、丹麦、比利时、秘鲁、智利、巴西、印度、肯尼亚、泰国、越南、坦桑尼亚等(1067mm)。

值得一提的是,日本是采用窄轨距铁路的国家,但在20世纪50年代末修建东海道新干线时采用了标准轨距。法国、德国等拥有高速铁路的国家都采用1435mm的标准轨距。

第三节 轨道交通的地位与作用

一、铁路的优越性

1. 运量大

每列客车一般可载客1800人,一列货车可装2000~3500t货物,重载列车可装20000多吨货物;单线单向年最大货物运输能力达 1800 万 t,复线达 5500 万 t;运行组织较好的国家,单线单向年最大货物运输能力达 4000 万 t,复线单向最大货物运输能力超过 1 亿 t。

2. 运行速度较快

在经过六次火车提速后,我国目前普通旅客列车速度一般可达到 120km/h,动车组列车运行速度达 200km/h,其中部分区段速度超过 250km/h;运行速度 120km/h 的货运重载列车也已开行。

3. 运输成本低、能耗低

据统计,铁路的运输成本仅为公路运输费用的 1/15～1/11;铁路运输平均每千吨公里消耗标准燃料为公路运输的 1/15～1/11,为民航运输的 1/174。

4. 运输连续性好、准确性强

铁路运输几乎不受气候影响,可一年四季不分昼夜地进行定期的、有规律的、准确的运转。

5. 安全可靠

铁路运输安全平稳,其安全性仅次于航空运输,风险远小于公路运输和水路运输。

6. 对环境污染小

二、铁路的骨干作用

铁路运输在经济社会发展中具有特殊重要的地位和作用,它不仅是国民经济发展的大动脉,而且兼具安全、舒适、经济、方便、全天候运输、速度快、运能大、节能省地、减排高效等特点。这些特点,决定了它是大众化的交通工具,也决定了其在我国综合交通运输体系中的骨干地位,正对经济社会发展产生着重大作用和深远影响。

随着国家经济的发展、能源的紧缺,铁路的发展也越来越重要。随着高速铁路的不断发展,铁路和人民群众的生活已经密不可分。我国人口众多,土地、能源、环境问题比较突出,已经成为经济社会发展的制约因素。世界发达国家私人小汽车的过度发展所带来的交通拥堵、交通事故、环境污染等负面问题也已在我国近十多年的快速发展中日渐显露。因此,从我国资源有限、客货运输强度大的具体国情出发,更多更快地发展铁路、引导人们选择铁路运输方式是减少资源占用的有效方略。从以上几点可以看出,铁路运输不论是在国民经济发展还是在人民生活中都占有重要的地位。

第四节　轨道交通的建设

一、铁路基本建设程序

铁路基本建设程序,是指铁路建设项目从决策、设计、工程实施到竣工验收以及后期评价,整个工作过程中的各个阶段及其先后次序。

1. 铁路基本建设程序各个阶段的主要任务

根据 2003 年 7 月 31 日原铁道部令第 11 号公布的《铁路建设管理办法》,铁路基本建设程序各个阶段及其主要任务如下:

(1)立项决策阶段。依据铁路建设规划,对拟建项目进行预可行性研究,编制项目建议书;根据批准的铁路中长期规划或项目建议书,在初测基础上进行可行性研究,编制可行性研究报告。项目建议书和可行性研究报告按国家规定报批。工程简易的建设项目,可直接进行可行性研究,编制可行性研究报告。

(2)设计阶段。根据批准的可行性研究报告,在定测基础上开展初步设计。初步设计经审查批准后,开展施工图设计。工程简易的建设项目,可根据批准的可行性研究报告,直接进行施工图设计。

(3)工程实施阶段。在初步设计文件审查批准后,组织工程招标投标、编制开工报告。开工报告经批准后,依据批准的建设规模、技术标准、建设工期和投资,按照施工图和施工组织设计文件组织建设。

(4)竣工验收阶段。铁路建设项目按批准的设计文件全部竣工或分期、分段完成后,按规定组织竣工验收,办理资产移交,至此基本建设阶段结束,铁路建设项目由验收机构组织验收,验收机构按国家规定设立。验收包括初验、正式验收和固定资产移交。限额以下项目和小型项目可一次验收。具体程序如下:

①建设管理单位确认建设项目达到初验条件后提出申请初验报告,验收机构认为达到初验标准后,组织对项目进行初验;初验合格后,方可交付监管运营。

②正式验收原则上在初验一年后进行。验收机构认为建设项目达到正式验收标准后,组织验收。验收合格后交付正式运营。

③建设项目正式验收合格后,按规定办理固定资产移交工作。

(5)后期评价阶段。在铁路运营若干年后,由建设单位会同有关部门对立项决策、设计决策、设计质量、施工质量、技术经济指标、投资和经济效益等进行后评估,以总结经验,提高决策水平。

2. 立项决策和设计阶段的主要工作内容

(1)预可行性研究。预可行性研究文件是铁路建设项目立项的依据,应按铁路建设的长远规划,充分利用国家和行业资料,经调查踏勘后编制。在预可行性研究中,要从宏观论证项目的必要性,为项目建议书提供必要的基础资料。主要工作内容包括:系统地研究建设项目在路网中的意义和作用,论证项目的必要性;解决拟建规模、线路起讫点和线路走向方案;提出主要技术标准、各项主要技术设备设计原则的初步意见和主要工作内容;对相关工程和外部协作条件作初步分析,提出建设时机及工期、主要工程数量、投资估算、资金筹措设想;初步进行经济评价;从宏观上分析对自然和社会环境的影响。

(2)可行性研究。可行性研究文件是项目决策的依据,应根据已批准的项目建议书,从技术可行性、经济合理性上进行全面深入的论证,采用初测资料编制。主要工作内容包括:解决线路方案、接轨点方案、建设规模、主要技术标准和各项主要技术设备的设计原则;进一步落实各设计年度的客货运量,提出主要工程数量、主要设备概数、主要材料概数、用地及拆迁概数、建设工期、投资估算、资金筹措方案及外资使用方案、建设及经营管理体制的建议;深入进行财务评价和国民经济评价;阐明对环境与水土保持的影响和防治的初步方案,以及节约能源的措施。

(3)初步设计。初步设计文件是项目建设的主要依据,应根据已批准的铁路可行性研究文件,采用定测资料编制。主要工作内容包括:解决各项工程设计原则、设计方案和技术问题;提出工程数量、主要设备数量、主要材料数量、用地拆迁数量、施工组织设计及概算。初步设计文件经审查、修改、批准后,作为控制建设项目总规模和总概算的依据,应满足工程招标承包、设备采购、征用土地和进行施工准备的需要。初步设计概算(静态)与国家批复的投资估算(静态)差额不应大于 10%。

(4)施工图设计。施工图设计文件是工程实施的依据,应根据已审批的初步设计文件和补充定测资料进行编制。施工图设计的目的是提供各项工程全套详细尺寸的设计图与设计的说明、施工所需的各项资料表与施工单位要求补充的大样图以及施工注意事项。

铁路建设项目完成上述各设计阶段的工作后申请列入年度投资计划,其中,大中型投资项目由国家发展和改革委员会(以下简称发改委)批准,小型项目按扩权规定,由交通运输部和交通运输部下属交通局中国铁路总公司批准。

3. 城市轨道交通基本建设程序

(1)线网规划阶段。编制城市轨道交通线网规划,完成后报市政府审批。

(2)近期建设规划阶段。根据已经批准的城市轨道交通线网规划,组织编制城市轨道交通近期建设规划,完成后上报发改委;发改委委托中国国际工程咨询公司(以下简称中咨公司)组织专家对城市轨道交通近期建设规划进行评估;中咨公司根据专家评估意见撰写评估报告上报发改委;发改委根据该评估报告提出是否同意审批的意见,并上报国务院审批。

(3)工程可行性研究阶段。根据国务院批复的城市轨道交通近期建设规划,组织编制城市轨道交通工程项目可行性研究报告,完成后上报发改委;发改委将委托中咨公司等具有评估资质的单位组织专家对城市轨道交通工程项目可行性研究报告进行评估;组织评估单位根据专家评估意见撰写评估报告上报发改委;发改委根据该评估报告提出是否同意审批的意见,并上报国务院审批。

(4)工程设计阶段。根据国务院批复的城市轨道交通工程项目可行性研究报告,组织城市轨道交通工程初步设计,完成后由业主组织专家审查批准后,开展城市轨道交通工程施工图设计。

(5)工程实施阶段。在初步设计文件审查批准后,组织工程招标投标,并依据批准的建设规模、技术标准、建设工期和投资,按照施工图和施工组织设计文件组织建设。

(6)竣工验收阶段。城市轨道交通工程建设项目按批准的设计文件全部竣工或分期、分段完成后。按规定组织竣工验收,办理资产移交,至此,基本建设阶段结束。

工程可行性研究阶段和工程设计阶段的主要工作内容与铁路建设项目相应阶段的内容类似。

4. 轨道交通线路设计的基本任务

轨道交通线路的空间位置由线路平面和纵断面决定。线路平面是线路中心线在水平面上的投影,线路纵断面是沿线路中心线展直后的路肩高程(或轨顶高程)在铅垂面上的投影线。

轨道交通线路设计的任务是在规划路网的基础上,按不同的设计阶段,对拟建的轨道交通线路走向及其平面、纵断面和横断面位置,逐步由浅入深进行研究与设计,最终确定最合理的线路一维空间位置。同时,还需与其他各专业共同研究确定各种建筑物(如车站、桥梁、隧道等)与设备在线路上的位置,为单项设计提供依据。

单项设计是在轨道交通线路设计的基础上,对建筑物(如车站、桥梁、隧道等)及设备(机车、车辆、供电、通信信号等)进行具体设计,为编制施工组织设计与概(预)算提供资料。线路设计的基本要求是保证行车安全、平顺,且使整个工程在技术上可行,经济上合理。

二、建设规范

1. 铁路线路设计中应遵循的规程与规范

《铁路技术管理规程》(以下简称《技规》)是为铁路各部门、各工种安全、迅速、准确、协调地进行生产活动而制定的基本法规。所有铁路工作人员都必须严格遵守执行。《技规》内容包括技术设备、行车组织、信号显示和对铁路运输工作人员的要求四部分。《技规》是我国广大铁路职工长期生产实践经验的总结,随着技术装备的更新和科学技术的发展,内容也在不断更新和完善。

铁路线路设计应符合《技规》的规定。某些线路设计标准就是根据《技规》的要求制定的。《铁路线路设计规范》(GB 50090—2006)(以下简称《线规》)适用于铁路网中客货列车共线运行、旅客列车设计行车速度等于或小于120km/h、货物列车设计运行速度等于或小于120km/h的Ⅰ、Ⅱ级标准轨距铁路的设计。Ⅲ、Ⅳ级铁路按照相应设计规范执行。《线规》是中、低速铁路线路设计的依据,内容包括总则、术语和符号、线路的平面和纵断面、车站分布、铁路与道路交叉五部分。《线规》将随着铁路技术装备的更新和行车组织方式的改进而不断地加以修订和完善。从事城市间铁路选线设计工作的人员应掌握制定标准的理论基础,创造性地运用《线规》。

《新建时速200km客货共线铁路设计暂行规定》(铁建设函〔2003〕439号)(修订版)适用于新建客货列车共线运行、旅客列车设计行车速度200km/h、货物列车设计行车速度120km/h铁路的设计,它是新建速度200km/h客货共线铁路设计的依据,内容包括总则、线路平面和纵断面、正线轨道、路基、桥涵、隧道、站场、牵引供电、通信、信息、信号、电力、机务、车辆检修及运用设备、铁路固定设备检测与维修、给水排水、环境保护等。

《新建时速200~250km客运专线铁路设计暂行规定(上、下)》属于国家标准(铁建设〔2005〕140号)。本暂行规定适用于旅客列车设计最高行车速度200~250km/h的标准轨距客运专线铁路设计,它是新建速度200~250km/h客运专线铁路设计的依据,内容包括总则、线路、路基、正线轨道、桥涵、隧道、站场等。

《新建时速300~350km客运专线铁路设计暂行规定(上、下)》属于国家标准(铁建设〔2007〕47号),本暂行规定适用于旅客列车设计最高行车速度300~350km/h的标准轨距客运专线铁路设计,它是新建速度300~350km/h客运专线铁路设计的依据,内容包括总则、术语和符号、线路、路基、轨道、桥涵、隧道、站场八部分。

上述暂行规定将随着速度 200km/h 的客货共线铁路和客运专线建设实践经验的积累,而不断地加以修订和完善。从事速度 200km/h 的客货共线铁路和客运专线设计工作的人员应掌握制定暂行规定的理论基础,创造性地运用暂行规定。此外,还有原铁道部颁布的车站、信号、桥渔、隧道、路基等设计规范以及《列车牵引计算规程》,在设计工作中均应遵守。

2. 城市轨道交通线路设计中应遵循的规程与规范

《地铁设计规范》(GB 50157—2013)是城市轨道交通线路设计的依据。内容包括:总则,术语,运营组织,限界,线路,轨道路基,车站建筑,高架结构,地下结构工程防水,通风、空调与采暖,给水与排水,供电,通信,信号,电梯、自动扶梯与自动人行道,自动售检票系统,防灾与报警,环境与设备监控系统,运营控制中心,车辆段与综合基地,环境保护23个部分。

《城市轨道交通工程项目建设标准》(建标104—2008)。本建设标准适用于城市轨道交通的高运量、大运量、中运量钢轮钢轨系统的新建工程项目,是编制、评估和审批城市轨道交通"建设规划"和"可行性研究报告"的重要依据,是审查工程项目初步设计、监督检查整个建设过程、建设标准和项目后评价的尺度。内容包括:总则,建设规模与项目构成,总体布局与线路工程,车辆与限界,运营组织与管理,车站建筑与结构工程,机电系统与设备,车辆基地及配套工程,安全防护、环保和节能,主要技术经济指标10个部分。

从事城市轨道交通线路设计工作的人员应掌握制定规范和建设标准的理论基础,创造性地运用上述规范和建设标准。

第二章　铁　路　能　力

第一节　铁　路　种　类

一、根据《铁路法》进行的铁路分类

铁路包括国家铁路、地方铁路、专用铁路和铁路专用线四类。

(1)国家铁路是由国务院铁路主管部门管理的铁路。

(2)地方铁路是由地方人民政府管理的铁路。

(3)专用铁路是由企业或者其他单位管理,专为本企业或者本单位内部提供运输服务的铁路。

(4)铁路专用线是由企业或者其他单位管理与国家铁路或者其他铁路线路接轨的岔线。

二、按照运输性质分类

铁路运输包括客运和货运,即铁路是为旅客运输和货物运输服务的。按照运输性质分类,铁路可分为以下三类:

(1)客货共线铁路。同时用于旅客运输和货物运输的客货列车共线运行的铁路。我国目前的大部分铁路都属于客货共线铁路。

(2)客运专线铁路。专门或主要用于旅客运输的铁路。根据铁路中长期规划调整,到2020年,我国将形成客运专线主骨架网络,届时我国客运专线铁路营业里程将达到1.6万km,它将是我国今后铁路网的重要组成部分。

(3)货运专线铁路。专门(或主要用于)运输货物的铁路。目前国内部分铁路属于此类。

在这种铁路分类方式中,客运专线、货运专线、客货共线三种铁路形式的表述能全面涵盖我国所有铁路,而且着重强调铁路这种交通运输工具的本质——铁路的运输和服务属性。从我国当代铁路特点及未来发展趋势看,这种分类方式也是最适应的,也符合世界铁路的发展趋势;同时与我国正在建立和完善的铁路工程建设标准体系相匹配。

三、按照列车运行速度分类

根据列车的运行速度分类,国内铁路界观点尚未统一。

一种观点认为:

(1)高速铁路。列车最高运行速度达到250km/h及以上的铁路。

(2)快速铁路。列车最高运行速度达到160km/h及以上,但低于250km/h的铁路。

(3)普速铁路。列车最高运行速度达到160km/h及以上,但低于250km/h的铁路。

(4)低速铁路。列车最高运行速度低于80km/h的铁路。

另外一种观点认为:速度在 140km/h 以下时为常速铁路,140～200km/h 时为准高速铁路时,200～400km/h 时为高速铁路,400km/h 以上时为超高速铁路。

第二节　铁路等级划分及设计标准

一、客货运量与输送能力

1.客货运量调查的目的和意义

新建与改建铁路设计前必须进行经济调查,以明确设计线的政治、国防和经济意义,确定设计线在铁路网中的地位和作用;并把客货运量调查作为铁路设计的依据。客货运量调查的意义如下:

(1)客货运量是设计铁路能力的依据。

客货运量是选定铁路主要技术标准的依据,而主要技术标准又决定客货运输装备的能力,它不应小于调查或预测的客货运量。

(2)客货运量是评价铁路经济效益的基础。

客货运量决定铁路的运营收入、运输成本、投资偿还期等经济效益指标。客货运量大,则收入多、成本低、投资偿还期短。

(3)客货运量是影响线路方案取舍的重要因素。

铁路选线设计中出现大量的线路方案经济比较。若运量大,则投资大的方案因运营支出低于投资小的线路方案,故中选的可能性增加;若运量小,则投资大的方案中选的可能性降低。可见,客货运量大小是影响线路方案取舍的重要因素。

总之,客货运量调查在铁路设计中具有重要作用,铁路设计必须十分重视客货运量的调查和预测工作。若预测的客货运量偏大,则铁路标准偏高,技术装备能力也偏高,增大投资,使铁路投入运营后,运输能力长期闲置,投资回收期延长。反之,虽投资减少,但运输能力会很快达到饱和,引起铁路过早追加投资改建、扩建,也是不经济的。

2.铁路的输送能力

铁路每昼夜可以通过的列车对数(双线为每一方向的列车数),称为通过能力。铁路的通过能力受区间(站间)、车站、机务设备、给水设备和供电设备的限制。铁路所能实现的通过能力,取决于上述设备中最薄弱环节所限制的通过能力。设计铁路时,一般是根据区间(站间)的通过能力来考虑其他各种设备的能力,使之相互协调,且均不小于区间(站间)通过能力。

铁路输送能力是铁路单方向每年能运送的货物吨数。设计线各设计年度的输送能力不应小于经济调查得到的相应年度的货运量。

输送能力 C 可用下式计算:

$$C = \frac{365 N_\text{H} G_\text{J}}{10^6 \beta} (\text{Mt}/\text{年})$$ (2.2-1)

式中: N_H——折算的普通货物列车对数(对/d);

G_J——普通货物列车净载;

β——货运波动系数,由经济调查确定,通常可取 1.15。

二、设计年度与铁路等级

1. 铁路设计年度

设计线交付运营后,客货运量是随着国民经济的发展逐年增长的,设计线的能力必须与之适应。上述运量参数也需分设计年度提供。铁路的设计年度一般分为近期和远期;近期、远期分别为交付运营后第五年、第十年。必要时,也可增加初期,初期为交付运营后第三年。各期运量均应通过经济调查确定。

铁路的建筑物和设备,应根据设计年度的运量分期加强,使铁路设施的能力与运量增长相适应。这样,既能满足日益增长的运输要求,又可节约铁路初期投资。对于可以逐步改建、扩建的建筑物和设备,应按初期、近期运量和运输性质确定,并考虑预留远期发展的条件。对于不易改建、扩建的建筑物和设备,应按远期运量和运输性质确定。

2. 铁路等级划分的意义

铁路等级是铁路的基本标准。设计铁路时需先确定铁路等级,然后选定其他主要技术标准和各种运输装备的类型。铁路等级越高,要求的设计标准就越高,则其输送能力越大,运营质量越好,安全舒适性越强,铁路造价也就越高。反之,各项指标越低。

我国疆域辽阔、地形复杂,人口、资源分布很不平衡,工农业发展也不均衡,铁路的经济、文化、国防意义不同,其在路网中的地位与作用不同,所负担的运输任务也不同,因此,有必要将铁路划分成不同等级,有区别地规划各级铁路的能力,制定建筑物和设备的技术标准,使国家资金得到合理利用。

3. 铁路等级划分

铁路修建的目的是满足社会旅客和货物运输需求,且修建铁路的经济效益也直接反映在客货运量上,运量大的铁路,铁路等级应高。故应综合考虑,妥善确定铁路等级。我国《铁路线路设计规范》(GB 50090—2006)(以下简称《线规》)规定,新建和改建铁路(或区段)的等级,应根据其在铁路网中的作用、性质和远期客货运量确定,并应符合下列规定:

(1) I 级铁路:铁路网中起骨干作用的铁路,远期年客货运量大于或等于 20Mt 者。

(2) II 级铁路:铁路网中起骨干作用的铁路,远期年客货运量小于 20Mt 者;或铁路网中起联络、辅助作用的铁路,远期年客货运量大于或等于 10Mt 者。

(3) III 级铁路:为某一区域服务、具有地区运输性质的铁路,远期年客货运量小于 10Mt 者。

以上年客货运量为重车方向的货运量与客车对数折算的货运量之和。每天一对旅客列车按 1.0Mt/年的货运量折算。

三、铁路主要技术标准

铁路主要技术标准还包括:正线数目、限制坡度、最小曲线半径、牵引种类、机车类型、机车交路、车站分布、到发线有效长度和闭塞类型等。这些标准是确定铁路能力大小的决定因素,一条铁路的运输设计能力,实质上是选定主要技术标准。同时,这些标准对设计线的工程造价和运营质量有重大影响,且是确定设计线一系列工程标准和设备类型的依据,故称铁路主要技术标准。

选定铁路主要技术标准是设计铁路的基本决策,应根据国家要求的年输送能力和确定的铁路等级,考虑沿线资源分布、国家科技发展规划和技术政策,结合设计线的铁路运输能力由货物列车牵引吨数和通过能力决定,并受列车运行速度的影响,主要技术标准对三者都有不同程度的影响。

1.影响牵引吨数的主要技术标准

1)牵引种类和机车类型

我国铁路目前有电力、内燃及蒸汽三种牵引类型。蒸汽机车已停产多年,次要线路和地方铁路仍在使用。今后牵引动力的发展方向为大功率电力和内燃机车。

(1)电力机车。

电力机车的热效率高,火力发电为14%~18%,水力发电可达60%。整备一次走行距离长,不需燃料供应和中途给水,机车利用率高,机车功率大、速度高、牵引力大,可显著增大铁路能力。除噪声外,不污染环境,且乘务员工作条件好。与内燃机车相比,电力机车造价低,但需用接触网供电,机车独立性稍差。目前,我国韶山型电力机车已形成不同轴数的系列,可供不同运营条件的设计线选用。

(2)内燃机车。

内燃机车热效率高达22%~28%。机车不需供电设备,独立性好。缺点是需要消耗贵重的液体燃料,且机车构造复杂、造价较高。高温、高海拔地区牵引功率降低,使用效率低。目前,我国东风型内燃机车已形成不同轴数的系列,可供不同运营条件的设计线选用。

(3)蒸汽机车。

蒸汽机车构造简单,制造、维修技术简易,造价低廉,但热效率低,仅为6%~8%,且需每隔40~60km设置给水站,机车整备时间长,利用率低,机车功率小,运输能力低,乘务员工作条件差。我国1988年已停产蒸汽机车,主要干线上蒸汽机车已被电力和内燃机车取代。

牵引种类应根据路网的牵引动力规划、线路特征和沿线自然条件及动力资源分布情况合理选定。运量大的主要干线、大坡度、长隧道或隧道毗连的线路,应优先采用电力牵引。

机车类型应根据牵引种类、运输需求以及与线路平、纵断面标准相协调的原则,结合车站分布和邻线的牵引质量,经技术经济比选确定。

2)限制坡度

限制坡度是设计线单机牵引时限制列车牵引质量的最大坡度。它不仅影响线路走向、线路长度和车站分布,而且直接影响运输能力、行车速度、工程投资、运营支出和经济效益,是铁路全局性技术标准。

设计线(或区段)的限制坡度应根据铁路等级、地形类别、牵引种类和运输需求比选确定,并应考虑与邻接线路的牵引定数相协调,但不得大于《线规》规定的数值。

3)到发线有效长度

到发线有效长度是车站到发线能停放货物列车而不影响相邻股道作业的最大长度。它对货物列车长度(即牵引吨数)起限制作用,从而影响列车对数、运能和运行指标,对工程投资、运输成本等经济指标也有一定影响。

货物列车到发线有效长度应根据运输需求和货物列车长度确定,且宜与邻接线路的到发线有效长度相协调,并应采用 1050m、850m、750m、650m、550m 等系列值。

改建既有线和增建第二线的到发线有效长度采用上述系列值引起较大工程时,可根据实际需要计算确定列车到发线有效长度。

近期货物列车长度一般较远期货物列车长度短,若近期到发线有效长度按远期铺设,不但增加近期投资,而且增大近期调车作业行程,增加运营支出,故近期有效长度应按实际需要铺设。

2. 影响通过能力的主要技术标准

1)正线数目

单线和双线铁路的通过能力悬殊,双线的通过能力远远超过两条单线的通过能力,而双线的投资比两条平行单线少约 30%,旅行速度比单线高约 30%,运输费用低约 20%。可见,运量大的线路修建双线是经济的。

平原、丘陵地区的新建铁路,远期年客货运量大于或等于 35Mt/年;山区新建铁路远期年运量大于或等于 30Mt/年时,宜按双线设计,分期实施。近期年客货运量达到上述标准者,宜一次修建双线。远期年客货运量虽未达到上述标准,但按国家要求的年输送能力和客车对数折算的年客货运量大于或等于 30Mt/年,宜预留双线。

2)车站分布

车站分布距离的长短决定列车在站间的往返走行时分,从而影响通过能力。车站分布距离影响车站数量,故对工程投资有较大影响,且影响起停次数和旅行速度,对运营支出有直接影响。

车站分布必须满足国家要求的年输送能力和客车对数,并应考虑站间通过能力的均衡性。在站间通过能力设计中,电力牵引的单、双线铁路需分别扣除 90min 与 120min 的日均综合维修"天窗"时间;内燃机车牵引的单线铁路,日客货行车量超过 30 对、双线铁路超过 80 对时,需扣除 30min 日均综合维修"天窗"时间。

新建单线铁路站间距离不宜小于 8km;新建双线铁路站间距离不宜小于 15km。

3)闭塞方式

铁路为了保证行车安全、提高运输效率,利用信号设备等来管理列车在站间运行的方法,称为闭塞方式。闭塞方式决定车站作业间隔时分,从而影响通过能力。我国的基本闭塞方式有半自动闭塞和自动闭塞,在次要支线和地方铁路上有时还采用电气路签。

(1)自动闭塞。

自动闭塞时,区间被分为若干闭塞分区,进一步缩短了同向列车的行车间隔距离。列车运行完全根据色灯信号机的显示,红色灯光表示前方的闭塞分区被占用,列车需要停车;黄色灯光表示前方只有一个闭塞分区空闲,要求列车减速;绿色灯光表示前方至少有两个闭塞分区空闲,列车可以按规定速度运行。由于信号的显示完全由列车所在位置通过轨道电路来控制,所以称为自动闭塞。

单线上使用自动闭塞,可以提高通过能力,但效果不显著。双线采用自动闭塞可使两同向列车的追踪间隔时分缩短到 8~10min,从而有效提高了通过能力。

自动闭塞与调度集中配合,可使所有车站的道岔和信号均由调度员实行远程集中控制,从而加强了行车组织的计划性和灵活性,使行车更为安全,并能提高通过能力。

在调度集中的基础上,利用电子计算机进行列车调度工作,构成行车调度自动控制系统,称为行车指挥自动化。在列车对数大量增加和行车速度不断提高的情况下,行车指挥自动化对提高通过能力和保证行车安全,均具有显著的优越性。

(2)半自动闭塞。

半自动闭塞是闭塞机与信号机发生联锁作用的一种闭塞装置。列车进入区间的凭证是出站信号机显示绿灯,但出站信号机受闭塞机的控制,只有在区间空闲、双方车站办理好闭塞手续之后,出站信号机方能再次显示绿灯。

采用半自动闭塞时,因列车进入区间凭证是信号机的显示,省去了向驾驶员递交路签的时间,从而缩短了列车在车站接发车作业时分,提高了通过能力。

单线线路远期应采用半自动闭塞,双线线路应采用自动闭塞。一个区段内应采用同一闭塞类型。

(3)电气路签。

电气路签是在一个站间两端的车站上,各装设一个路签机,彼此间有电气锁闭关系。列车进入区间的凭证是配属于该区间的路签,该区间两端任一车站如需取出路签,必须是区间空闲,并得到另一站同意后才可能实现。当已取出路签后,任一车站都不能再从路签机中取出路签,这就保证了区间内只有一趟列车。

3. 影响行车速度的主要技术标准

1)最小曲线半径

最小曲线半径是设计线采用的曲线半径最小值,最小曲线半径不仅影响行车安全、旅客舒适等行车质量指标,而且影响行车速度、运行时间等运营技术指标和工程投资、运营支出和经济效益等经济指标。

最小曲线半径应根据铁路等级、路段旅客列车设计行车速度和工程条件比选确定,且不得小于《线规》中的规定值。

2)机车交路

铁路上运转的机车都在一定区段内往返行驶。机车往返行驶的区段称为机车交路,其长度称为机车交路距离。机车交路两端的车站称为区段站。机车交路距离影响列车的旅途时间和直达速度。

区段站按工作性质和设备规模分为机务段(基本段)和折返段。机务段配属有一定数量的机车,担任其相邻交路的运转作业,并设有机车整备和检修设备,配属本段的机车在此整备、检修,隶属本段的机车乘务组在此居住并轮换出乘。折返段设在机车返程站上,不配属机车。机车在折返段进行整备和检查,乘务组在此休息或驻班。此外,机务设备还有担任补机、调机或小运转机车整备作业的机务整备所和担任折返机车部分整备作业的折返所。

机车交路由于交路类型、运转方式和乘务制度不同而有多种形式,其交路距离也各不相同。

(1)机车交路类型。

①长交路:一个单程交路由一班乘务组承担。

②短交路：一个往返交路由一班乘务组承担。

③超长交路：一个单程交路由两班乘务组承担。

（2）机车运转方式。

①肩回式：机车返回区段站均要入段整备。

②循环式：机车在相邻两个短交路内往返行驶，在区段站上机车不摘钩，在到发线上整备。

③半循环式：机车在相邻两个短交路内往返行驶，每一循环入段整备一次。

（3）乘务制度。

①包乘制：机车由固定的乘务组驾驶。蒸汽机车多采用这种乘务制度，原则上是三班包乘，若乘务组全月工作时间超过规定，则用三班半制调节。

②轮乘制：机车不固定包乘组，由不同乘务组分段轮流驾驶，相应采用超长交路，适用于电力和内燃牵引。采用超长交路和轮乘制，可以缩短机车在区段站非生产停留时间，加速机车车辆周转，机车日车公里客运可提高 40% 以上，货运可提高 8% 以上，运行机车量也可减少，运输成本也有所降低。目前，我国正积极推行这种乘务制度。

（4）机车交路距离。

机车交路距离主要由交路类型决定，并与机车乘务组连续工作时间和列车旅行速度有关。乘务组实际驾驶机车的工作时间一般不小于 6h，不大于 9h；乘务组连续工作时间包括在本段或外段作业停留时间和出勤、退勤时间。

根据我国铁路的运输情况，机车交路距离：短交路一般为 70～120km，长交路一般为 150～250km，超长交路可达 300～500km。采用轮乘制，距离更能加长。

机车交路应根据牵引种类、机车类型、车流特点、乘务制度、线路条件，结合路网规划、机务设备布局等，经技术经济比选确定，一般宜采用长交路。

3）其他主要技术标准

牵引种类和机车类型除决定牵引吨数外，还要影响列车的技术速度、正线数目、车站分布和闭塞方式，除直接影响通过能力外，还要影响列车的旅行速度。

四、环境保护设计原则

1. 环境保护的重要性

铁路虽然在土地占用、能源利用、环境污染与生态影响方面优于其他运输方式，但对人类的生存环境仍会带来一定的危害，主要表面在噪声、振动、电磁干扰、大气环境、水环境及生态环境污染等方面。

铁路建设必须遵守《中华人民共和国环境保护法》《建设项目环境保护管理条例》《建设项目环境保护设计规定》和《铁路工程环境保护设计技术规范》（TB 10501—1998）等法规标准。为把铁路对环境的不利影响减少到最低限度，应采取必要的环境保护及防护措施。

《铁路边界噪声限值及其测量方法》（GB 12525—1990）规定：距铁路外侧轨道中心线 30m 处的昼间及夜间等效连续 A 声级均不应大于 70dB（A）；《中华人民共和国环境保护法》规定：铁路两侧振动标准为昼间、夜间均不超过 80dB。

2. 铁路建设的环境保护措施

根据环境保护有关规定，在铁路规划与设计中宜采取以下环境保护措施：

1）主要技术标准选择

（1）牵引种类。

电力牵引热效率高，能源利用合理，且可实现零排放、无污染。条件允许时，宜优先采用电力牵引。但因电力牵引时，大功率传输导线中的强电流、集电弓和接触网的离合对周围产生较强的电磁干扰，影响铁路通信、信号设备的正常工作，也给沿线精密电子设备和数字化自控设备的正常使用带来不利影响，故应采取防电磁干扰措施。

内燃牵引需用昂贵液体燃料；蒸汽牵引机车热效率低、能耗大。两种牵引均排放有害气体，蒸汽机车的烟尘、炉渣、油污、废水等也为主要污染源，采用内燃、蒸汽牵引时，应采取相应的环保措施。

（2）最大坡度与最小曲线半径。

最大坡度与最小曲线半径标准应与地形相适应，以减小展线长度，减少高填、深挖，从而减少铁路用地、节约用地、少占良田，不过多破坏植被，减少局部水土流失，减轻对坡面稳定性的影响，以维护生态环境。

2）选线设计

（1）走向选择应避免穿越密集的居民点，要结合城乡建设规划，配合城乡发展。

（2）新建铁路应避免破坏自然景观、人文景观、文物古迹及民族文化遗产。

（3）应注意资源保护，线路位置不宜覆盖矿产与生态资源。

（4）有配属内燃机车、蒸汽机车的车站，其站址应选在城镇主导风向的下游，以减少有害气体及烟尘对城镇的危害。

3）路基设计

（1）土石方调配宜移挖作填，减少取、弃土石方，合理选择取土场地、弃土场地，避好就劣，少占耕地。

（2）路基两侧征地范围内宜植树种草，搞好绿化，维护生态环境。

4）桥涵设计

（1）桥涵位置及孔径应尽可能满足农田排灌和防洪、排洪要求，确保宣泄通畅，上下游做好铺砌，防止冲刷造成水土流失。

（2）保持天然径流流向及状态，尽量不改沟、并沟。

（3）城镇附近宜避免采用钢梁桥，以减少噪声、振动。高架桥梁应避免破坏都市景观。

5）隧道设计

（1）贯彻"早进晚出"原则，洞口避免高边坡、高仰坡，尽量少破坏山体平衡。

（2）隧道出渣应移作路基填料，避免弃渣堵塞河道，挤压河床。

（3）内燃或蒸汽牵引车辆通行的隧道，应改善通风条件，以减少洞内废气污染，以防危害维修人员身体健康。有条件时，隧道应设在直线上，洞内地下水不发育时纵断面宜设计为一面坡，以利烟尘排放。

6）轨道设计

（1）无缝线路可减弱振动和噪声，行车量大或行车速度高的线路宜优先选用。

（2）为减弱振动与噪声，有条件时，宜用弹性好的轨道结构。

7）交叉设计

合理设置平交道口，方便人、畜、车辆通行，自然保护区宜设置野生动物通道。有条件时，应结合农田排灌与通行需要设置立体交叉。

8）污水与垃圾处理

大型车站及客、货运站、机务段排出的生产与生活污水及垃圾应加以处理，达标后才允许排放，避免污染附近水源，破坏水环境。

第三节 运量预测方法

运量预测是轨道交通建设项目可行性研究、初步设计、施工设计的重要内容和确定轨道交通建设项目技术标准的主要依据，也是确定站场和站房规模及机车、车辆等运营设备配置及行车编组方案的重要依据。

由于经济增长规律的不确定性和难预见性，特别是由于路网规模的扩充和综合运输方式的协调发展，以及投融资体制的不完善，加之一些人为因素，在过去的一些建设项目中，对运量预测存在着运量规模偏低或偏高的现象，由此导致建设项目的标准偏低或偏高。现以城市轨道交通建设项目为例，对轨道交通线路客流预测结果偏差较大的主要原因分析如下：

（1）预测年限较长，积累资料不足，预测技术尚须改进完善。城市轨道交通项目，从工程立项开始至建成通车，一般需要 5 年，然后再预测通车后 25 年的远期客流规模，总共要预测 30 年的客流。时间跨度大、收集积累资料不易。同时，由于运量预测科学尚在不断发展研究之中，积累资料不足，数学模型和预测技术尚未定型，需要不断改进完善，从而在对预测数据的把握以及评价标准上都有很大的难度。

（2）城市发展过程中的规划背景难以稳定。客流预测必须以城市发展规划为依据。城市范围和结构形态、用地分布性质、人口分布数量、居民和流动人口的出行量等，均为预测的基础数据。这些数据都是来自城市总体规划。而城市规划一般只做 10 ~ 20 年的近期和远期建设规划；虽然也做远景规划，却是长远性和宏观性的规划。经验表明，城市发展过程中的政策、经济和人们活动的规律，由于不确定因素太多而难以控制。规划不等于实施，往往是规划超前于实施，但也有规划落后于实施的情况，这些现象主要决定于国民经济发展水平和财政支持能力，说明城市规划总是要不断地进行调整修改，属于动态规划。因此，客流预测依靠城市发展过程中难以稳定的规划为工作背景，必将造成预测结果与将来的实际有一定差异，这种差异是难以估计的。

（3）票价的竞争性和敏感性造成客流量的波动性。乘客的消费观念和对票价的承受能力是难以控制的变动因素。尤其在市场经济条件下，城市交通中各种交通方式的存在，必定会与轨道交通形成竞争局面。对于乘客来说，需要在时间与票价之间进行权衡和选择，当前的关键还是在于票价。将票价定位在乘距为多长、薪水属于哪个阶层的客流对象上，与运营的经营政策密切相关。但是，在客流预测时，可以从需求进行预测，但很难对票价进行正确定位，也很难对客流量的竞争性和敏感性进行数量级的准确分析，这需要长年在运营中不断积累和探索。国内外运营经验证明，票价对客流具有较大的敏感性，同时也说明票价对客流具有可调节性和可控性。这一点需要引起人们的重视。

(4)线网规划不完整,线路总体规模不明确。人们对于城市轨道交通线网规划工作仅仅是在最近几年才有一个比较全面的认识。虽然线网规划总是随城市总体规划动态变化,有时候也会发生局部调整,但一般来说,由于城市中心区建设的形态和规模是比较稳定的,对于城市远景发展规模也是相对稳定的,这为城市轨道交通线网规划提供了基本条件。事实上,有些城市对于线网规划还缺乏深层的研究,线网规划内容还不完整,对城市结构形态发展认识不足,造成各条线路建设的起终点和走向有很大的随意性。单条线路和整体线网关系缺乏协调,往往造成线网规划不稳定。线网总体规模不明确,有时会造成各条线路之间的关系变化不定,尤其对已建线路的客流影响很大,使原预测的客流量值在量级上发生"质"的变化。这种情况已在国内发生多例,应引起重视。

综上所述,由于客流预测是一门新生的预测学,而且它对城市规划有极大的依赖性,对乘客的思维和行为又只能规划导向而不可强制,对客流量也只能从合理需求的角度进行预测,淡化未来的票价政策及其影响。因此,客流预测成果很难做到准确性,只能做到在预定的城市规划条件下具有相对的精度,也就是说存在一定的风险,故在实际工作中,对预测结果应采取十分谨慎的态度,并加强定性、定量的综合分析论证,以提高客流预测结果的精度。

一、货运量的预测方法

1. 货运的调查

直通货运量应根据地区间的物资交流规划,分析设计线直通吸引范围内的物资供求情况和分流可能,归纳出设计线各设计年度上行与下行的直通货运量。

地方运量可按产销平衡法估算各行业的铁路运量。总运量为产量与销售量之差,正值为运出量,负值为运入量;再由总运量中扣除公路、水运等其他运输方式的运量,即可得到铁路运量。汇总各行业的运量,即可得到铁路上、下行方向的货运量。

1)大中型企业的货运量调查

可根据工矿企业的发展规划,了解到各个企业的原料、燃料需要量和产品数量,扣去当地的供应量和销售量,便可得出运出、运入的总运量。再从总运量中扣除公路、水运等其他运输方式的运量,即可得到铁路运送的货运量。在进行此类运量调查时,必须对有关工矿企业的建设规模、投产年度等情况进行调查核实,若有失误,对铁路运量的影响将会很大。

2)货源分散的大宗货物运量调查

对此类大宗货物,省市计划部门一般都有规划数字。可通过调查得到,也可用产、运、销平衡法估算得出。如粮食产量可根据当地的耕地面积乘以亩产量估算,当地销售包括口粮、饲料粮、种子、酿造业和食品加工业用粮以及储备粮。总运量为产量与当地销售量之差,正值为运出,负值为运入。铁路运量为总运量扣去公路、水运的运量。运出或运入的粮食运量也可由省、市计划部门直接提供。

3)分散的小批量货运量估算

小批量的分散货运量难于调查,可粗略按其占铁路总运量的比值 δ 估算。此类运量包括日用百货、农副产品、鲜活货物、化工原料和制品、工业机械、零担货物等,各铁路局有相应的统计资料。可根据调查得到的大宗货物的货运量 C_d，估算此类货物的货运量 C_f，即：

$$C_f = \frac{C_d}{1-\delta} \cdot \delta \qquad (2.3\text{-}1)$$

新建铁路的货运量由下列三类运量组成：

（1）转移货运量。即现在由公路、水运运送的货运量，当设计线建成后转入铁路运送的那一部分货运量，可根据货物的品种、流向、运距和运价分析确定。

（2）分流货运量。在邻近铁路的货运量中，有一部分来自设计线地方吸引范围内，当设计线建成后，这部分运量将转入设计线运送。有的设计线在路网中具有裁弯取直的作用。建成后原来由既有铁路迂回运输的货物，应循最短路径分流到设计线上运送。

（3）诱发货运量。由于设计线建成后促进了地区经济的发展，以及铁路运费较低、运送时间较短等诱发产生的货运量。

2. 既有铁路货运的预测

预测就是对未来做出估计，是一种帮助人们认识和掌握某种发展规律的科学方法。铁路货运量预测就是根据历史的统计资料和现在的调查数据，来分析计算未来铁路货运量发展规律的技术。

铁路远期的货运量受多种因素的影响，宏观因素如国家的经济发展形势、国土开发规划、产业政策、运价政策等；局部因素如沿线资源的确切储量、矿山开发和工厂建设计划的实施情况，以及提供信息部门的倾向性等。同时铁路运量的预测方法尚待完善，有的历史资料还不齐全，这些都给远期运量的确切估计造成困难。所以运量预测要采用多种数理统计的方法（如时间序列线性回归法、多元线性回归法等）相互检查，并要和专家的分析判断相结合，以期得到接近未来实际的结论。

1）时间序列线性回归方法

（1）时间序列线性回归预测模型。

$$\hat{Q} = a + bt \qquad (2.3\text{-}2)$$

式中：$\hat{Q}$——预测的年运量；

t——预测年度距初始年度的年数；

a、b——回归系数，a 为常数项，表示初始年度的运量预测值，b 为每年递增的运量值。

线性回归方法是建立在过去若干年度统计值 Q_i 与预测值 $\hat{Q}_i$ 的残差 δ 平方和 E 最小的基础上，令偏导数为零得出正规方程组，以求出回归系数 a、b 值。

$$E = \sum_{i=1}^{n} \delta_i^2 = \sum_{i=1}^{n} (Q_i - \hat{Q}_i)^2 = \sum_{i=1}^{n} \left[Q_i - (a + bt_i) \right]^2 \qquad (2.3\text{-}3)$$

$$\frac{\partial E}{\partial a} = -2\sum_{i=1}^{n} (Q_i - a - bt_i) = 0 \qquad (2.3\text{-}4)$$

$$\frac{\partial E}{\partial b} = -2\sum_{i=1}^{n} (Q_i - a - bt_i)t_i = 0 \qquad (2.3\text{-}5)$$

解方程组得：

$$a = \frac{\sum Q_i - b\sum t_i}{n}$$

$$b = \frac{\sum Q_i t_i - \sum t_i \cdot \dfrac{\sum Q_i}{n}}{\sum t_i^2 - \dfrac{(\sum t_i)^2}{n}}$$

式中：n——货运量统计数据的年数。

预测模型是否可用，还要进行一定的检验。现以概率的相关性进行检验，相关性体现了统计数据与回归线的接近程度，并用相关系数 γ 表示。若统计数据都分布在回归线附近，则相关系数接近于 1；若统计数据远离回归线，则相关系数接近于 0。相关系数 γ 可用下式计算：

$$\gamma = \frac{n\sum t_i Q_i - \sum t_i \sum Q_i}{\sqrt{[n\sum t_i^2 - (\sum t_i)^2][n\sum Q_i^2 - (\sum Q_i)^2]}} \tag{2.3-6}$$

计算的相关系数 γ 是否符合要求，可用表 2.3-1 规定的临界值 γ_0 来评定。若 $\gamma > \gamma_0$，表示符合要求；若 $\gamma < \gamma_0$，则表示不符合要求。

相关系数临界值 γ_0

表 2.3-1

$n-2$	1	3	5	7	9	11	13	15	17	19	21	23
γ_0	1	0.959	0.874	0.798	0.708	0.661	0.623	0.590	0.561	0.537	0.515	0.496

（2）时间序列二次式曲线拟合预测模型

$$\hat{Q} = a + bt + ct^2 \tag{2.3-7}$$

式中：a、b、c——回归系数；

其他符号意义同上。

2）多元线性回归方法

铁路的地方货运量应与沿线国民经济某些发展指标有一定比例关系，如货运量与工农业总产值、人均农副业产值等有关；地方客运量与城乡人口总数、人均国民收入等有关。地方客运量也可用这种方法预测。

多元线性回归分析的预测模型为：

$$\hat{q} = a_0 + a_1 x_1 + a_2 x_2 + a_3 x_3 \tag{2.3-8}$$

式中：$\hat{q}$——预测的年地方货运量；

a_0——常数项；

x_i——相关因素；

a_i——回归系数，a_1 表示当 x_2，x_3 等不变时，x_1 每增加一个单位，引起货运量的年均增加值；a_2，a_3 意义类同。

调查沿线铁路地方货运量与各相关因素的历史资料，根据最小二乘法原理可求出 a_0、a_1、a_2、a_3 等系数值，即可建立预测模型。然后向设计线沿线的计划部门调查未来各相关因素的规划指标，代入预测模型，即可估算有关年度的地方货运量。

各设计年度铁路地方货运量的预测模型为：

$$\hat{q}_m = a_0 + a_1 x_{1m} + a_2 x_{2m} + a_3 x_{3m} \tag{2.3-9}$$

式中：　$\hat{q}_m$——m 年度的地方货运量；

x_{1m}、x_{2m}、x_{3m}——m 年度地方吸引范围内的国民经济某个规划指标。

3. 新建铁路货运量的预测

新建铁路没有历史统计资料,不能采用既有线的预测方法。可根据设计线的运营第 3 年、第 5 年、第 10 年的调查运量,参考设计线所在地区既有线货运量的增长规律与地区国民经济发展规划,从而借助经济调查人员的丰富实践经验,用对比估算办法,可以预测新建铁路的远期货运量。在对比估算中。应注意下列问题:

(1)应以较为可靠的近期调查运量为基础,使远期运量的预测曲线尽量接近运营第 3 年、第 5 年、第 10 年的调查运量 Q_3、Q_5、Q_{10}。

(2)参照该地区既有铁路货运量的增长规律,选取设计线的货运量增长参数。如货运量增长采用时间序列线性回归时,参数为每年递增的货运量,即式(2.3-2)中的 b 值;采用多元线性回归时,参数为式(2.3-8)中的 a_1、a_2、a_3 等回归系数。

设计线的货运量增长参数与设计线在铁路网中的地位和沿线的国民经济发展情况有关。若能在设计线所在地区找出与设计线情况相近的若干条(如 3 条) 既有线,分别求出其货运量增长的参数 p_1、p_2、p_3,然后根据既有线与设计线的相近程度,分别赋以权数 a_1、a_2、a_3 $[(a_1 + a_2 + a_3) = 1]$,则设计线货运量增长的参数 P 可取为:$P = a_1 P_1 + a_2 P_2 + a_3 P_3$。

初步选出货运量增长参数后,还要检查其预测值 $\hat{Q}_3$、$\hat{Q}_5$、$\hat{Q}_{10}$ 是否和调查运量 $\hat{Q}_3$、$\hat{Q}_5$、$\hat{Q}_{10}$ 相近。若误差较大,应适当调整参数值,使预测值和调查值尽量接近。

这样,就可根据最后确定的参数,建立设计线货运量的远期预测模型,预测运营第 15 年、第 20 年的货运量。设计线较长时货运量应分段预测。

(3)设计线沿线远期有大型厂矿兴建时,其新增运量应增加到预测运量中。

(4)远期铁路网中建成分流线,则设计线中的预测货运量,可能有一部分由分流线分流,这一部分货运量应从设计线预测货运量中扣除。

如图 2.3-1 所示是采用时间序列线性回归方法预测时,上述注意事项的说明。图中 $\hat{Q}_3$、$\hat{Q}_5$、$\hat{Q}_{10}$ 为调查运量;ABD_0 虚线为选用合理的货运量增长系数,按运营前 10 年货运情况所确定的预测线;ΔQ_1 为设计线运营后期新建大型厂矿所增加的货运量;ΔQ 为设计线运营后期路网可能分流设计线部分货运的分流货运量。设计线实际的预测货运量可由折线 $ABCD$ 表示。

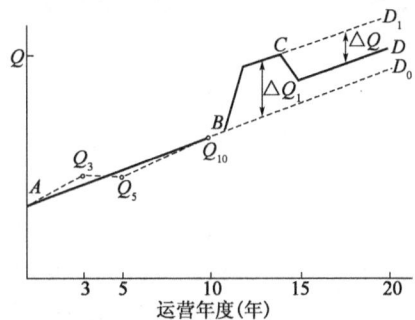

图 2.3-1　新建铁路货运量预测示意图

4. 货运量的汇总

各设计年度的货运量应分年度汇总,若设计线各区段运量悬殊,应按区段分别汇总。上行、下行货运量分开,大宗货流按品种分列。货运量为直通货运量与地方货运量之和。

汇总货量时,应把货物周转量、货流比、货运波动系数等指标同时算出。

可行性研究阶段只需列出区段货流量。如图 2.3-2 所示为区段货流图,目的是说明货流在区段站产生、消失以及形成区段货流的概念。

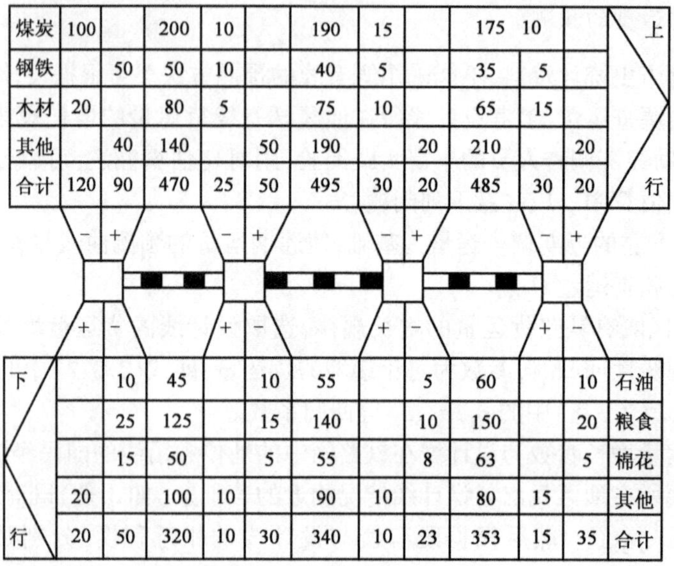

煤炭	100		200	10		190	15		175	10		上
钢铁		50	50	10		40	5		35	5		
木材	20		80	5		75	10		65	15		
其他		40	140		50	190		20	210		20	
合计	120	90	470	25	50	495	30	20	485	30	20	行

下		10	45		10	55		5	60		10	石油
		25	125		15	140		10	150		20	粮食
		15	50		5	55		8	63		5	棉花
	20		100	10		90	10		80	15		其他
行	20	50	320	10	30	340	10	23	353	15	35	合计

图 2.3-2　区段货流图(单位:万 t)

二、客运量的预测方法

目前,国际上高速客运专线(高速铁路)和城市轨道交通客流量预测主要采用四阶段需求预测方法。另外,20 世纪 70 年代,日本运输调查局开发了适用于新建高速铁路需求预测的 MD 模型。下面介绍四阶段需求预测的基本思路与基本方法。

1. 基本思路

所谓四阶段预测,就是将预测过程分为出行生成预测、出行分布预测、出行方式划分预测和客流分配预测四阶段。客流预测工作主要有以下五个基本步骤:

(1)收集资料。主要指土地利用规划资料及交通供给资料等。交通发展与土地利用之间有紧密的相互作用和联系,客流预测必须考虑到规划期限内有关的土地利用规划。土地利用资料主要是指交通区的人口数和不同用地类型的工作岗位数,它们是产生城市客流交通的根源。一般将城市研究区域划分为若干交通分区,交通供应资料包括各预测年度城市轨道交通线网、地面公交网及道路网。

(2)出行生成预测。指对每一个小区产生的和吸引的出行数量的预测,亦即预测发生在每一个小区的出行端数量。换言之,出行生成预测是预测研究对象地区内每一个小区的全部进出交通流,但并不预测这些交通流从何处来、到何处去。

(3)出行分布预测。指从起点小区到终点小区(OD)的交通量的预测,得到各预测年度全市全方式分目的的出行分布矩阵表。

(4)出行方式划分预测。指对每组起、终点间各种可能的交通方式(如地铁、公共汽车、自行车等)所承担的比例的预测，即决定出行者采用何种交通方式出行，从全方式出行分布中将轨道交通客流分布分离出来。

(5)客流分配预测。将轨道交通方式的预测结果分配到与所选择的城市轨道交通线网规划方案对应的综合交通线网上，从而得到城市轨道交通线网各条线路上的客流量。

四阶段交通需求预测系统的四个子模型形成一个序列，前一个子模型的输出结果为后一个子模型的输入数据，最后的子模型提供从起点到终点以及采用某种交通工具行走某条路线的交通流的预测结果。这个预测模型简明易懂，使用方便。

城市交通规划四阶段需求预测模型如图 2.3-2 所示，它相应于一个连续的决策过程(图 2.3-3)。图 2.3-3 表现了人们决定进行一次出行(生成)、去何处(分布)、利用什么交通方式(方式划分)和选用哪条线路(分配)的一个过程，其预测过程如图 2.3-4、图 2.3-5 所示。

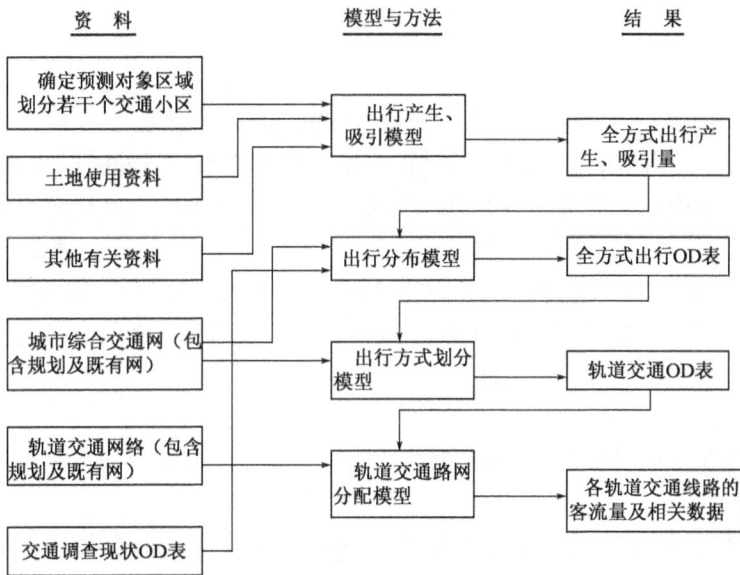

图 2.3-3　城市轨道交通需求的四阶段预测方法

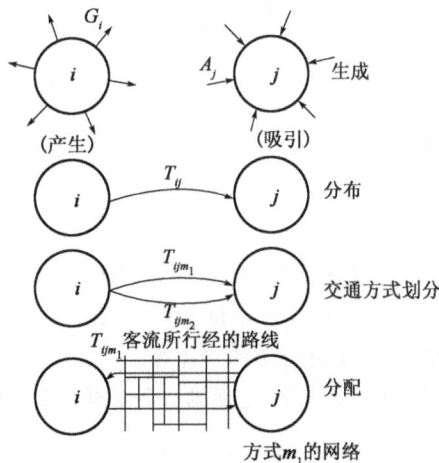

图 2.3-4　交通需求预测的顺序建模步骤

35

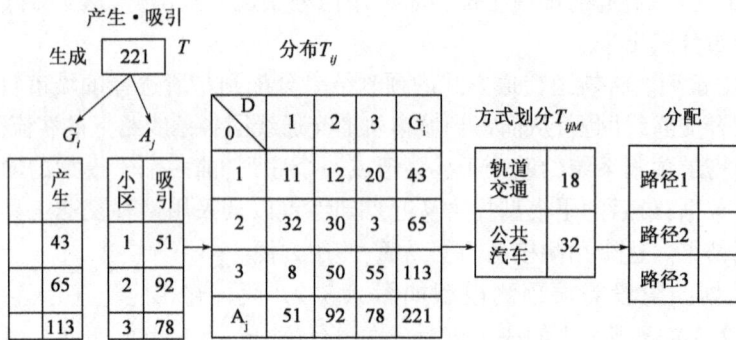

图 2.3-5　基于四阶段方法的客流需求预测过程示意图

2. 基本方法

1)出行生成的预测

出行生成预测是需求预测中最基本的作业。即为四阶段预测法中的第一阶段。它的任务是预测每一个交通小区的出行产生和吸引量,一般以每天或某一高峰时段为基础。从某区域产生,或被某区域吸引的交通量的多少,直接反映了该区域的规模及其社会经济活动的状况。一般影响出行产生量的因素可分为两类:一类为住户的人口特性;另一类为住户的收入水平和小汽车拥有量。而影响出行吸引的因素,主要与建筑面积及其使用性质(商业、服务业、制造业等)有关。因为两者的影响因素不同,所以须将出行产生和出行吸引分别进行预测,以求其精确,也利于下一阶段出行分布的工作。

(1)出行率法。

基本假定:某个社会经济指标(如面积、人口等)单位所发生的交通量是一定的,即出行率始终为常数。

以 G_i 表示某交通小区 i 的产生交通量, Q_i 表示该小区的某个社会经济指标值,则单位指标值所形成的产生或吸引交通量 U_i 为:

$$U_i = \frac{G_i}{Q_i} \tag{2.3-10}$$

如果对所有的交通小区 i 为 $1 \sim n$, U_i 都是一个常数 U,则可以认为 U 是出行率。通过 U 即可求出小区 i 的发生或吸引交通量,即:

$$G_i = UQ_i \tag{2.3-11}$$

这就是出行率的基本原理。

社会经济指标有使用面积、人口等多种指标。通常由单一指标来求得对所有交通小区都稳定的常数 U 是很困难的,因此往往将这些指标加以分层。如对面积按土地利用性质分层,对人口按年龄、性别分层,然后求出各层的交通发生率。

例如,以 U_j 表示 j 层 $(j=1 \sim k)$ 的出行率,则第 i 个交通小区的产生或吸引交通量 G_i 可以按下式求得:

$$G_i = \sum_{j=1}^{k} U_j \cdot Q_{ij} \tag{2.3-12}$$

式中：Q_{ij}——第 i 个交通小区中第 j 层的社会经济指标值，并存在下列关系式：

$$Q_i = \sum_{j=1}^{K} Q_{ij} \qquad (2.3\text{-}13)$$

在这里，可以利用的社会经济指标大体上有以下几类：

①人口：按年龄、性别分；按职业类别（除正规职业外，还应包括家庭主妇、学生、儿童、无职业者等）分。

②白天人口：按企事业职工种类分；按不同学校的学生类别分。

③面积：按土地利用类别分。

按以上分类方法，通过对将来人口及土地利用面积的预测，再乘以相应的出行产生率或出行吸引率，即可分别求出各交通小区将来的出行产生量与出行吸引量。

（2）回归模型法。

在出行率法中，各个交通小区的出行量是通过单一的社会经济指标来决定的，而实际上影响出行量大小的因素很多，出行率法不太符合实际的情况。因此，人们提出了回归模型法。这种方法以产生量为因变量，以对其发生影响的所有社会经济指标为自变量，并基于现状数据资料进行回归分析计算，得到回归预测模型。

这里，取 k 个社会经济指标为自变量，设第 i 小区内第 j 个社会经济指标的值为 $Q_{ij}(j = 1 \sim k)$（如交通小区内总人口、商业用地面积等），则 i 小区的出行产生量 G_i 与 Q_{ij} 间的关系可以表示成下列模型：

$$G_i = f(Q_{i1}, Q_{i2}, \cdots, Q_{ij}, \cdots, Q_{ik}) \qquad (2.3\text{-}14)$$

当该模型取为线性模型时，则有：

$$G_i = b_0 + \sum_{j=1}^{k} b_j \cdot Q_{ij} \qquad (2.3\text{-}15)$$

式中：b_0——回归常数；

b_j——偏回归系数 $(j = 1 \sim k)$。

将所有交通小区的现状出行量 $G_i(i = 1 \sim n)$ 及相应的社会经济指标值 $Q_{ij}(i = 1 \sim n, j = 1 \sim k)$ 分别代入上述模型，得到 n 个线性方程式，并利用最小二乘法即可求出相应的回归常数与偏回归系数。具体计算方法参照有关数学手册。将所求的回归系数代入式（2.3-15），即可得到出行产生的回归预测模型。应该注意，如上述 G_i 代表的是各小区的现状出行产生交通量，则所得到的模型是出行产生模型；如 G_i 代表的是各小区的现状出行吸引量，则对应的模型是出行吸引模型。

必须指出，在标定出一个新的回归模型时，还需对其系数（特别是正、负号）的合理性做出判断。例如，在自变量总人口之前的系数出现正号是合理的，这说明人口越多，出行量应该越大；反之，若在总人口变量前出现负号，则明显不合理。因为这表达的是人口越多，相应的出行产生量越小。如果出现这种不合理的现象，则应重新选择其他经济指标作为变量，重新标定模型。

以上介绍的出行产生及吸引量的预测方法，无论哪种方法都是以个人出行调查的结果为基础的，即都是以个人出行调查时点的产生、吸引交通量为基础，预先求得交通量与社会经济指标间的关系,然后预测出未来规划年度相应的社会经济指标值,最后预测得到规划年度的交通量。必须注意,这种方法是假设以其函数关系不变为前提的。然而现实生活中,由于生活条件的改善,城市规划、土地利用规划等可能产生调整,或由于实施了新的交通项目,地区交通状态产生变化,因而作为确定出行产生、吸引交通量基础的地区性质也会产生变化。对于这些问题,应根据不同情况,对预测值进行适当调整。

通过该阶段的预测,将得到类似于如表 2.3-2 所示的预测结果。

未来出行产生、吸引交通量　　　　　　表2.3-2

D〈O	1	2	3	产生 G_i
1				43
2				65
3				113
吸引 A_j	51	92	78	221

2)分布交通量的预测

居民出行分布预测是利用各交通小区产生量 G_i 和吸引量 A_j(i、j 是交通小区序号)求各交通小区与交通小区之间的分布(OD)量,即 O-D 矩阵,参见表 2.3-3,所以出行分布模型是一种空间相互作用模型。本节将介绍两种分布交通量预测的主要方法:增长系数法和重力模型法。

OD 表　　　　　　表2.3-3

D〈O	1,2,…,j,…,n	计
1		
2		
⋮	ij 间的分布量	
i	t_{ij}	G_i(发生量)
⋮		
n		
计	A_j(吸引量)	T(合计)

(1)增长系数法。

增长系数法假定将来的交通小区与交通小区之间的出行分布模式与现状的分布模式基本一致,其分布量按其系数增加。增长系数法主要包含平均增长系数法、底特律法(Detroit Method)及福来特法(Fratar Method)三类。但其预测的基本原理及步骤可以统一表达如下:

①以 t_{ij}、$G_i^{(0)}$、$A_j^{(0)}$ 分别表示现状 OD 表中 $i \sim j$ 之间的交通量、i 小区产生量及 j 小区吸引量。

②假定已求得规划年度 i 小区的出行产生量和 j 小区的出行吸引量分别为 G_i、A_j。

③各小区的产生量、吸引量的增长系数 F_{gi}、F_{aj} 可由下式求得:

$$F_{gi}^{(0)} = \frac{G_i}{G_i^{(0)}}, F_{aj}^{(0)} = \frac{A_j}{A_j^{(0)}} \tag{2.3-16}$$

④分布交通量预测值的第一次近似 $t_{ij}^{(1)}$ 可以由下式求得：

$$t_{ij}^{(1)} = t_{ij} \cdot f(F_{gi}^{(0)}, F_{aj}^{(0)}) \tag{2.3-17}$$

式中：$f(F_{gi}^{(0)}, F_{aj}^{(0)})$——以 $F_{gi}^{(0)}$、$F_{aj}^{(0)}$ 为自变量的函数。

⑤第一次近似 OD 表的产生量 $G_i^{(1)}$ 吸引量 $A_j^{(1)}$ 按下式计算：

$$G_i^{(1)} = \sum_j t_{ij}^{(1)}, A_j^{(1)} = \sum_i t_{ij}^{(1)} \tag{2.3-18}$$

一般来说，$G_i^{(1)}$、$A_j^{(1)}$ 与 G_i、A_j 并不相等，所以，将式(2.3-16)中的 $G_i^{(0)}$、$A_j^{(0)}$ 置换成 $G_i^{(1)}$、$A_j^{(1)}$ 重新计算调整系数，得出第二次计算值 $t_{ij}^{(2)}$：

$$t_{ij}^{(2)} = t_{ij}^{(1)} \cdot f(F_{gi}^{(1)}, F_{aj}^{(1)}) \tag{2.3-19}$$

⑥反复进行以上调整过程，当：

$$F_{gi}^{(k)} = \frac{G_i}{G_i^{(k)}}, F_{aj}^{(k)} = \frac{A_j}{A_j^{(k)}}$$

均非常接近于 1.0 时，该预测过程结束，其最后所得的 $t_{ij}^{(k)}$ 即为所求的分布交通量的预测值。

而上述的平均增长系数法、底特律法及福来特法的主要区别在于式(2.3-17)中的 $f(F_{gi}, F_{aj})$ 的函数形式不同。现分别介绍如下。

平均增长系数法：

$$f = \frac{1}{2}\left(\frac{G_i}{G_i^{(0)}} + \frac{A_j}{A_j^{(0)}}\right) \tag{2.3-20}$$

底特律法：

$$f = \frac{G_i}{G_i^{(0)}}\left(\frac{\dfrac{A_j}{A_j^{(0)}}}{\dfrac{\sum\limits_j A_j}{\sum\limits_j A_j^{(0)}}}\right) \tag{2.3-21}$$

福来特法：

$$f = \frac{G_i}{G_i^{(0)}} \cdot \frac{A_j}{A_j^{(0)}} \cdot \frac{L_i + L_j}{2} \tag{2.3-22}$$

式中：L_i、L_j——i、j 交通小区的 L 系数，由下式求取：

$$L_i = \frac{G_i^{(0)}}{\sum\limits_j \left(t_{ij}^{(0)} \dfrac{A_j}{A_j^{(0)}}\right)}, L_j = \frac{A_j^{(0)}}{\sum\limits_i \left(t_{ij}^{(0)} \dfrac{G_i}{G_i^{(0)}}\right)} \tag{2.3-23}$$

平均增长系数法公式简单,但收敛较慢。随着计算机技术的发展,已逐渐被收敛速度较快的底特律或福来特法所取代。

(2)重力模型法。

重力模型法就是把牛顿万有引力定律应用于交通量分布预测而得到的模型。其基本设想是交通小区 $i \sim j$ 之间的分布交通量,与小区 i 的产生交通量及小区 j 的吸引交通量成正比,而与两小区间的距离成反比。

现在以 G_i、A_j、R_{ij} 分别表示 i 小区的出行产生量、j 小区的出行吸引量以及小区 $i \sim j$ 之间的距离,则小区 $i \sim j$ 之间的分布交通量可以表示为:

$$t_{ij} = k \cdot \frac{G_i^{(\alpha)} A_j^{(\beta)}}{R_{ij}^{\gamma}} \tag{2.3-24}$$

其中,k、α、β、γ 为系数,当 t_{ij}、G_i、A_j、R_{ij} 为已知时(例如通过现状 OD 表获得),则可以通过最小二乘法确定。具体来说,对式(2.3-24)两边取对数可得线性方程:

$$\lg t_{ij} = \lg k + \alpha \lg G_i + \beta \lg A_j - \gamma \lg R_{ij} \tag{2.3-25}$$

这样,只要通过线性多元回归分析即可得到系数 k、α、β、γ。如果这些系数不随时间、场所而改变,则无论何时只要一旦给定出行产生量、出行吸引力量及两小区间的距离,即可利用公式(2.3-24)求取相应的 OD 分布交通量。

但是,这样计算得到的 OD 交通量 t_{ij} 按产生量、吸引量合计得到的 $\sum_i t_{ij}$、$\sum_j t_{ij}$ 并不能保证与给定的 G_i、A_j 相一致,因此刚才所得的 t_{ij} 可以认为是所求结果的第一次近似值,然后有必要通过增长系数法的收敛计算使之逐步取得一致。

该模型的结构可以看成由分子的 $G_i^{\alpha} A_j^{\beta}$ 和分母的 R_{ij}^{γ} 两部分组成,前者表示产生分布交通的力量。根据经验,α、β 往往取 $0.5 \sim 1.0$ 间的值。在实际处理时,有时也部分地预先给定 α、β 值,如 $\alpha = \beta$,$\alpha = \beta = 1.0$,$\alpha = \beta = 0.5$。

这样就使得求解非常容易,而分母项为分布交通阻抗项,γ 称为分布阻抗系数。通常,将距离作为分布交通阻抗不一定是最优的。还不如采用两交通小区之间的所需运行时间等指标更能反映实际情况。因此,作为分布阻抗,常采用以下几种形式:

①交通小区中心之间的直线距离。

②交通小区之间的沿线距离。

③交通小区之间的需要时间。

④交通小区间的需要费用(票价、燃料等)。

⑤距离函数的设定。

其中,②、③、④项与使用何种交通手段有关,所以有必要对公路、公共交通分别求出其数值,并取以其平均值来代替该指标。另外,第⑤项的距离函数是将时间、费用等复杂因素加以合成,并将其换算成金钱或时间的函数。

3)交通方式划分

交通方式划分就是要把各交通小区之间的分布交通量划分给各种交通方式,从而在各自的交通网上进行分配。客运交通一般分为公共交通和个体交通两种方式。公共交通一般指公共电车、汽车以及轨道交通等;个体交通国外主要以小汽车为主,而国内自行车交通和步行交通目前在居民出行中占有相当大的比重。

(1)分担率曲线法。

根据个人出行调查的结果,以横轴表示影响交通方式分担率的某个主要因素(如距离)的特性值,以纵轴表示各交通方式的分担率,由此建立表示分担率变化的曲线,如图2.3-6、图2.3-7所示。据此曲线可以求得各交通方式的分担率。图2.3-6以出行距离为说明变量,制成了利用交通工具的其他交通方式的分担率曲线。这种以二者择一的方式,通过曲线将两种方式的分担率分为上、下两部分,非常简明易懂。图2.3-7则是通过几条曲线将纵向高度分为几段,以表示各种交通方式的分担率的方式。这两类表达分担率的方式,其分担率的合计均为100%,所以没有必要进行修正。

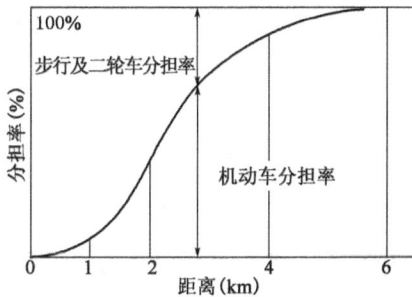

图2.3-6 分担率曲线(二者择一的方式)   图2.3-7 分担率曲线(多方式一次选择方式)

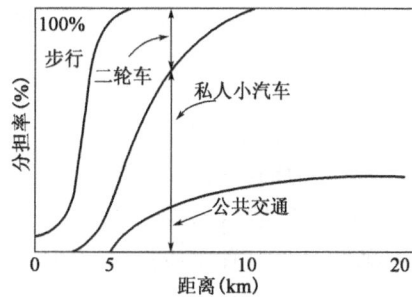

但是,分担率的变化曲线往往随交通目的或交通利用者的阶层的不同而有差异。在这种情况下,往往需要在一个图中同时画出数根曲线,或针对不同交通目的或不同阶层的利用者分别画出数张分担率曲线图。另外,影响分担率的因素一般有多个,这时就需要先将其他影响因素分类,然后分类制作分担率曲线。因此,尽管该方法简单明了,但很难表现复杂的分担率的变化。

(2)非集聚Logit模型。

交通需求分析中以非集聚分析为基础建立起来的非集聚模型(Disaggregate Model),不仅仅是对个人行动的记述和表现,而且是建立在合理的选择标准基础上的。它的基本假定为个人将在利用可能的、选择肢相互独立的集合中,选择他认为对自己来说效用最大的选择肢。非集聚模型正是以此基本的行为假定为基础而构造选择模型的,所以也称为非集聚行为模型(Disaggregate Behavioural Model)或个人选择模型(Individual Choice Model)。

非集聚Logit模型的基本公式为:

$$P_i = \frac{\exp(U_i)}{\sum_{j \in J} \exp(U_j)} \tag{2.3-26}$$

式中:P_i——交通方式i的分担率;

J——利用可能的选择肢集合;

U_i——交通方式i的效用,其相应的表达式如下所示:

$$U_i = \beta_1 Z_{i1} + \beta_2 Z_{i2} + \cdots + \beta_k Z_{ik} + \cdots + \beta_k Z_{ik} \tag{2.3-27}$$

式中:β_k——参数,表示变量 Z_{ik} 对效用产生影响的重要度,$k=1,2,\cdots,K$;

Z_i——交通方式 i 的特性变量(如乘车时间、出行费用等)或乘客个人的社会经济属性(如有无私人小汽车等)。

上述模型中所包含的参数 $\beta_k(k=1,2,\cdots,K)$,需要采用极大似然估计法(Maximum Likelihood Estimation)来确定,这是一种通过使极大似然函数(Likelihood Function)达到最大求取参数 β 的方法。具体的模型标定方法,详见参考文献[11]。

(3)损失最小模型。

在损失最小模型中,假定乘客按损失量最小为目标来选择交通方式。作为损失量的主要因素可以考虑为票价和旅行时间,用下式来表示:

$$S = C + dT \tag{2.3-28}$$

式中:S——损失量(元);

C——票价(元);

T——旅行时间(min);

d——时间价值(元/min)。

现在,假定存在三种交通方式分别为 1、2、3,则各种交通方式给旅客带来的损失量分别表示如下:

$$S_1 = C_1 + dT_1, S_2 = C_2 + dT_2, S_3 = C_3 + dT_3 \tag{2.3-29}$$

其中,d 的值因人而异,其分布形态一般被假定为对数正态分布。当得到 d 的分布形态后,便从图 2.3-8 的关系中求得各种交通方式的分担率(如图 2.3-8 所示的 P_1、P_2、P_3)。

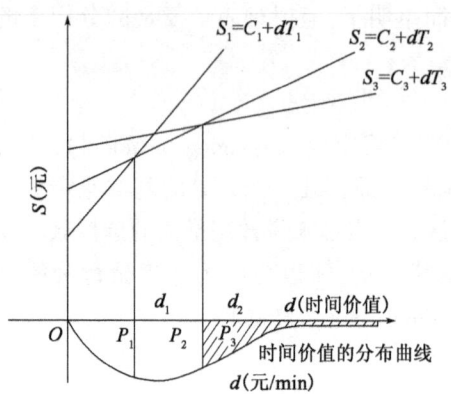

图 2.3-8 损失量模型

注:1.时间价值小于 d_1 的人,利用交通手段 1;时间价位介于 d_1 和 d_2 之间的人,利用交通手段 2;时间价值大于 d_2 的人,利用交通手段 3。

2.P_1、P_2、P_3 的面积分别表示交通手段 1、2、3 的分担率,且 $P_1 + P_2 + P_3 = 1$。

下面,以地铁与公共汽车的方式划分为例,介绍利用该方法求解其分担率的过程。

步骤一:在所有 OD 间,设定地铁及公共汽车线路方案,且各自都选择旅行时间最小的线路方案。

步骤二:决定各 OD 间地铁及公共汽车票价。

步骤三:决定各 OD 间地铁及公共汽车的旅行时间。地铁按列车时刻表查取,公共汽车按道路规格,确定标准走行速度,然后根据 OD 间距离确定旅行时间。

步骤四:计算地铁、公共汽车的损失量(S_1、S_2)。

步骤五:求得地铁与公共汽车损失量相等的点的 d 值(图 2.3-8 中的 d_1)。

步骤六:假定 d 的分布为对数正态分布,则从图 2.3-8 中即可求取地铁与公共汽车的分担率。图 2.3-8 中有 3 根 S-d 直线,而本例题用到的是 2 根直线,即 S_1-d 和 S_2-d。

步骤七:将各小区间的分布交通量乘以相应的分担率,即可得到各小区之间各种交通方式的分担交通量(P_1 和 P_2)。

4)交通量分配

轨道交通量分配就是要把交通方式划分阶段所得到的各小区之间的轨道交通量分配到将来的轨道交通线网上去,以求取线网中各轨道交通线路所应承担的交通量,从而为确定轨道交通设施规模等依据。轨道交通量分配的传统方法主要有以下两类:

(1)最短路径法:将 OD 间的轨道交通量全部分配到相应的最短路径(路线)上去。

(2)多路径概率分配法:在 OD 间同时选定多条路径(路线),按各条路径的特性值(如时间、所需费用等)的大小比例将各 OD 间的轨道交通量分配到各条路径(路线)上去。

从过去的轨道交通规划案例来看,用得最多的是最短路径法。这主要是由于以下两方面的原因:一方面,由于多路径概率分配法必须在大胆的假定条件下建立模型,但由于在出行现状的表现力方面还存在很大的问题,因而应用较少;另一方面,由于轨道交通容量大,线网比较单纯,路径选择自由度小,且旅行所需时间基本上不受拥挤程度的影响,因而最短路径法比较符合实际;同时,最短路径法的基本思想单纯易懂,加上长期以来缺乏其他比较有效的方法,从而在国内外轨道交通规划中得到了广泛的应用。

一般轨道交通线网通过交点和路线区间来表现。在这里,交点称为节点,路线区间以线代表,称为链。最短路径法是通过将各条链的权值赋予各条链,并对各条路径进行合计、比较其权值,从而决定最短路径的一种方法。作为链的权值是泛指链的长度,但作为实用指标既可以是实际距离,也可以是所需费用、所需时间,或是由它们复合而成的指标。

在交通规划中,现在常用的最短路径法是由莫尔(R. F. Moore)于 1975 年首先提出。并在后来得到改进的一种被称为 Dijkstra 法的方法。该方法的基本思想可以通过图解法(被称为标记法)来说明。这里,通过下面的例子来说明该方法的求解过程。线网如图 2.3-9 所示。

图中各条链上括号内所表示的是链权值。该方法可以同时求出从一个节点到其他所有节点的最短路径,其第一个节点称之为根。现在开始寻求以节点 A 为根的最短路径。

作为前期准备工作,如图 2. 3-9 所示,在各节点处准备一个用于标记的栏[,]栏内前一项用于标记与当前节点相连的前一节点的标号,而后一项用于标记从当前节点到根之间

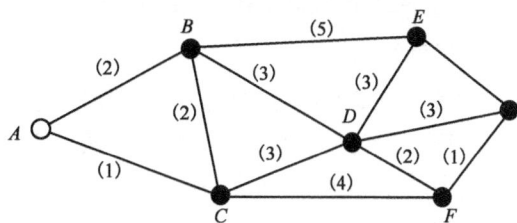

图 2.3-9 线网图

的累计距离。在计算过程中使用标记[- ,]中的负号表示无前节点。(- ,)中的负号表示无直接链。现利用图 2.3-9、图 2.3-10 详细说明其求解过程。

步骤一:能与 A 节点相连的可能有节点为 B、C,且距离为(2)、(1)。取二者较小的链,并在节点 C 的标记栏内记入[$A,1$]。

步骤二:与节点 A、C 相连的可能节点为 B、D、F,相应的离根节点的距离(经由 A 时,经由 C 时)=(2,3),(- ,4),(- ,5)。最短链为经由 A 节点的 B 节点,所以,在 B 节点的标记栏内记入[$A,2$]。

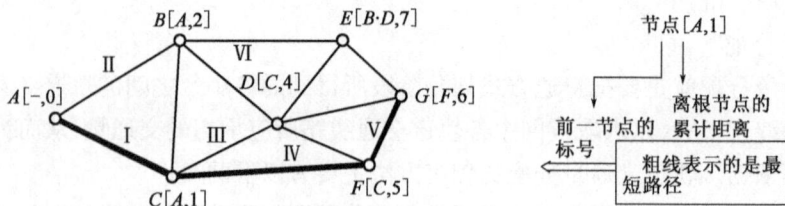

图 2.3-10 寻求最短路径的过程

步骤三：与标记完成的三个节点相连的可能节点为 D、E、F。这些节点分别经由节点 A、B、C，到达根节点的距离为：

$$(A,B,C) = (-,5,4),(-,7,-),(-,-,5)$$

取最短的链，在 D 节点的标记栏内记入 $[C,4]$。

步骤四：按同样的方法，按图 2.3-9 中Ⅳ的链，在 F 节点标记栏内记入 $[C,5]$。

步骤五：按同样的方法，在 G 节点标记栏记入 $[F,6]$。

步骤六：按同样的方法在 E 节点标记栏内记入 $[B \cdot D,7]$，这里的 $B \cdot D$ 表示 E 的前一节点无论是 B 还是 D 都具有相同的距离。

通过以上的过程，所有节点都被标记，并与根节点联系。根据这些标记，从各节点反推回去即可得到最短路径。例如，G-A 的最短路径是 G-F-C-A，其距离为 6。有了 G-A 的最短路径，则 G 所在的交通小区与 A 所在的交通小区之间的铁道交通量将全部被分配到 G-F-C-A 路径上。

假如 G-F 之间的轨道交通量为 100，则 G-F、F-C、C-A3 条链上的轨道交通量就都被分配得到 100 的交通量。

上述介绍了四阶段交通需求预的基本思路与方法，在实际工作预测中，可以利用国内外广泛采用的"START"和"TRIPS"交通模型。

3. 客流预测成果

在城市轨道交通线网规划、建设规划、工程可行性研究等不同阶段，对客流预测结果的广度、深度要求有所不同。例如，规划阶段偏重于线网客流总量，精度要求较低；设计阶段偏重于线路断面及车站客流，精度要求较高。工程可行性研究阶段的客流预测成果主要应包括以下几个方面：

(1)建设项目远期设计年限的线网主要客流指标。通过该项指标(参见表 2.3-4 和表 2.3-5)可以分析远期轨道交通客流在各条线路间的分配关系，便于全网客流平衡，从而避免因单纯地研究某条线路，忽略客流预测的系统性和整体性，而导致客流预测的偏差。

某地铁 1 号线远期轨道交通客流预测的线网总体指标　　　　　　表 2.3-4

类　　别	OD 总量(万人次/d)	占公共交通比例(%)	占全方式比例(%)
轨道交通	376.5	37.10	16.8
常规公交	638.5	62.90	28.40
合计	1015	100.00	45.20

（2）线路客流总体指标。包括日客流量、客流强度、换乘客流量、换乘客流所占百分比、平均乘距、高峰小时单向最高断面客流量等，参见表2.3-5、表2.3-6。

某地铁1号线远期轨道交通客流预测的相关线路指标　　　　　　表2.3-5

线　　路	线路长度	客运量 （万人次/d）	客流强度 [万人次/(km·d)]	占总客运量比例 （%）
1 号线	31.3	110.24	3.52	23.30
2 号线	50.1	114.39	2.28	24.18
3 号线	47.7	95.56	2.00	20.20
4 号线	34.6	34.47	1.00	7.29
5 号线	20.9	38.21	1.83	8.08
6 号线	38.6	44.57	1.15	9.42
7 号线	34.1	35.65	1.05	7.54
合计	257.3	473.09	—	100.00

某地铁1号线各预测年客流总体指标汇总　　　　　　表2.3-6

指　　标	初　期	近　期		远　期	
	数据	数据	增长幅度	数据	增长幅度
线路长度(km)	15.160	31.309	106.52	31.309	—
日客运量(万人次/d)	291047	656731	125.64	1102385	67.86
换乘客流量(万人次/d)	0	108827	—	264601	143.14
换乘客流所占百分比(%)	0	16.57	—	24.00	44.84
客流强度[万人次/(km·d)]	19198	20975	9.26	35209	67.86
平均乘距(km)	5848	7971	36.30	8085	1.43
早高峰单向最大断面流量(万人次·h)	13027	23436	79.90	38246	63.19

（3）站间 OD 表。表示公共交通 OD 在综合公交网络上分配后得到的轨道交通各车站间的出行量，包括全天和高峰小时站间 OD。它是进一步计算各项客流指标的基础，也是进行客流走向分析和交路运行组织的依据。表2.3-7 给出的是某地铁1号线初期全日站间 OD 表。

（4）车站乘降量。车站在单位时间内（全天或高峰小时）双向上下车的乘客数量，是计算各区间断面客流量的基础数据，其中高峰小时的车站乘降量是确定车站的站台宽度、出入口通道和楼（扶）梯宽度以及售检票机数量的依据，参见表2.3-8。

（5）换乘站换乘量和换乘系数。换乘站是轨道交通线网骨架的支撑点，是提供乘客在轨道交通线路间进行换乘的主要场所。换乘量是指相交轨道交通线之间全日或高峰小时交换的客流量，它是确定换乘方式和换乘设施容量的依据（表2.3-9）。换乘系数是指某换乘站上车客流中由其他轨道交通线路换乘过来的客流与总上车的比客流值。

某地铁 1 号线初期全日站间 OD 表

表 2.3-7

编号	1	2	3	4	5	6	7	8	9	10	11	12	13	14	15	下行上车合计	上行上车合计
1	0	590	1106	1163	1220	5100	1067	520	928	336	261	859	298	180	120	13748	0
2	582	0	61	2193	3369	15939	3702	2044	3664	1368	1069	3883	1411	930	1021	40652	582
3	1040	55	0	42	868	3937	903	566	1047	379	296	1104	419	386	473	10421	1095
4	1063	2033	38	0	19	3510	1191	769	1622	672	622	2383	920	875	1121	13702	3135
5	1109	3103	813	17	0	210	1400	1125	2581	1113	1020	4150	1649	1653	2282	17183	5043
6	4814	16044	3941	3307	191	0	86	1273	3799	1828	1711	7507	3334	3336	4642	27516	28295
7	1033	3814	923	1145	1367	79	0	18	570	281	286	1227	609	629	906	4526	8361
8	521	2039	574	751	1093	1217	15	0	94	202	228	991	461	534	841	3354	6209
9	983	3961	1115	1627	2627	3806	516	85	0	52	219	1101	588	725	1212	3897	14720
10	360	1487	418	693	1163	1872	255	187	53	0	51	714	411	507	967	2650	6488
11	276	1167	328	625	1041	1720	259	216	231	52	0	175	332	514	1043	2065	5914
12	945	4140	1227	2399	4231	7511	1140	923	1141	735	177	0	196	888	2291	3374	24568
13	327	1542	465	954	1733	3330	548	438	606	430	349	191	0	125	862	987	10913
14	214	1008	423	891	1701	3463	570	495	771	534	544	891	125	0	307	307	11630
15	129	1120	540	1241	2517	5173	906	833	1334	1053	1177	2430	939	319	0	0	19712
下行下车合计	0	590	1167	3398	5476	28696	8350	6315	14305	6230	5763	24096	10628	11280	18088	291047	
上行下车合计	13395	41513	10806	13649	17664	28170	4209	3178	4136	2803	2247	3512	1064	319	0		

某地铁 1 号线车站乘降量预测

表 2.3-8

车站名称	初期				近期				远期			
	早高峰(人次)	比例(%)	全日(人次)	比例(%)	早高峰(人次)	比例(%)	全日(人次)	比例(%)	早高峰(人次)	比例(%)	全日(人次)	比例(%)
1	—	—	—	—	10115	5.60	67446	5.01	17260	5.87	133450	6.28
2	—	—	—	—	6848	3.79	48594	3.61	10951	3.73	75461	3.55
3	3773	3.56	25921	3.53	4551	2.52	31265	2.32	9072	3.09	59325	2.79
4	14107	13.31	100031	13.63	17871	9.89	122192	9.08	31525	10.73	214020	10.07
5	5376	5.07	38539	5.25	7373	4.08	58764	4.37	13319	4.53	92394	4.35
6	5789	5.46	40541	5.52	9178	5.08	71970	5.35	22909	7.80	157359	7.40
7	7508	7.09	56342	7.68	10286	5.69	79650	5.92	16783	5.71	115540	5.44
8	21262	20.06	156074	21.26	38978	21.56	333231	24.76	42905	14.60	341171	16.05
9	5403	5.10	40345	5.50	4102	2.27	29783	2.21	5802	1.97	48733	2.29
10	5097	4.81	37543	5.11	9776	5.41	72216	5.37	33702	11.47	235443	11.08
11	4258	4.02	31890	4.34	4759	2.63	34526	2.57	6632	2.26	54151	2.55
12	3507	3.31	26665	3.63	4310	2.38	31447	2.34	6563	2.23	49717	2.34
13	9752	9.20	70749	9.64	14603	8.08	104955	7.80	16740	5.70	127601	6.00
14	4340	4.10	32589	4.44	7636	4.22	57891	4.30	12590	4.28	93710	4.41
15	15798	14.91	76787	10.46	6676	3.69	50925	3.78	11817	4.02	90639	4.26
16	—	—	—	—	6856	3.79	38527	2.86	9129	3.11	65694	3.09
17	—	—	—	—	7155	3.96	49304	3.66	11598	3.95	77442	3.64
18	—	—	—	—	9684	5.36	63262	4.70	14523	4.94	93714	4.41
合计	105970	100.00	734016	100.00	180757	100.00	1345948	100.00	293820	100.00	2125564	100.00

某地铁 1、2 号线各换乘站线间换乘量(人次)　　　　　　表 2.3-9

线　号	换乘站	换乘方向	初　期		近　期		远　期	
			全日	高峰	全日	高峰	全日	高峰
1 号线	1	1 号—5 号	—	—	—	—	16350	2120
		5 号—1 号	—	—	—	—	13878	1879
	2	1 号—3 号	—	—	—	—	62761	8158
		3 号—1 号	—	—	—	—	60078	7885
	3	1 号—2 号	—	—	58056	6180	88035	10870
		2 号—1 号	—	—	58748	7619	88526	11793
	4	1 号—4 号	—	—	—	—	91178	11852
		4 号—1 号	—	—	—	—	88664	11600
2 号线	1	2 号—5 导	—	—	—	—	37449	5083
		5 号—2 号	—	—	—	—	37458	4788
	2	1 号—2 号	35464	4570	58391	6216	88301	10905
		2 号—1 号	35430	5230	59130	8309	88802	12454
	3	2 号—3 号	—	—	26397	3289	42596	5717
		3 号—2 号	—	—	26638	3553	42998	5625
	4	2 号—4 号	—	—	8176	1106	13889	1845
		4 号—2 号	—	—	8174	1115	13886	1976

(6)线路断面客流分布。反映了某条轨道交通线路全日和高峰小时客流量在各个区间的分布情况(双向)。由此可以分析客流量分布的断面均衡性和方向均衡性,该指标也是进行交路运行组织的重要依据。表 2.3-10 给出了某地铁 1 号线初期全日和早高峰小时客流。

某地铁 1 号线初期全日客流表(人次)　　　　　　表 2.3-10

下　行			站　名	上　行		
下车	断面	上车	[站间距离(m)]	上车	断面	下车
0	—	10965	1	0	—	14956
—	10965	—	835	14956	—	—
669	—	48902	2	805	—	49655
—	59198	—	1108	—	63806	—
1709	—	16651	3	1624	—	18555
—	74140	—	1482	—	80737	—
5017	—	14325	4	4959	—	16240
—	83448	—	870	—	92018	—
5063	—	22646	5	5825	—	22808
—	101031	—	993	—	109001	—
39396	—	38734	6	39954	—	37990
—	100369	—	1510	—	107037	—
13887	—	6048	7	14530	—	5880

下 行			站 名	上 行		
下车	断面	上车	[站间距离(m)]	上车	断面	下车
—	92530	—	1140	—	98387	—
12702	—	5911	8	13858	—	5072
—	85739	—	955	—	89601	—
9654	—	6008	9	10258	—	5970
—	82093	—	1065	—	85313	—
8200	—	5574	10	8139	—	4752
—	79467	—	977	—	81926	—
30331	—	4690	11	32295	—	3433
—	53826	—	1940	—	53064	—
14505	—	754	12	16841	—	489
—	40075	—	1440	—	36712	—
40075	—	0	13	36712	—	0
—	—	—	—	—	—	—
—	—	—	合计	—	—	—
—	—	181208	367008	185800	—	—
—	—	—	换乘量	—	—	—
—	—	—	0	—	—	—
—	—	—	本线发送量	—	—	—
—	—	—	367008	—	—	—

(7)车站客流超高峰系数。是用来描述车站高峰小时内不同时刻的车站乘降量变化特点的指标,为高峰小时内乘降量最高时刻的数值与不同时刻乘降量平均值的比值。它在预测车站乘降量的基础上增加一定的富余量,是车站规模设计的重要参考数据,数值为1.2~1.4(表2.3-11)。

某地铁1号线车站远期超高峰系数　　　　　　　　表2.3-11

站 名	超高峰系数	站 名	超高峰系数
1	1.28	13	1.33
2	1.26	14	1.20
3	1.26	15	1.20
4	1.25	16	1.40
5	1.25	17	1.24
6	1.40	18	1.28
7	1.30	19	1.24
8	1.20	20	1.30
9	1.32	21	1.25
10	1.34	22	1.25
11	1.23	23	1.28
12	1.26	—	—

(8)车站分向客流。是在乘降客流预测的基础上,进一步确定客流在各个进出日方向上的分配关系,即确定各方向的分担比例(表 2.3-12)。分向客流是车站各进出口通道形式选择、尺寸确定、扶梯设计的关键参数。

某地铁 1 号线远期全日分向客流 表 2.3-12

车站	总乘降量(万人次/d)	各进出口方向分向客流							
		北		南		西		东	
		客流量(万人次/d)	比例(%)	客流量(万人次/d)	比例(%)	客流量(万人次/d)	比例(%)	客流量(万人次/d)	比例(%)
1	—	—	—	—	—	—	—	—	—
2	—	—	—	—	—	—	—	—	—
3	—	—	—	—	—	—	—	—	—
4	—	—	—	—	—	—	—	—	—
5	—	—	—	—	—	—	—	—	—
6	—	—	—	—	—	—	—	—	—
7	—	—	—	—	—	—	—	—	—
8	—	—	—	—	—	—	—	—	—
9	—	—	—	—	—	—	—	—	—
10	—	—	—	—	—	—	—	—	—

三、高速客运专线的诱发客流量模型

一般而言,高速客运专线建成后,由于运输质量和服务水平的提高,将诱发旅客乘坐铁路客运专线列车的愿望,这就可能产生新的客流,从而增加了对铁路客运的需求。通常将由此产生的客运量称之为诱发客运量。

采用 LOGSUM 算子可以估计在高速客运专线建成前和建成后各种方式广义成本的变化,推算出质量较高的新运输方式投入运营后可能产生的诱发运量的比例,其基本公式如式(2.3-30)所示:

$$IP_{ij} = \frac{(U_{bij})^{\beta}}{(U_{aij})^{\beta}} - 1 \tag{2.3-30}$$

式中:IP_{ij}——OD 对 ij 的诱发率;

U_{bij}——高速客运专线建成前(或无高速客运专线条件下的)广义成本,$U_{bij} = \underset{i \in I_b}{\text{LOGSUM}}(U_i)$;

U_{aij}——有高速客运专线条件下 OD 对 ij 间的广义成本,$U_{aij} = \underset{i \in I_a}{\text{LOGSUM}}(U_i)$;

β——待定系数;

I_b——无高速客运专线条件下各种运输方式的集合;

I_a——高速客运专线建成后各种运输方式的集合。

LOGSUM 算子的定义如下:

$$\text{LOGSUM}(A_i) = \sum_i \left[\exp(-A_i) \right]$$

第四节 运 输 能 力

一、运输能力

轨道交通线路的运输能力包括通过能力和输送能力。

1. 通过能力

通过能力是指单位时间内轨道交通线路可以通过的列车对数(单线)或列数(双线一个方向)。我国铁路主要面向中长途客货运输,一般采用日通过能力,即单位时间取 1d;对于城市轨道交通线路及大城市市郊以通勤客运为主的铁路,具有明显的高峰时段特征,采用小时通过能力。

通过能力受最困难区间或车站的限制,有时可能也受其他设备的限制,如车辆数、机务与车务设备、给水设备、电气化铁路供电设备等。线路设计时一般是以区间及车站的通过能力为依据,其他各种设备的能力应与其相配合。

为了保障行车安全,同一区间的同一股道不能出现反向运行的列车,同一方向的列车间隔必须大于一定的安全距离(制动距离 + 半个列车长 + 安全余量);不同的信号系统实现这一目标的途径与效率也就不同;线路区间有着不同的列车类型(如货物列车、旅客列车、通勤列车等)、列车构成(各类列车的多少与编排顺序)和列车速度,它们会影响到线路通过能力的大小。

2. 输送能力

输送能力是指单位时间内铁路线路能够运送的最大客货运量。

对于客货混运铁路,运输对象主要为货物,输送能力为每年单向运送的最大货运量,如有客车按每天 1 对折合 1.0Mt 年货运量,对于高速客运专线及城市轨道交通线路,输送能力为线路某方向 1h 内所输送的乘客总数。

全线的输送能力受线路的最大断面流量制约,而断面流量与线路的运量分布及运距有关。

二、影响运输能力的主要因素

运输能力与列车容量及线路通过能力成正比,而线路通过能力是区间通行能力与车站通行能力中的较小者。

1. 影响列车容量的主要因素

对于货运列车,列车容量为牵引净质量。牵引净质量决定于列车牵引力、限制坡度、到发线有效长度和下坡制动条件等因素。

对于旅客列车,列车容量为列车可容纳的乘客数。旅客列车的容量一般不受列车牵引力及最大坡度限制,而是受列车的容积和服务水平标准控制。

列车的容积与车厢宽度及编组数成正比。我国铁路普通客车的宽度一般为 3.15m,高速列车为 3.31m;城市轨道交通车辆分 A、B、C 型三类,A 型车一般宽 3.0m,B 型车一般宽 2.8m,

C 型车宽度一般不超过 2.6m。对于客流量很大的城市一般选择 A 型车或 B 型车,而客流量小的城市则选择 C 型车。扩大列车编组可以明显地增加列车容量,但编组越大,要求供旅客上下车的站坪或供停靠货车的到发线就越长。铁路车站一般为地上线路,建设成本低,通常采用较长的车站长度,列车编组可达 14 ~ 20 节;地铁线路多为地下线,地下车站建设成本高,一般采用较短的站坪长度,列车编组数多为 4 ~ 8 节。

列车服务水平包括车厢内部的座位比例、单位面积站立人数等指标。长途列车车厢内除过道及必要的设备外,一般都设置成座位或卧位;城市轨道交通列车一般在车厢两侧无门位置设置座位,其他空间设置成站位;市郊列车则介于两者之间,视列车行程大小及客流量大小调整座位比例。单位面积站立人数对列车容量及舒适度有很大影响,目前我国城市轨道交通系统中按 6 人/m² 计算,而欧洲一般按 4 人/m² 计算。

2.影响区间通过能力的主要因素

区间通过能力主要受信号系统类型、行车速度、列车类型及行车组织方式等因素影响。下面重点分析信号系统对区间通过能力的影响。

信号系统是信号、联锁及闭塞设备的总称(简称信、联、闭)。信号主要通过地面或车载的信号设备发出不同的显示(如红色、黄色和绿色)来指挥驾驶员操作,确保行车安全;联锁是在区间两端车站的道岔与信号机、信号机与信号机之间建立必要的联系,通过电气设备来保障行车安全和提高车站通过能力;闭塞是通过空间分隔的方法来保障行车安全和提高区间通过能力。目前,普通铁路常用半自动闭塞和自动闭塞,而城市轨道交通系统则多采用移动闭塞。

3.影响车站通过能力的主要因素

车站通过能力是在车站设备条件下,采用合理的技术作业过程,单位时间内(1d 或 1h)能够接、发各方向的列车数。一般中间站的通过能力需考虑到发线通过能力及咽喉通过能力两方面,对大型客运站还涉及客车整备场的能力。

1)到发线通过能力

到发线通行能力是指车站所有办理列车到发作业的线路,采用合理的技术作业和线路使用方案,一昼夜能够接、发各方向列车的最大数量。

影响到发线通过能力的因素包括:

(1)各种列车占用到发线的时间。各种列车占用到发线的时间由车站技术作业过程规定,除折返列车以外,一般离散度都不大。

(2)车站接发各种列车的比重。到发线通过能力不仅与车站的列车数量有关,而且与各种列车数占总列车数的比重有关;通过列车占车站总列车数的比重越大,车站配备到发线与设备数量越少。

(3)列车到发的不均衡性。列车的到发时刻是由运行图规定的,集中到发的现象时有发生,高峰时段到发线能力紧张,非高峰时段能力富裕,列车到发的不均衡性对全日的通过能力有很大影响。

(4)空费时间。空费时间是到发线上产生不能用来正常接发列车的空闲时间。此项时间可综合体现以上各项因素对到发线能力的影响,一般用空费系数 $\gamma_{空}$ 表示。

(5)旅客列车到发线数。客运站用来接发旅客列车的到发线数量与到发线通过能力成正比。

2)咽喉通过能力

咽喉通过能力包括以下两方面：

(1)咽喉区通过能力,是指车站某咽喉区各方向接、发车进路咽喉道岔组通过能力之和。检算该能力可以判断车站咽喉区能力与车站到发线能力是否协调。

(2)咽喉道岔组通过能力,是指在合理固定到发线使用方案及作业进路条件下,某方向接、发车进路上最繁忙的道岔组一昼夜能够接、发该方向的列车数。检算该能力可以判断车站咽喉区通过能力与区间通过能力是否协调。

第三章　轨道结构组成与类型

第一节　概　　述

铁路由钢轨、轨枕、道岔、道床、联结零件及防爬设备等组成。轨道是铁路的主要技术装备之一,是行车的基础,它的作用是引导机车车辆运行,直接承受由车轮传来的荷载,并把它传给路基或桥隧建筑物。轨道必须坚固稳定,并具有正确的几何形位,以确保机车车辆的安全运行。

有砟轨道和无砟轨道以及无缝线路是轨道的几种特殊类型,由于其某种优良的特性而得到广泛的应用。有砟轨道和无砟轨道的主要区别在于道床、道砟的不同,因此也各自具有不同的优缺点和使用情况。

本章对轨道的各个部件以及几种特殊类型的轨道形式进行介绍。

第二节　钢　　轨

一、钢轨的功用

钢轨是铁路轨道的主要部件。钢轨与机车车辆的车轮直接接触,钢轨的质量直接影响到行车的安全性和平稳性。为了使线路能按照设计速度保证列车运行,钢轨必须具备以下几个方面的功能:

(1)为车轮提供连续、平顺和阻力最小的滚动面,引导机车车辆前进。车辆要求钢轨表面光滑,以减小轮轨阻力;而机车要求轮轨之间有较大的摩擦力,以发挥机车的牵引力。

(2)钢轨要承受来自车轮的巨大垂向压力,并将以分散形式传给轨枕。在轨面要承受极大的接触应力。除垂向力外,钢轨还要承受横向力和纵向力。在这些力的作用下,钢轨要产生弯曲、扭转、爬行等变形,轨头的钢材还要产生塑性流动、磨损等。

(3)为轨道电路提供导体。

二、钢轨截面设计原则及我国主型钢轨截面形状

钢轨截面形状的发展也经过了相当长的时间。从构件截面的力学特性可知,工字形截面的构件具有较好的抗弯曲性能,可把钢轨看成是连续弹性地基梁,或连续点支承地基梁。在轮载的作用下,钢轨主要承受垂向弯曲,所以一般将钢轨截面设计成工字形,如图 3.2-1 所示。钢轨截面由轨头、轨腰和轨底三部分组成,相互之间用圆弧连接,以便安装钢轨接头夹板和减少截面突变引起的应力集中。钢轨的三个主要尺寸是钢轨高度、轨头宽度和轨底宽度。根据

钢轨的受力特点,对轨头、轨腰和轨底三部分的要求如下。

1. 轨头

轨头宜大而厚,并具有与车轮踏面相适应的外形,以改善轮轨接触条件,提高抵抗压陷的能力,同时具有足够的支承面积,以备磨耗。钢轨顶面在具有足够宽度的同时,为使车轮传来的压力更为集中于钢轨中心轴,顶面形状为隆起的圆弧形。轨头侧面形式既不增加轨顶面宽度,又能扩大轨头下部宽度,使夹板与钢轨之间有较大的接触面,并可使轨头下颚与轨腰之间用较大半径的圆弧连接起来,并在有利于改善该处应力集中的前提下,宜采用向下扩大的形式。

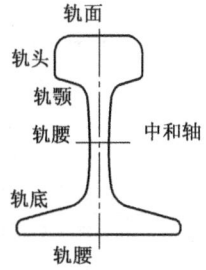

图 3.2-1　钢轨截面形状

2. 轨腰

轨腰必须有足够的厚度和高度,具有较大的承载能力和抗弯能力。轨腰的两侧为直线或曲线,而以曲线最常用,以有利于传递车轮对钢轨的冲击动力作用和减少钢轨轧制后因冷却而产生的残余应力。

3. 轨底

轨底直接支承在轨枕顶面上,为保持钢轨稳定,应有足够的宽度和厚度,并具有必要的刚度和抗锈蚀能力。轨底顶面可以做成单坡或折线坡的斜坡。轨底的上下角也应做成圆角,半径一般为 2~4mm。

钢轨高度要保证钢轨具有足够的惯性矩和截面系数来承受车轮的竖直压力,并要使钢轨在横向水平力作用下具有足够的稳定性。根据多种类型钢轨几何尺寸的设计资料,钢轨截面的四个主要尺寸按经验公式计算:轨头顶面宽度 $b = 0.34M + 51.70$(mm),轨腰厚度 $t = 0.16M + 7.08$(mm),轨身高度 $H = 1.92M + 54.16$(mm),轨底宽度 $B = 1.25M + 69.25$(mm)[M 为每米钢轨的质量(kg)]。轨身高与轨底宽之间应有一个适当的比例,一般为 H/B,等于 $1.15 \sim 1.20$。

为使钢轨轧制冷却均匀,轨头、轨腰和轨底的面积应有一个最适当的比例。根据上述要求,我国的 CHN75、CHN60、CHN50 钢轨标准截面尺寸如图 3.2-2 所示,其余部分的截面尺寸及特征如表 3.2-1 所示。

钢轨截面尺寸及特性参数　　　　　　　　　　　　　　　　　　　　表 3.2-1

项　目	钢 轨 类 型			
	CHN 75	CHN 60	CHN 50	CHN 45
每米质量 M(kg/m)	74.414	60.64	51.514	44.653
截面面积 F(cm²)	95.073	77.45	65.8	57
重心距轨底面的距离 y_1(mm)	88	81	71	69
对水平轴的惯性矩 J_x(cm⁴)	4490	3217	2037	1489
对垂直轴的惯性矩 J_y(cm⁴)	665	524	377	260
底部截面系数 W_1(cm³)	509	396	287	217
头部截面系数 W_2(cm³)	432	339	251	208
轨底横向挠曲截面系数 W_3(cm³)	89	70	57	46
钢轨高度 H(mm)	192	176	152	140

续上表

项　　目	钢 轨 类 型			
	CHN 75	CHN 60	CHN 50	CHN 45
轨底宽度 B(mm)	150	150	132	111
轨头高度 h(mm)	55.3	48.5	42	42
轨头宽度 b(mm)	75	73	70	70
轨腰厚度 t(mm)	20	16.5	15.5	14.5

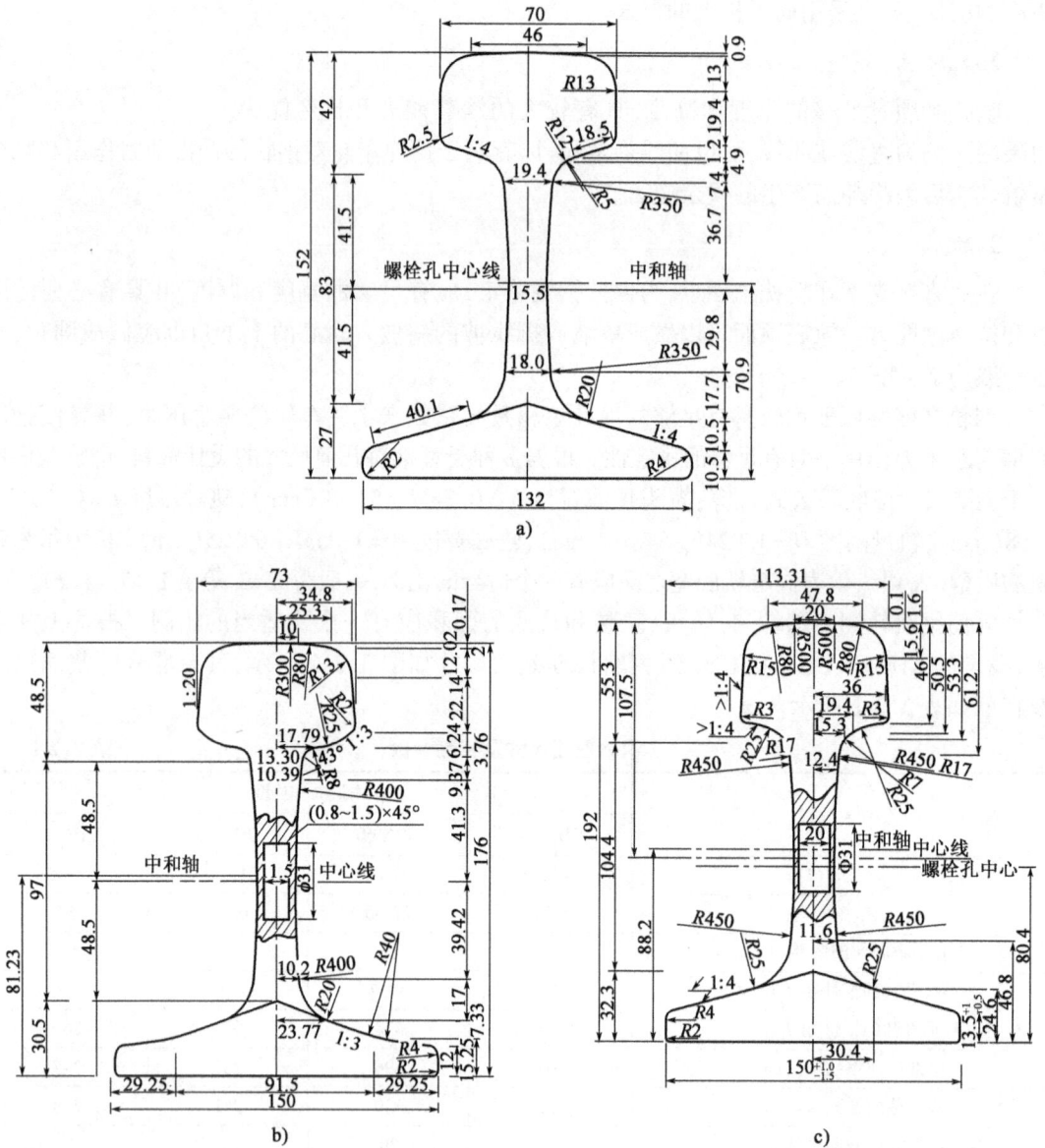

图 3.2-2　我国三种主要钢轨截面尺寸(尺寸单位:mm)

三、钢轨材质及其力学指标

钢轨的材质是指钢轨的化学成分及其金相组织,要使钢轨具有高可靠性的前提是钢轨材质具有较高的纯净度和合理的化学成分。钢轨出现质量问题主要是由于钢轨的内部夹杂、缺陷所引起的疲劳折损,所以提高钢轨材质的纯净度是减少钢轨疲劳折损、提高钢轨可靠性、延长使用寿命的有效途径之一。

钢轨钢的主要元素是碳和铁,并根据强度和硬度的需要增加其他化学元素,同时限制磷和硫等有害元素的含量。同一种类型的钢轨中,不同炉号和生产批次,其化学元素也有一些差别,所以钢轨中的化学元素含量是一个范围。

碳(C)是钢轨抗拉强度的主要来源,一般含量为 0.65%,但一般小于 0.82%,如含碳量过大,则会使钢轨的伸长率、断面收缩率和冲击韧性下降。锰(Mn)可以提高钢轨强度和韧性,并去除有害的氧化铁和硫类夹杂物,如钢材中的含锰量超过 1.2%,则称为高锰钢,钢材的硬度、抗冲击性、耐磨性能能得到较大的提高,但锰对钢轨的焊接有不利影响。硅(Si)易与氧结合,除去钢中的气泡,增加钢的致密度,如在钢轨中的含硅量较高,则也能提高钢轨的耐磨性能,如钢中 SiO_2 以非金属夹杂物存在,则往往是钢轨的疲劳损伤源。磷(P)是有害成分,如钢轨中含磷过多,就会出现冷脆性,在严寒地区,易造成钢轨断裂。硫(S)也是有害成分,如钢材中含硫过多,则当钢轨温度达到 800~1200℃时出现热脆性,造成钢轨轧制或热加工过程中断裂,出现大量废品。一般要求磷和硫的含量都小于 0.04%,国外有些钢轨磷和硫的含量接近或小于 0.015%。

此外,目前世界各国也生产合金轨,即在钢轨中加入钒(V)、铬(Cr)、钼(Mo)等,以提高钢轨的材质,满足高速铁路的要求。

钢轨的力学性能也是钢轨的主要特性,包括强度极限 σ_b、屈服极限 σ_s、疲劳极限 σ_r、延伸率 δ_s、断面收缩率 ψ、冲击韧性 a_k 和布氏硬度指标 HB 等,这些指标对钢轨的承载能力、磨耗、压溃、断裂及其他损伤有很大的影响。高速铁路钢轨还对裂纹扩展速度、残余应力、落锤性能等提出了比常速铁路更高的要求。

近几年来,我国的钢轨制造技术和工艺都有较大的进步。京沪高速铁路根据世界各国高速铁路对钢轨力学性能的要求,提出了相应的技术条件,如表 3.2-2 所示,表中的各项指标值大体是参照 UIC900A 和 EN 标准制定的。

钢轨的力学指标

表 3.2-2

参数	σ_b (MPa)	δ_s (%)	硬度 (HB)	疲劳寿命(次) ($r=-1$, 应变幅 1350Hz)	K_{1c} (MPa·m$^{1/2}$)		da/dN(m/GC)		残余应力 (MPa)	落锤 (1t, 高9.1m)
							ΔK(MPa·m$^{1/2}$)			
					最小值	平均值	10	13.5		
指标	≥880	≥10	260~300	5×10^6	26	29	17	≤250	1	—

钢轨的硬度是一项重要指标,高硬度的钢轨一般较耐磨(要与车轮的硬度相匹配),其使用寿命也相应提高。对于普通的高碳钢钢轨,一般布氏硬度为 280~300HB,最低为 260HB。对于有些特殊要求的钢轨,如曲线钢轨,当钢轨在 8000℃以上时,采用水雾冷却,使钢轨的硬

度达 355 ～ 390HB。目前对钢轨的热处理分两种：一种是铁路工务部门对钢轨轨头淬火；另一种是钢铁厂在钢轨出厂前根据铁路工务部门的要求对钢轨进行淬火等热处理,一般钢铁厂对钢轨淬火的质量控制较好。工厂热处理的钢轨大大减小了钢体中珠光体薄片的间距,钢轨的最高硬度可达 400HB。

四、钢轨损伤

钢轨是轨道结构的重要部件。由于机车车辆的动力作用、自然环境和钢轨本身的质量等原因,钢轨经常发生裂纹、折断和磨耗等现象。钢轨损伤是铁路上一个较为突出的问题,并严重影响行车的安全。我国根据钢轨的损伤种类、损伤位置及损伤原因进行分类,共分为 9 类 32 种损伤,并用 2 位数编号,如表 3.2-3 所示,十位数表示损伤部位和状态,个位数表示造成损伤的原因,以下介绍几种常见的钢轨损伤。

钢轨损伤分类编号（TB 1778—1986) 表 3.2-3

损伤位置及状态 ＼ 损伤主要原因	0 钢轨制造方面的缺陷造成的损伤	1 钢轨金属接触疲劳造成的损伤	2 钢轨断面设计或接头连接结构缺点造成的损伤	3 钢轨保养和使用方面的缺点造成的损伤	4 车轮造成的损伤	5 工具撞击或其他机械作用造成的损伤	6 钢轨焊接工艺缺陷造成的损伤	7 钢轨淬火工艺缺陷造成的损伤	8 钢轨焊补工艺缺陷或连续线焊接不良造成的缺陷	9 上述意外的其他原因造成的缺陷
1 轨头表面金属碎裂或剥离	10	11			14			17	18	
2 轨头横向裂纹	20	21			24		26	27		
3 轨头纵向的水平或垂直裂缝	30								38	
4 轨头表面压陷或磨耗	40	41		43	44		46	47		49
5 轨腰损伤	50		52	53		55	56			
6 轨底损伤	60		62				66			
7 钢轨折断	70									79
8 钢轨锈蚀										89
9 钢轨的其他损伤						95				99

1. 钢轨接头螺栓孔裂纹和焊接接头裂纹

在普通线路上,钢轨接头无法避免。一般在轨腰中和轴附近钻孔,以便安装接头螺栓。由于轨腰钻孔,强度被削弱,钢轨在应力传递过程中,在螺栓孔周围产生应力集中,同时由于车轮通过接头时产生冲击,螺栓孔周围应力集中现象更为严重。研究结果表明,轮轨高频冲击荷载

P_1 和低频冲击荷载 P_2 决定轨端第一螺栓孔的应力水平，P_2 决定第二螺栓孔的应力水平。在轮轨冲击荷载作用下，螺栓孔周围先产生肉眼看不见的 45°斜向（与主应力垂直方向）细微裂纹，也称裂纹萌生期。在列车荷载的进一步作用下，裂纹进一步扩展并产生断裂，如图 3.2-3 所示。研究表明，裂纹萌生期远大于扩展期，一般情况下是 4 倍左右的关系，所以控制裂纹萌生期是延长螺栓孔裂纹发展的有效措施。

钢轨焊接接头的轨面平顺性较普通螺栓接头好得多，但由于焊缝（主要是铝热焊接头）材料与钢轨母材不一致，造成焊缝处钢轨的磨损与母材不一致而产生轨面不平顺，增大了轮轨冲击荷载，从而造成焊接接头钢轨的断裂，如图 3.2-4 所示。

图 3.2-3 钢轨接头螺栓孔裂纹

图 3.2-4 钢轨焊接接头的断裂

2. 轨头核伤

轨头核伤是对行车威胁最大的一种钢损伤。在列车荷载的反复作用下，在轨头内部出现极为复杂的应力分布和应力状态，使细小裂纹横向扩展成核伤，直至核伤周围的钢材强度不足以抵抗轮载作用下的应力，钢轨发生突然碎断。

钢轨核伤的内因是由于钢轨在制造过程中，在钢轨中的非金属夹杂物或微小气泡；外因是在列车荷载作用下，产生巨大的接触应力，使钢轨接触疲劳破坏。

3. 轨头剥离

轨头剥离是当今重载铁路运输中经常出现的一种钢轨损伤，主要产生在轨头内侧圆角处。产生的主要原因是由于在轨头内侧圆角处的轮轨接触应力较大，钢轨表面下几毫米处的剪应力使得钢轨产生剪切疲劳，生产裂纹后，钢轨表面掉块。剥离的最初阶段，钢轨表面出现间距呈规律的 45°细微斜裂纹，裂纹方向与行车方向相反。之后轨头表面下出现微裂纹，当裂纹在表面下发展几毫米后，几乎呈水平裂纹，当裂纹面积达到一定程度后，裂纹顶层在列车车轮碾压下产生塑性变形，最后断裂，轨面出现凹坑，如图 3.2-5 所示。

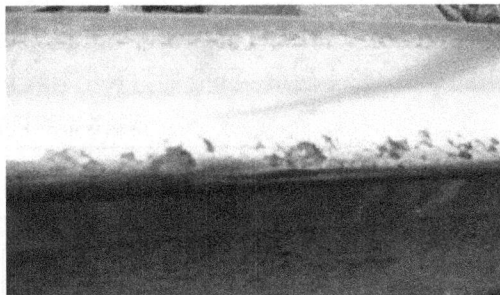

图 3.2-5 钢轨表面的剥离掉块

钢轨剥离的主要原因是接触应力过大，钢轨强度不足，钢轨材质有缺陷，车轮和轨道的维修工作不良等。钢轨剥离使得轮轨接触区产生较大变化,如细微裂纹向下发展,就有可能形成轨头核伤,造成钢轨断裂。

4. 钢轨磨耗

钢轨磨耗分轨顶成垂直磨耗、轨头侧面磨耗和波浪形磨耗。不管在直线还是在曲线轨道上,都存在垂直磨耗。垂直磨耗与轮轨之间的垂直力和轮轨之间的蠕滑、摩擦等因素有关,随着线路通过总质量的增大,垂直磨耗也相应增大。当垂直磨耗量达到一定值时,就得更换钢轨。在正常情况下决定钢轨使用寿命的两项依据是:钢轨强度下降和车轮轮缘不与接头夹板上缘碰撞。

钢轨侧面磨耗主要发生在曲线轨道的外股钢轨。随着电力、内燃机车的应用和机车牵引功率的增大,钢轨侧磨的情况更加严重(图 3.2-6)。钢轨侧磨直接影响到曲线钢轨的使用寿命,特别是在半径 800m 以下的曲线,这一情况更加严重。在半径 600m 的曲线上,运量达到 1 亿 t 就要更换,仅为其使用寿命的 1/7。钢轨侧磨使得轨头宽度变窄。钢轨在侧磨过程中,轨头下侧钢材产生塑性变形,产生裂纹,严重时形成核伤等病害。如图 3.2-7 所示。

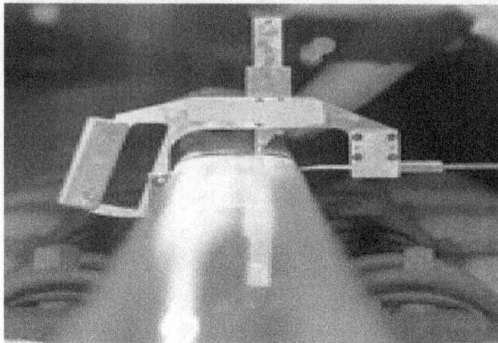

图 3.2-6　钢轨侧磨及测量

图 3.2-7　钢轨侧磨及轨头侧面核伤

钢轨侧磨的主要原因是机车车辆通过曲线时,作用在外股钢轨轨头内侧的轮缘力和轮轨冲击角,而轮缘力和轮轨冲击角的大小受机车车辆的动力性能、转向架固定轴距的长短、曲线半径的大小、轨道的动力性能、轨道几何参数设置等诸多因素影响。工务方面减缓曲线轨道钢轨侧磨的措施有:合理调整轨道结构参数,如轨距、轨底坡和超高等;改善轨道结构的动力性能,如改变轨道结构弹性、钢轨侧面涂油等。

我国把钢轨磨耗分为轻伤和重伤两类,如表 3.2-4 所示,总磨耗量为垂直磨耗加上一半侧面磨耗。垂直磨耗在轨顶距标准断面作用边 1/3 处测量,侧面磨耗在钢轨标准断面的轨顶面下 16mm 处测量,如图 3.2-5 所示。工务部门要求对轻伤钢轨要加强观测,对重伤钢轨必须及时更换。

钢轨头部磨耗的轻、重伤标准(mm)　　　　表 3.2-4

钢 轨 类 型	轻 伤 标 准						重 伤 标 准	
	总磨耗		垂直磨耗		侧面磨耗		垂直磨耗	侧面磨耗
	正线及到发线	其他站线	正线及到发线	其他站线	正线及到发线	其他站线		
CHN75	16	18	10	11	16	18	12	21
CHN75 ~ CHN60	14	16	9	10	14	16	11	19
CHN60 ~ CHN50	12	14	8	9	12	14	10	17

钢 轨 类 型	轻伤标准						重伤标准	
	总磨耗		垂直磨耗		侧面磨耗		垂直磨耗	侧面磨耗
	正线及到发线	其他站线	正线及到发线	其他站线	正线及到发线	其他站线		
CHN50 ~ CHN43	10	12	7	8	10	12	9	15
CHN43 以下	9	10	7	8	9	11	8	13

5. 钢轨探伤

根据钢轨探伤设备的工作原理,分电磁探伤和超声波探伤两大类。我国和大多数国家铁路使用超声波钢轨探伤仪器,超声波在不同材料中传播的声速和波长不同(超声波探伤中最常使用的频率范围为 0.05 ~ 10MHz,在 5MHz 时,声速的波长如表 3.2-5 所示)。当超声波由一种介质倾斜入射到另一种介质上时,如果两种介质不同,则在界面上会产生声波反射、折射及波型转换现象,且超声波在传播过程中如果遇到尺寸不同的障碍物时,则发生不同的反射、折射和透射。超声波探伤就是利用这一原理进行工作的,当超声波射入钢轨的核伤、裂纹或其他损伤时,在钢与空气的界面上受阻,产生反射波,经过电子仪器的接收并显示,就能发现钢轨内部存在的伤痕,还可以根据超声波发射与反射的时间间隔及其在钢轨内的传播速度,判断伤痕的深度。

几种不同材料的声速和 5MHz 时的波长　　　　　　表 3.2-5

材　料	密　度（g/cm³）	纵　波		横　波	
		波速 C_0（m/s）	波长 λ（mm）	波速 C_0（m/s）	波长 λ（mm）
铝	2.69	6300	1.3	3130	0.63
钢	7.8	5900	1.2	3200	0.64
有机玻璃	1.18	2700	0.54	1120	0.22
水	1.0	1500	0.30	—	—
油	0.92	1400	0.28	—	—
空气	0.0012	240	0.07	—	—

五、钢轨接头

钢轨长度决定于轧制、运输、铺设。在两根定长的钢轨之间,用夹板连接成连续的轨线,称为钢轨接头,而钢轨接头致使线路在运行过程中产生各种病害。为了减少钢轨接头,应尽量采用长的钢轨;但钢轨长度越长,轧制越困难,所以各国铁路的钢轨长度都限制在一定的范围以内。如苏联的标准钢轨长度为 25m 和 50m;德国的标准钢轨长度为 36m 和 120m;美国的标准钢轨长度为 11.89m 和 23.96m;日本的标准钢轨长度为 25m;我国的标准钢轨长度为 25m 和 12.5m,用于客运专线上的有 50m 和 100m 两种,CHN 75 钢轨只有 25m 一种。用于普通线路的钢轨轨端淬火,并有工厂加工的夹板螺栓孔;用于无缝线路的钢轨轨端不淬火,也不钻孔。

随着无缝线路的出现,铁路上的钢轨长度已远远长于标准轨长度,大量地减少钢轨接头,为改善列车运行提供了有利的条件。

1. 接头联结零件

钢轨接头的联结零件由夹板、螺栓、螺母、弹簧垫圈组成。

接头夹板的作用是夹紧钢轨,夹板以双头对称式(对称度在10%以内)为最常用。接头夹板分斜坡支承型和圆弧支承型两种,如图3.2-8所示。我国目前标准钢轨接头用斜坡支承型双头对称式夹板,这种夹板的优点是,在竖直荷载作用下具有较大的抵抗弯曲和横向位移的能力,夹板上下两面的斜坡,能楔入轨腰空间,但不贴住轨腰。这样,当夹板稍有磨耗,以致联结松弛时,仍可重新旋紧螺栓,保持接头联结的牢固。接头夹板有4孔和6孔,我国铁路使用的夹板上有6个螺栓孔,圆形与长圆形孔相间布置。圆形螺栓孔的直径较螺栓直径略大,长圆形螺栓孔的长径较螺栓头下长圆形短柱体的长径略大,当夹板就位后,螺栓头部的长圆形柱体部分与夹板的长圆孔配合,拧螺母时螺栓就不会转动。依靠钢轨圆形螺栓孔直径与螺栓直径之差,以及夹板圆形螺栓孔直径与螺栓直径之差,就可以得到所需要预留的轨缝。夹板的6个螺栓头部交替布置,以免列车脱轨时,车轮轮缘将所有的螺栓剪断。我国铁路使用的接头夹板和接头螺栓如图3.2-9所示,夹板的主要尺寸如表3.2-6所示。

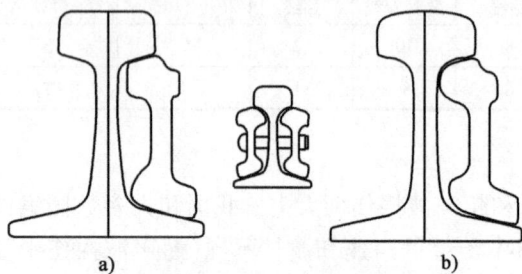

图 3.2-8　接头夹板的支撑形式
a)斜坡支撑型;b)圆弧支撑型

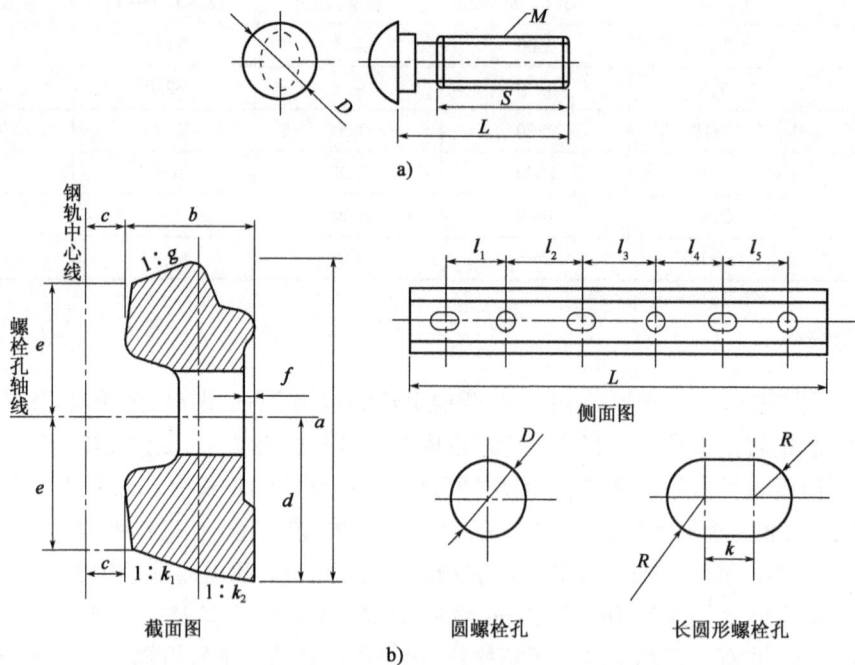

图 3.2-9　钢轨夹板螺栓与夹板图
a)钢轨接头螺栓;b)接头夹板

接头夹板的主要尺寸（mm） 表3.2-6

尺寸	a	b	c	d	e	f	$1:g$	$1:k_1,1:k_2$	L	l_1	l_2	l_3	D	R	k
CHN75 钢轨	129.4	45.5	14.5	63.1	21.0	3.0	1:4	1:4	1000	130	220	202	26	13	8
CHN60 钢轨	125.5	45.0	14.0	64.3	20.0	11.0	1:3	1:3,1:20	820	140	140	160	26	13	8
CHN50 钢轨	106.8	46.0	13.0	56.2	19.0	6.0	1:4	1:4	820	140	150	140	26	13	8

螺栓需要有一定的直径,螺栓直径越大,紧固力越强,但加大螺栓直径势必加大钢轨及夹板上的螺栓孔直径,这将削弱轨端与夹板的强度,因此宜用高强度的碳素钢制成的螺栓,并加以热处理,以提高螺栓的紧固力和耐磨、耐腐蚀的性能。

接头螺栓按其机械性能划分等级。1985年前,将螺栓分为一、二、三级,它们的抗拉强度分别为882MPa、686MPa、490MPa,一级用于无缝线路,二、三级用于普通线路。为按照国际标准划分,分成10.9级和8.8级两种高强度螺栓,抗拉强度分别相当于1090MPa和880MPa。过去的一级螺栓相当于10.9级,二级螺栓相当于8.8级。螺母由Q275钢材制成,螺母直径有22mm和24mm两种,螺母的许用拉伸应力为1060MPa。

为防止螺栓松动,要加弹簧垫圈(单圈),有圆形和矩形两种。在无缝线路伸缩区的钢轨接头加设高强度平垫圈,材料为$55Si_2Mn$、$60Si_2Mn$或$55SiMn$、$60SiMn$。

2. 接头轨缝

为了让钢轨能热胀冷缩,在普通线路的钢轨接头处要预留轨缝,轨缝大小按原铁道部颁发的《铁路线路维修规则》中的预留轨缝公式计算:

$$\delta_0 = \alpha L(t_z - t_0) + \frac{1}{2}\delta_g \qquad (3.2\text{-}1)$$

式中:α——钢轨线膨胀系数$[0.0118\text{mm}/(\text{m}\cdot{}^{\circ}\text{C})]$;

L——钢轨长度(m);

t_z——当地的中间轨温(℃);

t_0——调整轨缝时的轨温(℃);

δ_g——钢轨的构造轨缝(18mm)。

由上式计算所得的轨缝必须满足两个条件,即在冬天轨温最低时(最低轨温等于最低气温),预设轨缝加上一根钢轨收缩量不能大于构造轨缝,以免接头螺栓受剪破坏;在夏天轨温最高时(最高轨温等于最高气温加200℃),一根钢轨的伸长量应小于或等于预留轨缝宽度,以免两根钢轨轨端顶严。

为保证钢轨接头工作正常,在《铁路线路维修规则》中对接头螺栓的扭矩做了规定,如表3.2-7所示。

普通线路钢轨接头螺栓扭矩标准 表3.2-7

项　目	单　位	25m 钢　轨						12.5m 钢轨	
		最高、最低轨温差>85°C			最高、最低轨温差≤85°C				
钢轨类型	kg/m	≥60	50	43	≥60	50	43	50	43
螺栓等级	—	10.9	10.9	8.8	10.9	8.8	8.8	8.8	8.8

续上表

项 目	单 位	25m 钢轨						12.5m 钢轨	
		最高、最低轨温差 >85°C			最高、最低轨温差 ≤85°C				
扭矩	N·m	700	600	600	500	400	400	600	400
c 值	mm	6			4			2	

注:1. c 值为接头阻力及道床阻力限制钢轨自由伸缩的数值。

　　2. 小于 CHN43 钢轨比照 CHN43 钢轨办理。

　　3. 高强度绝缘接头螺栓扭矩不小于 700N·m。

3. 接头布置

钢轨接头相对于轨枕的承垫形式可分为悬空式和承垫式两种,如图 3.2-10 所示。单枕承垫式因车轮通过时使轨枕左右摇摆而稳定性较差,故目前很少采用;双枕承垫式在正线绝缘接头使用较多。我国铁路采用悬空式钢轨接头。

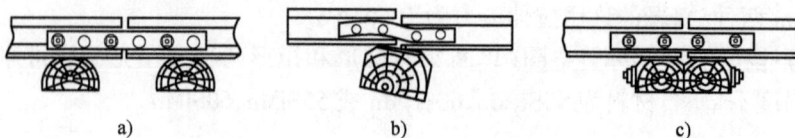

图 3.2-10　钢轨接头的承垫方式
a)悬空式;b)单枕承垫式;c)双枕承垫式

按两股钢轨接头的位置可分为相对式和相错式,如图 3.2-11 所示。相错式的缺点是车轮轮流冲击接头,如果轨道状态不良,会加剧车辆的摇晃。在轨道铺设时,不能采用单根钢轨长度的轨排铺设,这不利于机械化施工。美国铁路多采用相错式钢轨接头,我国铁路采用相对式钢轨接头。

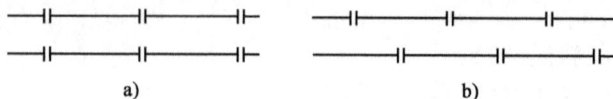

图 3.2-11　相对式和相错式钢轨接头布置
a)相对式钢轨接头;b)相错式钢轨接头

4. 接头类型

按钢轨接头的功能可分普通接头、异形接头、导电接头、绝缘胶接接头、伸缩接头和焊接接头。

钢轨异形接头是用于连接两种不同型号的钢轨,如 CHN 75 钢轨与 CHN 60 钢轨的连接,CHN 60 钢轨与 CHN 50 钢轨的连接,但不能用于 CHN 60 钢轨与 CHN 45 或 CHN 43 钢轨的连接,即相邻等级钢轨之间方可用异形接头连接。由于不同等级的钢轨高度,轨腰高度都不一致,所以夹板也随两种钢轨发生变化,如图 3.2-12 所示。

由于钢轨表面和夹板表面生锈,导致接头电阻较大,为了减少轨道电路的电流损失,在轨端钻孔连接导电线。由于在轨头钻孔影响钢轨的疲劳强度,现在的导电接头一般用喷焊连接导电线,如图 3.2-13 所示。

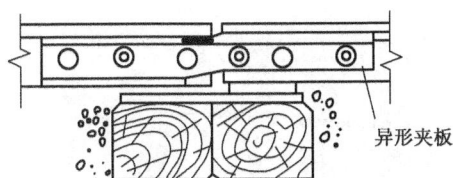

图 3.2-12　承垫式钢轨异形接头

图 3.2-13　承垫式导电钢轨接头

绝缘接头用于自动闭塞区段闭塞分区两端的钢轨接头上,隔断电流。以往是在夹板与轨腰之间用尼龙绝缘板,在轨缝中用一块与钢轨截面形状相同的绝缘板,接头螺栓用尼龙套管绝缘,但这种结构形式的钢轨接头,由于尼龙绝缘层的存在,在列车冲击轮载作用下,接头螺栓容易松动。近年来,由于高分子胶接技术的发展和铺设跨区间无缝线路的需要,胶接绝缘接头的应用越来越广泛。如道岔区域内的绝缘接头采用胶接接头,取得了较好的效果。胶接接头具有较高的强度和韧性,在强大力的作用下也能保证钢轨与夹板不发生相对移动,所以胶接接头区的轨道养护条件也与无缝线路的养护条件相同。胶接接头采用全断面夹板,胶黏工艺有用热胶在工厂内完成黏结,也有用双组常温固化胶在现场完成黏结,如图 3.2-14 所示。

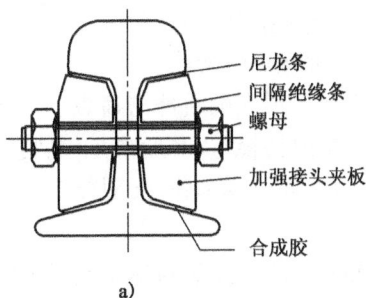

尼龙条
间隔绝缘条
螺母
加强接头夹板
合成胶

a)　　　　　　　　　　b)

图 3.2-14　钢轨胶接接头
a)钢轨胶接接头;b)铺设在线路上的钢轨胶接接头

伸缩接头又称钢轨伸缩调节器,有 150 ~ 1200mm 的伸缩量,伸缩量的大小可以根据需要设计。我国一般在跨径大于 100m 的桥上使用伸缩接头,原因是普通钢轨接头的伸缩量难以满足钢轨伸缩的要求。在大跨径或高墩混凝土梁桥上为减小墩台或钢轨受力,也在桥上或桥头路基上铺设伸缩调节器。日本、法国的高速铁路上也使用钢轨伸缩接头。

钢轨伸缩接头分为基本轨和尖轨两种。尖轨固定不动,基本轨向轨道外侧伸缩,这样可以保证基本伸缩时轨距保持不变,如图 3.2-15 所示。由于伸缩接头结构较为复杂,所以我国在设计高速客运专线时考虑尽量不用伸缩接头。

温度应力无缝线路长钢轨使用钢轨焊接头,焊接头有接触焊、气压焊及铝热焊三种,并将在无缝线路一节中详细讨论。

5. 钢轨接头不平顺及受力

钢轨接头是轨道结构的薄弱环节之一,接头虽然能保持轨道的几何形位,但在一定程度上破坏了轨道结构的连续性,这主要表现在钢轨接头的轨缝、台阶及折角三个方面,如图 3.2-16 所示。

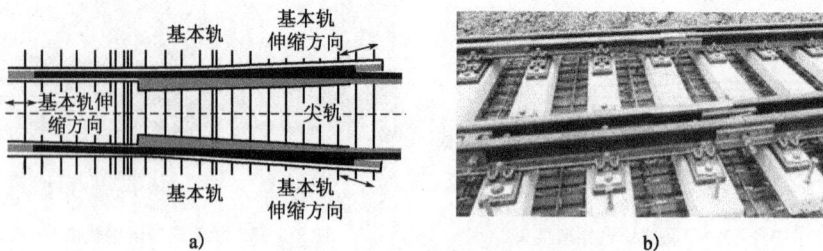

图 3.2-15　钢轨伸缩接头

a)钢轨伸缩接头;b)铺设在线路上的钢轨伸缩接头

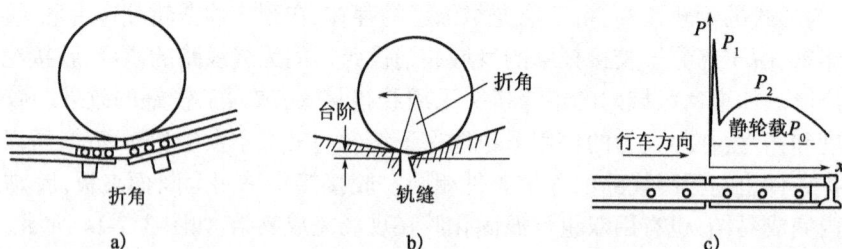

图 3.2-16　钢轨的折角、台阶和轨缝及接头受力特点

a)接头折角;b)接头折角、台阶和轨缝;c)接头的高频冲击荷载

由于钢轨接头存在折角、台阶和轨缝,车轮通过时会产生很大的轨冲击荷载。由于轮轨冲击作用,道床产生较大的振动加速度,接头区的道床也较难保持稳定,其后果是钢轨接头低塌,道床翻浆冒泥、板结等。轨道状态的恶化进一步加大轮轨之间的动力作用,对轨道的破坏进一步加大。

为减小轮轨之间冲击力,要求钢轨等轨道部件有较好的强度,如对钢轨淬火,提高钢轨的耐冲击性能;增加接头区轨道结构的弹性,提高接头区的轨面平顺性,严格控制轨缝大小,从而减小轮轨冲击力。但最根本的措施是采用无缝线路,用焊接钢轨接头代替普通的夹板钢轨接头,从而大大提高轨面的平顺性和提高轨道结构的强度,并且能有效地降低轮轨冲击力。

第三节　扣　　件

扣件是联结钢轨和轨枕的中间联结零件,其作用是将钢轨固定在轨枕上,保持轨距和阻止钢轨相对于轨枕的纵、横向移动;为轨道结构提供一定的弹性,减轻振动,延缓轨道残余变形累积。在混凝土轨枕的轨道上,由于混凝土轨枕的弹性较差,扣件还需提供足够的弹性。为此,扣件必须具有足够的强度、耐久性和一定的弹性,并能有效地保持钢轨与轨枕之间的可靠联结。此外,还要求扣件系统零件少、安装简单、便于拆卸,并有足够的耐久性和绝缘性能。扣件类型不同,使用范围也不同。只有根据不同轨道类型合理选用不同类型的扣件,才能充分发挥扣件的性能,达到经济合理的目的。

扣件根据其结构可有以下分类方法:

（1）按扣压件区分：刚性和弹性。

（2）按承轨槽区分：有挡肩和无挡肩。

（3）按轨枕区分：有木枕扣件和混凝土枕扣件。

（4）按轨枕、垫板及扣压件的联结方式区分：不分开式和分开式。

以上各类型的扣件，我国铁路中均有铺设。

一、木枕扣件

木枕扣件有混合式和分开式两种。

1. 混合式

混合式扣件较为简单，且在木枕轨道上也用得最多。扣件系统由铁垫板和道钉所组成，铁垫板上有 5 个方形孔，勾头道钉为方形，从铁垫板孔中打入枕木后，既扣住钢轨，又固定住铁垫板。但这种道钉的扣压力较小，为防止钢轨纵向爬行，需要较多的防爬器配合使用。为了提高扣件弹性，避免钢轨上翘时拔松道钉，有些铁路使用弹簧道钉。

2. 分开式

分开式扣件是将固定钢轨和固定铁垫板的螺栓或道钉分开。一般用螺旋道钉将铁垫板固定在枕木上，铁垫板有承轨槽，固定钢轨的螺栓安装在铁垫板上，然后用弹条或扣板将钢轨固定住。分开式扣件如图 3.3-1 所示，一般用在桥上线路中。分开式扣件扣压力强，垫板振动得到减缓，并且能有效地制止钢轨的纵横向移动；更换钢轨时，不需要松开铁垫板，对枕木的损伤小，组装轨排方便；但分开扣件的零件较多，用钢量大，更换钢轨麻烦。

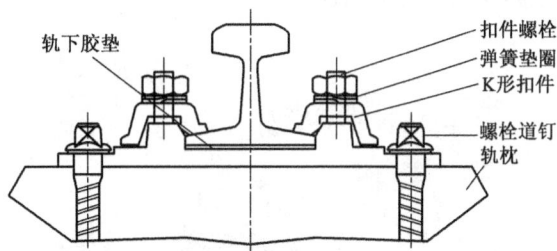

图 3.3-1 木枕分开式扣件

二、混凝土轨枕扣件

混凝土轨枕由于重量大、刚度大的特点，对扣件的扣压力、弹性和可调性均有较高的要求。对扣件扣压力的要求是为了保证钢轨和轨枕之间具有可靠的联结，同时要求一组扣件（两个）的纵向阻力要大于一根轨枕的道床阻力。对弹性的要求是为了减小轮轨之间的冲击荷载，提高行车平稳性，降低轨道结构部件所受的应力水平，提高轨道结构的使用寿命。对可调性的要求是为了方便调整轨距和水平，保证轨道几何形位满足规范要求。此外，由于轨道电路，对扣件的绝缘性能也有所要求。

由于混凝土轨枕使用越来越广泛，对扣件的要求也越来越多，世界各国也开发了各种各样的混凝土轨枕扣件，其中最有名的是英国 Pandrol 公司开发的扣件。本节只对我国常用的混凝土扣件和国外的几种主要扣件做一些介绍。

我国初期的混凝土轨枕扣件只有扣板式和拱形弹片式两种。拱形弹片式扣件由于其强度低、扣压力小、易变形折断，已在我国主要干线上淘汰。扣板式扣件仍在一些次要干线上使用，目前用得最多的是弹条扣件。下面介绍我国几种常用的弹条扣件。

1. 弹条扣件

1) I 弹条扣件

弹条 I 型扣件由 ω 弹条、螺旋道钉、轨距挡板及橡胶垫所组成,CHN60 钢轨的弹条扣件如图 3.3-2 所示。弹条的直径为 13mm,用 $60Si_2Mn$ 或 $55Si_2Mn$ 热轧弹簧钢制造。I 型弹条分 A 型、B 型两种,A 型用于 CHN50 钢轨,B 型用于 CHN60 钢轨。轨距挡板的作用是传递横向力和调整轨距,所以也有多种号码,以满足轨距调整的需要。轨距挡板尼龙座也有多种号码,两斜面的厚度不一样,可翻转使用,与轨距挡板配合使用,加大轨距的调整量。

2) II 型弹条扣件

随着我国铁路提速和重载运输的发展,I 型弹条的扣压力不足,弹程偏小,因而在 I 型弹条的基础上开发了 II 型弹条。除弹条外,其余部件与 I 型弹条相同,弹程不小于 10mm。选用了 $60Si_2CrVA$ 合金钢作为弹条材料,屈服强度和抗拉强度分别提高了 42% 和 36%。

3) III 型弹条扣件

III 型弹条为无挡肩扣件,适合于重载大运量、高密度的运输条件,如图 3.3-3 所示。我国 IIIb 型混凝土轨枕、CHN60 钢轨的线路采用此类扣件。III 型弹条扣件由弹条、预埋铁件、绝缘轨距块和橡胶垫组成。

图 3.3-2　弹条 I 型扣件

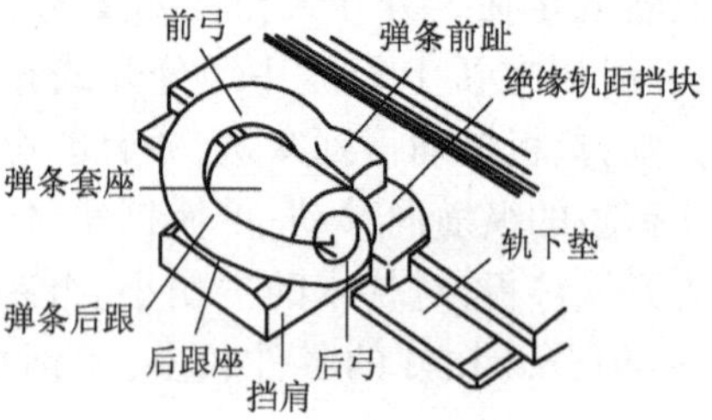

图 3.3-3　III 型弹条扣件

弹条 III 型扣件具有扣压力大、弹性好等优点,特别是取消了混凝土挡肩,消除了轨底在横向力作用下发生横位移导距扩大的可能性。因此有较强的保持轨距能力,又由于该扣件采用无螺栓联结,大大减小了扣件的维修养护工作量。

4) IV 型弹条扣件

IV 型弹条扣件的连接组装如图 3.3-4 所示,扣件由弹条(C4 型)、绝缘轨距块、橡胶垫板和定位于预应力混凝土无挡肩枕的预埋铁座组成。钢轨接头处采用 JA 和 JB 型弹条及接头绝缘轨距块。

5) V 型弹条扣件

V 型弹条扣件的连接组装如图 3.3-5 所示,扣件由螺旋道钉、平垫圈、弹条(分 W2 型、X3 型和 A 型)、轨距挡板、轨下垫板(分橡胶垫板和复合垫板)及定位于预应力混凝土有挡肩枕的预埋管组成。钢轨高低调整时采用调高垫板。

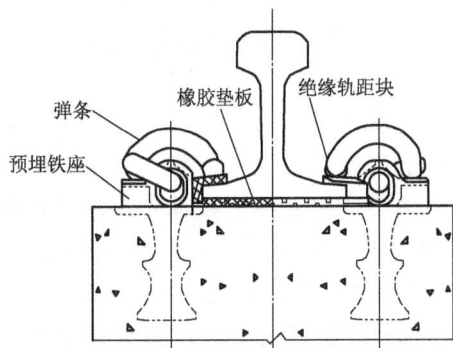

图 3.3-4 弹条Ⅳ型扣件连接与组装

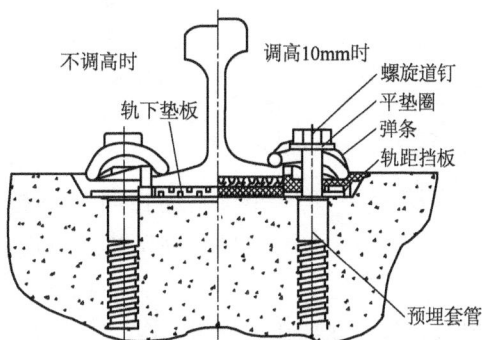

图 3.3-5 弹条Ⅴ型扣件连接与组装

2. 轨下橡胶垫层

为了增加扣件的弹性,一般混凝土轨枕都采用弹性橡胶垫。一般轨下胶垫的厚度在10mm,薄的有6mm,厚的有14mm。有时为了提高轨道结构的弹性,采用高弹性胶垫,但不同的铁路采用不同的轨下胶垫。城市轨道交通的轨下胶垫一般较软,刚度取 40 ~ 60km/mm,有时取得更小,只有 25 ~ 40kN/mm。

对于普通铁路和高速铁路,一般取轨下胶垫刚度 60 ~ 80kN/mm。轨下胶垫较软,在提供轨道弹性的同时,也增大钢轨的垂向和横向位移,所以对轨下胶垫的刚度必须有一个合理的选择。为了提高列车运行的平稳性,要求轨下垫层在轨道纵向弹性均匀一致;在冬季和夏季,轨道的弹性也不能有过大的改变。如图 3.3-6 所示是英国 Pandrol 公司开发的轨下胶垫。

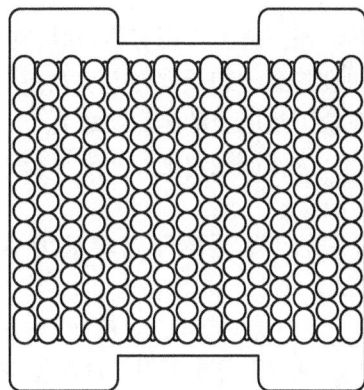

图 3.3-6 Pandrol 轨下胶垫

三、扣件的工作特性

由于钢轨扣件的形状较为复杂,用一般材料力学的方法较难计算扣件的刚度,所以一般用实验方法测得扣件和轨下垫层的刚度,通过试验还可测得轨道结构的动刚度、阻尼和振动质量。

扣件是钢轨与轨枕的联结零件。对于无缝线路,为了保证钢轨不爬行和保证长轨条中温度力的均匀,对扣件的扣压力有较高的要求。而扣件刚度与轨下垫层刚度的良好配合是保证轨道结构整体弹性要求、保证轨道结构稳定性的前提。

混凝土轨枕扣件的阻力应大于道床阻力,如图 3.3-7 所示,如钢轨两侧扣件的扣压力 P_c,则每组扣件的单位长度阻力为:

$$r = \frac{P_c(f_1 + f_2)}{a} \tag{3.3-1}$$

式中:f_1——扣件与钢轨之间的摩擦系数,一般取 0.25;

f_2——钢轨与轨下垫层之间的摩擦系数,一般取 0.65(一般情况下,$f_1 + f_2 \leqslant 0.8$);

a——轨枕间距。

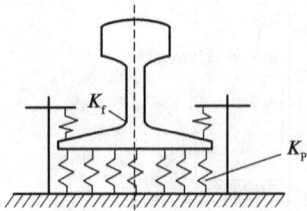

图 3.3-7　钢轨扣件与轨下垫层的刚度组合

当钢轨上作用荷载时,扣件弹簧和轨下垫层弹簧所产生的位移相等,所以可以看成是扣件弹簧 K_f 和轨下垫层弹簧 K_p 并联,如图 3.3-7 所示。于是可得算式:

$$K_{fv} = K_f + K_p \qquad (3.3-2)$$

但此并联弹簧与一般的弹簧并联又不一样。对于一般的并联弹簧,当弹簧受力时,两弹簧同时压缩或拉伸。但对于扣件和轨下垫层弹簧,当轨下垫层受压时,扣件弹簧受拉(即扣压力减小);当轨下垫层压力减小时,则扣件弹簧受压增大,两者受力方向相反。为了保证在车辆轮载作用下钢轨不产生过大的爬行量,要求当钢轨上作用有轮载或无轮载时,扣件弹簧和垫层弹簧都处于受压状态。

当钢轨上没有轮载时,扣件和轨下垫层都处于压缩状态,此时作用于钢轨扣件和轨下垫层上的初始压力为 P_{C0},此时扣件和垫层的压缩量分别为:

$$y_{f0} = \frac{P_{C0}}{K_f}, \quad y_{p0} = \frac{P_{C0}}{K_p} \qquad (3.3-3)$$

当钢轨上作用有荷载时,则扣件的压缩量减小为 Δy_f,相应的扣压力减小为 $\Delta P_f = K_f \Delta y_f$,扣件的实际扣压力为 $P_f = P_{C0} - \Delta P_f$,而轨下垫层的实际受压为 $P_p = P_{C0} - \Delta P_f + P_w$($P_w$ 为作用在轨下垫层上的车轮荷载)。

为保证钢轨上作用有荷载时扣件的扣压力不为零,则要求:

$$y_{f0} \geq \Delta y_f \qquad (3.3-4)$$

轨下垫层的压缩增量为 $\Delta y_p = (P_w - \Delta P_f)/K_p$,由于 $\Delta P_f = K_f \Delta y_f$,所以: $\Delta y_p = (P_w - K_f \Delta y_f)/K_p$。

由 $y_{c0} = y_{f0} = P_{C0}/K_f$,可得 $\Delta y_p = \Delta y_f$,于是可导得:$\Delta y_f = P_w/(K_f + K_p)$。

从以上分析可得扣件刚度与轨下垫层刚度之间的关系:$P_{C0}/K_f \geq P_w/(K_f + K_p)$,即 $K_p/K_f \geq (P_w - P_{C0})/P_{C0}$。

四、无砟轨道扣件

实际上,对有砟轨道和无砟轨道扣件的性能要求在许多方面基本一致,且有些扣件在有砟轨道和无砟轨道中都有使用。但是由于无砟轨道基础刚度大,不能像有砟轨道那样可进行起道拨道,因此对扣件提出了更高的要求,即要求扣件必须有足够的扣压力、一定的弹性及一定的调整量。下面介绍常用的几种无砟轨道扣件。

1. 国外无砟轨道主要扣件类型

为适应板式轨道与钢轨连接的需要,日本开发了专用的板式轨道扣件。此类扣件在混凝土基础上预埋紧固螺栓基座,通过紧固螺栓和弹片来固定钢轨,绝缘轨距块兼作绝缘和轨距调整之用。这种扣件与有砟轨道混凝土轨枕上的扣件没有区别,其结构简单、造价低、使用方便,有较强的抗横向力能力,但调整量较小。

Pandrol 扣件也可以归入这一类型,它为无螺栓、无挡肩扣件。预埋在混凝土基础中的铸铁挡肩承受横向力,用 Pandrol 弹条扣压钢轨,用尼龙绝缘块作绝缘部件并保持轨距,这种扣件在城市轨道交通中也常用。

瑞典铁路公司开发的 ALTERNATIVE-I 扣件,如图 3.3-8 所示,属于中等弹性扣件,其板下胶垫与铁垫板黏结在一起,其静刚度为 8～30kN/mm。目前我国铁路和城市轨道交通无砟轨道线路上也使用此类扣件。Lord 扣件与 ALTERNATIVE–I 扣件相类似,也是将轨下胶垫与铁垫板黏结在一起,如图 3.3-9 所示,其低刚度扣件的垂向刚度为 10～16kN/mm,而中刚度的垂向刚度为 17～52kN/mm。我国铁路客运专线的扣件设计要求静刚度为 20～30kN/mm,动静刚度比小于等于 1.5。

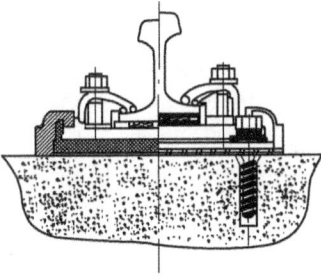

图 3.3-8　ALTERNATIVE–I 弹性扣件　　　　　　　图 3.3-9　Lord 扣件

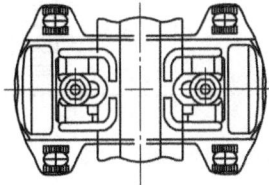

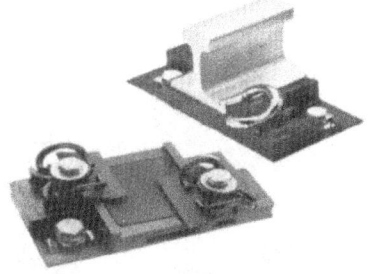

2.分开式扣件

我国城市轨道交通采用的扣件类型也较多,主要分为地面、高架和地下不同轨道结构扣件;有一般减振、中等减振和弹性扣件等。

分开式扣件的铁垫板与板下弹性垫用螺栓与预埋在混凝土基础中的尼龙套管相连,钢轨通过轨下垫板,连接螺栓及弹条与铁垫板相连,构成二阶弹性系统。这种扣件弹性较好,且调整量较大。如 DTI 型扣件,轨距的调整量为 –12～8mm,高低调整量为 –5～10mm,北京地铁一、二期均采用这种扣件,使用情况良好。目前在城市轨道交通高架桥上,无砟轨道使用的分开式无挡肩扣件主要有 WJ-2 型(图 3.3-10)和 WJ-4 型(图 3.3-11);地下铁道采用 DTIH 型(图 3.3-12)、SD-1 型(图 3.3-13)和 DTⅢ2 型(图 3.3-14)扣件。这些扣件都采用铁垫板,有些扣件的弹性主要靠轨下胶垫提供,有些铁垫板下垫层也提供部分弹性。

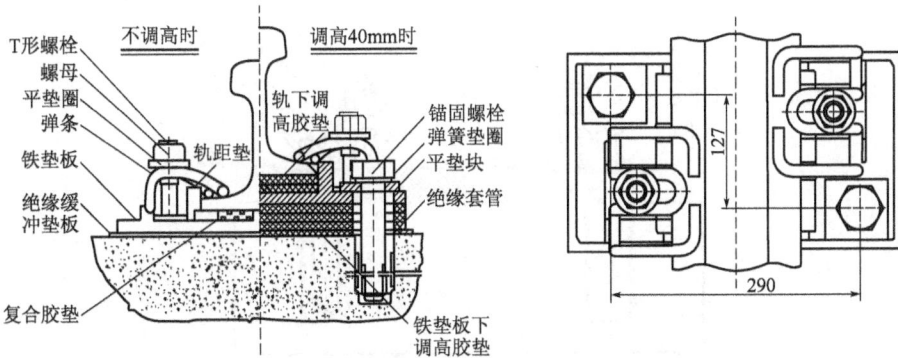

图 3.3-10　WJ-2 型弹性扣件(尺寸单位:mm)

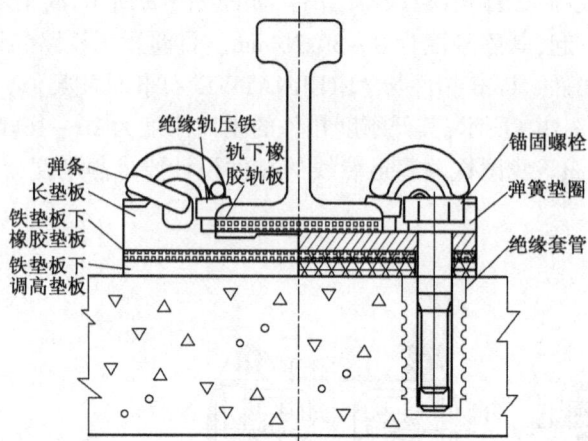

图 3.3-11　WJ-4 扣件

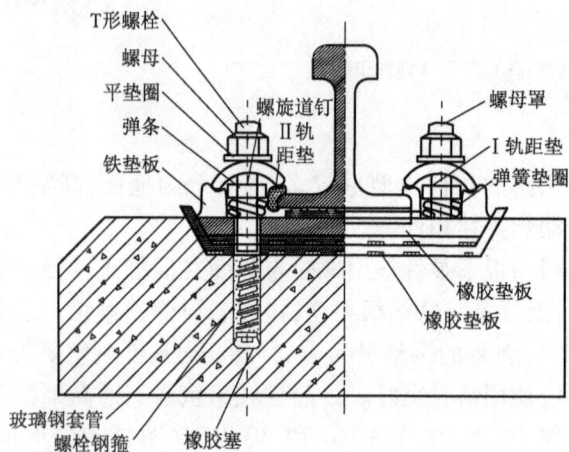

图 3.3-12　DTⅢ 弹性扣件

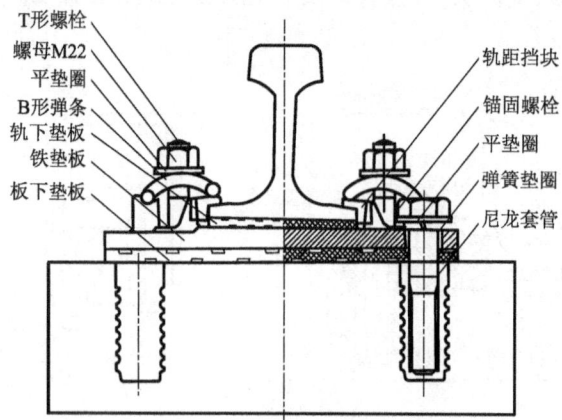

图 3.3-13　SD-1 扣件

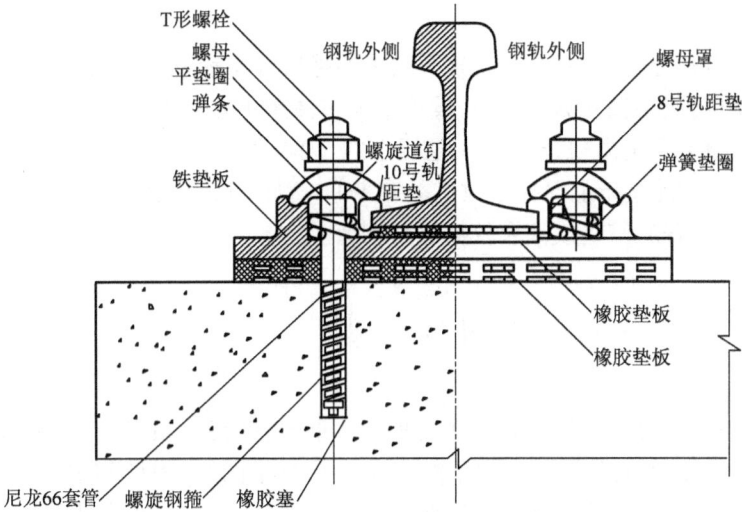

图 3.3-14　DTⅢ2 型扣件

3. 减振型扣件

轨道减振器又称为科隆蛋(Cologne-egg),德国 Cologne 车站附近首先使用这一弹性扣件,如图 3.3-15 所示。目前,我国各大城市轨道交通对减振要求较高的地段采用这种轨道减振器,世界其他国家的轨道交通也广泛地使用这种扣件系统。我国香港西铁在浮置板上采用此种轨道减振器,使轨道结构的减振隔振性能达到最佳。

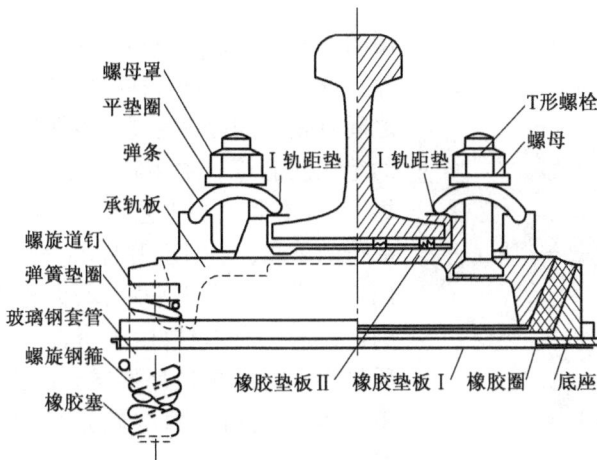

图 3.3-15　Cologne-EGG 弹性扣件系统

轨道减振器是通过将橡胶圈与承轨板及底座采用硫化工艺牢固地黏结为一个整体,使该扣件充分利用橡胶圈的剪切变形,同时选择合理的动静比,使轨道结构获得较低的垂向整体刚度(8~15kN/mm),但仍能提供较高的横向刚度,以保证轨道的横向稳定性。使用轨道减振器的轨道结构减振效果较一般扣件高 5dB 左右。轨道减振器扣件扣压力大,具有较强的保持轨距的能力,轨距调整量可达到 8mm、-12mm,绝缘性能良好,造价相对较低,施工维修方便;但受橡胶老化性能的影响,其减振效果降低。

4.小阻力扣件

小阻力扣件也是分开式扣件,只是轨下胶垫为橡胶和不锈钢复合胶垫,以降低橡胶垫板与钢轨底之间的摩擦,减小扣件纵向阻力,设计单组扣件扣压力为4kN。如用于九江长江大桥的无砟无枕承轨台道床及上海轨道交通3号线上的WJ-1型扣件,调高量为40mm,轨距调整量可达 −20~20mm,在此基础上又做了改进的有WJ-2型、WJ-3型、WJ-4型、WJ-5型,可根据所需阻力的大小,使用普通胶垫或复合胶垫进行调节。

第四节 轨 枕

轨枕是轨下基础的部件之一,它的功能是支承钢轨,保持轨距和方向,并将钢轨对它作用的各向压力弹性地传递到道床上。因此,轨枕必须具有坚固性、弹性和耐久性,并能便于固定钢轨,有抵抗纵向和横向位移的能力。轨枕依其构造及铺设方法,可分为横向轨枕、纵向轨枕及短枕等。横向轨枕与钢轨垂直间隔铺设,是一种最常用的轨枕。纵向轨枕一般仅用于特殊需要的地段。短枕是在左右两股钢轨下分开铺设的轨枕,常用于混凝土整体道床。

轨枕按其材质分主要有木枕、混凝土枕和钢枕等。由于料源充分、轨道结构稳定、弹性均匀,混凝土枕是目前高速和重载铁路的首选轨枕类型,我国铁路的技术政策也规定,新建铁路都使用混凝土轨枕。

一、木枕

木枕是铁路最早采用且仍在广泛使用的一种轨枕。木枕的主要优点是弹性好,可缓和列车的动力冲击作用;易加工、运输、铺设、养护维修方便;与钢轨联结比较简单;木枕与碎石道砟之间有较大的摩擦系数,能保证轨道的稳定;有较好的绝缘性能等。主要缺点是易腐朽、磨损,使用寿命短,这有来自生产工艺水平的原因;由于木材种类和部位的不同,其强度、弹性不完全一致,在机车车辆作用下会形成轨道小平顺,增大轮轨动力作用;木枕要消耗大量优质木材,由于资源有限,无论是数量还是质量都不能满足使用要求。因而高速铁路基本上都不用木枕轨道。木枕轨道的线路状态如图3.4-1所示。

图3.4-1 木枕轨道

二、钢枕

钢枕的使用由来已久。在非洲和印度,由于白蚁对木枕的蛀蚀而无法使用,当时混凝土轨枕尚未发明,所以就寻求用钢枕代替,并取得了较好的使用效果。在第二次世界大战前,英国木材短缺,引进使用钢枕,直到战后的1946年,仍使用钢枕;到20世纪80年代后期,英国又一次提出了使用钢枕。由于钢枕重量较轻,便于捆扎码堆,虽然近几十年在世界上已普遍使用混凝土轨枕,但有些国家仍在使用钢枕。

三、混凝土轨枕

1. 混凝土轨枕的特点

混凝土枕的主要优点是纵、横向阻力较大,线路稳定性好,适合铁路的高速大运量要求;铺设高弹性垫层可以保证轨道弹性均匀;使用寿命长,可以降低轨道的养修费用;且其自重大、刚度大,与木枕线路相比其轨底挠度较平顺,轨道动力坡度小。特别是铺设混凝土枕可以节约大量优质木材,对铁路运输事业的发展具有重要意义,用混凝土枕代替木枕已成为轨枕发展的主要方向。

混凝土枕的主要缺点是与木枕相比,混凝土枕的弹性差,在同样荷载作用下所受到的冲击力大。且列车通过不平顺的混凝土枕线路时,轨道附加动力增大。故对轨下部件的弹性提出了更高的要求,以提高线路抗震能力。

2. 混凝土轨枕受力及其外形尺寸

1) 混凝土轨枕受力特点

轨枕要承受钢轨传来的动荷载,由于道床支承状态的不同,使得轨枕的受力条件有很大的变化。首先,轨枕的轨座要有足够的面积承受钢轨的压力,保证在轮载作用下轨座不产生压溃;由于道床的弹性,使得轨枕要承受弯矩,轨枕的轨下截面和枕中截面的弯矩大小不一,有时弯矩的方向也不一致,要保证轨枕截面有足够承受弯矩的能力,轨枕受力如图 3.4-2 所示。为了减小道床顶面的压力,轨枕与道床之间应有足够的接触面积;为了保证轨道结构的稳定性,要求轨枕与道床之间能提供足够的纵横向阻力。对于高速铁路,要求轨枕具有较大的质量,以便使轨枕振动的惯性力减缓轮轨冲击荷载对道床的影响,并且降低轨枕的自振频率。

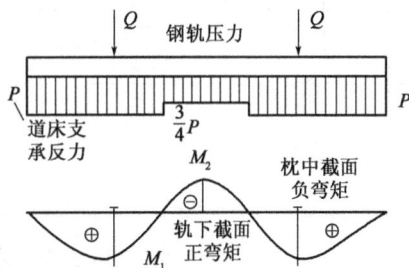

图 3.4-2 混凝土轨枕的受力状态

2) 轨枕形状

轨枕截面尺寸与轨枕的受力有关,首先轨枕顶部要有一定的宽度,宽度应结合轨枕抗弯强度、钢轨支承面积、轨下衬垫宽度、中间扣件尺寸等因素进行综合考虑加以确定。在轨座压力的作用下不压溃,一般承轨台的宽度为 185~190mm。在轨枕长度确定的情况下,枕底宽度要考虑到道床的承载能力,一般枕底宽度为 250~330mm。考虑到轨枕制造时的脱模方便,也要将轨枕截面设计成梯形,上窄下宽。梯形截面可以节省混凝土用量,减少自重,也便于脱模。

3) 轨枕长度

世界各国使用的混凝土轨枕基本上都为预应力混凝土轨枕。在设计混凝土轨枕时,从以下几方面考虑轨枕的长度:轨枕长度越长,轨下截面的下弯矩越大;枕中截面的负弯矩越大,甚至为正弯矩,所以轨枕长度要合理,使得轨枕的受力最佳。轨枕太短,轨枕端部的长度不足以锚固预应力筋,轨下截面的抗弯能力达不到要求。轨枕长度较短,道床支承面积减小,使得道床应力增大和阻力减小,影响轨道的稳定性。对于标准轨距轨道,世界各国的混凝土轨枕长度一般为 2.2~2.7m。有关试验结果表明,轨枕长度增加有以下优点:提高纵横向稳定性和整体刚度,改善道床和路基的工作状况,对无缝线路的铺设极为有利;可减少枕中截面外荷载弯矩,以提高轨枕结构强度;提高了道床的纵横向阻力,可适当减少轨枕配置根数。

4)轨枕高度

混凝土轨枕在长度方向的高度是不一致的,轨下部分截面高度较高,中间截面高度相对较低。这是因为轨枕的纵向预应力筋为直线配置,且在轨枕通长上配筋一致,轨下截面承受正弯矩,所以要求预应力筋的重心在截面形心以下;枕中截面一般承受负弯矩,所以要求预应力筋重心在截面形心之上,如图3.4-3所示。这样对混凝土施加的预压应力形成有利的偏心距,使混凝土的拉应力不超过允许限度,防止裂缝的形成和扩展。

3. 混凝土轨枕结构形式

混凝土轨枕的结构形式有整体式、组合式及短枕式三种,如图3.4-4所示。整体式轨枕主要是预应力混凝土轨枕。

国外高速铁路混凝土轨枕的结构形式及适用速度范围列于表3.4-1。除了法国采用双块式混凝土轨枕,世界大多数国家都采用整体式轨枕。

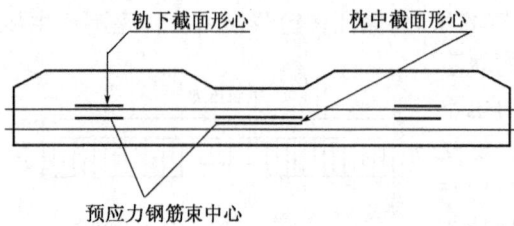

图3.4-3 混凝土轨枕截面形心与钢轨重心之间的关系

图3.4-4 混凝土轨枕轨道

国外主要高速铁路混凝土轨枕的结构形式及运用速度范围 表3.4-1

国别	轨枕形式	轨枕型号	长度（mm）	轨下截面尺寸		中间截面尺寸		轨底面积（mm²）	重量（kg）	列车最高速度（km/h）
				高度（mm）	底宽（mm）	高度（mm）	底宽（mm）			
日本	整体式	3T	2400	190	283	175	230	6430	260	210 以下
		3H	2400	220	310.5	195	250	7040	325	210~270
		4H	2400	220	310.5	195	250	7040	325	
德国	整体式	B70W	2600	210	300	175	220	5930	304	250
		B38090W	2600	210	320	180	240	6680	330	
		B75	2800	240	330	200	290	7560	380	
法国	双块式	U31	2245	220	290	块长	680	3944	218	160
		U41	2415	220	290		840	4872	248	300

日本近几年开发了梯子式轨道,类似于纵向轨枕,主要是用于重载铁路。通过美国 FAST 试验中心的试验表明,该轨道结构的线路稳定,维修养护工作量少,这种轨道结构的混凝土和钢材的用量与普通轨枕线路基本相同,所以梯子式轨道结构具有良好的发展前景。

我国原铁道部规定,桥上轨道需要安装护轮轨。近几年来,我国开发了有砟桥面上混凝土轨枕,所以在工作轨内侧安装有护轮轨的螺栓孔,桥枕的长度一致,中间部分不向下凹,桥枕如图 3.4-5 所示。

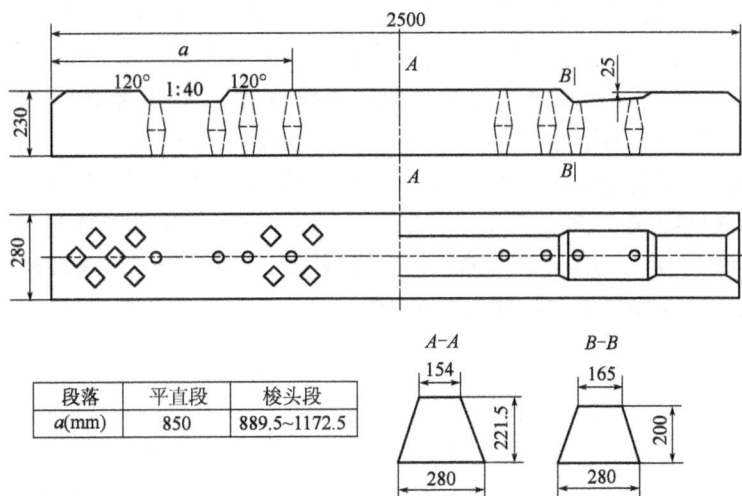

段落	平直段	梭头段
a(mm)	850	889.5~1172.5

图 3.4-5　混凝土桥枕(尺寸单位:mm)

岔枕与桥枕不同,在道岔的不同部位,岔枕的长度不一样,最短与区间线路的轨枕长度相同,最长为 4.9m。岔枕上需要安装 4 根工作轨,在不同的道岔部位,工作轨在岔枕上的位置也不一样。列车直向通过时,两根工作轨受力,当列车侧向通过时,则另两根工作轨受力,所以岔枕的受力条件更加复杂,岔枕结构如图 3.4-6 所示。

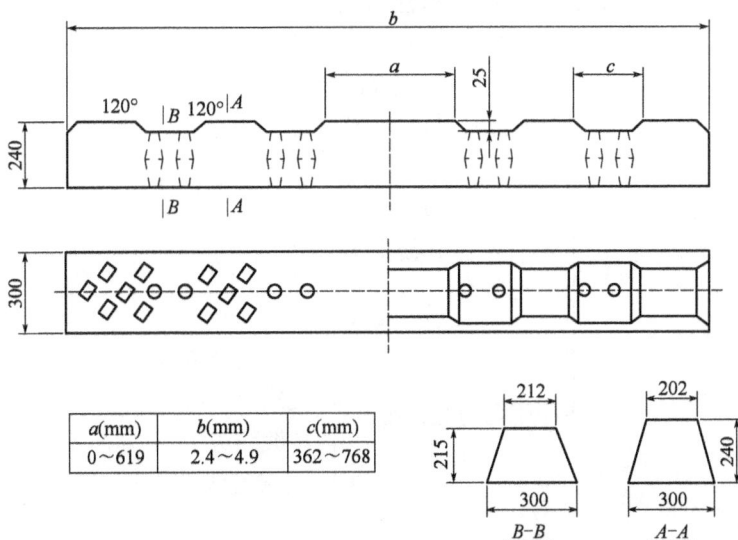

a(mm)	b(mm)	c(mm)
0~619	2.4~4.9	362~768

图 3.4-6　混凝土岔枕(尺寸单位:mm)

4. 轨枕间距

轨枕间距也是轨道设计中的重要参数之一，其与每千米配置的轨枕根数有关。轨枕每千米的铺设标准应根据运量、行车速度及线路设备条件等综合考虑，合理配套，以求在最经济的条件下轨道具有足够的强度和稳定性。我国铁路每公里轨枕数最少是1520根，一般是在一些次要线路和站场线路上，以后各级为每公里增加轨枕80根，即每公里1600根、1680根、1760根、1840根，最多时每公里1920根。每公里轨枕数越多，轨枕间距越密，超过每公里1920根轨枕，则在线路维修养护捣固轨枕时会发生困难。我国使用最多的是每公里1680根、1760根和1840根三种轨枕间距，也即每根25m长的钢轨轨枕数分别为42根、44根和46根。一般在钢轨接头处的轨枕间距稍小，靠近接头一孔的轨枕间距次之，其余的轨枕间距一样。近年来，铺设跨区间无缝线路，不考虑每25m钢轨长度的轨枕数，而且Ⅲ型枕的强度较高，所以统一采用轨枕间距0.6m，也即每公里轨枕数为1667根。

第五节　道　岔

在铁路和城市轨道交通线路中，使机车车辆由一条线路转向另一条线路的轨道连接设备称之为道岔。道岔是铁路轨道的一个重要组成部分，它引导车辆的轮对沿原线行进或转入另一条线路运行的转辙部分，使轮对能顺利地通过两条线路钢轨的连接点而形成的辙叉部分、转辙和辙叉的连接部分以及岔枕和连接零件等组成。由于线路上的道岔多、构造复杂、寿命短、限制列车速度、行车安全性低、养护维修投入大等特点，道岔曲线轨道与钢轨接头并称为轨道的三大薄弱环节。

一、道岔类型及单开道岔构造

道岔的基本形式有三种：道岔、交叉、道岔与交叉组合。具体分类如下：

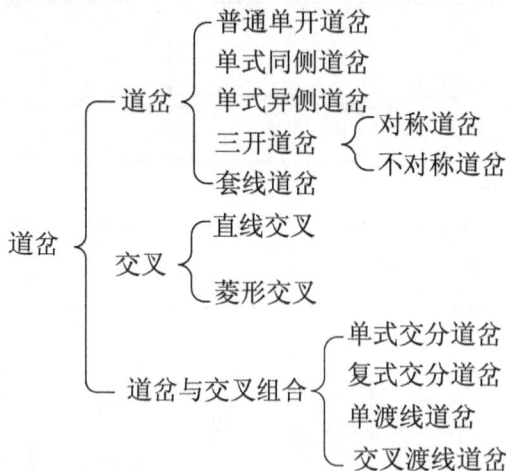

其中最常用的是普通单开道岔、对称道岔、三开道岔、交叉渡线、复式交分道岔和单式交分道岔，各种类型道岔简图3.5-1所示。在我国铁路上使用最多的道岔形式是"普通单开道岔"，

简称单开道岔。图3.5-2为有砟轨道的普通单开道岔,图3.5-3为无砟轨道的大号码单开道岔,图3.5-4为城市有轨电车线路的普通单开道岔,图3.5-5为复式交分道岔。

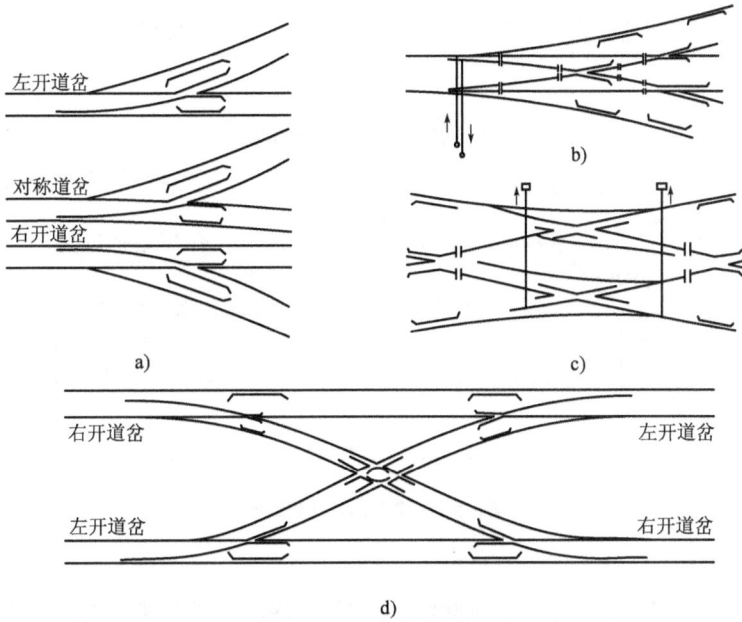

图3.5-1　道岔的主要类型
a)单开和对称道岔;b)三开道岔;c)复式交分道岔;d)交叉渡线

图3.5-2　有砟轨道的单开道岔

图3.5-3　无砟轨道的单开道岔(带外封闭)

图3.5-4　城市有轨电车线路的普通单开道岔

图3.5-5　复式交分道岔

道岔由转辙器(即转辙部分)、连接部分、辙叉(即辙叉及护轨)部分及岔枕组成。道岔各部件的名称如图 3.5-6 所示。

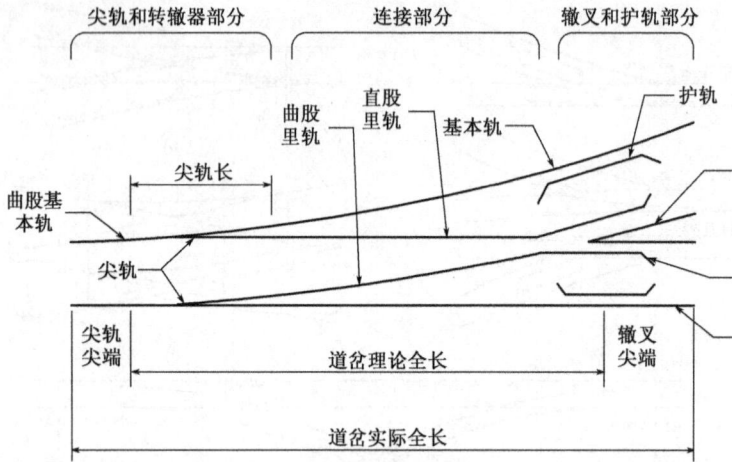

图 3.5-6　道岔的各部分组成

1. 转辙器

单开道岔的转辙器由两股基本轨、两股尖轨、各种联结零件和道岔转辙机构组成。

1)基本轨

基本轨用标准断面的普通钢轨制成,主股为直线,侧股按转辙器各部分的轨距在工厂事先弯折成规定的折线形或曲线形。通常,道岔中不设轨底坡,为改善道岔区钢轨的受力条件,铁路提速道岔中基本轨设有 1:40 的轨底坡。基本轨除承受车轮的垂直压力外,还与尖轨共同承受车轮的横向水平力,并保持尖轨的稳定。为防止基本轨在横向力作用下的横向移动,在其外侧设置轨撑。尖轨与基本轨应保持良好的密贴状态。

2)尖轨

尖轨是转辙器的主要部分,依靠尖轨的扳动转换而引导机车车辆进出道岔。尖轨在平面上可分为直线形和曲线形。我国铁路大部分的 12 号及以下的道岔,均采用直线形尖轨。直线形尖轨制造简单,便于更换,这种尖轨前端的加工量相对较少,横向刚度相对较大,尖轨的摆渡和跟端轮缘槽较小,可用于左开或右开。但这种尖轨的转辙角较大,列车对尖轨的撞击也大,尖轨尖端易于磨耗和损伤,如图 3.5-7 所示。我国铁路新设计的 12 号道岔及以上的大号码道岔均采用曲线形尖轨。曲线形尖轨的工作边除尖轨尖端一小段直线外,其余均为圆曲线,这种尖轨冲击角较小,导曲线半径大,列车进出侧线比较平稳。但曲线形尖轨制造较复杂,前端加工量较大,并且左右开不能通用,如图 3.5-8 所示。

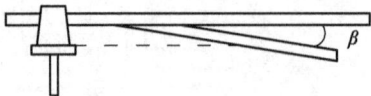

图 3.5-7　直线形尖轨　　　　图 3.5-8　曲线形尖轨

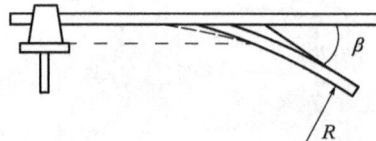

尖轨可用普通截面钢轨(旧型道岔)、高型特种截面钢轨或矮型特种截面钢轨制成。用普通钢轨制成的尖轨,一般在尖轨前端加补强板以增加其横向刚度。特种截面尖轨的轨腰厚、轨底宽、稳定性好。与基本轨高度相同的称为高型特种截面,较矮者称为矮型特种截面。如图3.5-9所示为矮型特种截面钢轨(简称 AT 轨)。特种截面尖轨,又有对称与不对称、设轨顶坡或不设轨顶坡之分。尖轨前端一定的长度范围内需要铣削加工,以与基本轨密贴,所以各截面的形状不同,如图3.5-10 所示。特种截面的尖轨,无论高型或矮型,都需将它的跟端加工成普通钢轨截面,方能与后面的连接轨用标准的跟部结构相连。

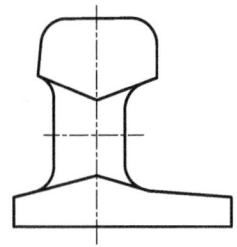

图 3.5-9　矮型特种截面钢轨

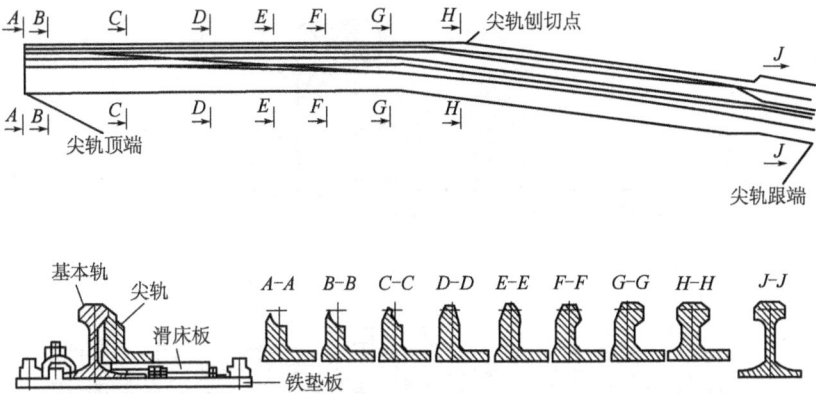

图 3.5-10　尖轨各截面的形状

尖轨的长度随道岔号数和尖轨的形式不同而异。在我国铁路上,CHN60 轨 9 号道岔的尖轨最短长度为 6.45m,提速道岔尖轨最长长度为 14.12m;12 号道岔尖轨的最短长度为 11.3m,提速道岔尖轨最长长度为 14.25m;18 号道岔的尖轨长度为 15.68~22.01m。

尖轨与导曲线钢轨连接的一端称为尖轨跟端。我国的道岔主要采用间隔铁鱼尾板式和弹性可弯式跟端结构两种形式。

间隔铁鱼尾板式跟端结构由跟端大垫板、间隔铁、跟端夹板、跟端轨撑、防爬卡铁及联结螺栓等组成,如图3.5-11 所示。在 CHN75 钢轨类型的道岔中,防爬卡铁已改为内轨撑。间隔铁鱼尾板式跟端结构,零件较少,结构简单,尖轨扳动灵活,但稳定性较弹性可弯式差,容易出现病害。

在新设计的 CHN60 轨 12 号道岔和大号码道岔上采用了弹性可弯式跟端结构。弹性可弯式尖轨在跟端前 2~3 根枕木处,将轨底削去一部分,使与轨头同宽,形成柔性部位,使尖轨具有能从一个位置扳动到另一个位置的足够的弹性,如图3.5-12 所示。

在跨区间无缝线路中,为限制尖轨尖端的伸缩位移,在尖轨跟部的基本轨和尖轨轨腰上可安装限位器和间隔铁结构,将尖轨的温度力传递给基本轨,减小尖轨纵向位移。

为使转辙器能正确引导列车的行驶方向,尖轨尖端必须与基本轨紧密贴靠。尖轨与基本轨的贴靠方式通常有两种:一种是爬坡式,另一种是藏尖式。

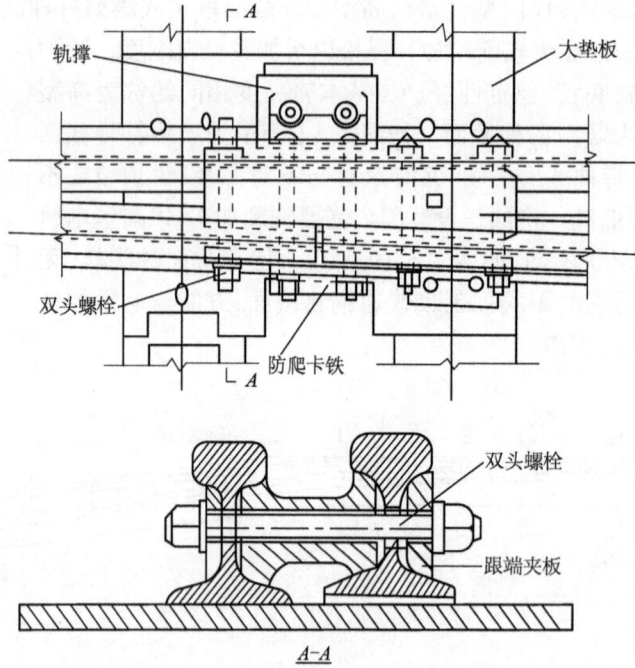

图 3.5-11　间隔铁鱼尾板式尖轨跟端结构

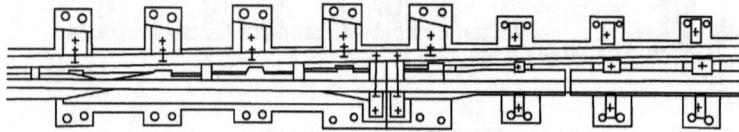

图 3.5-12　弹性可弯式尖轨跟端结构

当采用普通钢轨刨切尖轨时(旧型道岔),为避免对基本轨和尖轨刨切过多,一般将头部经过刨切的尖轨置于比基本轨底高出6mm的滑床板上,使尖轨叠盖在基本轨的轨底,形成爬坡式尖轨,如图3.5-13所示。

当采用矮型特种截面钢轨加工尖轨时,一般在基本轨的轨头下颚轨距线以下做1:3的斜切,使尖轨尖端藏于基本轨的轨蹚线之下,形成藏尖式结构。这样就保护了尖轨尖端不被车轮轧伤,并使尖轨在动荷载作用下保持良好的竖向稳定性,如图3.5-14所示。

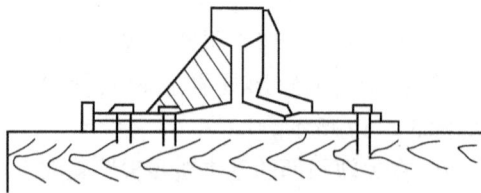

图 3.5-13　爬坡式尖轨

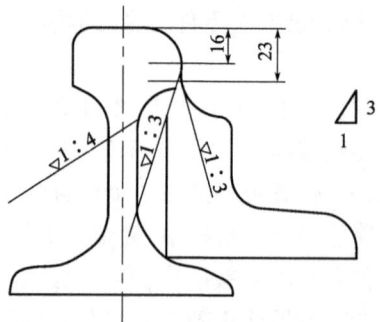

图 3.5-14　藏尖式尖轨(尺寸单位:mm)

为使得尖轨具有承受车轮压力的足够强度,规定在尖轨顶宽50mm以上部分才能完全受力,客运专线道岔40mm以上完全受力。尖轨各个截面的高度都有具体规定。当用普通截面钢轨制作尖轨时,为减少尖轨轨底的刨切量,将尖轨较基本轨抬高6mm,如图3.5-15所示。这时,尖轨尖端较基本轨顶面低23mm,在尖轨顶宽20mm以下部分,完全由基本轨受力。尖轨顶宽为20～50mm的部分为车轮荷载的过渡段。在尖轨整截面往后的垂直刨切终点处,尖轨顶面完全高出基本轨顶面6mm。

当采用高型或矮型特种截面钢轨加工成尖轨时,尖轨顶宽50mm以后直到尖轨跟端,尖轨和基本轨是等高的,尖轨顶宽为20～50mm的一段为过渡段,尖轨尖端低于基本轨23mm,如图3.5-16所示。

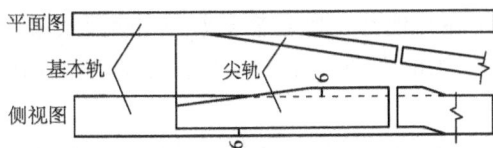

图3.5-15　顶面高出基本轨的尖轨(尺寸单位:mm)

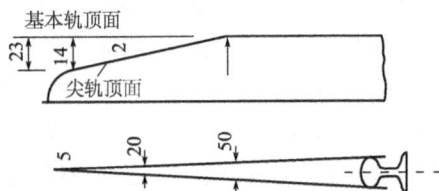

图3.5-16　顶面与基本轨等高的尖轨(尺寸单位:mm)

3)转辙器上的其他零件

尖轨和转辙器部分的零件较多,如图3.5-17所示为小号码道岔转辙器部分的各零件名称。

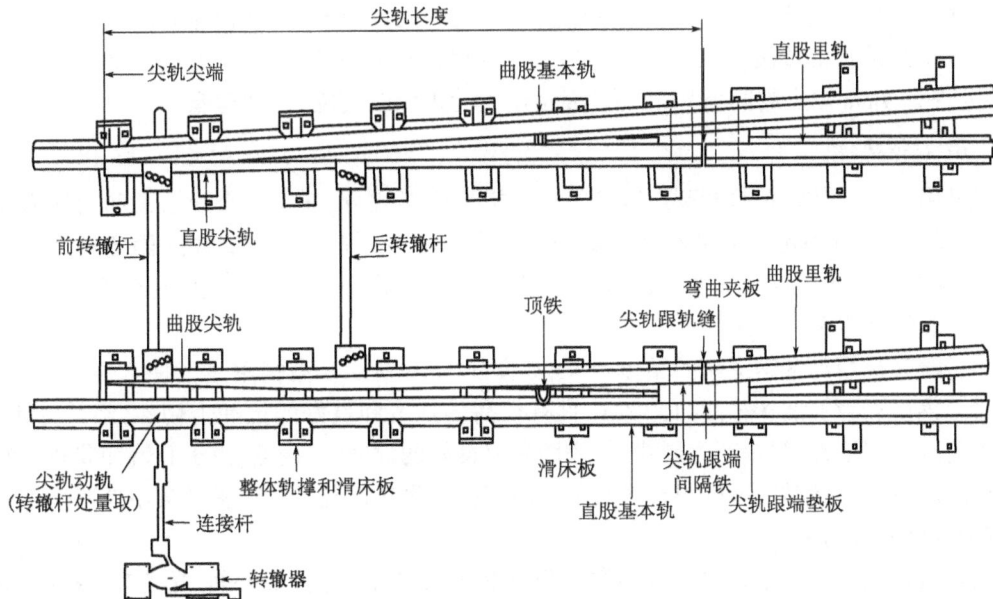

图3.5-17　尖轨和转辙器部分各零件及名称

(1)在整个尖轨长度范围内的岔枕面上,有承托尖轨和基本轨的滑床板。滑床板有分开式和不分开式两类:不分开式用道钉将轨撑、滑床板直接与岔枕联结;分开式是轨撑由垂直螺栓先与滑床板联结,再用道钉或螺纹道钉将垫板与岔枕联结。我国铁路在滑床板下不加弹性

图 3.5-18　滚珠和弹性滑床板

垫,但近几年来也开展弹性滑床板的研究,如图 3.5-18 所示是德国 BWG 公司生产的滚珠滑床板和弹性滑床板,滚珠滑床板可大大降低摩擦力。

(2)安装在基本轨外侧的轨撑,用于防止基本轨倾覆、扭转和纵横向移动。用螺栓将轨撑与基本轨相连,并用两个螺栓与滑床板连接。轨撑又分为双墙式和单墙式。

(3)铺设在尖轨之前的辙前垫板和之后的辙后垫板。

(4)铺设在尖轨尖端和尖轨跟端的通长垫板。

(5)道岔顶铁。尖轨的铣削部位紧贴基本轨,而在其他部位则依靠安装在外侧腹部的顶铁,将车轮施加的横向力传递给基本轨,以防止尖轨受力时弯曲,并保持尖轨部分的轨距正确。

(6)为保持导曲线的正确位置而设置的支距垫板。

(7)道岔拉杆和连接杆。道岔拉杆是连接两根尖轨,并与转辙设备相连,以实现尖轨扳动的杆件,又叫转辙杆。连接杆为连接两根尖轨的杆件,它的作用是加强尖轨间的联系,提高尖轨的稳定性。

尖轨尖端非作用边与基本轨作用边之间的拉开距离叫作道岔的尖轨动程,规定在距尖轨尖端 380mm 的第一连接杆中心处量取。

最常用的道岔转换设备的种类有机械式和电动式。若按操纵方式分类,则有集中式和非集中式两类。机械式转换设备可以为集中式或非集中式,电动式转换设备则均为集中式。道岔转换设备必须具备转换(改变道岔开向)、锁闭(锁闭道岔,在转辙杆中心处尖轨与基本轨之间,不允许有 4mm 以上的间隙)和显示(显示道岔的正位或反位)三种功能。

2.辙叉和护轨

辙叉由心轨、翼轨、护轨及联结零件组成。按平面形式分,辙叉有直线辙叉和曲线辙叉两类;按构造分,又有固定式辙叉和活动式辙叉两类。在单开道岔上以直线式固定辙叉最为常用,在提速线路上多为可动式辙叉,在高速线上都为可动式辙叉。直线式固定辙叉分两种,即整铸辙叉和钢轨组合式辙叉。

整铸辙叉是用高锰钢浇铸的整体辙叉,如图 3.5-19 所示。高锰钢是一种含锰、碳元素较高的合金钢(含锰约 12.5%、碳 1.2%),具有较高的强度和良好的抗冲击韧性,经热处理后,在冲击荷载作用下,会很快产生硬化,使表面具有良好的耐磨性;而且,由于心轨和翼轨同时浇铸,整体性和稳定性较好,可以不设辙叉垫板而直接铺设在岔枕上。这种辙叉还具有使用寿命长、养护维修方便的优点。

钢轨组合式辙叉是用钢轨及其他零件刨切拼装而成的,它由长心轨、短心轨、翼轨、间隔铁、辙叉垫板及其他联结零件组成,如图 3.5-20 所示。辙叉心是由长心轨和短心轨拼装而成,长心轨应铺设在正线或运量较大的线路方向上。为尽可能保持长心轨截面的完整,而将短心轨的头部和底部刨去一部分,使短心轨轨底叠盖在长心轨轨底上,以保持辙叉心的坚固稳定。这种辙叉仅存在一些次要线路上。

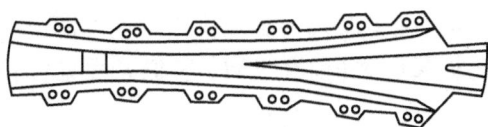

图 3.5-19　整铸锰钢辙叉

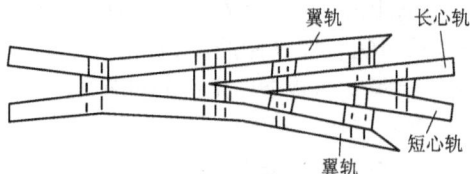

图 3.5-20　拼装式组合辙叉

叉心两侧作用边之间的夹角叫辙叉角 α。辙叉心轨两个工作边的延长线的交点称为辙叉理论中心(理论尖端)。由于制造工艺的原因,实际上叉心尖端有 6～10mm 的宽度,此处称为心轨的实际尖端。

翼轨由普通钢轨弯折刨切而成,用间隔铁及螺栓和叉心联结在一起,以保持相互间的正确位置,并形成必要的轮缘槽,使车轮轮缘能顺利通过。两翼轨工作边相距最近处称辙叉咽喉。从辙叉咽喉至心轨实际尖端之间的轨线中断的距离叫作"有害空间",如图 3.5-21 所示。道岔号数越大,辙叉角越小,这个有害空间就越长。车轮通过有害空间时,叉心容易受到撞击。为保证车轮安全通过有害空间,必须在辙叉两侧相对位置的基本轨内侧设置护轨,借以引导车轮的行驶方向。

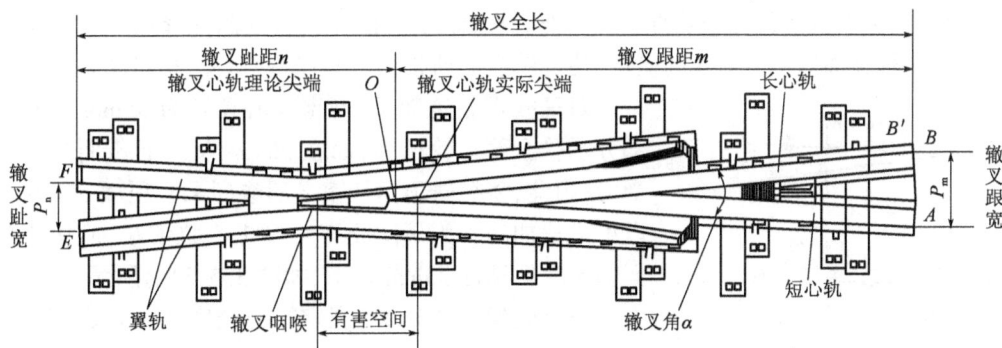

图 3.5-21　辙叉各部名称

道岔号数以辙叉号数 N 来表示,辙叉号数越大,辙叉角越小。

$$辙叉号数\ N = \cot\alpha = \frac{OB'}{AB'} \tag{3.5-1}$$

$$辙叉角\ \alpha = \arctan\frac{1}{N} \tag{3.5-2}$$

同一道岔号码,不同国家铁路的辙叉角有微小差别,如美国铁路,6 号道岔的辙叉角为 $9°31'38''$,12 号道岔的辙叉角为 $4°46'19''$。我国道岔号数与辙叉角的对应值见表 3.5-1。

道岔号数与辙叉角的关系　　表 3.5-1

道岔号数 N	6	7	9	12	18	24	38	41
辙叉角 α	$9°27'44''$	$8°07'48''$	$6°20'25''$	$4°45'49''$	$3°10'47''$	$2°23'09''$	$1°30'26.8''$	$1°23'39.8''$

在单开道岔中,因辙叉角小于 90°,所以又将这类辙叉称之为锐角辙叉。

单开道岔辙叉从其趾端到跟端的长度 FA 或 EB(图 3.5-21)称辙叉全长,从辙叉趾端到理

论中心的距离 EO 或 FO，称辙叉趾距（又称辙叉前长），用 n 表示；从辙叉跟端到理论中心的距离 AO 或 BO，称辙叉跟距（又称辙叉后长），用 m 表示。辙叉趾端两翼轨作用边间的距离 EF 和辙叉跟距叉心两个作用边间的距离 AB，分别称为辙叉趾宽（前开口）P_n 和辙叉跟宽（后开口）P_m。

我国常用的标准道岔的辙叉尺寸见表 3.5-2。同一道岔号数，不同图号，其辙叉趾距 n、辙叉跟距 m 和全长的尺寸有所不同，表内所列仅为常用的数值。

标准辙叉尺寸（mm）　　　　　　表 3.5-2

钢轨类型	道岔号数	辙叉全长	n	m	P_n	P_m
CHN75、CHN60	18	12600	2851	9749	258	441
CHN75、CHN60	12	5927	2127	3800	177	317
CHN50	12	4557	1849	2708	154	225
CHN60	9	4309	538	2771	171	308
CHN50	9	3588	1538	2050	171	228

当车轮沿翼轨向叉心方向滚动时，由于车轮踏面是锥形的，车轮逐渐下降，当车轮离开翼轨完全滚到心轨后，又恢复到原来的高度，因此，产生了垂直不平顺。为了消除垂直不平顺，并防止心轨在其尖端截面过分削弱部分承受车轮荷载，采用提高翼轨顶面和降低心轨前端顶面的做法，将翼轨顶面做成 1:20 的横坡，使翼轨和心轨顶面之间保持必要的相对高差。

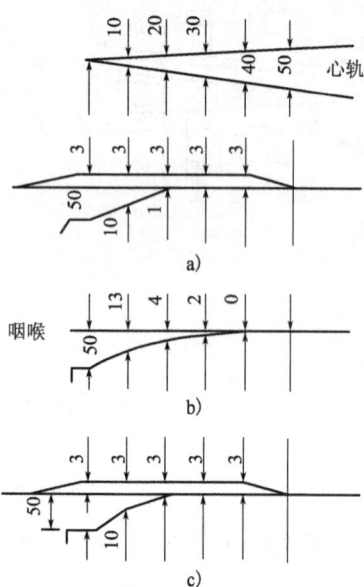

图 3.5-22　辙叉顶面（尺寸单位：mm）

对高锰钢整铸辙叉，规定叉心顶宽为 35mm 及其以上部分承受全部车轮压力，而在 20mm 及以下截面则完全不受力，因此，将翼轨顶面从辙叉咽喉到叉心顶面 35mm 一段以堆焊法加高。为了防止车轮撞击心轨尖端，应使该处顶面低于翼轨顶面 33mm 以下，如图 3.5-22a) 所示。

对钢轨组合式辙叉，规定叉心顶宽 40mm 及其以上部分承受全部车轮压力，而在 30mm 及以下部分则完全不受力。由于在工厂制作时堆焊翼轨有困难，因此设计中未将翼轨顶面抬高，而只将心轨轨面降低，如图 3.5-22b) 所示，但对磨耗的辙叉进行焊修时，可将翼轨顶面焊高，如图 3.5-22c) 所示。

针对高锰钢辙叉使用中出现的磨损和病害，早在 1982 年，美国圣太菲铁路铺设了贝氏体钢的心轨、高碳钢翼轨，黏结组合辙叉获得了良好效果。近几年来，我国铁路部门和冶金部门合作开发了超强高韧可焊贝氏体钢用于固定式辙叉的叉心。超强高韧可焊贝氏体钢的化学成分为 C、Mn、Cr 等，适当添加 Ni、Mo、V、Ti 等微量金属，使钢材的接触疲劳性能大大提高，$\sigma_b = 1404 \sim 1560\text{MPa}$，$\sigma_s = 1100 \sim 1308\text{MPa}$。延伸率 $\delta_5 \geq 12\% \sim 14.5\%$，冲击韧性 $80 \sim 113\text{J/cm}$，硬度 HRC 达 $40 \sim 60$。

护轨设于固定辙叉的两侧，用以控制车轮的轮缘，使之进入设定的轮缘槽内，防止与叉心碰撞。护轨可用普通钢轨或特种截面的护轨钢轨制作。

护轨的防护范围,应包括辙叉咽喉至叉心顶宽 50mm 的一段长度,并要求有适当的余裕;在平面图中,它由中间平直段、两段缓冲和开口段组成,如图 3.5-23 所示。护轨平直段是起防护作用的部分,缓冲段和开口段起将车轮平顺地引入护轨平直段的作用。缓冲段的冲击角应按列车允许的通过速度设置。

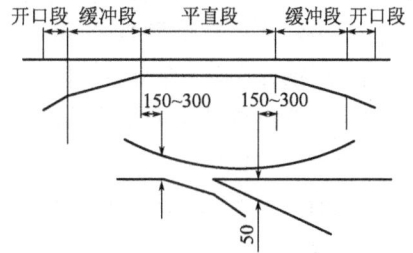

图 3.5-23 护轨各段名称及保护范围
(尺寸单位:mm)

可动辙叉是指辙叉的心轨或翼轨可做偏转横移,从而保证列车过岔时轨线的连续,消除固定辙叉上存在的有害空间,并可取消护轨;同时,辙叉在纵断面上的几何不平顺也可以大大减少,从而可显著地降低辙叉部位的轮轨相互作用力,提高运行的平稳性,延长辙叉的使用寿命。可动辙叉有如下三种形式:

1)可动心轨式

可动心轨式即心轨可动,翼轨固定。这种辙叉结构的优点是车辆作用与心轨的横向力能直接传递给翼轨,保证了辙叉的横向稳定;由于心轨的转换与转辙器同步联动,不会在误认进路时发生脱轨事故,故能保证行车安全。其缺点是制造比较复杂,并较固定式辙叉长。

可动心轨式辙叉的心轨跟端有铰接式和弹性可弯式两种形式。

心轨跟端为铰接式的又称为回转式心轨,如图 3.5-24 所示。铰接式心轨可为整铸或用特种尖轨钢轨制成,通过高强螺栓固定在翼轨上的间隔铁能保证心轨与翼轨的相对位置,并传递水平力。这种辙叉便于铸造,转换力较小,可以与原有固定式辙叉的长度相同。铺设这种可动心轨辙叉不致引起车站平面的变动,因此尤其适用于既有线大站场的技术改造。但是,在辙叉范围内出现活接头,不如弹性可弯式结构稳妥可靠。

弹性可弯式可动心轨辙叉如图 3.5-25 所示。心轨用特种截面钢轨制成,心轨的一肢跟端可以为弹性可弯式,另一端为活动铰接式,或是心轨的两肢均为弹性可弯式,转换时长心轨与短心轨接合面上产生少量的相对滑动,转换力较大。这种可动心轨的结构具有较高的可靠性,我国广泛采用的可动心轨辙叉选用的就是这种形式。

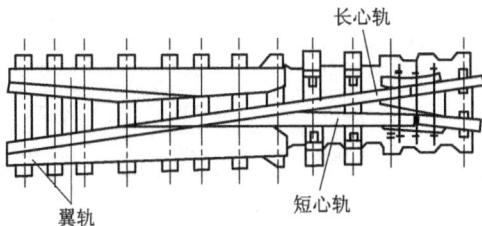

图 3.5-24 回转式可动心轨辙叉

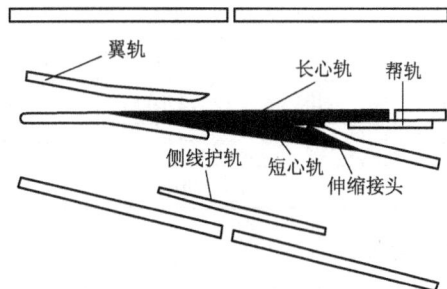

图 3.5-25 弹性可弯式可动心轨辙叉

2)可动翼轨式

可动翼轨式即心轨固定,翼轨可动,又分单侧翼轨可动或双侧翼轨可动两种形式。这类辙叉可以设计成与既有固定式辙叉互换的尺寸,铺设时可以避免引起站场平面的变动,同时又满足了消灭有害空间的要求。其缺点是可动翼轨的横向稳定性较差,翼轨的固定装置结构复杂。

3)其他消灭有害空间的辙叉形式

德国的 UIC60 型钢轨道岔,就是用滑动的滑块填塞辙叉有害空间处的轮缘槽。虽然世界各国使用的道岔类型很多,但可动心轨辙叉道岔工作稳定可靠,机车车辆对辙叉的附加冲击力及列车摇摆显著降低,养护工作量减少,使用寿命延长,并且改善了旅客列车过岔时的舒适度,所以是当前世界铁路中首选的辙叉类型。可动心轨辙叉在国外铁路中使用较多,我国主要提速干线上也大量使用 CHN60 轨 12 号可动心轨道岔,18 号以上的道岔也都是可动心轨道岔。

我国在钢筋混凝土岔枕上铺设的导曲线设置了 6mm 的超高,两端用逐渐减薄厚度的胶垫进行顺坡。

3. 连接部分

连接转辙器和辙叉的轨道为道岔的连接部分,它包括直股连接线和曲股连接线。直股连接线与区间直线线路的构造基本相同,曲股连接线又称导曲线,导曲线的平面形式可以是圆曲线、缓和曲线或变曲率曲线。目前,我国线路上铺设的道岔导曲线均为圆曲线,当尖轨为曲线形时,尖轨本身就是导曲线的一部分。导曲线由于长度及界限的限制,一般不设超高和轨底坡,但在构造及条件容许的情况下可设置少量超高。为防止导曲线钢轨在动荷载作用下的外倾和轨距扩张,可设置一定数量的轨撑或轨距拉杆,也可以在导曲线范围内设置一定数量的防爬器及防爬木撑,以减少轨道的爬行。

连接部分一般配置 8 根钢轨,直股连接线 4 根,曲股连接线 4 根。配轨时要考虑轨道电路绝缘接头的位置和满足接头相对的要求,并尽量采用 12.5m 或 25m 长的标准钢轨。连接部分使用的短轨,一般不短于 6.25m,在困难的情况下,不短于 4.5m。

我国标准的 9 号、12 号和 18 号道岔连接部分的配轨如图 3.5-26 所示,尺寸见表 3.5-3。

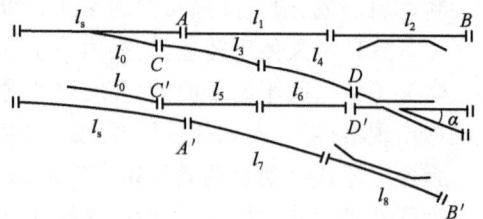

图 3.5-26 道岔连接部分

标准道岔的配轨尺寸(单位:mm)　　　　　　　　　　表 3.5-3

N	9	12	18	N	9	12	18
l_1	5324	11791	10226	l_5	6838	12500	16574
l_2	1100	12500	18750	l_6	9500	9385	12500
l_3	6894	12500	16903	l_7	5216	11708	10173
l_4	9500	9426	12500	l_8	11000	12500	18750

4. 岔枕

道岔中铺设的轨枕称为岔枕,按材质分岔枕有木枕、混凝土枕和钢岔枕。过去我国岔枕主要以木枕为主,近几年我国设计的客运专线及提速线路道岔使用混凝土岔枕。

木岔枕截面和普通木枕基本相同,长度分为 12 级,其中最短的为 2.60m,最长的为 4.80m,级差为 0.20m。而钢筋混凝土岔枕最长为 4.90m,级差为 0.10m。岔枕的间距不应大于区间线路上的轨枕间距,通常,混凝土岔枕的间距按 60cm 设置。

铺设在单开道岔转辙器及连接部分的岔枕,均应与道岔直股方向垂直。为改善列车直向过岔时的运行条件,提速道岔中所有的岔枕均垂直于直股方向布置,间距均匀一致,为60cm。

岔枕长度在道岔各部位的差别很大,岔枕端部伸出钢轨工作边的长度 M 应与区间线路保持一致。为减少道岔上出现过多的岔枕长度级别,需要集中若干长度接近者为一组,误差不超过岔枕标准级差的1/2。

二、道岔的几何形位

道岔各部分几何尺寸的正确与否,是保证机车车辆安全、平稳通过的必要条件。确定道岔各部位的几何尺寸,是根据机车车辆的轮对尺寸和道岔的轨距按最不利的组合进行的。

1.道岔各部分的轨距

直线轨道轨距为1435mm,曲线轨道应根据曲线半径、运行速度及机车车辆的通过条件等因素来决定。

在单开道岔上,需要考虑对轨距加宽的部位有:基本轨前接头处轨距 S_1;尖轨尖端轨距 S_0;尖轨跟端直股及侧股轨距 S_h;导曲线中部轨距 S_c;导曲线终点轨距 S。

道岔各部位的轨距,按机车车辆以正常强制内接条件加一定的余量,计算公式为:

$$S = q_{max} + (f_o - f_i) + \frac{1}{2}\delta_{min} - \sum \eta \qquad (3.5-3)$$

式中:q_{max}——最大轮对宽度;

f_o——外轮与外轨线形成的矢距;

f_i——内轮与内轨线形成的矢距;

δ_{min}——轮轨间的最小游间;

$\sum \eta$——机车车辆轮轴的可能横动量之和。

根据对我国铁路上使用的各种机车车辆的检算,我国铁路标准道岔上各部位的轨距值见表3.5-4。

标准道岔各部位的轨距尺寸(mm) 表3.5-4

轨 距	9	12		18
		直线尖轨	曲线尖轨	
S_1	1435	1435	1435	1435
S_0	1450	1445	1437	1438
S_h	1439	1439	1435	1435
S_c	1450	1445	1435	1435

道岔各部分的轨距加宽,应有适当的递减距离,以保证行车的平稳性。对直线尖轨道岔,尖轨尖端的轨距加宽,应按不大于6‰的递减率向尖轨外方递减。S_0 与 S_h 的差数,应在尖轨范围内均匀递减。导曲线中部轨距加宽的递减距离,至导曲线起点为3m,至导曲线终点为4m。尖轨跟端直股轨距 S_h 的递减距离为1.5m。

道岔各部分的轨距应符合标准规定,如有误差,不论是正线、到发线、站线或专用线上的道岔,一律不得超过3mm或-2mm,有控制锁的尖轨尖端不超过±1mm,较一般轨道有更严格的要求。同时，还需考虑到道岔轨距在列车作用下将有 2mm 的弹性扩张，由此可以算出道岔各部分的最小、正常和最大轨距值。

我国新设计的道岔，如提速道岔中，除直股尖轨尖端宽 2mm 处因刨切引起的轨距构造加宽外，其余各部直轨距均为 1435mm。

2. 转辙器部分的间隔尺寸

道岔转辙器上需要确定的几何尺寸主要有最小轮缘槽和尖轨动程。

1）尖轨允许最小轮缘槽宽度 $t_{\min}$

（1）曲线尖轨。

当尖轨处于列车直向通过的位置时，应保证在最不利的条件下，即轮对一侧的车轮轮缘紧贴直股尖轨，另一侧车轮能顺利通过，而轮缘不撞击曲尖轨的非工作边。曲线尖轨在其最突出处的轮缘槽宽度较之其他任何截面处均为最小，称为曲线尖轨的最小轮缘槽宽度 $t_{\min}$。考虑各种不利因素组合，最小轮缘槽宽应满足以下计算条件：

$$t_{\min} \geqslant (S + \varepsilon_1 + \varepsilon_2) - (T_{\min} + d_{\min}) \qquad (3.5\text{-}4a)$$

式中：S——标准轨距，取 1435mm；

ε_1——轮载作用下轨距弹性挤开量，取 $\varepsilon_1 = 2$mm；

ε_2——道岔部位的轨距允许几何形位偏差，取 $\varepsilon_2 = 3$mm；

$T_{\min}$——轮背距离的允许最小值，取 $T_{\min} = 1350$mm；

$d_{\min}$——轮缘厚度的允许最小值，取 $d_{\min} = 22$mm。

则可得我国实际采用的最小轮缘槽宽度 $t_{\min} \geqslant 1435 + 3 + 2 - (1350 + 22) = 68$（mm）。同时，$t_{\min}$ 也是控制曲线尖轨长度的因素之一，为缩短尖轨长度，根据经验，$t_{\min}$ 可减少至 65mm。

（2）直线尖轨。

直线尖轨的跟端轮缘槽宽度为 $t_{\min} = t_0$，对于直线尖轨来说，尖轨跟端支距为 $y_g = t_0 + b$，如图 3.5-27 所示。为保证在最不利条件下，轮对一侧车轮的轮缘紧贴直股尖轨，另一侧车轮能顺利通过而轮缘不撞击侧线尖轨的跟端，考虑各种不利因素的组合，最小轮缘槽宽度应满足以下条件：

$$t_0 \geqslant (S_g + \varepsilon_3 + \varepsilon_4) - (T_{\min} + d_{\min}) \qquad (3.5\text{-}4b)$$

式中：S_g——尖轨跟端轨距，当不加宽时 $S_g = 1435$mm，加宽时 $S_g = 1439$mm；

ε_3——轮载作用下尖轨跟端轨距弹性挤开量，$\varepsilon_3 > \varepsilon_1$；

ε_4——道岔部位尖轨跟部处的轨距允许几何形位偏差，取 $\varepsilon_4 > \varepsilon_2$；

$T_{\min}$、$d_{\min}$——含义同上。

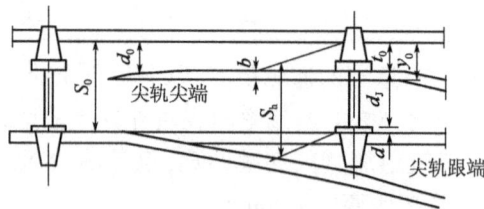

图 3.5-27　直线尖轨轮缘槽

可计算得尖轨跟端最小轮缘槽宽度应满足 $t_0 > 68$mm，实际采用 74mm。

尖轨跟端钢轨头部的宽度 b，CHN50 和 CHN60 钢轨分别为 70mm 和 73mm，则尖轨跟端支距 y_0 相应分别为 144mm 和 147mm。

2）尖轨动程 d_0

尖轨动程为尖轨尖端非作用边与基本轨作用边之间的拉开距离，规定在距尖轨端 380mm 的转辙杆中心处量取。尖轨的动程应保证尖轨扳动后，车轮对尖轨的非工作边不发生侧向挤压，尖轨的动程应按计算确定。由于目前各种转辙机的动程业已定型，故尖轨的动程应与转辙机的动程配合。目前大多数转辙机的标准动程为 152mm，因此，《铁路线路维修规则》规定：尖轨在第一连接杆处的最小动程，直尖轨为 142mm，曲尖轨为 152mm，AT 型弹性可弯尖轨为 180mm。

3. 导曲线支距

在单开道岔上，以直股基本轨作用边为横坐标轴，导曲线上各点距此轴的垂直距离叫作导曲线支距。导曲线支距正确与否对保证导曲线的圆顺起着十分重要的作用。

计算导曲线支距有多种方法，下面以圆曲线形导曲线的曲线尖轨单开道岔为例，进行计算。取直股基本轨作用边正对尖轨跟端的 o 点为坐标原点，如图 3.5-28 所示。这时，导曲线始点的横坐标 x_0 和支距 y_0 分别为：

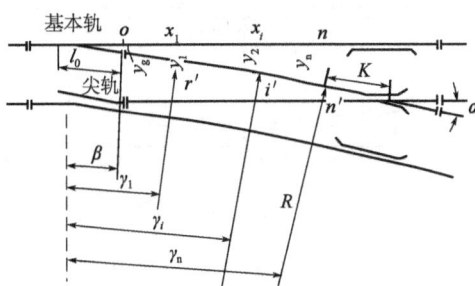

图 3.5-28　导曲线支距

$$x_0 = o, y_0 = y_g \qquad (3.5\text{-}5)$$

导曲线终点的横坐标 x_n 和支距 y_n 分别为：

$$x_n = R(\sin\gamma_n - \sin\beta)$$
$$y_n = y_g + R(\cos\beta - \cos\gamma_n) \qquad (3.5\text{-}6)$$

式中：R——导曲线外轨半径；

γ_n——导曲线终点 ∞ 所对应的偏角；

β——转辙角。

令导曲线上各支距点 i 的横坐标为 x_i，通常点间距为 2m，则其相应的支距 y_i 为：

$$y_i = y_0 + R(\cos\beta - \cos\gamma_i) \qquad (3.5\text{-}7)$$

式中的 y_i 可用以下近似公式求得：

$$R\sin\gamma_i = R\sin\beta + x_i \ , \ \sin\gamma_i = \arcsin\left(\sin\beta + \frac{x_i}{R}\right) \qquad (3.5\text{-}8)$$

$$\gamma_i = \arcsin\left(\sin\beta + \frac{x_i}{R}\right) \qquad (3.5\text{-}9)$$

显然，在导曲线终点 $\gamma_n = \alpha$（辙叉角）。

计算时，可按表 3.5-5 的公式进行。

导曲线各点支距 γ_i 的计算格式　　　　　　　　　表 3.5-5

x_i	x_i/R	$\sin\gamma_i = \sin\beta + x_i/R$	$\cos\gamma_i$	$\cos\beta - \cos\gamma_i$	$R(\cos\beta - \cos\gamma_i)$	$y_i = y_g + R(\cos\beta - \cos\gamma_i)$

最后计算所得的 γ_n，可用下式进行校核：

$$\gamma_n = S - K\sin\alpha \tag{3.5-10}$$

式中：K——导曲线后插直线长。

4. 辙叉和护轨部分的间隔尺寸

道岔辙叉及护轨部分需要确定的间隔尺寸主要是辙叉咽喉轮缘槽宽 t_1、查照间隔 D_1 及 D_2、护轨轮缘槽宽 t_g、翼轨轮缘槽宽 t_w 和辙叉有害空间 l_H。

1）辙叉咽喉轮缘槽宽 t_1

辙叉咽喉轮缘槽宽如图 5.3-29 所示。

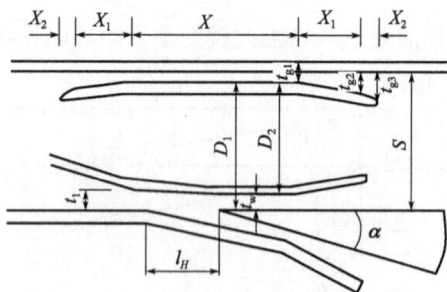

图 3.5-29　辙叉查照间隔及护轨尺寸

其计算公式为：

$$t_1 = S - (T + d) \tag{3.5-11}$$

为保证车轮顺利通过辙叉咽喉，应保证在最不利的条件下，即最小轮对一侧车轮轮缘紧贴基本轨时，另一侧车轮轮缘不撞击翼轨。这时最不利的组合为：

$$t_1 \geqslant S_{max} - (T_{min} + d_{min}) \tag{3.5-12}$$

考虑到道岔轨距容许最大误差为 3mm，轮对车轴弯曲后，内侧距减少 2mm，则：

$$t_1 \geqslant 1435 + 3 - (1350 + 22 - 2) = 68(mm)$$

2）查照间距 D_1 和 D_2

护轨作用边至心轨作用边的查照间距 D_1，由图 3.5-29 可知，D_1 的计算公式为：

$$D_1 = T + d \tag{3.5-13}$$

此间隔应保证车轮轮对在最不利的条件下，最大轮对一侧轮缘受护轨的引导，而另一侧轮缘不撞击辙叉叉心，即应有：

$$D_1 \geqslant (T + d)_{max}$$

考虑到车轴弯曲使轮背内侧距增大 2mm，代入具体数值后得 $D_1 \geqslant (1356 + 2) + 33 = 1391$（mm），$D_1$ 只能有正误差，容许范围为 1391～1394mm。

护轨作用边至翼轨作用边的查照间隔 D_2，由图 3.5-26 可知，D_2 的计算公式为：

$$D_2 = T \tag{3.5-14}$$

为保证最小车轮通过时不被楔住，必须有：$D_2 \leqslant T_{min}$。取 T 较机车轮更小的车辆轮为计算依据，并考虑车轴上弯后对轮对内侧距的减小值 2mm，则 $D_2 \leqslant 1350 - 2 = 1348$（mm）。$D_2$ 只能有负误差，容许范围为 1346～1348mm。

3）护轨平直段轮缘槽宽 t_{g1}

如图 3.5-26 所示，护轨平直段轮缘槽宽 t_{g1} 应保证 D_1 不超出规定的容许范围，即：

$$t_{g1} = S - D_1 - 2 \tag{3.5-15}$$

式中：2——护轨侧面磨耗限度（mm）。

取 $S = 1435$mm，$D = 1391$mm，则 $t_{g1} = 42$mm。《铁路工务规则》规定，护轨轮缘槽平直段为 42～44mm。

为使车轮轮缘能顺利进入护轨轮缘槽内,在护轨平直段两端设置了缓冲段和开口段。缓冲段的角度与尖轨冲击角相同,其终端轮缘槽宽 t_{g2} 应保证有和辙叉咽喉轮缘槽宽 t_{g1} 相同的通过条件,即 $t_{g2} = t_1 = 68\text{mm}$。在缓冲段的外端,再各设开口段。为使轮缘不撞击护轨开口段,取开口段终端轮缘槽宽 t_{g3} 为 90mm,用把钢轨头部向上斜切的方法得到。

护轨的平直段 x,相当于自辙叉咽喉起至心轨顶宽 50mm 处止,外加两侧各 $100 \sim 300\text{mm}$,缓冲段长 x_1 按计算确定,开口段长度一般采用 150mm。

在我国铁路上,9 号、12 号和 18 号道岔护轨全长分别为 3.9m、4.5m 和 8.0m。

4)辙叉翼轨平直段轮缘槽宽 t_w

根据图 3.5-26,为使具有最小轮背内侧距的轮对自由通过辙叉的平直段,应有:

$$t_w \geqslant S - t_{g1} - D_2 = D_1 - D_2 \tag{3.5-16}$$

代入有关数据,得 $t_w \geqslant 1435 - 42 - 1348 = 45(\text{mm})$。

考虑到制造时可能出现负公差,我国定型道岔采用 46mm,《铁路工务规则》规定为 $45 \sim 48\text{mm}$,从辙叉心轨尖端至心轨宽 50mm 处,t_w 均应保持此宽度。

辙叉翼轨轮缘槽也有过渡段和开口段。与护轨情况相同,其终端轮缘槽分别为 68mm 和 90mm。辙叉翼轨各部分长度及其总长,可比照护轨做相应的计算。

5)有害空间 l_H

从辙叉咽喉至实际尖端之间的距离,称辙叉的有害空间,有害空间的长度 l_H 可用下式求取:

$$l_H = \frac{t_1 + b_1}{\sin\alpha} \tag{3.5-17}$$

式中:b_1——叉心实际尖端宽度。

由于 α 很小,可近似地取 $1/\sin\alpha \approx 1/\tan\alpha = \cot\alpha = N$,故式(3.5-17)可改写成:

$$l_H \approx (t_1 + b_1)N \tag{3.5-18}$$

取 $t_1 = 68\text{mm}$,$b_1 = 10\text{mm}$,则 9 号、12 号及 18 号道岔的有害空间分别为 702mm、936mm 及 1404mm。

6)可动心轨

可动心轨辙叉的主要间隔有辙叉咽喉轮缘槽与翼轨端部轮缘槽。可动心轨辙叉与固定式辙叉不同,其咽喉宽度不能用最小轮背距和最小轮缘厚度进行计算,而应根据转辙器的参数来决定。现有电动转辙机的动程为 152mm,调整密贴的调整杆的轴套摆渡最小可达 90mm,因此,可动心轨辙叉咽喉的理论宽度 t_1 不应小于 90mm,并不大于 152mm。现已使用的 CHN60 轨 12 号可动心轨辙叉中,该值采用 120mm。翼轨端部的轮缘槽宽度 t_2 不小于固定式辙叉咽喉(68mm),一般采用 $t_2 > 90\text{mm}$。若可动心轨辙叉中设置防磨护轨,护轨轮缘槽应确保心轨不发生侧面磨耗,以保持心轨与翼轨密贴。

三、单开道岔总布置图

道岔是重要的轨道结构设备,如列车过岔速度受到限制,则影响到列车的整体运行速度。道岔设计包括道岔总体布置图和结构设计。本部分介绍单开道岔的总体布置图,道岔结构设计已超出本课程范围,在本部分不做介绍。

单开道岔总布置图设计应根据道岔通过速度及运行条件,选定道岔类型、道岔号数、导曲线半径、转辙器尖轨类型和辙叉类型。在此基础上进行道岔总体布置设计,内容为转辙器计算、辙叉计算、道岔主要尺寸计算、配轨计算、导曲线支距计算、各部分轨距计算和岔枕布置等,并绘制道岔总体布置图和材料数量表。

1. 曲线尖轨、直线辙叉的单开道岔计算

1)转辙器计算

曲线尖轨大多采用圆曲线,其曲线半径由列车侧向过岔速度确定,通常尖轨的曲率与导曲线的曲率相同,以保证转辙器和导曲线允许列车通过速度相同。本部分以半切线型尖轨作一总布置设计。

半切线型尖轨如图 3.5-30 所示,其理论起点与基本轨相切,为避免尖轨尖端过于单薄,从尖轨顶宽为 b' 处(通常为 $20 \sim 40$mm)开始,将曲线改为直线,并在顶宽 $3 \sim 5$mm 处再作一斜边。这种曲线尖轨比较牢固,加工也较为简单,侧向行车速度优于直线尖轨,是我国目前大号码道岔的标准尖轨形式。

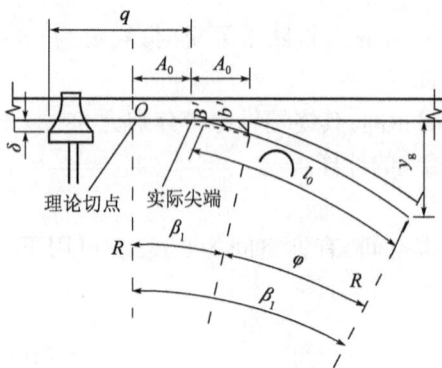

图 3.5-30 半切型尖轨

曲线尖轨转辙器应确定的主要尺寸包括:曲线尖轨长度 l_0,直向尖轨长度 l_0',基本轨前端长 q,基本轨后端长 q',尖轨尖端初始转辙角 β_1,尖轨转辙角 β 和尖轨跟端支距 y_g。

设侧股轨道中心线的半径为 R_0,尖轨工作边的曲率半径为 R,则 $R = R_0 + 717.5$mm。

尖轨尖端始转辙角 β_1 是曲线尖轨或导曲线工作边实际起点的半径与垂直线的夹角,由图 3.5-30 可得:

$$\beta_1 = \arccos \frac{R - b'}{R} \tag{3.5-19}$$

B 点的切线为 AB,理论切线 O 与 A、B 点所形成的三角形中,有 $OA = AB$。由于转辙角极小,可以认为尖轨实际尖端至理论起点的距离与尖轨实际尖端至尖轨顶宽 b' 处的距离相等,则 A_0 可用下式计算:

$$A_0 = R \tan \frac{\beta_1}{2} \tag{3.5-20}$$

基本轨前端长 q 是道岔与连接线路或与另一组道岔之间的过渡段。为使两组道岔对接时,道岔侧线的理论顶点能设置在道岔前端接头处,尖轨尖端前部基本轨的长度 q 不应小于 $A_0 - \delta/2$(δ 为基本轨端部轨缝)。同时,q 值还应满足轨距变化的要求,即 $q_0 \geq (S_0 - S)/i$,S_0 为尖轨尖端处的轨距;S 为正常轨距;i 为轨距变化率,不大于 0.6%;q 值的长短还应考虑到岔枕的布置。我国铁路的 9 号和 12 号标准道岔上,在满足岔枕合理布置的前提下,取 $q = 2646$mm。

尖轨跟部所对的圆心角为 β 角,称为转辙角,计算式为:

$$\beta = \arccos \frac{R - y_g}{R} \tag{3.5-21}$$

曲线尖轨的长度为：

$$l_0 = AB + BC = A_0 + \frac{\pi}{180}R(\beta - \beta_1) \quad (3.5\text{-}22)$$

由式(3.5-22)所确定的尖轨长度,应保证曲线尖轨扳开后,其最小轮缘槽应满足 $t_{\min}$ 的要求。否则应调整尖轨跟端支距 y_g,即改变 β 值,重新计算尖轨长度,并校核轮缘槽宽度,直至符合要求为止。

尖轨长度 l_0 对应的轮缘槽最小宽度值可通过下述方法确定。首先确定最小轮缘槽的坐标位置 x_1(以尖轨理论切点为坐标原点)。如图 3.5-31 所示,设尖轨跟端支距为 y_g,尖轨转辙杆安装在离尖轨尖端 x_0 处,尖轨的动程为 d_0。将尖轨扳开后,尖轨突出处距尖轨理论起点的距离为 x,尖轨工作边与基本轨工作边之间的距离为 T。利用曲边三角形的关系,可得：

$$T = \frac{x^2}{2R} + \frac{d_0(l_0 + q - x)}{l_0 - x_0} \quad (3.5\text{-}23)$$

令 $dT/dx = 0$,则可得尖轨突出点(最小轮缘槽位置)距尖轨尖端的距离为：

$$x_t = \frac{d_0 R}{l_0 x_0} \quad (3.5\text{-}24)$$

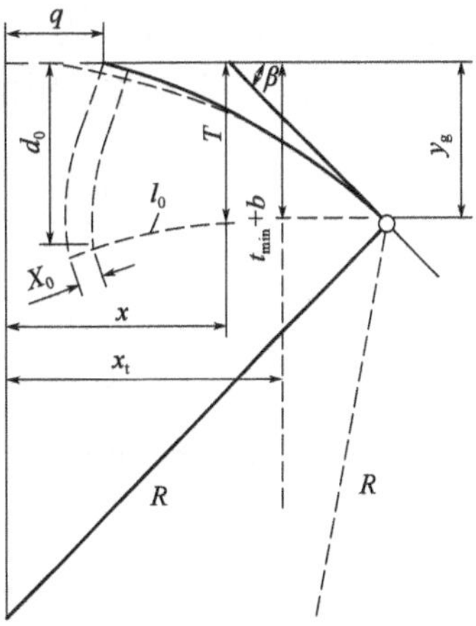

由此得最小轮缘槽宽度为：

$$t_{\min} = \frac{x_t^2}{2R} + \frac{d_0(l_0 + q - x_1)}{l_0 - x_0} - b \quad (3.5\text{-}25)$$

图 3.5-31　曲线尖轨轮缘槽

式中：b——钢轨顶面宽度。

尖轨的长度还与跟部的结构有关。间隔铁式尖轨跟端结构,其 l_0 可按式(3.5-22)计算。弹性可弯式跟端结构,按公式求得的尖轨长度还需要增加 $1.2 \sim 2.0\text{m}$,以作为尖轨跟部的固定部分。

转辙器中与曲线尖轨相对应的直向尖轨为直尖轨,直尖轨以曲尖轨实际尖端与跟端在水平方向的投影作为其长度,以保持两尖轨的尖端及跟端对齐,直尖轨的长度为：

$$l_0' = A_0 + R(\sin\beta - \sin\beta_1) \quad (3.5\text{-}26)$$

基本轨后端长 q' 主要决定于尖轨跟端联结结构、岔枕布置及配轨要求。

新设计的 CHN60 钢轨 12 号提速单开道岔,转辙器中采用的是切线型尖轨,仅于尖轨尖端轨头宽 2mm 处作补充刨切,使尖端藏于基本轨轨线以内,其主要尺寸的计算原理与半切线尖轨相一致,基本参数为：$R = 360717.5\text{mm}$,$q = 2916\text{mm}$,$b_2 = 2\text{mm}$,$y_g = 311\text{mm}$,$l_0 = 13880\text{mm}$,$l_0' = 13880\text{mm}$,尖轨尖端轨距加宽值为 2mm,导曲线理论起点离尖轨实际尖端为 886mm,导曲线实际起点离尖轨实际尖端为 298mm。

2)锐角辙叉主要尺寸

锐角辙叉的主要尺寸包括趾距、跟距和辙叉全长。

直线锐角辙叉的长度应根据给定的钢轨类型和辙叉角进行计算。首先,根据辙叉的构造要求,即夹板的孔型布置,以各个夹板螺栓顺利穿入为控制条件,计算辙叉的容许最小长度,再按岔枕布置及护轨长度等条件进行调整,最后确定采用值。我国铁路标准 9 号、12 号及 18 号道岔直线辙叉的长度可参考表 3.5-2,新设计的 CHN 60 钢轨 12 号提速道岔,锰钢固定辙叉的长度是趾长 2308mm、跟长 3954mm。

3)道岔主要尺寸计算

转辙器在辙叉计算结果的基础上,应根据道岔平面几何尺寸协调性原则,进行道岔主要尺寸的计算。

以半切线型尖轨、直线辙叉为例,计算单开道岔的主要尺寸,如图 3.5-32 所示。图中各参数的意义为:道岔号数 N 或辙叉角 α,轨距 S,轨缝 δ,转辙角 β,尖轨长 l_0、l_0',跟端支距 y_g,基本轨前长 q,辙叉趾距 n,辙叉跟距 m,导曲线半径 R,导曲线后插入直线长度 K。

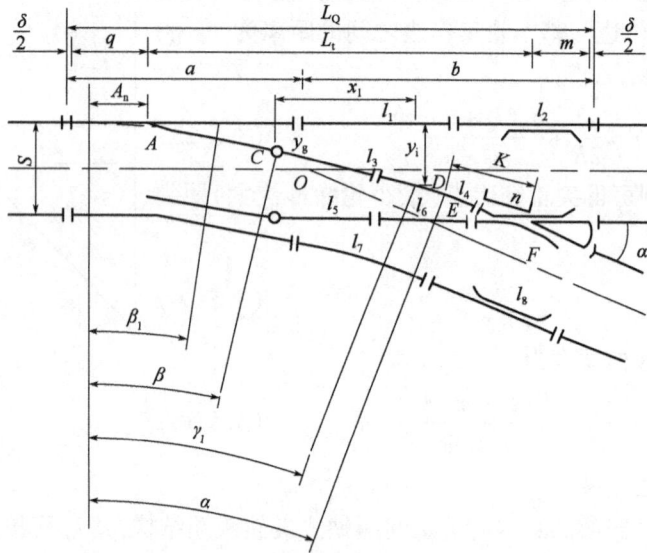

图 3.5-32 单开道岔总图

O 点为直股轨道中心线与曲股轨道中心线的交点,又称道岔中心。

需要计算的尺寸如下:

道岔前长 a(道岔前轨缝中心至道岔中心的距离),道岔后长 b(道岔中心至道岔后轨缝中心的距离);

道岔理论全长 L_t(尖轨理论尖端至辙叉理论尖端的距离);

道岔实际全长 L_Q(道岔前后轨缝中心之间的距离);

导曲线后插入直线长 K(当 R 已知时),导曲线外轨半径 R(当 K 已知时)。

导曲线后插入段 K 的作用是减少车辆对辙叉和冲击,避免车轮撞击辙叉前接头,使辙叉两侧的护轨完全置于直线上。一般要求 K 的长度为 2~4m,最短不能短于辙叉趾距加上接头夹板长度的一半。即:

$$K \geqslant n + \frac{l_H}{2} \tag{3.5-27}$$

根据对道岔几何关系的要求,将曲外股钢轨作用边投影到直股中线上,得:

$$L_t = R\sin\alpha + K\cos\alpha - A_0 \tag{3.5-28}$$

投影到直股中线的垂直线上,得:

$$S = y_g + R(\cos\beta - \cos\alpha) + K\sin\alpha \tag{3.5-29}$$

得道岔主要计算公式:

$$K = \frac{S - R(\cos\beta - \cos\alpha) - y_g}{\sin\alpha} \tag{3.5-30}$$

或

$$R = \frac{S - K\sin\alpha - y_g}{\cos\beta - \cos\alpha} \tag{3.5-31}$$

$$L_Q = q + l_t + m + \delta \tag{3.5-32}$$

$$b = \frac{S}{2\tan\frac{\alpha}{2}} + m + \frac{\delta}{2} \tag{3.5-33}$$

$$a = L_Q - b \tag{3.5-34}$$

【例】CHN60 钢轨 12 号提速道岔,曲线尖轨、固定型直线辙叉单开道岔。导曲线外轨半径 350717.5mm,辙叉趾长 2038mm,辙叉跟长 3954mm,曲线尖轨长 13880mm,直线尖轨长 13880mm,基本轨前端长 2916mm,轨距 1435mm,跟端支距 311mm,道岔前后轨缝宽 8mm,导曲线理论起点离尖轨实际尖端 886mm,导曲线实际起点离尖轨实际尖端 298mm,如图 3.5-33 所示。

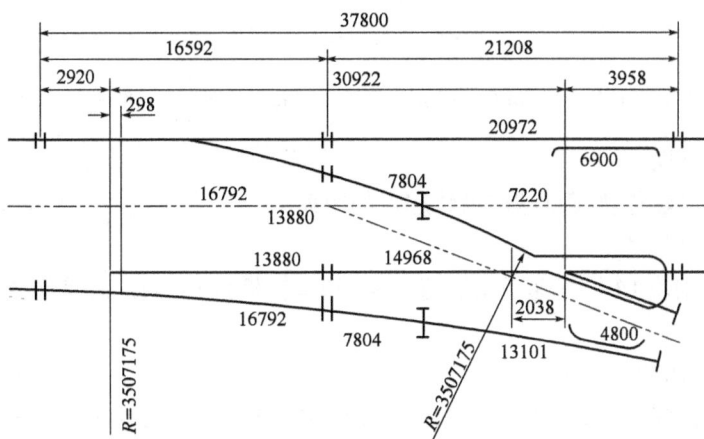

图 3.5-33　12 号固定型辙叉提速道岔平面主要尺寸(尺寸单位:mm)

计算如下:

$$\beta = 2'24'47'', \cos\beta = 0.9991132$$

$$\alpha = 4'45'49'', \cos\alpha = 0.99654580, \sin\alpha = 0.08304495, \tan\frac{\alpha}{2} = 0.0415931$$

$$K = \frac{S - R(\cos\beta - \cos\alpha) - y_g}{\sin\alpha}$$

$$= \frac{1435 - 350717.5 \times (0.9991132 - 0.99654580) - 311}{0.08304495} = 2692(mm)$$

$$L_t = R\sin\alpha + K\cos\alpha - A_0$$
$$= 350717.5 \times 0.08304495 + 2692 \times 0.99654580 - 886 = 30992(\text{mm})$$
$$L_Q = q + l_t + m + \delta = 2916 + 30922 + 3954 + 8 = 37800(\text{mm})$$
$$b = \frac{S}{2\tan\dfrac{\alpha}{2}} + m + \frac{\delta}{2} = \frac{1435}{2 \times 0.0415931} + 3954 + 4 = 21208(\text{mm})$$
$$a = L_Q - b = 37800 - 21208 = 16592(\text{mm})$$

4)配轨计算

一组单开道岔,除转辙器、辙叉和护轨外,一般有 8 根连接轨,分 4 股,每股 2 根。配轨计算是计算这八根钢轨的长度,并确定其接头位置。

配轨时应考虑:转辙器及辙叉的左右基本轨长度应尽可能一致,以减少基本轨备件数,并有利于左右开道岔的互换;连接部分的钢轨不宜过短,小号码道岔一般不短于 4.5m,大码道岔不短于 6.25m;配轨时应保证接头对接,并应尽量保证能顺利布置岔枕,同时要考虑装轨道电路绝缘接头的可能性;充分利用整轨、缩短轨、整轨的整分数倍的短轨,做到少切、少废弃,提高钢轨利用率。

单开道岔配轨计算如下(图 3.5-32):

$$l_1 + l_2 = L_Q - l_j - 3\delta$$
$$l_3 + l_4 = \left(R + \frac{b_0}{2}\right)(\alpha - \beta)\frac{\pi}{180} + K - n - 3\delta$$
$$l_5 + l_6 = L_t - l_0 - n - 3\delta$$
$$l_7 + l_8 = q + A_0 - S_0\tan\beta_1 + \left(R - S - \frac{b_0}{2}\right)(\alpha - \beta_1)\frac{\pi}{180} + K + m - 2\delta - l_j$$

式中:b_0——轨头宽度;

$S_0\tan\beta_1$——曲线尖轨外轨起点超前内轨起点的距离;

l_j——基本轨长度。

仍对 CHN60 钢轨 12 号提速道岔进行计算,基本轨长为 16584mm,其他数据采用上例计算结果。

$$l_1 + l_2 = 37800 - 16584 - 3 \times 8 = 21192(\text{mm})$$
$$l_3 + l_4 = (350717.5 + 35) \times 2.350555 \times 0.01745329 + 2692 - 2038 - 3 \times 8 = 15024$$
$$l_5 + l_6 = 30922 - 13\,880 - 2038 - 3 \times 8 = 14\,980(\text{mm})$$
$$l_7 + l_8 = 2916 + 298 - 1437 \times 0.0003377 + (350717.5 - 1435 - 35) \times 4.760234 \times$$
$$0.01745329 + 2692 + 3954 - 2 \times 8 - 16584 = 22271(\text{mm})$$

取 8 根钢轨的长度为:

$l_1 = 7770(\text{mm})$,$l_2 = 13422(\text{mm})$,$l_3 = 7804(\text{mm})$,$l_4 = 7804(\text{mm})$,

$l_5 = 7770(\text{mm})$,$l_6 = 7210(\text{mm})$,$l_7 = 7804(\text{mm})$,$l_8 = 14467(\text{mm})$

5)导曲线支距计算

如前所述的导曲线支距计算方法,对 CHN60 钢轨 12 号提速单开道岔进行计算。已知参数为:

$$\beta = 2'24'47'', \alpha = 4'45'497, y_g = 311(\text{mm})$$

支距计算起始点坐标为：

$$x_0 = 0(\text{mm}), y_g = 311(\text{mm})$$

支距计算起终点坐标为：

$$x_n = R(\sin\alpha - \sin\beta) = 350 \times (0.08304495 - 0.0421047) = 14358(\text{mm})$$

$$y_g = S - K\sin\alpha = 1435 - 2692 \times 0.08304495 = 1211(\text{mm})$$

其余各点按表 3.5-5 计算。

2. 直线尖轨转辙器的计算

直线尖轨、直线辙叉与上述曲线尖轨、直线辙叉的计算方法和步骤基本一致，但计算时需考虑如下一些特点：

（1）两根尖轨都为直线形，因此冲击角、始转辙角和转辙角相同，同时尖轨较短。

（2）尖轨跟部结构通常采用间隔铁鱼尾板式，尖轨非工作边与基本轨工作边之间的最小距离位于尖轨辙跟处。

（3）在导曲线前设置插直线 k，以减少车轮对尖轨辙跟的冲击。

（4）侧股线路的轨距加宽要比曲线尖轨的大。

3. 可动心轨辙叉的计算

目前，我国可动心轨道岔主要用于 12 号及以上的道岔，城市轨道交通由于列车速度相对较低，故极少采用可动心轨道岔，此处只做简单介绍。

可动心轨辙叉计算的主要参数有：心轨转换过程中不发生弯折的长度 l_1，弹性肢长 l_2，转辙机必需的扳动力 P，心轨角 β，第一、第二转辙杆处的心轨动程 t_1 和 t_2，如图 3.5-34 所示。

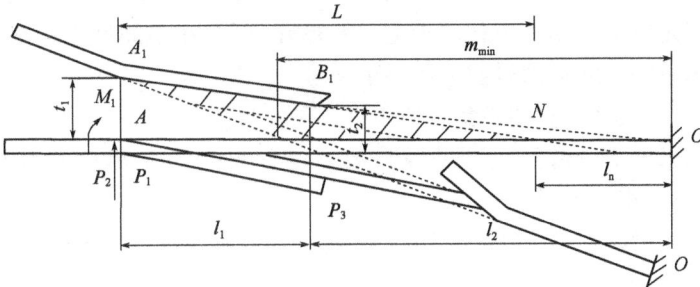

图 3.5-34 可动心轨辙叉

在计算这些参数时，可将心轨段 l_1 作为绝对刚体，l_2 段为弹性可弯的固端悬臂梁。在第一、第二转辙杆处有作用力 P_1 和 P_3，根据这一力学模型可得到参数计算公式，但参数之间是相互关联的未知量，无法直接计算得到。在工程实例计算中，事先假定某几个参数，计算其他参数，从而得到一系列曲线，在此曲线上查找合适的数据，同时考虑可动心轨结构的要求和岔枕的布置，最后定出合理的参数。

心轨实际尖端至弹性可弯中心一段（图 3.5-34 中 AN 段）为心轨的摆动部分。心轨摆动部分的长度与转辙机的扳动力及摆渡、心轨危险截面的弯曲应力等因素有关。心轨摆动部分的长度加长，对上述各项指标有利。

可动心轨辙叉的最小趾距,不能采用固定辙叉趾端接头,即不能按构造计算的方法,而应按趾端的稳定性来决定,并要与道岔配轨、岔枕布置等一起考虑。

辙叉跟距是指辙叉轨距线交点至辙叉跟端的距离。当辙叉跟不设伸缩接头时,辙叉跟距指轨距线交点至心轨跟端间的距离,此时:

$$m_{\min} \geqslant L + l_1 - \frac{t_1}{2\sin\frac{\alpha}{2}} \tag{3.5-35}$$

式中:L——长心轨尖端到可弯中心的距离;

l_1——心轨可弯中心到辙跟端的距离,此值不应小于2m;

t_1——心轨尖端处的咽喉宽。

四、过岔速度、提速道岔和高速道岔

道岔在使用中应满足强度、安全和旅客舒适度的要求,保证列车以规定的速度通过,并且具有较长的使用寿命。

道岔的过岔速度是控制行车速度的重要因素。道岔的过岔速度有侧向过岔速度和直向过岔速度之分。

在选择正线道岔号数时应符合下列规定:

①用于侧向通过列车,速度超过80km/h的单开道岔,正线道岔号数不得小于30号。

②用于侧向通过列车,速度超过50km/h、小于80km/h的单开道岔,正线道岔号数。

③用于侧向通过列车,速度为40~50km/h的单开道岔,不得小于正线道岔号数12号(非AT弹性可弯尖轨为45km/h)。

④用于侧向接发停车旅客列车的单开道岔,正线道岔号数不得小于12号。

⑤用于侧向接发停车货物列车并位于正线的单开道岔,在中间站的正线道岔号数不得小于12号,在其他车站的正线道岔号数不得小于9号。

⑥其他线路的单开道岔,正线道岔号数不得小于9号。

⑦狭窄的站场采用交分道岔,正线道岔号数不得小于9号,但尽量不用于正线,必须采用时,正线道岔号数不得小于12号。

⑧峰下线路采用对称道岔,正线道岔号数不得小于6号,采用三开道岔的正线道岔号数不得小于7号。

⑨段管线采用对称道岔,正线道岔号数不得小于6号。

城市轨道交通的道岔也有相应的要求,正线、辅助线及试车线道岔的钢轨类型与正线的钢轨类型相一致;正线及辅助线应采用不小于9号的道岔,车场线应采用不大于7号的道岔。道岔宜采用AT轨,高锰钢整铸辙叉和可调式护轨。道岔轨道结构的形式应与其两端线路的轨道结构形式一致,道岔不宜设置在过渡段线路上。两组道岔之间的最短直线长度为正线6.25m以上,车场线4.5m以上。

1. 过岔速度分析

对一组单开道岔来说,侧向过岔速度受转辙器、导曲线、辙叉和护轨以及道岔后连接线路四个部分的通过速度的制约。每一部分的允许通过速度都影响整个道岔的通过速度,其中,辙

叉部分,按目前的结构形式、强度条件和平面设计来看,其侧向过岔的允许速度常可高于转辙器和导曲线的允许速度,道岔后的连接线路按规定其允许通过速度可不低于道岔导曲线的允许通过速度。因此,侧向通过速度主要由转辙器和导曲线这两个部位允许的通过速度来决定。

当道岔直向运行时,辙叉部位存在着有害空间,车轮从翼轨滚向心轨时,将对心轨产生强烈的冲击。此外,当列车逆向过岔时,车轮轮缘将与辙叉上的护轨缓冲段的作用边以及辙叉咽喉至岔心尖端的翼轨缓冲段作用边相撞,而当顺向过岔时,车轮则将与护轨及翼轨的另一缓冲段作用边相撞,如图 3.5-35 所示。因此,直向过岔速度主要取决于轮轨撞击时的动能损失值。

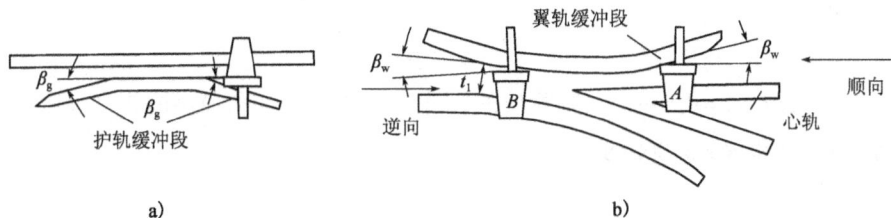

图 3.5-35　辙叉和护轨的冲角

综上所述,道岔的过岔速度主要取决于未被平衡的立新加速度 a、未被平衡的离心加速度的增量 ψ 和撞击时的动能损失 ω 三个基本参数。

1)未被平衡的离心加速度 a

当列车进入侧向运行时产生的离心加速度,使车内乘客受到离心力的作用。当离心力过大时会使旅客感到不适,人在车厢里行走困难,甚至物品移动倾倒,因此,应对这种加速度值加以限制。

道岔的导曲线一般采用圆曲线,且道岔导曲线部分一般不设超高。因此,当列车在导曲线上运行时,产生的离心加速度为:

$$a = \frac{v^2}{R} \qquad (3.5\text{-}36)$$

式中:v——行车速度(m/s);

　　R——道岔导曲线半径(m)。

为保证列车平稳通过道岔,并满足旅客舒适度的要求,a 必须小于容许值 a_0。在我国铁路上 a_0 取为 $0.5\sim0.65$ m/s^2。取 $a_0\leqslant0.65$ m/s^2,以 $v(\text{m/h})/3.6$ 取代 $v(\text{m/s})$,则有:

$$a = \frac{v^2}{3.6^2 R} \leqslant 0.65 (\text{m/s}^2)$$

由此可得,在导曲线半径确定时,容许的侧向过岔速度为:

$$v \leqslant 2.9\sqrt{R}(\text{km/h})$$

或是在指定侧向过岔速度下,导曲线的半径必须满足:

$$R \geqslant 0.119v^2(\text{m})$$

式中:v 以 km/h 计。

2)未被平衡的离心加速度的增量

车辆从直线进入圆曲线时,未被平衡的离心加速度逐渐由零变化到 a,其单位时间的增量 $\psi = da/dt$,按照旅客舒适度的要求,ψ 必须在一个容许限值之内。我国铁路上规定,ψ 的最大

限值 $\psi_0 = 0.5 \ \text{m/s}^2$。

未被平衡的离心加速度的变化,可以近似地假定是在车辆的全轴距内完成,即:

$$\psi = \frac{\mathrm{d}a}{\mathrm{d}t} = \frac{\frac{v^2}{R}}{\frac{L}{v}} = \frac{v^2}{RL}(\text{m/s}^2) \tag{3.5-37}$$

式中:L——车辆全轴距计算时可采用全金属客车的值,$L = 18\text{m}$;

v——列车速度(km/h),则表达式为:

$$\psi = \frac{v^3}{3.6^3 RL} \tag{3.5-38}$$

v 以 km/h 计,取 $\psi_0 = 0.5 \ \text{m/s}^2$,则相应的容许侧向过岔速度和最小曲线半径限值分别为 $v \leqslant 7.483\sqrt[3]{R}(\text{km/h})$ 和 $R \geqslant 0.00238v^3(\text{m})$。

3)动能损失 ω

机车车辆由直线进入道岔侧线时,在开始迫使其改变运行方向的瞬间,将发生车轮与钢轨的撞击。这时,车辆运行的一部分动能,将转变为对钢轨的挤压和机车车辆走行部分横向弹性变形的位能,这就是动能损失。

假定撞击前后的车体质量为常量,并近似地把车体看作作用于撞击部位的运动质点,并略去道岔被撞击后的弹性变形,则车辆与钢轨撞击时的动能损失将正比于车体运行速度损失的平方。由图3.5-32可知,车轮在 C 点与直线尖轨撞击后,运行方向被迫由 A 向变成 B 向,运行方向上的速度 v 变成 $v\cos\beta'$(式中 β' 为冲角),速度 $v\sin\beta'$ 不能使车体运行,因此撞击时的动能损失为:

$$\Delta\omega = \frac{1}{2}mv^2\sin^2\beta'$$

因为计算动能损失的绝对值还需要考虑到其他一系列因素,如参与撞击的轮轨换算质量及轨道、机车车轮弹簧系统的变形等,而这些数值都比较难以确定。实践中,采用比较的方法,即把速度 v(以 km/h 计)和冲角视为变值,而其他量都假定为在比较条件下的常值,这样,就以 $\omega = v^2\sin^2\beta'$ 来表示撞击时动能的损失,单位为 km^2/h^2。

车辆在与直线尖轨和曲线尖轨撞击时,其动能损失的表达式稍有不同。

车辆逆向进入直线尖轨转辙器时,由于冲角 β' 与尖轨平面转辙角 β 相同,如图3.5-36所示,故动能损失为:

$$\omega = v^2\sin^2\beta \tag{3.5-39}$$

车辆由直线进入圆曲线尖轨时,轮缘与钢轨之间的游间 δ 和冲角 β' 之间的关系由图3.5-37可知:

$$\delta = R(1-\cos\beta') = 2R\sin^2\frac{\beta'}{2} \tag{3.5-40}$$

一般来说 β' 很小,因此可认为:

$$\sin^2\frac{\beta'}{2} \approx \left(\frac{\beta'}{2}\right)^2 \approx \frac{1}{4}\sin^2\beta' \tag{3.5-41}$$

代入式(3.5-40),可得用 δ 和 R 来表示的 β' 的正弦值为:

$$\sin\beta' = \sqrt{\frac{2\delta}{R}} \tag{3.5-42}$$

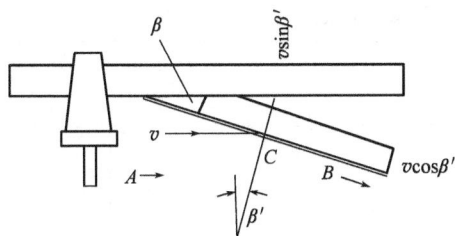

图 3.5-36　车辆逆向进入直线尖轨轨辙器

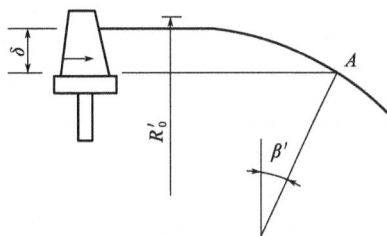

图 3.5-37　车辆逆向进入曲线尖轨轨辙

将上式代入动能损失计算公式,得:

$$\omega = \frac{2\delta}{R}v^2 \tag{3.5-43}$$

为防止列车侧向过岔时,轮轨撞击的动能损失过大,保证旅客必要的舒适度以及道岔结构的稳定,并延长其使用寿命,ω 必须限值在一个容许值 ω_0 之内。在我国铁路上规定 $\omega_0 = 0.65\mathrm{km^2/h^2}$。

取 $\omega_0 = 0.65\mathrm{km^2/h^2}$,$\delta_{max} = 0.045\mathrm{m}(45\mathrm{mm})$ 可得过道岔速度限值和必需的最小导曲线半径分别为:

$$v \leqslant 2.7\sqrt{R}(\mathrm{km/h}) \quad 或 \quad R \geqslant 0.138v^2(\mathrm{m})$$

在综合考虑上述三个主要参数的基础上,结合现有各类道岔的结构情况,我国铁路维修规则规定,列车侧向过岔的最高速度如表 3.5-6 所示。

道岔侧向过岔的最高速度(km/h)

表 3.5-6

尖轨类型	道岔号数						
	8	9	10	11	12	18	30
普通钢轨尖轨	25	30	35	40	45	80	
AT 型弹性可弯尖轨					50	80	140

车辆直向过岔时,虽然不存在未被平衡的离心加速度和加速度的变化问题,但仍然有车轮轮缘对护轨和翼轨的撞击问题。因此,也需要规定一个动能损失的容许值 ω_0' 可以比侧向通过时的容许值 ω_0 大,这是因为列车直向过岔时,没有迫使其改变方向的问题。我国目前取 $\omega_0' = 9\mathrm{km^2/h^2}$ 作为计算列车直向过岔速度的依据,由公式 $v \leqslant \sqrt{\omega_0'/\sin\beta}$ 可以估算出不同辙叉的直向容许过岔速度。

另外,要保证直向过岔时车轮不爬轨,这主要是指辙叉咽喉至岔心尖端的翼轨部分。要达到这一点,应使撞击动能不超过容许值 ω_0'' 这一数值(我国取为 $3\mathrm{km^2/h^2}$)。

车轮通过辙叉由翼轨滚向心轨时,车轮逐渐离开翼轨,因轮踏面为一锥体,致使车轮重心下降,当车轮滚上心轨后,车轮又逐渐恢复至原有水平状态,列车反向运行也有这一过程。车轮通过辙叉必须要经受这一垂向几何不平顺,引起车辆的振动和摇摆。车辆由基本轨过渡到尖轨时,锥形踏面车轮也会出现重心高度的变化,且车轮的滚动圆半径产生变化,从而引起列车的振动和摇晃,增加了轮轨动力作用。

综合考虑上述参数,我国铁路维修规则规定的道岔直向容许过岔最高速度如表 3.5-7 所示。

道岔直向容许过叉最高速度 表 3.5-7

钢轨类型	尖轨类型	辙叉类型	道岔号数			
			9	12	18	30
CHN 43	普通钢轨尖轨	高锰钢整铸	85	95	—	—
CHN 50	普通钢轨尖轨	高锰钢整铸	90	110	120	—
CHN 50	AT弹性可弯尖轨	高锰钢整铸	—	120	—	—
CHN 50	AT弹性可弯尖轨	可动心轨	—	160	—	—
CHN 60	普通钢轨尖轨	高锰钢整铸	100	110	—	—
CHN 60	AT弹性可弯尖轨	高锰钢整铸	—	120	—	—
CHN 60	AT弹性可弯尖轨	高锰钢整铸(提速道岔)	140	160	—	—
CHN 60	AT弹性可弯尖轨	可动心轨	—	120～160*	160	200

注:*表示12号可动心轨道岔分为三类,分别为Ⅰ型适用于200km/h;Ⅱ型为钩形外锁闭,用于160km/h;Ⅲ型为内锁闭,用于120km/h及以下区段。

4)提高列车过岔速度的措施

(1)对于列车侧向过岔,提高速度的措施有:

①采用大号码道岔,增大导曲线半径,减小车轮对道岔各部位的冲角。

②加强道岔构造强度。

③采用对称道岔,导曲线半径可提高一倍。

④采用曲线尖轨,可加大导曲线半径。

⑤采用变曲率导曲线,导曲线设置少量超高。

(2)对于列车直向过岔,提高速度的措施有:

①采用新型的道岔结构和材料,提高道岔稳定性。

②采用特种断面钢轨的尖轨,采用弹性可弯尖轨,增强尖轨跟部稳定性。

③采用可动心轨,消灭有害空间。

④加长护轨,减小护轨缓冲段冲击角,或采用弹性护轨。

⑤加强道岔养护,提高道岔部位轨道几何形位平顺性。

2.提速道岔

随着国民经济的发展,人民生活水平的提高,要求铁路提供快捷、方便、安全舒适的运输手段。因此,将繁忙干线旅客列车的运行速度提高到 160～200km/h、货物列车提高到 80～100km/m 就具有重要的意义。为适应速度的提高,铺设提速道岔为必不可少的措施。

我国自行设计制造的提速道岔为 CHN60 型 U71V 钢轨 12 号道岔,有高锰钢整铸辙叉和可动心轨辙叉两类,道岔基础主要为混凝土岔枕。转辙器部分的尖轨用 60AT 轨制作,跟部结构为弹性可弯式,外锁闭装置。尖轨和可动心轨为两点或三点分动牵引板动,采用Ⅱ型或Ⅲ型扣件。实践证明,我国的提速道岔设计先进,制造精良,列车通过道岔时运行安全平稳,养护工作量小,已达到国际先进水平。

我国目前在主要干线上适应提速要求的提速道岔优于现有普通道岔的特点主要在于：

（1）道岔各部位轨距均为1435mm，各钢轨件均设置1：40的轨底坡，改善了道岔区的轮轨相互作用条件，提高了列车通过道岔区的平顺性。

（2）岔枕的布置均垂直于直股中心线，带钢岔枕的道岔全长范围内岔枕间距均为600mm。各类转换设备、密贴检查器以及外锁闭装置全部隐藏在钢岔枕内。不带钢岔枕的间距也做了调整，这样，提速道岔无论采用木岔枕或混凝土岔枕，均能保证留有足够的空间，便于捣固作业。

（3）尖轨用60AT轨制作，长度为12.4～14.2m，两尖轨间不设连接杆，采用分动转换方式，总扳动力低于转辙机的额定荷载。尖轨跟部设有限位器，既可控制尖轨爬行，又可起到释放和传递无缝道岔温度力的作用。

（4）可动心轨辙叉采用钢轨组合式，翼轨用CHN60钢轨或模锻特种端面轨制造。心轨用60AT轨制造。在心轨第一牵引点处的轨底下部采用热锻工艺锻出转换柄，转换柄通过翼轨底与转辙机连接。翼轨有长、短两种类型，无缝道岔采用长翼轨型，普通道岔采用短翼轨型。为防止心轨侧磨，侧线设分开式护轨，用CHN50钢轨制作，护轨顶面高出基本轨顶面12mm。

（5）尖轨和可动心轨均设两个或三个牵引点，并安装外锁闭装置。尖轨上装有密贴检查器，对尖轨与基本轨的密贴进行监测。

（6）高锰钢整铸辙叉翼轨缓冲段冲角由46′减缓至34′，直向护轨缓冲段冲角由50′减缓至30′。这样就减小了冲击，有利于提高直向过岔速度。

（7）道岔各部分钢轨顶面均进行全长淬火。

（8）道岔直股钢轨全部采用焊接接头，与高锰钢整铸辙叉连接采用冻结或胶接接头，并开始使用可焊岔心。

（9）混凝土岔枕的承载能力：正弯矩为23.6kN·m，负弯矩为-17.7kN·m，比Ⅲ型枕的承载能力分别提高22.9%和0.6%，岔枕顶面为无挡肩设计，长度为2.6～4.8m。

（10）除尖轨和可动心轨处外，无论是木岔枕还是混凝土岔枕，轨下及垫板下均设有弹性垫层。

混凝土岔枕上的CHN60钢轨12号提速道岔带钢岔枕的长翼轨可动心轨辙叉的简图见前述回转式可动心轨辙叉图。

3. 无缝道岔

无缝道岔见后续无缝线路一节介绍。

4. 高速道岔

随着国民经济的发展和人民生活水平的提高，发展高速铁路已势在必行。在高速铁路中，道岔有其特殊的要求。高速道岔在功能上和结构上与常速道岔相比，虽没有原则上的区别，但它们的安全性和舒适性要求更高。近几年来，各国铁路根据高速运行时机车车辆与道岔相互作用的特点，对高速道岔的平纵断面、构造、制造工艺、道岔范围内的轨下基础及养护维修均进行了大量的研究，设计和制造出一系列适用于不同运行条件的高速道岔。如图3.5-38所示。

高速道岔分两类：一类是适用于直向高速行车的道岔。这类道岔不仅使用在新设计的高速线路上，以保证列车直向高速通过，并可用于由普通线路改建成为高速铁路的线路上，使车站平面布置变动减少,这类道岔一般为常用号码道岔。另一类是直向和侧向都能通过高速列车的大号码道岔,一般铺设在新建的高速线路上以及旧线改建时列车需要高速通过的部位。

图 3.5-38　高速道岔

以下从平纵断面和构造方面来介绍我国及国外高速道岔的主要特征。

1)平纵断面方面

(1)导曲线线形以圆曲线为主,也有少数采用变曲率曲线的,如法国用于渡线的 UIC60 轨 tan0.0154(1/65)道岔的导曲线采用单支三次抛物线,半径最大处位于导曲线终点(曲线形辙叉跟端),侧向容许通过速度为220km/h。瑞士铁路在 UIC-54E1∶25 道岔中采用螺旋曲线。另外,英、意等国铁路也采用缓和曲线作导曲线。

(2)采用大半径的曲线形尖轨,从尖轨尖端到最大可能冲击断面的半径较导曲线部分大。尖轨与基本轨工作边在平面上多为切线形,这样可减小列车逆向进入道岔侧线时的冲角。

(3)各部位轨距小于常速道岔的轨距,减小游间,使机车车辆平顺通过。如法、德、苏联的单开道岔轨距分别缩减 2~5mm。但我国新型的 CHN 60 钢轨 12 号提速道岔,各部位均仍保持 1435mm 的标准轨距。

(4)根据车轮滚动面及辙叉外形尺寸及相互位置的分布情况,经数理统计分析,提出了优化的辙叉纵横断面。

(5)采用可动部件辙叉(如可动心轨、可动翼轨或其他可动部件)消灭有害空间。

(6)在大号码道岔中导曲线外轨设置超高。有些国家的道岔设置轨底坡或轨顶坡,以进一步改善列车舒适度。

(7)大号码道岔全长大大增加,法国的 65 号道岔全长为 209m,德国的 42 号道岔全长为 154m,瑞士的 28 号道岔全长为 100m。

2)构造方面

新型高速道岔在构造上采用了一系列加强措施,具体措施如下:

(1)在基本轨与尖轨的贴靠部位,对基本轨轨距线以下的轨头下颚做 1∶3 的刨切,以获得藏尖式结构。这种措施对确保逆向行车安全,防止尖轨尖端被轧伤,并使尖轨在动荷载作用下能保持良好的竖向稳定是十分有效的。在可动心轨辙叉中心,心轨与翼轨的贴靠部位同样采用这种结构形式,对心轨尖端也起到良好的保护作用。

(2)采用高度比基本轨矮的特种尖轨钢轨加工成尖轨,尖轨为弹性可弯式。尖轨跟部轧制成与普通轨相同的截面,与连接轨直接焊接相连。尖轨跟部有局部刨切的,也有不做刨切的,这样可以大大提高转辙器的稳定性和可靠性。

(3)大号码道岔的尖轨一般较长,为保证尖轨转换可靠及扳动到位,常使用多根转辙杆。如法国 UIC60tan0.0154 道岔,尖轨长为 57.50m,采用 6 根转辙杆。德国 UIC60 轨 1∶26.5 道岔,尖轨长为 31.740m,采用 4 根转辙杆。在长尖轨下设置了尖轨扳动时的减摩擦装置。

(4)采用特种断面的护轨钢轨。护轨轨面高于基本轨,这样可增加护轨与车轮的接触面,更有效地引导车轮,减少心轨磨耗。

(5)焊接道岔部位的接头,能提高高速列车过岔时的走行平稳性。

(6)在道岔范围内使用新型轨下基础,以便与区间线路的轨下基础类型一致。

五、城市轨道交通道岔的应用

道岔也跟线路一样,分为正线道岔和站场道岔两大类,其轨型与衔接处的线路钢轨类型相同。

城市轨道交通的地面正线以 CHN60 钢轨碎石道床的 9 号道岔为主,地下和高架正线以 CHN60 整体道床 9 号道岔为主,车场以 CHN50 钢轨碎石道床的 9 号和 7 号道岔为主。

道岔应设在直线地段,道岔基本轨端部至曲线端部的距离(不含超高顺坡及轨距递减段)不宜小于 5m,车场线可减少到 3m。

道岔宜靠近车站设置,但道岔基本轨端部至车站站台计算长度端部的距离不应小于 5m。

设置交叉渡线两平行线的线间距宜按下列规定确定:

①12 号道岔采用 5.0m。

②9 号道岔采用 4.6m 或 5.0m。

③6 号、7 号道岔采用 4.5m 或 5.0m。

④对于交叉渡线的线间距小于上述标准规定的,应予特殊设计。

⑤折返线的有效长度宜为远期列车长度加 40m(不含车挡长度)。

⑥为了作业和维修管理上的方便,站内线路和道岔都统一编号。

1. 股道编号

站内正线用罗马数字(Ⅰ、Ⅱ、…)编号,站线用阿拉伯数字(1、2、3、…)编号。

(1)单线区段内的车站,从靠近站舍的线路起,向远离站舍方向顺序编号。

(2)双线区段内的车站,从正线起顺序编号,上行为双号,下行为单号。

(3)尽头式车站,向终点方向由左侧开始编号,如站舍位于线路一侧时,从靠近站舍的线路起,向远离站舍方向顺序编号。

2. 道岔编号

道岔用阿拉伯数字编号。

(1)从列车到达方向起顺序编号,上行为双号,下行为单号。一般以车站站舍中心线作为划分单号、双号的分界。

(2)对于渡线、交分道岔等联动道岔,应编为连续的单号或双号。

(3)车站划分车场时,每个车场的道岔单独编号,一个车站不准有相同的编号。

3. 股道有效长

(1)股道全长。股道全长是股道的实际长度,从股道一端的道岔尖轨尖端至另一端的道岔尖轨尖端沿线路中心线的长度(尽头线为至车挡的长度)。

(2)股道有效长。股道有效长是在股道全长范围内可以停留机车车辆而不影响邻线行车的一段长度。股道有效长的起止范围根据警冲标、道岔的尖轨尖端、出站信号机和车挡的位置分别确定。

第六节　有砟轨道

一、道床的功能

道床是传统轨道结构的一部分,其主要的功能为:

(1)承受来自轨枕的压力并均匀地传递到路基面上,使之不超过路基面的容许应力。

(2)为轨道提供纵横向阻力,起到保持轨道几何形位稳定的作用,这对无缝线路尤为重要。

(3)提供良好的排水作用,减少轨道的冻害和提高路基的承载能力。

(4)由于道床具有缓冲和减振的弹性特性,为轨道提供必要的弹性减缓和吸收轮轨的冲击和振动。

(5)由于道床的易作业性,使得轨道几何形位的调整较为方便。

由于道床的这些优点,目前有砟轨道结构仍是常速铁路和高速铁路的主要轨道结构形式。

二、道砟材料及技术标准

为了满足以上的道床功能,道砟应质地坚硬、有弹性,不易压碎和捣碎,排水性能良好,吸水性差,不易风化,不易被风吹动或被水冲走。道砟的材料有各种石质的碎石、天然级配卵石、筛选卵石、粗砂、中砂和熔炉矿渣等。根据铁路运量、列车速度和机车车辆轴重决定选用何种材料的道砟。

现行的碎石道砟技术条件包含以下三个方面的内容:

1.道砟的分级

目前我国铁路的道砟分面砟和底砟,面砟的材料一般为级配碎石。根据材料性能及参数指标将道砟分为一级和二级,后在《京沪高速铁路设计暂规》中制定了特级碎石道砟材料标准。现在,客运专线的特级道砟相关技术要求执行《350km/h 客运专线特级碎石道砟暂行技术条件》(铁科技〔2004〕120 号)。

碎石道砟的计算参数有:反映道砟材质的参数,如抗磨耗、抗冲击、抗压碎、渗水、抗风化、抗大气腐蚀等材料指标参数,为道砟材质的分级提供了依据;反映道砟加工质量的质量参数,如道砟粒径、级配、颗粒形状、表面状态、清洁度等加工指标。表3.6-1列出了道砟材质的分级指标。对于Ⅰ、Ⅱ铁路轨道的碎石道床材料应采用一级道砟;站线轨道可采用二级碎石道砟。

2.道砟级配

碎石道砟属于散粒体,其级配是指道砟中不同大小粒径颗粒的分布。道砟级配对道床的物理力学性能、养护维修工作量有重要影响。现有的道砟级配标准如表3.6-2所示。

道砟材质分级指标 表 3.6-1

性 能	参 数	特级道砟	一级道砟	二级道砟	评价方法	
1. 抗磨耗、抗冲击性能	(1) 洛杉矶磨耗率 LAA(%); (2) 标准集料冲击韧度(IP); (3) 石料耐磨硬度系数 $K_{干磨}$	≤20 ≥100 >18	≤27 ≥95 >18	27≤LAA<32 80<IP≤95 17~18	若三个指标分属两个等级,则以两个指标为准,若三个指标分属三个等级,则划为中间等级	道砟的最终等级以性能 1、2、3 中的最低等级为准,并应满足 4、5、6 三项性能的要求
2. 抗压碎性能	(1) 标准集料压碎率 CA(%); (2) 道砟集料压碎率 CB(%)	CA<9 CB<18	CA<9 CB<18	9~14 18~22	若两指标分属两等级,则定位低等级	
3. 渗水性能	(1) 渗透系数 P_m(10^{-6}cm/s); (2) 石粉试模件抗压强度 $<\sigma$(MPa); (3) 石粉液限 LL(%); (4) 石粉塑限 PL(%)	$P_m>4.5$ $\sigma<0.4$ LL>20 PL>11	$P_m>4.5$ $\sigma<0.4$ LL>20 PL>11	3~4.5 0.4~0.55 16~20 9~11	四个指标中,以其中两个指标最高的等级为准,若这两个指标的等级不在同一级别,则定为低一级	
4. 抗大气压腐蚀破坏	硫酸钠溶液浸泡损失率(%)	<10	<10	<10	—	
5. 稳定性能	(1) 密度(g/cm³); (2) 重度(g/cm³)	>2.55 >2.50	>2.55 >2.50	>2.55 >2.50	—	
6. 软弱颗粒	饱和单轴抗压强度 M	≤20	≤20	20	含量少于 10%(质量比)	

道砟级配标准 表 3.6-2

方孔筛边长	16	25	35.5	45	56	63
过筛质量百分率(%)	0~5	5~15	25~40	55~75	92~97	97~100

3. 道砟颗粒形状及清洁度

道砟颗粒形状对道床质量也有较大影响,一般要求道砟颗粒棱角分明,近于立方体。扁平状和针状道砟颗粒容易破碎。道砟颗粒长度大于平均粒径 1.8 倍称为针状,厚度小于平均粒径 0.6 倍称为片状。我国道砟标准规定针状和片状指数均不大于 50%。道砟中的污脏物,如污泥、土团、粉末等对道床的承载力是有影响的,必须控制其数量。污脏物会降低道砟颗粒间的摩擦力,道砟粉末会加速道床板结,影响道床排水。《铁路碎石道砟》(TB/T 2140—2008)规定黏土团及其他杂质含量的质量百分率不大于 0.5%,粒径 0.1mm 以下的粉末含量的质量百分率不大于 10%。

三、道床底砟材料

底砟的功能是隔离面砟层的颗粒与路基面直接接触,截断地下水的毛细管作用,并降低地面水的下渗速度,阻止雨水对路基面的侵蚀。我国《铁路碎石道砟》(TB/T 2140—2008)标准中明确规定："底砟材料可取自天然砂、砾材料,也可由开山块石或天然卵石、砾石经破碎、筛选而成。"底砟材料的粒径级配应符合表 3.6-3 规定,且 0.5mm 以下的细集料中通过 0.075mm 筛的颗粒含量应小于等于 66%。

底砟粒径级配   表 3.6-3

方孔筛边长	0.075	0.1	0.5	1.7	7.1	16	25	45
过筛质量百分率(%)	0~7	0~11	7~32	3~46	41~75	67~91	82~100	100

在粒径大于 16mm 的粗颗粒中带有破碎面的颗粒所占的质量百分率不少于 30%。粒径大于 1.7mm 集料的洛杉矶磨耗率不大于 50%,其硫酸钠溶液浸泡损失率不大于 12%;粒径小于 0.5mm 的细集料的液限不大于 25%,其塑性指数小于 6% 黏土团及其他杂质含量的质量小于等于 0.5%。

四、道床断面

道床断面包括道床厚度、顶面宽度和边坡坡度三个主要特征,如图 3.6-1 所示。

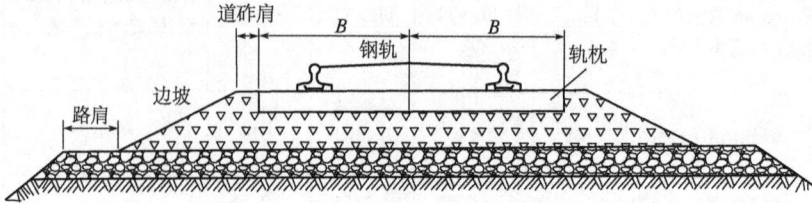

图 3.6-1 国外单线有砟轨道断面构造图

1.道床厚度

道床厚度是指在直线上钢轨或曲线上内股钢轨中心线与轨枕中心线相交点处,轨枕底面至路基顶面的距离。道床厚度应根据作用在道床顶面上的轨枕压力在道床内部的传递特性及路基的承载力来决定。从试验研究可知,道床中的应力与深度成反比,所以要求道床厚度能保证道床应力传递至路基顶面时,压应力基本均匀。我国铁路的道床厚度为 250~350mm。

此外,道床厚度减薄,会导致道床弹性变差,其减振吸振的能力将会变差,在运营条件相同的情况下,道床粉碎、脏污加速,造成日常维修工作量的加大,因而要控制道床脏污增长,必须保证有足够的道床厚度。

2.道床宽度

道床宽度为轨枕长度加上两倍的道床肩宽,道床宽度与所要求的轨道横向阻力、轨枕长度有关。道砟在轨枕头部的伸出部分称为道床肩宽。一般情况下的道床肩宽为 200~300mm,在无缝线路上定为 400~500mm,为提高道床的横向阻力,还需将砟肩堆高 150mm。

3.道床坡度

自道床顶面引向路基顶面的斜坡称为道床边坡,其大小对道床的稳定性有十分重要的意义。道床边坡的大小与道砟材料的内摩擦角和黏聚力有关。

我国铁路的道床顶面宽度和边坡坡度如表 3.6-4 所示。

道床顶面重及边坡坡度　　　　　　　　　　　　　　表 3.6-4

线 路 类 型		顶面宽度（m）	曲线外侧道床加宽		砟肩堆高（m）	边坡坡度
			半径（m）	加宽（m）	—	1∶1.75
正线	无缝线路	3.4	>600	—	0.15	1∶1.75
		3.5	≤600	—	0.15	1∶1.75
	普通线路	3.1	≤800	0.10	—	1∶1.75
	年通过总重密度小于8(Mt·km)/km 的线路	3.0	≤600	0.10	—	1∶1.75
站线		2.9	—	—	—	1∶1.50

五、道床的主要病害

主要讨论道床的变形和脏污两个病害。

1.道床变形

道床的下沉是道床塑性变形随荷载作用而逐渐累积的过程,对道床的下沉规律,各国铁路都进行了许多研究,各国的研究资料得出的道床下沉与列车通过总重的关系曲线如图 3.6-2 所示。

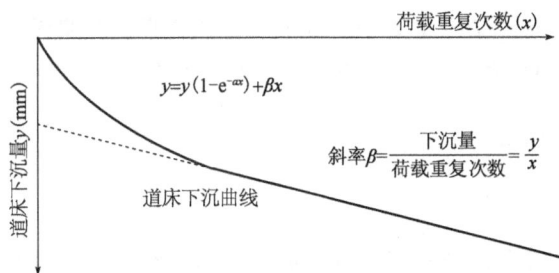

$$y=y(1-e^{-\alpha x})+\beta x$$

$$斜率\beta=\frac{下沉量}{荷载重复次数}=\frac{y}{x}$$

图 3.6-2　道床下沉曲线

道床下沉大体可分为初期急剧下沉和后期缓慢下沉。初期急剧下沉是道床压实阶段。道床在列车荷载作用下,道砟的密实提高,道砟的颗粒重新排列,孔隙率减小。这个阶段道床下沉量的大小和持续时间、道砟材质、粒径、级配、捣固和夯拍的密实状况、车辆轴重等有关,一般在通过总重超过 2～3Mt 时即可完成这一阶段的道床下沉。道床初期下沉量的大小还与道床应力和道床振动加速度的大小有关。

后期缓慢下沉是道床的正常工作阶段。在列车荷载作用下,此时道床仍有少量下沉,主要是由于枕底道砟颗粒克服相互之间的摩擦力,道砟向两侧流动的过程。这一阶段的下沉量与运量之间有直接关系,这一阶段的时间越长,则道床就越稳定。所以道床后期下沉的速率是衡量道床稳定性高低的指标,也是确定道床养护维修的重要依据。

2.道床污脏

道床污脏是影响道床正常工作的重要因素。形成道床污脏的原因很多,有来自外界的脏污物的侵入,如从运输矿石和煤炭车上落下的碎矿石和碎煤屑;也有来自道砟颗粒因重复荷载、振动、摩擦和磨耗等形成的碎粒,以及来自底砟的颗粒和路基泥浆上升至面砟中。上述污物侵入道砟中,轻则堵塞道床孔隙形成道床积水,重则形成翻浆冒泥或道床板结。在这种情况下,道床便失去了弹性和降低了稳定性,严重影响到道床的正常工作,因此,道床的脏污率达到一定程度时,便必须部分或全部进行清筛或更换道砟。我国铁路规定碎石或筛选卵石道砟的脏污率达 35% 时,道砟应全部清筛或更换。

第七节　无砟轨道

无砟轨道是指不铺设道砟的轨道结构,具有高平顺性、高稳定性和少维修等特点。一方面,道砟能为线路提供一定的弹性,吸收轮轨的冲击振动,吸收噪声作用;另一方面,其不足之处是在列车荷载反复作用下,轨道的残余变形积累很快,且沿轨道纵向不均匀分布,从而导致轨道高低不平顺,影响旅客乘坐的舒适性,增大轨道维修养护工作量。所以各国也在寻求结构较为稳定的无砟轨道结构用于客货混运的高速线路。

世界各国铁路在基础坚固的隧道内、高架结构和桥梁上成功采用了无砟轨道。用混凝土板体基础取代了传统轨道中的轨枕和道床,板体基础下是由聚合物或水泥沥青混合物灌注的特制垫层。这样,轨下基础既有足够的强度和稳定性,又有一定的弹性,残余变形的积累甚小,轨道结构得以实现轨道少维修的目的。

目前,世界铁路无砟轨道结构主要是以日本和德国的高速铁路无砟轨道为代表,世界各国采用的无砟轨道结构类型较多,本节介绍几种主要的无砟轨道结构类型。

一、日本新干线无砟轨道

1. 板式轨道

为了适应高速行车的需要,解决线路维修的困难,以及由于日本山阳、东北、上越等新干线桥隧工程结构占全线的比例非常大,从 20 世纪 60 年代中期以来,日本铁路成功地研制开发了无砟板式轨道。20 世纪 70 年代在山阳新干线(大阪冈山段)试铺了 8km(双线),到 1997 年 10 月完工的北陆新干线(高崎—长野段)铺设的 155km(双线),日本板式轨道累计铺设已达 2400km。东北、上越新干线板式轨道分别占全线延长公里的 90% 和 93%。目前,A 型板式轨道已标准定型,并作为基本轨道结构推广应用。此外,日本还开发了框架式板式轨道。A 型板式轨道由钢轨、扣件、轨道板、水泥沥青砂浆垫层、混凝土基床和凸形混凝土台柱构成。A 型板式轨道的特点是在混凝土基床与轨道板之间铺有一层 50mm 厚的乳化沥青水泥砂浆(CA 砂浆),作为全面支承预制的钢筋混凝土轨道板的垫层,使轨道结构具有足够的强度和一定的弹性。

1)轨道板

轨道板把来自钢轨和扣件的轮载均匀地传给水泥沥青砂浆垫层,并且把轨道纵向荷载和横向荷载传递给混凝土凸形挡台。板式轨道的结构设计,是把水泥沥青砂浆作为弹性垫层,并把钢轨和轨道板作为弹性支承上的叠合梁处理的,或者采用把钢轨作为梁,轨道板作为平板的有限元法处理。

轨道板按外形分为承轨槽式和铁垫板式两种。承轨槽式用于隧道内直线地段,而铁垫板式用于高架结构和曲线地段。新干线用轨道板沿钢轨纵向长为4950mm,宽为2340mm,轨下截面厚度为160mm,两端和中间截面厚度为200mm;板中预埋了钢轨扣件的螺栓套管,位置要求十分准确。

2)沥青水泥砂浆填充层

在轨道板与混凝土基床之间填充的乳化沥青水泥砂浆垫层(CA砂浆或CAM),相当于有砟轨道的道砟层,以与枕下道砟层有同样弹性作用为宜,作为有此作用的材料,应以对列车走行的破坏影响极小、耐久性强、成本低廉为CA砂浆的开发原则。水泥灰浆虽具有强度高和耐久性长的优点,但弹性效果差;而乳化沥青的耐久性虽差,但具有黏性和富于弹性。因此,采用了将两者结合起来的CA砂浆,其材料是由特殊沥青乳剂、水、水泥和细集料拌和而成的半刚性体,这样,它不仅给轨道以适当的弹性,可填充轨道板与混凝土基床之间的间隙,还能同钢轨扣件一起用以调整轨道高低不平顺部分。

CA砂浆最大厚度为40mm,建造时CA砂浆的施工厚度为50mm±10mm。在轮重的作用下,轨道板的中部挠度为0.061mm,该值即CA砂浆垫层的受压变形。作为设计值用的CA砂浆的弹性系数采用$K_p=122.5$MPa,因而,CA砂浆的压应力$\sigma_{ca28}=9.8$MPa。另外,要求轨道板与CA砂浆之间的摩擦系数至少为0.35。

3)混凝土凸形挡台

对于板式轨道,为把轨道的纵向荷载和横向荷载传给基础,在轨道两端的中间,设有直径为400mm、高为200mm的混凝土凸形挡台,与混凝土基床灌注成为一个整体。轨道板与凸形挡台之间用CA砂浆填充。设置凸形挡台,有助于固定轨道板的纵向和横向位置,同时又可作为板式轨道铺设和整正时的基准点。

4)混凝土基床

混凝土基床按弹性基础梁或板计算,并且在现场就地灌注而成。混凝土基床仅仅是在露天区间的曲线地段为调整和设置超高才修建,而在直线地段上则没有。但考虑到隧道超挖、回填碾压不够等因素,基床更是不可缺少的。至于混凝土基床下的结构,对地质不良的岩体应修建仰拱或底盘,对地质条件良好的地段可在均匀混凝土上直接修建混凝土基床。

2.轨枕埋入式弹性轨道

板式轨道优点明显,但一般情况下噪声较高。日本为了降低高速铁路的噪声,试验了轨枕埋入式的弹性轨道。此种轨道是在轨枕两端套上橡胶套,置入混凝土道床的凹槽内,橡胶套为轨道结构提供弹性,如图3.7-1所示。

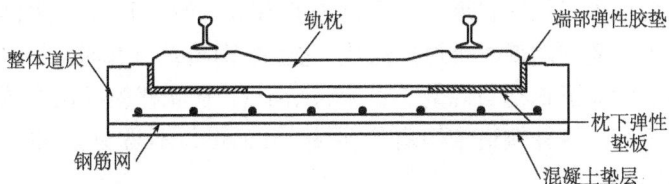

图3.7-1 弹性长枕无砟轨道结构

3.梯子式纵向轨枕无砟轨道

日本继有砟轨道上铺设梯子式轨道之后,进一步研究开发了梯子式纵向轨枕无砟轨道。

两条纵向轨枕长度为 6.25m，用 3 根直径为 80mm 的钢管等间距连接，每根纵向轨枕都设有纵横向限位凸台，与纵向轨枕之间用弹性垫层隔开，以提供弹性和承受轨道的纵横向作用力。纵向轨枕下的橡胶垫层等间距放置，以提供轨道弹性。

二、我国铁路无砟轨道结构

我国对无砟轨道的研究始于 20 世纪 60 年代，与国外研究几乎同时起步。初期曾铺设过支承块式、短木枕式、整体浇筑式及框架式沥青道床等几种形式，然而正式推广的仅有支承块式。1966 年，成昆铁路建设部门决定在长逾 1.0～1.5km、地质良好的隧道内大量采用整体道床。在成昆铁路全线隧道中，有 30 座隧道内修建了整体道床轨道结构，计长 64km。这些整体道床线路运营以来，大多状态良好，充分体现了整体道床的优越性。在九江长江大桥的引桥上也采用了支承块式无砟轨道结构。我国修建整体道床的目的是为了降低隧道内轨道的维修养护工作量，减少工人在隧道内的作业时间。我国铁路在开发研制无砟轨道的过程中，参照国外的成功经验。我国铁路无砟轨道结构的形式主要有三种：长枕埋入式、支承块式及板式轨道。

1. 我国早期整体道床的轨道结构

我国铁路最早的整体道床轨道由预制的钢筋混凝土支承块和就地灌注的混凝土道床组成。预制块嵌固于混凝土道床之中，道床采用 C50 混凝土，并配置钢筋，以防止裂纹的发展。支承块为钢筋混凝土预制件，采用 C50 混凝土，支承块为 500mm×200mm×200mm 的上小下大的块体，其上设置承轨槽以安装扣件，底部有钢筋伸出，以便能与道床混凝土牢固联结。

对于混凝土整体道床轨道来说，混凝土一经灌注凝固后，其道床厚度是不可改变的。如果列车速度提高了，则需采用扣件来调整改变超高。因此，混凝土道床曲线地段超高的可变范围是与所用扣件的调高量密切相关的。

2. 弹性支承块式无砟轨道

我国采用的弹性支承块式无砟轨道结构是由钢轨及其扣件、橡胶靴套、块下胶垫、混凝土道床板及混凝土底座等组成，与弹性支承块整体道床的结构形式一样。为了取得低振动的效果，在支承块底部设有弹性胶垫，在其周围设有橡胶靴套。从而，轨下胶垫与块下胶垫为无砟轨道提供垂向弹性、为靴套提供横向弹性。又由于弹性垫层具有材料均匀、弹性一致等性能，使钢轨支承划一，受力均衡，轨道几何形位易于保持，达到了少维修的目的。

3. 长轨枕埋入式无砟轨道

我国铁路长轨枕埋入式无砟轨道类似于德国的 Rheda 型无砟轨道，该类型轨道主要是由整体式混凝土枕和现场灌注的混凝土道床组成，它包括钢轨及其扣件、穿孔混凝土枕、混凝土道床和混凝土底座。为保证轨枕与混凝土道床联结牢固，在轨枕侧面设有预留孔穴，穿入纵向钢筋以加强两者的联结。这种轨道结构耐久、可靠，几何形位不易变动，维修工作量小，达到了减少轨道维修的目的。

混凝土道床板是由穿孔混凝土枕和凹槽形混凝土道床板组成。一个道床板单元可设置 7～8 根穿孔轨枕，轨枕间距为 600mm。在穿孔轨枕之间的道床板顶面上设有 2%～3% 的人字排水坡。如图 3.7-2 所示为我国地铁采用的长枕埋入式轨道结构。

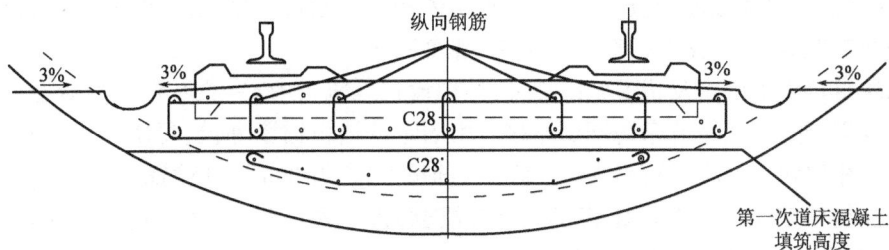

图 3.7-2　地铁长枕埋入式轨道结构

4. 承轨台式整体道床

这是目前比较新颖的一种轨下基础,尤其适用于高架线路。先预制支承块,通过扣件与钢轨联结,然后浇筑纵向混凝土承轨台,把支承块与高架桥面上预留的垂直钢筋浇筑为一体,如图 3.7-3、图 3.7-4 所示。

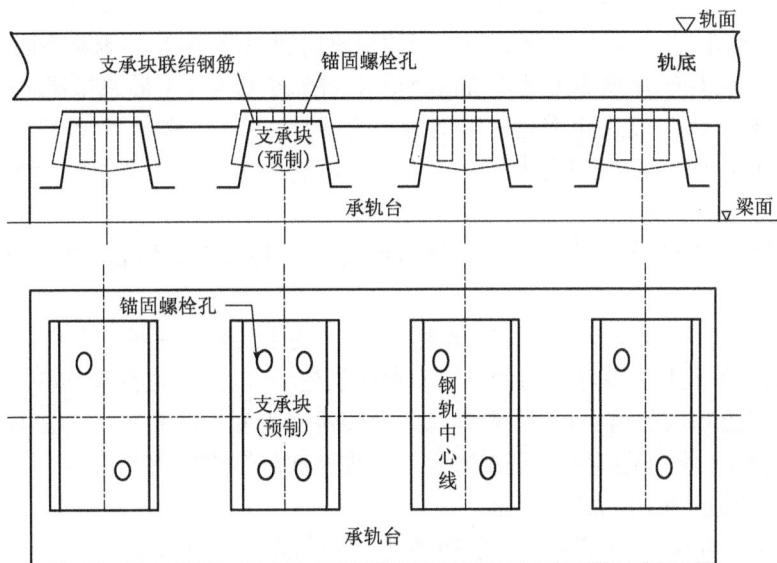

图 3.7-3　承台式整体道床结构

支承块式承轨台是在每股钢轨下面沿纵向铺设条形分段的钢筋混凝土结构,混凝土强度等级为 C40,相对于长轨枕式整体道床而言,承轨台结构简单,自重轻(其自重为 3t/双线延米,仅为长轨枕式整体道床的一半),排水性能好,工程造价低,方便施工及养护维修作业,是高架桥上无砟轨道较好的轨下基础形式之一。当桥梁施工完毕,经过一段时间后桥梁结构的最终变形(含徐变及墩台沉降变形)基本稳定,并控制在一定范围时即可施工承轨台。因承轨台与梁体系两

图 3.7-4　承台式整体道床

次浇筑,为加强其整体性能,通过预埋钢筋与梁体相连。当桥梁施工时,预先将承轨台与桥梁联结钢筋埋置在梁体内,预埋钢筋采用空12螺纹钢筋。

支承块直接支承钢轨及轨道联结部件,并埋设在承轨台中,为C50钢筋混凝土预制块;支承块底部外露钢筋与整体道床的钢筋连接。为固定铁垫板锚固螺栓,每块支承块预埋聚酰胺绝缘套管。相邻两支承块间距不大于600mm,即按1680组/km标准设置。

过渡段整体道床与碎石道床连接处设过渡段,长度为6.25m,采用C15素混凝土槽形基础,上铺设钢筋混凝土轨枕,碎石道床厚25cm。

为加强支承块与承轨台的连接及防杂散电流,支承块底部伸出钢筋与承轨台钢筋焊接。

5. 板式轨道

新型板式轨道是用混凝土轨道板和水泥沥青砂浆替换以前有砟轨道的轨枕和道砟,一般是铺设在具有坚固基础的隧道内和高架桥上,将在工厂精心制作的预制钢筋混凝土板运至铺设现场,轨道板的高低和方向等经调整后,再向板下灌注作为缓冲材料的水泥沥青砂浆(CA砂浆),通过CA砂浆垫层来全面支承轨道板的整个底面。当由地基和结构物的变形或沉陷而引起板式轨道的变形时,一般可用钢轨扣件来调整轨向和高低,当扣件调整不能满足要求而必须做较大调整时,可用千斤顶等工具将轨道板抬起,在轨道板与CA砂浆垫层之间再次灌注填充材料进行维修。因而,板式轨道是一种具有坚固、耐久、平稳、变形小、维修少的无砟轨道。板式轨道适用在高架桥和隧道等结构上,但建设费较高,列车运行时噪声大,改线困难,对下部结构的急剧变形适应困难。

此外,为满足板式轨道施工的要求,在轨道板上还设有定位螺母、起吊螺母、砂浆注入孔等功能。

混凝土基床作为轨道板的基础,它的作用有:一是为了与隧道超挖回填和仰拱之间能用混凝土施工;二是为了能获得厚度均匀的水泥沥青砂浆垫层,以使轨道弹性均衡;三是为了设置曲线超高。混凝土基床的结构设计,应考虑到高架桥受力变形时对基床的影响,以及地质条件、气象条件的影响,此外还应考虑到混凝土干燥收缩和施工性能等因素的影响,可根据钢筋混凝土结构设计规范,采用标准化过程。

板式轨道用钢轨扣件,除应满足一般扣件具备的性能以外,还要有较强的轨道几何形位调整能力,以及为减小轮轨系统的动力作用和为减振降噪提供必要的良好弹性。

秦沈客运专线和遂渝线铺设了板式轨道,如图3.7-5、图3.7-6所示。我国台湾高速铁路也采用框架式板式轨道结构。

图3.7-5 遂渝线板式轨道图

图3.7-6 遂渝线框架式板式轨道

第八节　无　缝　线　路

一、概述

列车通过钢轨接头时会产生很大的轮轨冲击力,对轨道结构产生很大的破坏作用,造成轨道部件破损,同时加剧了机车车辆的振动、车辆部件的破损,增加能耗和降低旅客舒适度。为了改善钢轨接头的工作状态,曾经从接头的构造上和材质上采取过很多措施,如调整轨枕的支承形式和尺寸、改变夹板的形状和长度、增加螺栓个数、改善轨端淬火工艺等,但均未能解决接头的缺陷,接头病害依旧存在。直到无缝线路的问世,才为大量减少钢轨接头创造了条件。

实践证明,无缝线路由于消灭了钢轨接头轨缝,因而具有行车平稳、机车车辆及轨道维修费用降低、设备使用寿命延长、适合于高速行车等优点,是铁路轨道现代化的一项重要技术措施,也是当前高速、重载铁路必需的条件。但是现有的无缝线路在缓冲区尚存在轨缝,为了消除无缝线路缓冲区中钢轨接头的不良影响,充分发挥无缝线路的优越性,目前世界各国都在进行试验研究,尽量把无缝路的长轨条延长,即将轨条与轨条、轨条与道岔直接焊连起来,取消缓冲区,形成跨区间无缝线路。近年来,我国在这方面的发展迅速。城市轨道交通为了适应高密度的不间断连续运营及减小线路的维修养护工作量,也大都采用无缝线路轨道结构。

1. 铁路无缝线路的发展

无缝线路既是轨道结构技术进步的重要标志,也是当今世界高速、重载铁路和城市轨道交通轨道结构的最佳选择,它以无可争议的优越性,得到世界各国铁路的承认。

世界上最早实现铁路无缝线路化的国家是德国。该国自1935年起,就在线路上把钢轨及道岔焊接起来,从而建成了世界上最早的无缝线路。德国已成为世界上铺设无缝线路比重最大的国家(截至1992年年底,德国有92.3%的线路铺设了超长轨节无缝线路轨道)。

无缝线路是20世纪30年代开始出现的,但在50年代初期才真正得到发展。至2002年年底,世界铁路路网长约为130万km,无缝线路总长为45.4万km。中国无缝线路是1958年开始铺设的,到2007年年底,我国铁路正线无缝线路长度已达5.2万km,比重达到57.8%。可以预见,无缝线路这一新型轨道结构必将得到不断发展。

2. 无缝线路的类型

1)按处理温度应力的方式分

(1)温度应力式无缝线路:长轨条 + 两端标准轨。

(2)放散应力式无缝线路。

2)按长轨条长度分

(1)普通无缝线路:温度应力式(有缓冲区)。

(2)超长无缝线路:跨区间无缝线路。

3)按运营模式分

(1)温度应力式。

（2）定期放散应力式。

（3）自动放散应力式。

目前,世界各国广泛采用温度应力式无缝线路。在温度应力式无缝线路上,长轨条之间铺设2～4根普通轨或钢轨伸缩调节器构成缓冲区。长钢轨和普通钢轨之间采用普通钢轨接头,但采用高强度接头螺栓,以提高钢轨接头阻力。随着轨温的变化,在长钢轨两端一定长度范围内,长轨条克服钢轨接头阻力、扣件阻力和道床纵向阻力而伸缩,这一范围称为无缝线路伸缩区。每段无缝线路中间部分的自由伸缩则完全受到限制,随着轨温的变化,固定区钢轨不发生纵向伸缩而产生温度力,温度力的大小与轨温变化幅度和钢轨截面积成正比,而与钢轨长度无关。这种无缝线路铺设简单、养护方便,故得到了广泛应用,但由于钢轨要承受巨大的温度力,钢轨的强度和稳定性必须满足设计要求。

3. 无缝线路的技术经济效果

无缝线路的综合技术经济效果突出,已为世界各国铁路实践所证实。具体来讲,无缝线路具有以下优点:

（1）无缝线路可延长钢轨使用寿命。

（2）无缝线路可减少养护维修劳力和材料。

（3）无缝线路可减少列车运营能耗。

（4）铺设无缝线路的附加费用较少。

4. 无缝线路关键技术的发展趋势

1）跨区间无缝线路

跨区间无缝线路是指轨条长度跨越多个区间甚至全区间,且与无缝道岔相焊联的铁路无缝线路。跨区间无缝线路优势明显,是我国乃至全世界未来一段时间铁路发展的必然趋势。

由于跨区间无缝线路轨条长度贯通区间,并与车站道岔焊联,取消或减少了缓冲区,最大限度地消除了作为轨道薄弱环节的钢轨接头,减少了钢轨接头病害的发生和发展,从而全面提高了轨道的整体结构强度和平顺性。

铺设跨区间无缝线路由于取消或减少了缓冲区,因而轨料消耗、养护维修工作量将显著减少,产生明显的经济效益。

2）钢轨的强韧化

近几年来,我国铁路推广使用 U75V（原称 PD3,含义:P-攀钢,D3-第三代钢轨）钢种钢轨,其抗拉强度达 980MPa,淬火后其抗拉强度达 1265MPa,而且抗疲劳及耐磨性能明显提高。钢轨的强韧化,将是发展我国铁路无缝线路的长期目标。

3）钢轨焊接是无缝线路的关键技术

我国最早采用电弧焊,后来采用了铝热焊（图 3.8-1）,继而又采用了气压焊（图 3.8-2、图 3.8-3）和接触焊,钢轨接头的质量不断提高。

4）钢轨胶接绝缘接头也是铺设跨区间无缝线路的关键技术之一

世界上一些工业发达的国家,大力发展和推广使用胶接绝缘接头。美国 3M 公司的胶接绝缘接头质量最优,其用于 132RE 钢轨的胶接绝缘接头整体剪切强度达 2948.4kN,钢轨与夹板的相对位移不超过 0.25mm。日本铁路研究开发的一种以变性橡胶环氧树脂为主要成分的

60kg/m 钢轨胶接绝缘接头,其整体剪切强度达 1800kN。俄罗斯铁路研制的钢轨胶接绝缘接头,整体剪切试验值为 2900kN,并广泛用于跨区间无缝线路上。

5)区间线路长钢轨与道岔相的焊联问题

跨区间无缝线路中的道岔,把道岔中所有的钢轨接头都焊接(或胶接)起来,道岔两端也与区间无缝线路的长轨条焊联(或胶接)在一起,并使用打磨车进行钢轨打磨后(图3.8-4),使无缝道岔成为跨区间无缝线路的一部分。跨区间无缝线路中的道岔钢轨不但承受巨大的温度力,而且里侧轨线两端的受力状况不同,一端承受温度力,另一端没有温度力。这种温度力的不平衡状态将使无缝道岔钢轨的受力与变形。位移发生变化,这一特点成为无缝道岔设计、铺设和养护的难点,也是铁路线路提速的技术难点之一。

图 3.8-1　铝热焊

图 3.8-2　气压焊

图 3.8-3　气压焊轨车

图 3.8-4　打磨车

二、无缝线路温度力计算

由于无缝线路长轨条受到钢轨接头阻力、扣件阻力和道床阻力的约束,当轨温发生变化时,在长钢轨中就会产生轴向温度力,轨温上升,长轨条中产生轴向压力;轨温下降,长轨条中产生轴向拉力。为了保证无缝线路安全运营,长钢轨中的温度力必须满足强度和稳定性的要求。

1. 温度力的计算

当轨温变化 Δt℃而自由伸缩时,一根长为 l 的钢轨伸缩量为:

$$\Delta l = \alpha l \Delta t \tag{3.8-1}$$

式中:α——钢轨的线膨胀系数,取 0.0118℃·mm/m;

　　l——钢轨长度(m);

　　Δt——轨温变化幅度(℃),又称轨温差。

如果轨温变化时,钢轨受到阻力完全不能伸缩,则在长为 l 的钢轨中产生的伸缩量 Δl 转化为温度应力,由虎克定律可得钢轨的温度应力为:

$$\sigma_t = E\sigma_t = E \cdot \frac{\Delta l}{l} = \frac{E\alpha l \Delta t}{l} = E\alpha \Delta t \tag{3.8-2}$$

式中:E——钢的弹性模量,取 $2.1 \times 10^5 \mathrm{MPa}$;

ε_t——钢轨的温度应变。

据此可算得钢轨的温度应力和温度力为:

$$\varepsilon_t = 2.48\Delta t (\mathrm{MPa}), P_t = \sigma_t F = 2.48\Delta t F (\mathrm{N}) \tag{3.8-3}$$

式中:F——钢轨截面积(mm^2)。

由式(3.8-3)可知,长钢轨中的温度力只与轨温变化幅度有关,而与钢轨长度无关,这也是发展跨区间无缝线路的理论依据,所以控制长钢轨中温度力大小的关键是控制轨温的变化幅度 Δt。从式(3.8-3)可知,钢轨中的温度力大小与钢轨截面积有关,在同样轨温变化幅度条件下,钢轨截面积越大,钢轨中的温度力也越大。

2. 轨温

轨温要受到气温、日照、风力、气候条件、线路走向等影响。在钢轨不同部位测量,轨温也不相同。在无缝线路温度力计算过程中,要涉及最高轨温 T_{max}、最低轨温 T_{min}、中间轨温 T_z 和锁定轨温 T_{sf}。国内外的大量研究资料表明,最高轨温比当地最高气温高20℃,最低轨温与当地最低气温相同。根据我国历年长期观测的气象资料,全国各地的最高轨温和最低轨温如表3.8-1所示。

全国各地区的最高轨温、最低轨温、中间轨温和最大轨温差(℃)　　　　表3.8-1

地 区	最高轨温	最低轨温	中间轨温	最大轨温差	地 区	最高轨温	最低轨温	中间轨温	最大轨温差
北京	62.6	−27.4	17.6	90	昆明	52.3	−5.4	23.5	57.7
天津	65.0	−22.9	21.1	87.9	贵阳	61.3	−7.8	26.8	69.1
石家庄	62.7	−26.5	18.1	89.2	济南	62.5	−19.7	21.4	82.2
太原	61.4	−29.5	16.0	90.2	青岛	56.6	−20.5	18.1	77.1
呼和浩特	58.0	−36.2	10.9	94.2	南京	63.0	−14.0	24.5	77.0
沈阳	59.3	−33.1	13.1	92.4	上海	60.3	−12.1	24.1	72.4
大连	56.1	−21.1	17.5	77.2	杭州	62.1	−10.5	25.8	72.6
长春	59.5	−36.5	11.5	96.0	合肥	61.0	−20.6	20.2	81.6
哈尔滨	59.1	−41.4	8.9	100.5	福州	59.8	−2.5	28.7	62.3
齐齐哈尔	60.1	−39.5	10.3	99.6	厦门	58.5	−2.0	28.3	60.5
郑州	63.0	−17.9	22.6	80.9	广州	58.7	−0.3	29.2	59.0
武汉	63.0	−17.9	22.6	80.9	衡阳	61.3	−7.9	26.7	69.2
西安	65.2	−20.6	22.3	85.8	长沙	63.0	−11.3	25.9	74.3
兰州	59.1	−23.3	17.9	82.4	南宁	60.4	−2.1	29.2	62.5
西宁	53.5	−26.6	13.5	80.1	柳州	59.2	−3.8	27.7	63.0
银川	59.3	−30.6	14.4	89.9	拉萨	49.4	−16.5	16.5	65.9
乌鲁木齐	60.7	−41.5	9.6	102.2	香港	56.1	0.0	28.1	56.1
成都	60.1	−5.9	27.1	66.0	蚌埠	64.5	−19.4	22.6	83.9
重庆	64.0	−2.5	30.8	66.5	南昌	60.6	−9.3	25.7	69.9
台北	58.6	−2.0	28.3	60.6					

中间轨温是最高轨温和最低轨温的平均值,最大轨温差是最高轨温与最低轨温之差。

锁定轨温,又称零应力轨温。设计、施工、运营情况不同,运用锁定轨温的概念不同。设计确定的锁定轨温称为设计锁定轨温,施工确定的锁定轨温称为施工锁定轨温,无缝线路在运营过程中处于零应力状态时的轨温称为实际锁定轨温。这三个概念不能混淆,否则会产生误解。如常说锁定轨温发生变化;是指实际锁定轨温发生变化;而设计锁定轨温和施工锁定轨温,一旦设计和施工完成,记入技术档案,作为日后线路养护维修的依据,不允许随意改变。

锁定轨温确定后,与最高轨温之差称为最大升温幅值,与最低轨温之差称为最大降温幅值。无缝线路设计锁定轨温的确定主要由轨道强度和稳定控制。线路上的钢轨要受到轮轨作用力、爬行力、列车牵引和制动力、桥梁伸缩力等共同作用,再加上温度力、钢轨的强度要满足要求。对于钢轨受拉,钢轨的降温幅度是由钢轨的抗拉强度控制;对于钢轨受压,一般是在达到屈服应力前,钢轨就失稳,所以一般钢轨的升温幅值是由轨道的稳定性控制的。为了保证夏天无缝线路轨道的稳定性,一般考虑尽量用足钢轨的抗拉强度,使钢轨的升温幅度减小,所以我国铁路大部分地区的无缝线路锁定轨温都略高于中间轨温。对于普通无缝线路,锁定轨温的确定还要考虑无缝线路伸缩区和缓冲区的钢轨接头轨缝设置问题,即在冬天轨缝不大于构造轨缝,在夏天轨缝不顶死。

3. 最大温度力和最小温度力

设计锁定轨温不是一个确定的值,如果是一个确定的值,在铺轨施工作业时一定要在这一锁定轨温时将所有扣件拧紧,这是很难做到的。所以在设计无缝线路确定锁定轨温时,应有一个范围,在这一范围内的任一轨温锁定钢轨,都能满足长钢轨的强度和稳定性要求。设计锁定轨温记为 T_e,根据无缝线路的稳定性和强度求得允许温升 $[\Delta t_u]$ 和允许温降 $[\Delta t_d]$,再根据当地 30 年内的最高轨温 T_{max} 和最低轨温 T_{min},如图 3.8-5 所示,可得如下设计锁定轨温:

$$T_e = \frac{T_{max} + T_{min}}{2} + \frac{[\Delta t_d] - [\Delta t_u]}{2} \pm \Delta t_k \qquad (3.8\text{-}4)$$

式中:Δt_k ——中和温度修正值,取 $0 \sim 5℃$。

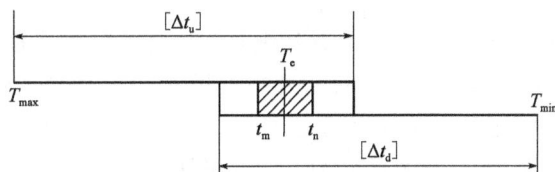

图 3.8-5 设计锁定轨温计算图

通常情况下设计锁定轨温上下限值为:

$$t_m = T_e + (5 \sim 6)℃,t_n = T_e - (5 \sim 6)℃ \qquad (3.8\text{-}5)$$

困难情况下设计锁定轨温上下限值为:

$$t_m = T_e + (3 \sim 4)℃,t_n = T_e - (3 \sim 4)℃ \qquad (3.8\text{-}6)$$

求得的 t_m、t_n 必须满足以下条件:

$$T_{max} - t_n < [\Delta t_u],t_m - T_{min} < [\Delta t_d] \qquad (3.8\text{-}7)$$

允许温升 $[\Delta t_u]$ 和允许温降 $[\Delta t_d]$ 的计算将在普通无缝线路部分进行介绍。

长轨条始端或终端落槽时,分别测量两次轨温的平均值作为施工锁定轨温,如此时的轨温不在设计锁定轨温范围内,则必须进行应力放散或应力调整,并重新锁定钢轨。左右两股钢轨的施工锁定轨温差不得超过5℃,曲线外股钢轨的锁定轨温不得高于内轨的锁定轨温。施工锁定轨温必须准确记入技术档案,作为工务部门对无缝线路维修养护的重要依据。

在线路运营过程中,长钢轨中的应力状态可能改变,所以实际锁定轨温也在变化,大多数情况下锁定轨温会发生下降,但也必须要求实际锁定轨温在设计锁定轨温范围内。在无缝线路运营过程中,必须加以监测,以保证无缝线路的安全应用。

设计锁定轨温确定后,就可计算出最大温度压力和最大温度拉力。

最大温度压力:$P_{tmax} = 2.48\Delta t_{max}F$,最大升温幅值:$\Delta t_{max} = T_{max} - t_n$;

最大温度拉力:$P_{tmin} = 2.48\Delta t_{min}F$,最大降温幅值:$\Delta t_{min} = t_m - T_{min}$。

【例】南京地区 $T_{max} = 60.3℃$,$T_{min} = -12.1℃$,选定 $T_e = 24℃$,则 $t_m = 29℃$,$t_n = 19℃$。由此得:

$\Delta t_{max} = 41.3℃$,$\Delta t_{min} = 41.1℃$。对于 $60kg/m$ 的钢轨,$F = 77.45cm^2$,则得最大温度压力 $P_{max} = 793(kN)$,最大温度拉力为 $P_{min} = -789(kN)$。

三、线路纵向阻力和无缝线路温度力分布

当轨温变化时,钢轨两端的线路纵向阻力抵抗无缝线路的伸缩,线路阻力分为接头阻力、扣件阻力及道床阻力。

1. 接头阻力

钢轨两端接头处由夹板通过螺栓拧紧,产生了阻止钢轨纵向位移的阻力,称为接头阻力,如接头螺栓扭矩下降,接头阻力也随之下降。接头阻力由钢轨与夹板之间的摩擦力和螺栓的抗剪力提供,为了安全,我国铁路轨道的接头阻力 R_j 仅考虑钢轨与夹板间的摩阻力:

$$R_j = ns \qquad (3.8\text{-}8)$$

式中:s——一个螺栓提供的摩阻力;

n——接头一端螺栓个数,对于 6 孔夹板,$n = 3$。

每个螺栓产生的摩阻力与螺栓的拉力 P 和钢轨与夹板之间的摩擦系数有关,夹板的受力如图 3.8-6 所示。夹板螺栓拧紧后,在夹板与钢轨的上下接触面上产生水平反力 T,P 越大,T 也越大($P = 2T$)。N 为钢轨与夹板接触面的法向力,R 为 N 与 T 的合力。据此可知:

$$R = \frac{P}{2\cos\theta}, N = R\cos\varphi = \frac{P\cos\varphi}{2\cos\theta} = \frac{P\cos\varphi}{2\sin(\alpha + \varphi)} \qquad (3.8\text{-}9)$$

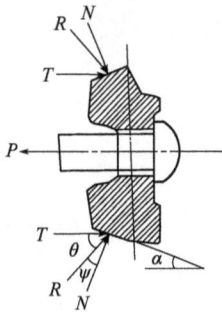

图 3.8-6 夹板受力图

从图 3.8-6 可知,$\theta = 90° - (\alpha + \varphi)$,$\cos\theta = \sin(\alpha + \varphi)$,$\tan\alpha = i$,$i$ 为夹板与钢轨接触面的斜率,$60kg/m$ 钢轨为 $1/3$,$50kg/m$ 钢轨为 $1/4$。当钢轨与夹板之间发生相对移动时,两者接触面就会产生摩擦力 F,F 将阻止钢轨与夹板的相对移动。摩阻力的计算式为:

$$F = fN = \frac{Pf\cos\varphi}{2\sin(\alpha + \varphi)} \qquad (3.8\text{-}10)$$

每块夹板有轨头和轨底两个接触面,两块夹板就有 4 个接触面,所以一个螺栓产生的摩阻

力为:

$$s = 4F = \frac{2Pf\cos\varphi}{\sin(\alpha+\varphi)} \qquad (3.8\text{-}11)$$

钢与钢的摩擦系数一般为 0.25,可得 $\cos\varphi = \cos(\tan^{-1}0.25)$, $\sin(\alpha+\varphi) = \sin(\tan^{-1}i + \tan^{-1}0.25)$,所以可得 60kg/m 钢轨 $s = 0.90P$,50kg/m 钢轨 $s = 1.03P$,即一个螺栓产生的摩阻力接近一个螺栓的拉力。

所以,接头阻力为:

$$R_j = ns = \frac{2nPf\cos\varphi}{\sin(\alpha+\varphi)} \approx nP \qquad (3.8\text{-}12)$$

接头阻力与螺栓直径、材质、拧紧程度和夹板孔数有关。在其他条件不变的情况下,螺栓拧得越紧,接头越大。螺栓的扭力矩与螺栓拉力的关系可用如下经验公式表示:

$$T = KDP \qquad (3.8\text{-}13)$$

式中:T——扭力矩($N \cdot m$);

K——扭矩系数,取 0.18~0.24;

D——螺栓直径(mm);

P——螺栓拉力(kN)。

列车通过钢轨接头时产生振动和金属磨损,使得接头阻力下降。根据国内测定,最低的接头阻力可降低到静力测定值的 40%~50%。所以要定期检查接头螺栓,使之保持良好工作状态。维修规则规定,无缝线路钢轨接头采用 10.9 级螺栓,扭矩应保持为 700~900N·m。如表 3.8-2 所示为我国铁路计算时采用的接头阻力值。

接头扭矩(N·m)	300	400	500	600	700	800	900	1000
50kg/m 钢轨,10.9 级 φ24 螺栓	150	200	250	300	370	430	490	—
60kg/m 钢轨,10.9 级 φ24 螺栓	130	180	230	280	340	490	510	570

不同扭矩时的钢轨接头阻力 R_j(kN)　　　　　　表 3.8-2

2. 扣件阻力

扣件阻力就是钢轨和轨枕之间的阻力。试验表明,螺栓扣件的阻力与螺栓扭矩和摩擦系数的大小有关,扣件扭矩越大,扣压力越大,扣件能提供的阻力也越大。对于无螺栓扣件,由弹条的变形量确定扣件的扣压力。一般情况下,可实测扣件的扣压力与扣件阻力之间的关系。钢轨与轨枕的相对位移和扣件阻力之间的关系也并非线性,在钢轨发生初始位移时,扣件阻力的增长率最大,随着位移的增大,阻力的增长率减小,当钢轨位移达 2mm 时,扣件阻力的增长率就很小。

扣件垫板压缩和磨损、无螺栓扣件弹条的徐变都可导致扣压力下降,扣件阻力也随之下降。此外,列车通过时的振动,会使螺帽松动,导致扣压力下降。《铁路线路维修规则》规定,扣板扣件扭矩应保持在 80~120N·m;弹条扣件为 100~150N·m。各类扣件的扣压力如表 3.8-3 所示。

各类扣件的扣件阻力值（每组）（N） 表3.8-3

扣件类型	初始状态扣件扭矩（N·m）		垫板压缩1mm时扣件扭矩（N·m）		以往采用计算值（N）	建议采用值（N）
	70~80	140~150	70~80	140~150		
ω弹条扣件K型	11900	21900	9030	11600	—	9000
70型	12500	19000	4220	6750	3000	4000
67型	10100	18000	6230	9800	5500	6000
K型	7500	15000	—	—	7500	7500
道钉混合式扣件	500	—	—	—	400	500
防爬器	16000	—	—	—	20000	15000

3. 道床纵向阻力

道床纵向阻力是指道床抵抗轨枕纵向位移的阻力。一般是以每根轨枕阻力 R 或每延米分布阻力 r 表示。道床纵向阻力是抵抗钢轨伸缩、防止轨道纵向爬行的重要参数。

道床纵向阻力要受到道碴材质、颗粒大小、道床断面、道床密实度、脏污程度，轨枕重量、外

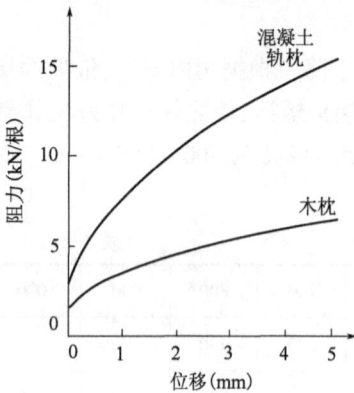

图3.8-7 道床纵向阻力与轨枕位移的关系曲线

形和尺寸等因素的影响。只要钢轨与轨枕间的扣件阻力大于道床阻力，则因轨温变化产生的长钢轨中的温度力将完全由道床阻力和接头阻力平衡。道床阻力由轨枕底与道床顶面的阻力和枕木盒中的道碴阻力所组成。从图3.8-7可知，在正常状态下，单根轨枕的纵向阻力随着位移的增大而增加，当轨枕位移达到一定值后，枕木盒中道砟颗粒之间的啮合被破坏，因此，位移再增大，阻力也不再增大。在正常条件下，混凝土轨枕位移小于2mm，木枕位移小于1mm，道床纵向阻力呈现线性增长，位移超过此临界值后，纵向阻力增加减缓甚至下降。

在无缝线路设计中，采用轨枕位移为2mm时相应的道床纵向阻力值，见表3.8-4。表中数据是单根轨枕的实测结果，据国外资料介绍，如采用整个轨道框架试验，则纵向阻力将比单根轨枕测得的结果大，对于混凝土轨枕轨道，平均增大80%。

道床纵向阻力 表3.8-4

道床特征	单根轨枕的道床纵向阻力 $R(N)$	一股钢轨下单位道床纵向阻力 r（N/mm）	
		1840根轨枕（km）	1760根轨枕（km）
木枕线路	7000	6.4	6.1
混凝土轨枕线路	10000	9.1	8.7

此外，线路的维修养护作业在一定程度上破坏了道床的原状，使得道床阻力降低，需要通过一定运量后，线路得到列车的碾压，道床阻力才能恢复到原有值。

4. 长轨条的温度力分布

常用温度力分布图来表示温度力沿长轨条的纵向分布规律。温度力分布图的横坐标表示钢轨的长度,纵坐标表示钢轨的温度力。钢轨内部温度力和其外部的阻力随时保持平衡是温度力分布的基本条件。无缝线路的温度力分布是不均匀的,它不仅要受到阻力和温度力变化幅度的影响,还要受到温度力变化过程的影响。

1) 纵向阻力的特点

纵向阻力包括接头阻力和道床阻力。

为简化钢轨内部温度力纵向分布的计算,通常假定钢轨接头阻力 R_j 为一常量。当无缝线路温度力 P_t 小于接头阻力 R_j 时,钢轨与夹板之间不发生相对位移。温度力与接头阻力相等是钢轨与夹板发生相对移动的临界状态,只有当温度力大于接头阻力时,两者才发生相对移动。据此可知,钢轨与夹板发生相对移动的轨温变化幅度为 $\Delta t_j = R_j / 2.48F$。当轨温反向变化时,长轨条中的温度力减小,当温度力变化幅度小于接头阻力时,接头阻力不反向;当温度力变化幅度大于接头阻力时,接头阻力开始反向,但钢轨与夹板不发生相对反向移动;当长轨条中的温度力反向变化幅度大于 2 倍接头阻力时,钢轨与夹板才发生相对反向移动。

接头阻力被克服后,如温度力继续上升,则钢轨产生位移,道床阻力开始阻止钢轨的伸缩。但道床纵向阻力的产生是体现在道床对轨枕的相对位移阻力,随着轨枕位移根数的增加,道床阻力也相应增大。为了计算方便,将单根轨枕的阻力换算成单位长度的阻力 r 并取常量,所以道床纵向阻力是以阻力梯度的形式分布,在无缝线路伸缩区的各个截面,温度力是不相等的。

2) 基本温度力图

无缝线路锁定后,轨温单向变化时,温度力沿钢轨纵向分布的规律称为基本温度力图。如图 3.8-8 所示是钢轨锁定后轨温下降后的基本温度力图。

当轨温等于锁定轨温时,在长轨条中温度力为零,即 $P_t = 0$,如图 3.8-8 中的 A—A' 线。

当轨温下降,$\Delta t = T - T_{sf} = \Delta t_j$ 时,$P_t > R_j$,轨端无位移,温度力在整个长轨条中仍均匀分布,如图中的 B—B' 线。

当轨温进一步下降,$\Delta t > \Delta t_j$ 时,$P_t > R_j$,道床阻力开始发挥作用,轨端出现收缩位移,在 x 长度范围内放散部分温度力,$P_t = R_j + rx$,温度力线为 B—C—C'—B'。

当轨温降至最低轨温 T_{min} 时,钢轨中产生最大温度拉力,此时 x 达到最大值 $L_{拉max}$,即无缝线路伸缩区达到最长的长度。温度力线为 B—C—D—D'—C'—B',此时固定区内的钢轨温度拉力达到最大,即 $P_{tmin} = 2.48\Delta t_{min}F$。伸缩区长度为:

$$L_{拉max} = \frac{P_{tmin} - R_j}{r} \tag{3.8-14}$$

3) 轨温反向变化时的温度力图

前述为轨温从 $T_{sf} \rightarrow T_{min}$ 单向变化时,长轨条中温度力的变化情况。当轨温达到最低后,气温开始回升,轨温也就开始升高,所以轨温是随气温循环往复变化的。这时无缝线路的温度力变化与前述的轨温单向变化有所差别,而且与锁定轨温的取值也有关系。

如图 3.8-9 所示的温度力图,是锁定轨温 T_{sf} 大于中间轨温 T_z 的条件下,轨温变化的方向是 $T_{sf} \rightarrow T_{min} \rightarrow T_{sf} \rightarrow T_{max}$。

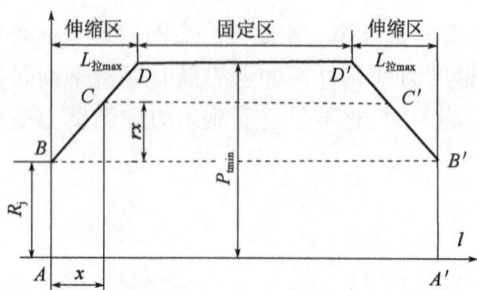

图 3.8-8　无缝线路基本温度力图

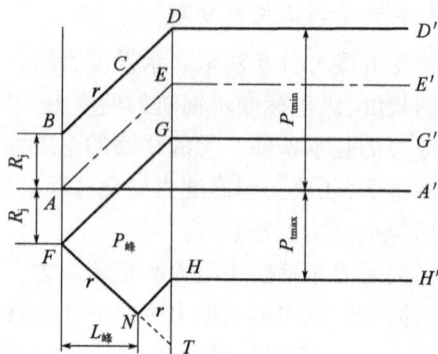

图 3.8-9　轨温反向变化时的温度力图

轨温最低时的温度力线为 $B—C—D—D'$。

轨温上升幅度小于 Δt_j 时,整条温度力线平移,钢轨接头所受的拉力也同时减小;当轨温上升幅度等于 Δt_j 时,钢轨接头阻力为零,温度力线为 $A—E—E'$。

轨温上升幅度大于 Δt_j,钢轨接头的受力开始反向,即受压,温度力线继续平移;当轨温变化幅度达 $2\Delta t_j$ 时,钢轨接头达到受压的接头阻力 R_j,固定区的温度力仍为温度拉力,道床阻力仍未反向,温度力线为 $F—G—G'$。

轨温上升幅度大于 $2\Delta t_j$,钢轨接头阻力被完全克服,钢轨开始伸长,道床阻力开始局部反向,如 $F—N$ 段所示。

轨温上升至最高轨温 T_{max} 时,由于 $\Delta t_{max} < \Delta t_{min}$,所以 $P_{tmax} < P_{tmin}$,固定区温度力只能达到 $H—H'$ 线,而达不到 T 点,$N—H$ 段的道床阻力仍不能反向,于是 $F—N$ 线和 $N—H$ 线相交,形成温度力峰值 $P_{峰}$,如图 3.8-9 所示,其值大小为:

$$P_{峰} = \frac{1}{2}(P_{tmax} + P_{tmin}) \tag{3.8-15}$$

式(3.8-15)说明,温度压力峰值的大小与锁定轨温无关。温度力峰值位置为:

$$L_{峰} = \frac{1}{r}\left[\frac{1}{2}(P_{tmax} + P_{tmin}) - R_j\right] \tag{3.8-16}$$

温度力峰值的出现与锁定轨温和中间轨温有关。

当 $T_{sf} > T_z$,轨温变化为 $T_{sf} \rightarrow T_{min} \rightarrow T_{sf} \rightarrow T_{max}$ 时,则会在伸缩区出现温度压力峰值(如前述)。

当 $T_{sf} < T_z$,轨温变化为 $T_{sf} \rightarrow T_{max} \rightarrow T_{sf} \rightarrow T_{min}$ 时,则会在伸缩区出现温度拉力峰值。

当 $T_{sf} = T_z$,轨温变化为 $T_{sf} \rightarrow T_{min} \rightarrow T_{sf} \rightarrow T_{max}$ 或 $T_{sf} \rightarrow T_{max} \rightarrow T_{sf} \rightarrow T_{min}$ 时,都不会在伸缩区出现温度压力峰值。在轨温上升和下降过程中,在伸缩区会出现温度力峰值,但小于 $(P_{tmax} + P_{tmin})/2$。

温度压力峰值是引起无缝线路失稳的重要因素之一,特别是在春夏之交,发生的概率最大,所以在线路养护维修作业时应特别注意。

5. 缓冲区轨缝的计算

在长轨条的两端,设置缓冲区,缓冲区一般由 2~4 根 25m 长的普通钢轨组成,如图3.8-10 所示,所以在缓冲区就存在有钢轨接头。从温度力图(图3.8-9)可知,当钢轨温度力大于接头阻力时,伸缩区的钢轨产生纵向位移,所以就要对长轨与普通轨、普通轨与普通轨之间的轨缝进行检算。

如图 3.8-10 所示,长轨条与普通轨之间的钢轨接头预留轨缝大小为 Δ_1,其大小由长轨条一端钢轨的伸缩量和普通轨一端的伸缩量之和控制;普通轨之间的钢轨接头预留轨缝为 Δ_2,其大小由一根普通轨的伸缩量控制。

从图 3.8-11 的无缝线路温度力图可知,图中阴影部分表示长轨条克服接头和道床阻力后,释放部分温度力的变形面积,长轨条的伸长量就是由于这部分被释放温度力引起的,阴影部分的面积为 $\triangle ABC$。根据材料力学理论,可知长轨条一端的伸长量为:

$$\lambda_1' = \frac{\triangle ABC}{EF} = \frac{rL_{拉max}^2}{2EF} = \frac{(P_{tmin} - R_j)^2}{2EFr} \tag{3.8-17}$$

式中:E——钢的弹性模量;
F——钢轨的截面面积。

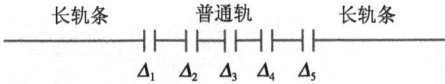

图 3.8-10　无缝线路缓冲区示意图

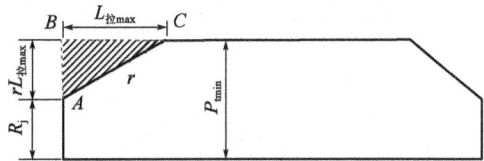

图 3.8-11　长轨条伸缩量计算图

从图 3.8-12 的普通轨温度力图可知,普通轨一端的伸长量为图中阴影部分的面积 $\triangle BHGC$ 除以 EF,即:

$$\lambda_2' = \frac{\triangle BHGC}{EF} = \frac{(P_{tmin} - R_j)l}{2EF} - \frac{rl^2}{8EF} \tag{3.8-18}$$

设冬天长钢轨的收缩量为 λ_1',普通轨的收缩量为 λ_2',则长钢轨和普通轨之间钢轨接头的轨缝扩大量为 $\Delta_2' = \lambda_1' + \lambda_2'$,普通轨之间钢轨接头的轨缝扩大量为 $\Delta_2' = 2\lambda_2'$。设夏天长钢轨的伸长量为 λ_1'',普通轨的伸长量为 λ_2'',则长钢轨和普通轨之间钢轨接头的轨缝缩小量为 $\Delta_1'' = \lambda_1'' + \lambda_2''$,普通轨之间钢轨接头的

图 3.8-12　普通轨条伸缩量计算图

轨缝缩小量为 $\Delta_2'' = 2\lambda_2''$。设预留轨缝宽度为 Δ_1' 和 Δ_2',构造轨缝为 δ_g,为保证冬天轨缝不大于构造轨缝,夏天轨缝不顶死,则应满足如下要求:

长钢轨与普通钢轨之间接头的预留轨缝宽度须满足条件:

$$\Delta_1'' < \Delta_1 \leqslant \delta_g - \Delta_1' \tag{3.8-19}$$

两普通钢轨之间接头的预留轨缝宽度须满足条件:

$$\Delta_2'' < \Delta_2 \leqslant \delta_g - \Delta_2' \tag{3.8-20}$$

四、无缝线路稳定性

无缝线路作为一种工程结构,其最大特点是在夏季高温季节在钢轨中存在巨大的温度压力,而这一温度压力是引起无缝线路胀轨跑道的主要原因。无缝线路稳定性分析的目的是研

究温度压力、轨道原始不平顺、道床横向阻力以及轨道框架刚度之间的关系。大量的室内模型试验、现场实际轨道稳定性试验以及对现场事故的观察分析表明,无缝线路的胀轨跑道可分为三个阶段,即持稳阶段、胀轨阶段和跑道阶段。如图 3.8-13 所示为无缝线路平衡状态曲线,其中 $AB—CK$ 表示无缝线路处于稳定平衡状态,K 点为临界平衡状态,过 K 点后为不稳定平衡状态。图 3.8-13 中纵坐标为钢轨压力 P_t,横坐标为轨道横向弯曲变形矢度 $f_0 + f$,f_0 为钢轨的原始弯曲矢度。胀轨跑道总是从轨道的薄弱地段(即有原始弯曲不平顺)开始,在持稳阶段,即图中的 AB 段,随着轨温的升高,温度压力随之增加,但轨道不增大横向弯曲变形,B 点的温度力 P_{KA} 称为第一临界温度力。胀轨阶段,即图 3.8-13 中的 BK 段,随着轨温的进一步升高,温度压力也进一步增加,轨道出现微小的横向弯曲变形,目视不甚明显。跑道阶段,当温度压力达到临界值 P_K 时,这时轨温稍有升高或轨道稍受外部干扰时,轨道就会突然发生横向臌曲,使积蓄于轨道中的能量突然释放,道砟抛出,轨枕裂损,钢轨发生较大变形,此为跑道阶段,即图 3.8-13 中 K 点以后段,此时轨道稳定性完全丧失,其变形矢度可达 $30 \sim 50\text{cm}$。跑道导致轨道严重破坏,甚至颠覆列车,造成严重后果。跑道后的线路状态如图 3.8-14 所示。

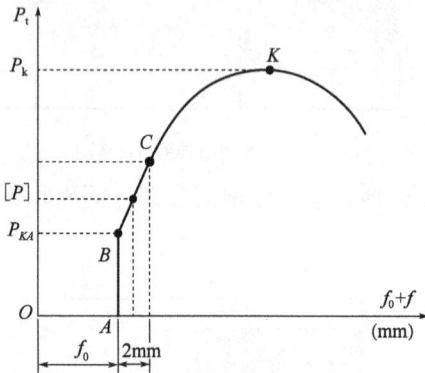

图 3.8-13 无缝线路轨胀跑道过程图

图 3.8-14 无缝线路的轨胀跑道

1. 影响无缝线路稳定性的因素

对无缝线路的大量调查表明,大部分胀轨跑道并非是温度力过大所致,而是由于对无缝线路起稳定作用的因素认识不足,在维修养护中破坏了这些稳定因素而导致无缝线路的胀轨跑道。因此,我们必须要研究使得无缝线路稳定的因素和不稳定的因素,并注意发展有利因素,克服不利因素,从而提高无缝线路的稳定性,发挥无缝线路的优越性。

2. 无缝线路稳定因素

无缝线路稳定因素包括道床横向阻力和轨道框架刚度。

1)道床横向阻力

道床抵抗轨道框架横向位移的阻力称为道床横向阻力,它是保证无缝线路稳定性的主要因素之一。苏联的研究资料表明,稳定轨道框架的力,道床提供 65%,钢轨提供 25%,扣件提供 10%。

道床横向阻力是由道床肩部的推力、轨枕两侧和底部与道砟颗粒之间的摩擦力所组成。

(1)道床饱满程度关系到道砟与轨枕接触面积的大小,对道床的横向阻力有很大的影响。

试验研究表明,对于木枕线路,枕底阻力占 22%,枕侧阻力占 35% ~53%,枕端阻力占 30% ~32%;对于混凝土轨枕线路(匈牙利和英国资料),枕底阻力占 30% ~50%,枕侧阻力占 22% ~50%,枕端阻力占 10% ~28%;我国 Ⅱ 型混凝土轨枕线路测得的各部分阻力比例为:枕底阻力占 46% ~52%,枕侧阻力占 18% ~22%,轨端阻力占 24% ~38%。

(2)适当的道床肩宽可提供一定的横向力,但并不是肩宽越宽,能提供的阻力就越大。轨枕端部的横向阻力是轨枕横向位移挤动碎肩道碴棱体时的阻力。如图 3.8-15 所示,轨枕挤动道床肩部,最终的破裂面是 BC,且与轨枕端面的夹角为 $45° + \dfrac{\varphi}{2}$,滑动体的宽度可用下式计算:

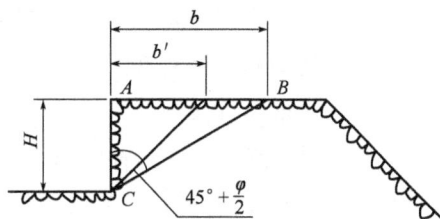
图 3.8-15 轨枕端部道床破裂面示意图

$$b = H\tan\left(45° + \frac{\varphi}{2}\right) \tag{3.8-21}$$

式中:H——轨枕埋入道床的深度;

φ——道碴内摩擦角,一般取 35° ~50°。

对于混凝土轨枕,$H = 228$mm,$\varphi = 38°$,则可得 $b = 470$mm。道床肩部宽度在 550mm 以上对增加道床横向阻力作用不大。

在道床肩部堆高道碴,加大了道碴滑动体的重量,增加了道床横向阻力,道床肩部的堆高形式如图 3.8-16 所示。图 3.8-16a)、b)和 c)中的堆高形式可增加道床横向阻力分别为 29%、34% 和 40%。

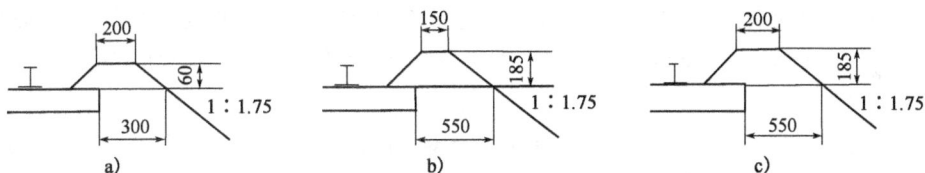
图 3.8-16 道床肩部堆高示意图(尺寸单位:mm)

不同的道碴材质具有不同的黏聚力和内摩擦角,因而道碴的摩阻力也不相同。如砂砾石道碴的阻力要比碎石道碴的阻力低 30% ~40%。道碴粒径对横向阻力也有影响,在一定粒径范围内,道碴碎粒径大,则横向阻力也大。

线路维修作业中,凡扰动道床,如起道捣固、清筛等改变道碴间或与轨枕间的接触状态,都会导致道床阻力下降。如表 3.8-5 所示是道床作业前后的阻力对比。

维修作业对道床横向阻力的影响 表 3.8-5

作业项目	作业前	扒碴	捣固	回填	夯拍	逆向拨道
道床横向阻力(N/根)	8480	7520	5440	6000	6400	2480
作业后降低百分数(%)	—	11	36	29	25	71

2)轨道框架刚度

轨道框架刚度是抵抗轨道横向膨曲的另一重要因素。轨道框架刚度为在水平面内,两股钢轨的横向刚度加上钢轨与轨枕节点间的阻矩之和。

两股钢轨的横向刚度即 $2EJ_y$ (J_y 为一根钢轨对竖直轴的惯性矩)。

扣件阻矩与轨枕类型、扣件类型、扣压力及钢轨相对于轨枕的转角 β 有关。阻矩 M 可表示为：

$$M = H\beta^{1/\mu}(\text{N} \cdot \text{cm/cm}) \qquad (3.8\text{-}22)$$

式中：H、μ——阻矩系数。对于弹条 I 型扣件，螺母扭矩为 100N·m，则 $H = 2.2 \times 10^4$，$\mu = 2$。

3. 无缝线路丧失稳定因素

1）钢轨中的温度压力

由于温升引起钢轨中的轴向温度压力是无缝线路稳定问题的根本原因。

2）轨道的初始横向弯曲

轨道初始横向弯曲则是影响无缝线路稳定的直接原因。胀轨跑道多发生在轨道的初始弯曲处，因此，控制轨道的初始弯曲矢度对提高无缝线路的稳定性有重要作用。

五、普通无缝线路设计

普通无缝线路设计主要是指区间内的无缝线路设计，其主要内容为确定中和温度和结构计算。我国无缝线路的基本结构形式为温度应力式。

1. 设计锁定轨温的确定

轨温分设计锁定轨温、施工锁定轨温和实际锁定轨温。以下主要讨论确定设计锁定轨温的方法。

1）根据强度条件确定允许降温幅度

无缝线路钢轨应有足够的强度，以保证在轮载作用下的弯曲应力、温度应力及其他附加应力的共同作用下，钢轨仍能安全工作，所以要求钢轨能承受的各种应力总和不超过规定的容许值 $[\sigma_s]$，即

$$\sigma_d + \sigma_t + \sigma_c \leqslant [\sigma_s] \qquad (3.8\text{-}23)$$

式中：σ_d——钢轨承受在轮载作用下的最大弯曲应力（MPa）；

σ_t——温度应力（MPa）；

σ_c——列车制动应力（MPa）；

$[\sigma_s]$——钢轨容许应力，为 σ_s/K；

σ_s——钢轨钢的屈服强度；

K——安全系数。

极限强度为 785MPa 的钢轨，$\sigma_s = 457$MPa；极限强度为 883MPa 的钢轨，$\sigma_s = 472$MPa；一般钢轨取 $K = 1.3$，则 $[\sigma_s]$ 分别为 351MPa 和 383MPa，可求得允许的钢轨降温幅度 $[\Delta t_d]$ 的计算式为：

$$[\Delta t_d] = \frac{[\sigma_s] - \sigma_{1d} - \sigma_c}{E\alpha} \qquad (3.8\text{-}24)$$

式中：σ_{1d}——轨底下缘动弯应力，由轨道强度计算所得。

2）根据稳定条件确定允许升温幅度

理论分析和实践观察都表明，钢轨的升温幅度不由强度控制，而是由稳定性控制。在计算允许温升时，采用以上无缝线路稳定性计算结果，然后按下式计算钢轨的允许温升 $[\Delta t_u]$。

对于路基上无缝线路：

$$\left[\Delta t_{\mathrm{d}}\right]=\frac{[P]}{2E\alpha F} \tag{3.8-25}$$

对于桥上无缝线路：

$$\left[\Delta t_{\mathrm{d}}\right]=\frac{[P]-2P_1}{2E\alpha F} \tag{3.8-26}$$

式中：P_1——桥上无缝线路一根钢轨附加伸缩力和挠曲力中的最大值。

3）设计锁定轨温的确定

设计锁定轨温由下式确定：

$$T_{\mathrm{e}}=\frac{T_{\max}+T_{\min}}{2}+\frac{\left[\Delta t_{\mathrm{d}}\right]-\left[\Delta t_{\mathrm{u}}\right]}{2}\pm\Delta t_{\mathrm{k}} \tag{3.8-27}$$

2. 无缝线路结构计算

1）轨条长度

轨条长度应考虑线路平、纵面条件，道岔、道口、桥梁、隧道所在位置，原则上按闭塞区间长度设计轨条长度，一般长度为 1000～2000m。轨条长度最短一般为 200m，特殊情况下不短于 150m。在长轨之间、道岔与长轨之间、绝缘接头处，需设置缓冲区，缓冲区一般设置 2～4 根同类型的 25m 长标准轨。

对于缓冲区、伸缩区以及区间接头的布置，均有一系列规定，设计时按《无缝线路铺设及养护方法》中的有关规定执行。

2）伸缩区长度

伸缩区长度按 $L_{拉\max}=(P_{t\min}-R_{\mathrm{j}})/r$ 和 $L_{压\max}=(P_{t\max}-R_{\mathrm{j}})/r$ 计算，两者中取大值，但一般将伸缩区长度取 50～100m，也即取标准轨长度的整倍数。

3）缓冲区和绝缘接头布置

通常，缓冲区设置 2～4 对标准长度钢轨，若预计应进行应力放散，可设置缩短轨。

4）预留轨缝设计

先计算出长轨条和普通轨的伸缩量，然后用式（3.8-19）、式（3.8-20）计算设置轨缝。

5）无缝线路布置图

无缝线路设计完成后，应编制线路布置图和说明文件，其内容有：百尺标及里程，线路平剖面，工程结构物（桥涵、隧道、道口、路堑、路堤等），上下行线路纵向位移观察桩布置，施工锁定轨温，轨枕和扣件布置和上下行线轨条布置。

六、桥上无缝线路

桥上无缝线路可减轻机车车辆对桥梁的振动冲击，改善列车和桥梁的运营条件，延长设备使用寿命，减少线路养护维修工作量。在提速和高速线路上，桥上无缝线路的这一优点更加明显。

桥上无缝线路的受力情况和路基上有所不同。桥上无缝线路除受到列车动荷载、温度力和制动力等作用外，还要受到桥梁的伸缩或挠曲变形位移而引起的附加力作用。因温度变化桥梁伸缩引起的梁轨相互作用力称为附加伸缩力；因桥梁挠曲引起的梁轨相互作用力称为附加挠曲力。此外,桥上无缝线路长钢轨一旦断裂,不仅影响到行车安全,也将对桥跨结构施加断轨力。所有这些均通过桥跨结构作用于桥梁墩台,因此在设计桥上无缝线路时,为保证安全,必须考虑在各种附加纵向力的作用下,保证钢轨、桥跨、墩台均能满足各自的强度条件、稳定条件以及钢轨断缝条件。

我国自 1963 年开始,先后在多种类型的桥梁,包括简支梁、连续梁、钢桁梁有作桥和无砟桥上铺设无缝线路,并试验研究了多种类型桥梁上无缝线路长钢轨中纵向力的作用规律以及桥梁墩顶位移(高墩)等多种因素影响,并建立了桥上无缝线路纵向力、挠曲力的计算原理和计算方法,为我国铁路在桥上铺设无缝线路奠定了基础,至今已成功地在桥上铺设了无缝线路。除一般中小桥外,在一些特大桥上也成功地铺设了无缝线路,如南京长江大桥(大跨径桁梁)、武汉长江大桥、九江长江大桥和芜湖长江大桥等。

1. 附加伸缩力

当梁温变化时,梁的伸缩对钢轨作用纵向力,其大小和分布除与梁轨间的纵向阻力、梁的伸缩量有关外,还与长钢轨的布置方式、梁跨支座布置方式等有关。其作用过程是当温度变化梁伸缩并对钢轨施加纵向力,随着一天内梁温的循环变化,对钢轨的作用力也发生拉压变化。

2. 小阻力扣件

从减小纵向力考虑,减小扣件纵向阻力是有利的,但过小的扣件阻力会使焊接长钢轨在低温断裂后产生过大的轨缝,影响行车安全。因此,对扣件纵向阻力要有一个合理的取值。

3. 附加挠曲力

在列车荷载作用下,梁发生挠曲变形,梁的上翼缘受拉,下翼缘受压。梁轨产生相对位移通过扣件给钢轨施加纵向水平力,即挠曲力。挠曲力的大小与扣件类型、分布、扣压力大小、列车荷载、列车是从活动端还是从固定端进入桥梁等有关。在计算挠曲力时,荷载采用中活载。

4. 断缝和断轨力

当钢轨受到最大温度拉力和附加伸缩力的共同作用下,钢轨可能出现断裂。为保证行车安全,要求在两力作用下发生的钢轨断缝值小于允许值,断缝值可按下式计算:

$$\lambda = \frac{P_{\text{tmin}}^2}{pEF} + y_s \leq [\lambda] \tag{3.8-28}$$

式中:P_{tmin}^2——最大温度拉力;

   p——线路纵向阻力;

   E——钢轨钢弹性模量;

   F——钢轨截面积;

   y_s——近似地取附加伸缩力产生的最大位移(mm);

   $[\lambda]$——允许断轨轨缝宽度(mm)。

当钢轨断裂后,纵向力就作用在桥梁墩台和固定支座上,按一跨简支梁长或一连续梁长之内的线路纵向阻力之和计算,但断轨力不大于最大温度拉力,于是可得断轨力计算式:

$$T_s = pl \tag{3.8-29}$$

式中:l——跨简支梁或一连续梁的长度。

无论是单线还是双线桥,只计算一根钢轨的断轨力。

七、纵向力的测定

当道床松散或扣件松弛时,跨区间无缝线路有可能产生累积爬行而导致纵向力分布不均,并成为胀轨和断轨的隐患。因而研究应用纵向力测定仪,监视长轨条内纵向力的变化是保证跨区间无缝线路安全运营的重要措施。目前,各国铁路广泛开展纵向力测定仪和测定方法的研究,已有以下几种:

(1)直接测量钢轨变形。这类方法所采用的仪器有机械变位计、电阻丝变形计等。

(2)音响弹性测量法。应用应力使金属中的音速发生变化的现象进行纵向力的测定。

(3)声音放射法。检测因应力改变音频放射情况,通过标定确定应力大小。

(4)巴克豪森法。应用因应力使巴克豪森噪声发生状况变化的现象,来测定应力的方法。

(5)X射线法。应用应力随调射线反射而发生变化的原理测定应力量值。

(6)利用超声波应力测定仪。材料承压时,在压力方向上的弹性系数增加,音速也稍有增加,而且材料一旦磁化,在磁化方向上传播的超声波衰减增加,为此可利用这一原理测定纵向力,虽然向钢轨纵轴方向输入纵波难度很大,但是使其传播表面波较容易,而且其位置可在钢轨的腹部(不宜在钢轨顶面,因列车长期运营表面材质硬化),并采用容易拆装的卡具安装测定器。

(7)导磁率测定法。应用应力使磁性体的导磁率发生变化的现象来测定钢轨纵向力。德国和日本曾对这一测定方法进行研究,但因钢轨残余应力及轨道上的动力电流电磁的影响,很难测得纵向力的绝对值。国内原北方交通大学易大斌教授经长期研究,采取测量磁性体的导磁率增量来确定无缝线路锁定轨温(钢轨处于零应力状态的轨温),从而排除上述钢轨残余应力等的影响,使该测定方法近于实用。

(8)在平面或立面上施加集中力V,并测定钢轨挠度L,计算求得纵向力。

匈牙利和美国铁路曾采用这种方法确定无缝线路纵向力P。1990年美国联邦铁路局把这一项目列入安全研究计划,通过研究,采用如图3.8-17所示加载车,在运营线上进行无缝线路纵向力的测定。

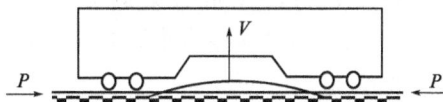

图3.8-17　美国的纵向力测定车

近几年,英国Vortok公司开发了一种称为Verse的长钢轨锁定轨温测量装置(也称温度应力测量器)。这种装置测试原理与图3.8-17测试方法的原理相同,在测试前也需将20~30m长轨道的扣件松开。该仪器利用传感器测量对钢轨的拉力,并测量钢轨的位移。根据位移和拉力的大小计算钢轨中的温度应力。根据介绍,钢轨的残余应力不影响测量结果,测量精度为0.2℃,测量标准差1.3℃。英国、美国、芬兰、意大利和加拿大的一些铁路公司使用了这一测量装置。

(9)钢轨轴应力测定仪。日本金子测量工业株式会社试制的钢轨轴应力测定仪,由钢轨长度测定器、演算记录装置、钢轨温度测定器、测针、测定用台座所构成。在钢轨铺设前处于自由状态,在钢轨上安装测针,测定两点间距、钢轨温度、测定器温度,并把以上测定结果作为初始值,无缝线路铺设运营后,进行同样测定,记录装置将两次测定结果进行计算,并显示、打印轴向力的测定结果。这种钢轨轴应力测定仪曾在日本新干线上得到应用,能保证一定测量精度,但其缺点是需要测量初始值。

(10)测标法。1982年刘兴汉工程师研究提出标定轨长法,后经郑州铁路局和兰州铁道学院改进后定名为测标法。测标法的基本原理,是通过钢轨线膨胀系数,将钢轨应变折合成相应的轨温变化幅度。用测标法计算确定锁定轨温的基本公式如下:

$$T_0 = T + \frac{\Delta l}{L_0 \alpha} \tag{3.8-30}$$

式中:T_0——钢轨处于零应力时的轨温,即锁定轨温;

T——用钢尺测量时钢轨温度;

Δl——钢轨未能实现的伸缩量;

α——钢轨的线胀系数;

L_0——测标距离。

这一方法因测量轨温与尺温有误差,钢尺与钢轨的线胀系数也稍有差异,因而有一定误差,但适于现场单位应用。目前在郑州铁路局应用得较为广泛。

根据纵向力或锁定轨温的测定结果,若发现跨区间无缝线路因累积爬行导致纵向力分布不均,应及时安排应力调整或应力放散。

虽然目前有以上所列的一些纵向力测定方法,但真正能在现场准确、简便地测试长钢轨中的纵向力,则还没有一种理想的方法和设备。此外,对无缝线路胀轨跑道起决定性影响的不是某一钢轨截面上的纵向力,而是一定长度范围内的纵向力,所以目前世界各国仍在继续研究这一看似简单、实际极难的无缝线路长钢轨温度力测定仪器。

八、超长无缝线路

超长无缝线路(Super Long Continuous Melded Rail Track)是指轨条长度跨区间,即轨条与轨条、轨条与道岔直接连接的无缝线路,轨条之间直接传递纵向力和位移量,所以也称跨区间无缝线路。

从无缝线路受力原理可知,无缝线路长轨条中的温度力与轨条长度无关,所以轨条长度可无限长。由于各种原因,目前无缝线路的轨条长度为1.5~2km,所以线路上还存在大量的缓冲区,无缝线路的优点难以充分发挥。为了消除缓冲区,将无缝线路轨条延长,甚至与道岔连成一体,全面提高线路的平顺性和完整性。

超长无缝线路本质上与普通无缝线路没有区别,但由于要把道岔、钢轨绝缘接头连接起来,所以其结构、铺设和维修养护等有不同的特点,并带来了一些新的技术问题。

超长无缝线路的铺设要受到铺设机具的效能、施工天窗时间的长短、铺设方法等的影响。一次铺设的轨条长度只能是1~3km,所以只能将长轨条分成若干段单元轨条。逐段铺设后,在现场将单元轨条焊连。以往现场单元轨条焊连的主要方法是铝热焊,与工厂闪光接触焊尚有一些差距,目前现场移动式闪光接触焊也得到了大量使用,提高了现场焊接钢轨接头的质量。为了使得轨条的锁定轨温一致,在施工中当现场轨温低于设计锁定轨温时,就要进行拉轨作业。由于单元轨条的长度也较长,所以需要有较大拉伸能力的焊接设备和拉轨机。由于轨条较长,一次锁定有一定的困难,如何组织施工,安排施工程序,使得铺设、焊接、放散应力、锁定等工作有序进行,且保证整根长轨条的锁定轨温符合设计要求,这也是超长无缝线路施工中的一个关键问题。

1. 超长无缝线路的设计

超长无缝线路与普通无缝线路的不同之处是轨条贯通整个区向或区段,由于超长轨条不能一次铺设,需将其分为若干一定长度的单元轨条,然后分次焊接铺入。当单元轨条中有胶接接头时,要求胶接接头离单元轨条端部200m以上。单元轨条的长度需根据轨条运输设备、施工机具、施工工艺、施工组织、施工天窗长短、线路平面条件、铺设技术和方法、轨温变化状态等进行设计,按目前的施工能力,一般将单元轨条长度定为2~2.5km,并尽量争取到2.5~3km。此外,在设计中还包括单元轨条的锁定轨温、轨条位移观测桩的设置、道岔区温度力的纵向分布、轨道稳定和强度检算等。

在无缝线路设计时,一般考虑锁定轨温有±5℃的变化范围,在特殊情况下可放宽至±8℃。但一根轨条的锁定轨温变化范围应小于这一范围。因此在超长无缝线路的各单元轨节焊连时,最好选择在设计锁定轨温中间值时进行,并在焊接前后采用拉轨机将轨条应力调整均匀,且相邻单元轨节的锁定轨温差小于±5℃。

普通无缝线路通常设置7对爬行观测桩,对于超长无缝线路,一般是每一单元轨条设置一对爬行观测桩,也有间隔85m设置一对爬行观测桩。道岔区单元轨条位移观测桩的布置为:单元轨条起点、每组道岔基本轨前焊点、尖轨限位器或尖轨跟端、辙叉前焊点、道岔与道岔之间大于100m的设一对,单元轨条终点处各设一对,共计6对以上观测桩。

2. 无缝道岔

无缝道岔是超长无缝线路的一个重要组成部分,它与长轨条一样要承受无缝线路温度力的作用,同时还要承受侧线传递过来的附加温度力,无缝道岔中的钢轨受力和位移量计算较为复杂,这是无缝道岔设计、铺设和维修养护中需要处理的核心问题。

道岔中由于岔枕长度不同,里外轨间距不同,每一根岔枕的道床纵向阻力也不相同。

当道岔钢轨扣件强度足够时,四轨线岔枕在里轨温度力作用下将产生弯曲变形,其上的里轨不会自由伸缩,岔枕的弯曲刚度相当于钢轨的一种纵向阻力阻止其自由伸缩。对于直股与侧股均焊接的无缝道岔,里股钢轨均要承受无缝线路的温度力,钢轨相对于岔枕发生纵向位移,通过扣件使岔枕承受作用力。对于仅有直股焊接的无缝道岔,直股里轨承受无缝线路温度力的作用,侧股则为普通线路。

岔枕所承受的里股钢轨所传递的温度力若大于扣件的推移阻力,则里股钢轨传递给岔枕的作用力保持不变,等于里股钢轨的扣件推移阻力。

无缝道岔与基本轨焊接后,相当于无缝线路的固定区,无外力作用下不会发生伸缩位移。而道岔里股钢轨焊接后,相当于无缝线路的伸缩区,它将释放的温度力转变为伸缩位移。道岔基本轨通过岔枕、辙跟间隔铁等部件与里轨相连,参与阻止在温度力作用下的伸缩位移,从而使得道岔基本轨承受了道岔里轨传过来的附加温度力。研究表明,尖轨跟部基本轨的附加温度力为基本温度力的0.3~0.5倍。无缝线路缝道岔设计的一项重要内容,就是计算道岔外侧基本轨承受的附加温度力,并与作为固定区的原基本温度力叠加,检算基本轨的强度和道岔前二轨线地段无缝线路的稳定性。

计算中首先求得间隔铁结构及每一根岔枕传递于基本轨上的作用力,然后叠加基本轨下的道床阻力即可得到该处基本轨所承受的附加温度力。由于无缝道岔基本轨处于无缝线路的固定区,在道岔两端足够远的钢轨上无任何伸缩位移,当无缝道岔基本轨承受附加温度力后将产生伸缩位移,附加力产生的伸长与压缩位移是相等的,即基本轨上附加温度力的拉力与压力面积相等,如图3.8-18所示。

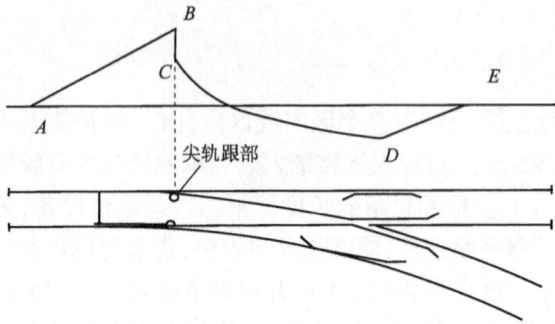

图3.8-18 固定辙叉基本轨附加温度力

九、应力放散和应力调整

无缝线路铺设的最理想季节是在春秋季节,此时的轨温较易达到锁定轨温。但是随着我国铁路的发展,需要铺设大量的无缝线路,所以要在一年四季铺设无缝线路。夏季和冬季铺设无缝线路,施工锁定轨温不在设计锁定轨温范围。此外,无缝线路在运营过程中钢轨发生爬行,导致纵向温度力分布不均匀,甚至产生纵向温度力局部集中现象,为此要对无缝线路进行应力放散和调整,以保证无缝线路纵向温度力的均匀和实际锁定轨温在设计锁定轨温范围内。

1. 应力放散

无缝线路应力放散是指在锁定轨温不符合设计锁定轨温的线路,将该段线路的所有扣件松开,让长钢轨自由伸缩,使长轨条中的温度力得到彻底的释放,然后再在设计锁定轨温范围内重新锁定线路。

放散应力的方法有温度控制放散法和长度控制放散法两种。一般温度控制法使用滚筒放散,长度放散法利用列车碾压放散。

2. 应力调整

无缝线路运营过程中,经常会出现在固定区纵向温度力分布不均匀现象,如不进行调整,则在局部区段就会出现温度力集中,影响无缝线路的安全运营,为此需进行应力调整。

应力调整不改变原锁定轨温。在应力调整时,将长轨条两端伸缩区的扣件上紧,夹板螺栓拧紧,将固定区的扣件部分或全部松开,用列车碾压法或滚筒法进行应力调整,使固定区钢轨的温度力均匀。应力调整完成后,上紧扣件,锁定线路。

第四章　轨道几何形位

轨道几何形位指的是轨道各部分的几何形状、相对位置和基本尺寸,是保证列车按规定速度安全平稳运行的重要条件之一。

轨道由直线和曲线组成。直线部分的方向应保持笔直,曲线部分应圆顺,称之为轨道的方向;轨道在立面上应符合线路设计高程,称之为高低;两股钢轨之间应保持一定的距离,称之为轨距;两股钢轨的顶面应位于同一水平或保持一定的相对高差,称之为水平;为使钢轨顶面在有锥形踏面的车轮荷载作用下受力均匀,两股钢轨均应向内倾斜铺设,称之为轨底坡。曲线轨道除应满足上述要求以外,还应使机车车辆能顺利通过曲线,对半径很小的曲线,应将轨距加宽;为抵消机车车辆通过曲线时的离心力,应使外轨顶面略高于内轨顶面,形成适当的超高;为使机车车辆平稳地自直线进入圆曲线,或由圆曲线进入直线,直线与圆曲线之间,应有一条曲率渐变的缓和曲线,并为外轨逐渐升高、轨距逐渐加宽创造必要的条件。

本章主要讨论直线、曲线轨道的几何形位,道岔部分的几何形位在第三章道岔一节已述,缓和曲线和圆曲线将在第六章予以叙述。

第一节　机车车辆基本知识

机车车辆一般可分为车体和走行两大部分。车体用来载人、运货或设置动力设备,走行部分是将机车车辆的荷载传递到轨道上,并在轨道上走行。19 世纪的铁路车辆是直接将轮对安装在车厢下,所以车辆的运行性能较差,车辆载重量也较小。现代机车车辆的走行部分基本上都采用转向架形式。转向架的类型很多,主要可分为机车转向架、客车转向架和货车转向架。转向架的结构大同小异,都由构架、悬挂弹簧、轮对和轴箱、基础制动装置等部分组成。机车转向架还有动力驱动机构,与轨道最为密切的是机车车辆的转向架部分。

一、转向架的作用和构造

把两个或两个以上的轮对用专门的构架组成一个小车,称为转向架。车体就支承在两个转向架上。为了使得车辆能在线路上平稳运行,要求转向架在保证正常运行条件下,车体都能可靠地坐落在转向架上;承受车体重量,传递轮轴牵引力,并使各轴重均匀分配作用;能在直线平稳运行,能顺利通过曲线;转向架的悬挂弹簧具有良好的减振特性,以减小由于线路不平顺对车体的动力作用;能充分利用轮轨黏着,传递牵引力和制动力,以提高列车牵引效率并保证列车在规定距离内停车。由于车辆的用途、运行条件、制造和检修及当时的技术和工艺水平等因素不同,目前世界上使用的转向架类型繁多,结构各异,但都有一个共同点,即其基本作用和组成是相同的。为保证转向架具有以上功能,一般转向架可以分成轮对轴箱装置,使轮对能与构架之间产生相对转动,并传递车辆重量和其他各种力;弹簧悬挂装置减小线路不平顺和轮对对车体的各种动力影响;构架或侧架是转向架的基础,它把转向架各零部件组成一个整体;制动装置保证列车在规定距离内停车;转向架支承车体装置,将车体荷载和各种力传递给转向架。

二、转向架的分类

由于转向架的用途不同、运行条件的差异、制造维修方法的制约和经济效益等具体因素的影响,对转向架的性能、结构、动力参数和采用的材料及工艺等要求就有差别,因而就有各种各样的转向架。我国目前客车转向架有 20 多种,货车转向架有 30 多种。转向架的分类方法有根据轴数分类、根据弹簧悬挂装置分类、根据垂向荷载传递方式分类、根据轮对支承方式分类、根据制动装置分类和根据构架、侧架分类等。

按轴数分类有两轴转向架、三轴转向架和多轴转向架。一般转向架轴数是由车辆荷载确定的,我国目前货车的最大轴重为 25t。

按弹簧悬挂装置分类,有一系悬挂和二系悬挂,如图 4.1-1 所示。一系悬挂是指车体与轮对之间只经过一次弹簧减振,一系悬挂有放在轮对与构架(侧架)之间的,也有放在车体(摇枕)与构架(侧架)之间的。只有一系弹簧的转向架较为简单,便于检修、制造,成本较低,但减振性能相对较差,一般用于货车。二系悬挂是指车体与轮对之间经过两次弹簧减振,二系悬挂转向架一般在车体(摇枕)与构架之间、构架与轮对之间都有弹簧。由于采用二系悬挂,转向架的结构比较复杂,零部件较多,但车辆和减振性能较好,一般用于客车。多系悬挂转向架更为复杂,一般二系悬挂就能满足减振要求,所以多系悬挂的转向架很少使用。

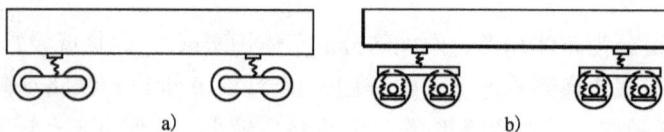

a)   b)

图 4.1-1 弹簧悬挂装置
a)一系悬挂弹簧;b)二系悬挂弹簧

根据荷载传递方式分类,有车体荷载通过心盘传递、通过旁承传递和通过心盘和旁承传递。

根据速度分类,有高速转向架(速度在 200km/h 以上)和普通转向架(速度 120km/h 以下)。

图 4.1-2 是我国铁路的准高速客车 209HS 型转向架,图 4.1-3 是三大件货车转向架,图 4.1-4 是国外高速无动力转向架,图 4.1-5 是国外的高速动力转向架。

在欧洲一些发达国家的城市轻轨交通中,采用低地板车辆,从而取消车站站台,旅客可像公共汽车一样上下车,所以采用特殊的独立轮对转向架,如图 4.1-6 所示。普通轮对的两个车辆一起转动,而独立轮对的两个车轮可单独转动,所以其动力性能与普通轮对有较大的差别。

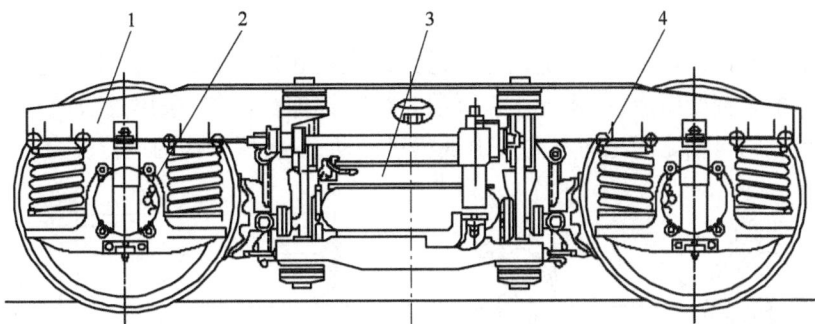

图 4.1-2　我国铁路的准高速客车 209HS 型转向架
1-构架;2-轮对与一系悬挂;3-摇杆与二系悬挂;4-制动系统

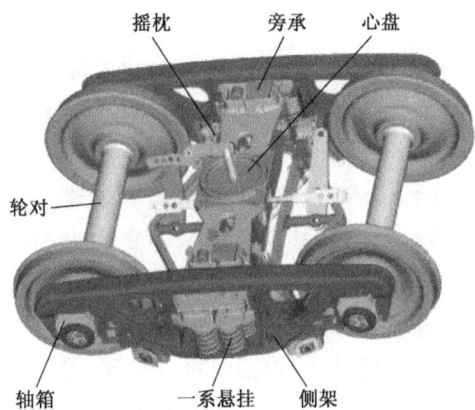

图 4.1-3　三大件货车转向架

图 4.1-4　国外高速无动力转向架

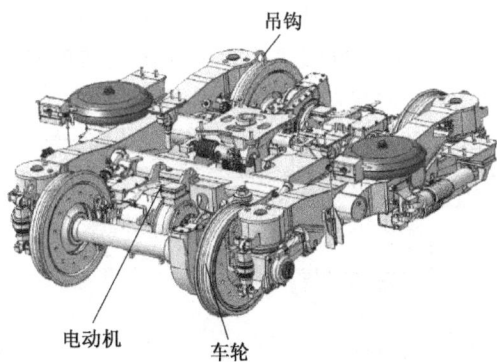

图 4.1-5　国外的高速动力转向架

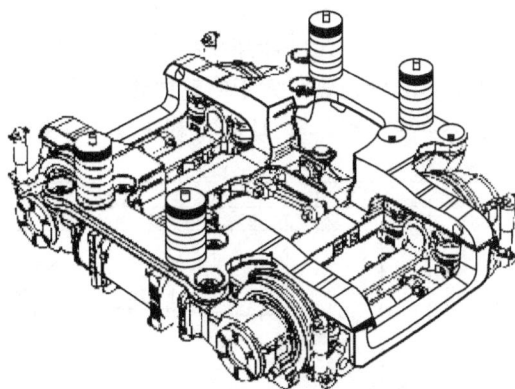

图 4.1-6　城市轨道交通低地板车辆独立轮对转向架

三、轮对

轮对是车辆走行的重要部件,也是与轨道关系最密切的车辆部件。轮对是由两个形状相同的车轮与一根车轴所组成,如图 4.1-7 所示。在轮轴配合部位,采用过盈配合,使两者牢固地组合在一起。轮与轴之间绝对不允许出现相对松动,以确保车辆的运行安全。

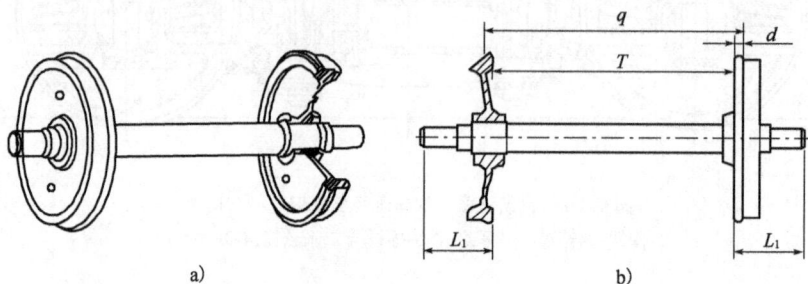

图 4.1-7　车辆轮对

车轮由轮心和轮箍组成。轮箍的内径较轮心小 $1/1000 \sim 1/800$,在装配时将轮箍加热至 300℃左右,使轮箍膨胀,内径扩大,然后用液压机将轮心压入轮箍,轮箍冷却后就会紧紧地压迫轮心,使两者牢固配合。

为防止车轮脱轨,在车轮踏面内侧做成凸缘,如图 4.1-7 所示,这一凸缘称为轮缘。轮缘内侧的竖直面称为车轮内侧,与之相对的称为车轮外侧,内侧和外侧之间的距离称为车轮宽度。内侧称内侧面,外侧称外侧面。轮箍与钢轨的接触面称为车轮踏面。车轮踏面一般为锥形,斜度分 1:20 和 1:10 两段,如图 4.1-8 所示。列车在直线和大半径曲线上运行时,一般是 1:20 踏面部分与钢轨接触,但当车辆在小半径曲线上运行时,轮对偏向轨道一侧,另一侧的车轮踏面的 1:10 部分就有可能与钢轨接触。具有锥形踏面的轮对在直线轨道运行时,如果轮对的中心与轨道中心线不一致,则两个车轮就会以不同的滚动圆半径自动纠正轮对的位置,使轮对中心重新恢复到与轨道中心线重叠的状态,但此时伴随着轮对的蛇行运动,如图 4.1-9 所示。轮对的蛇行运动加剧了机车车辆的横向振动,使机车车辆的运行品质恶化。当列车在曲线上运行时,轮对会偏向曲线外侧,使得轮对外轮的滚动圆半径较大,内轮的滚动圆半径较小,即外轮的走行距离要大于内轮的走行距离,这正好与曲线上外轨的轨线长度大于内轨的轨线长度这一情况相一致,从而有利于减小车轮在轨面上滑行,使轮对顺利通过曲线。

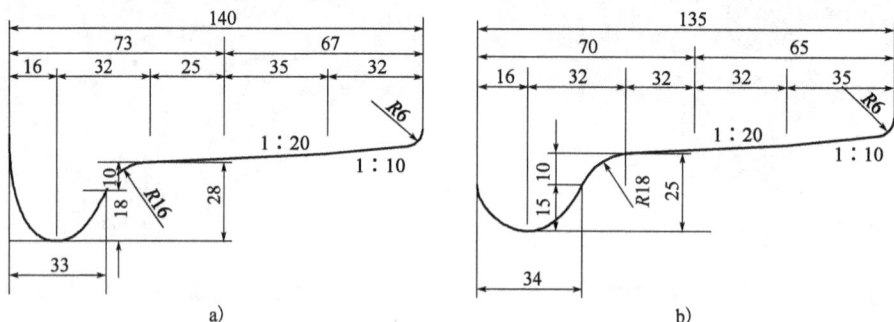

图 4.1-8　车轮踏面(尺寸单位:mm)
a)机车轮踏面;b)车辆轮踏面

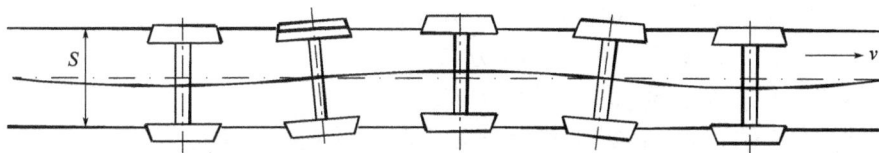

图 4.1-9 轮对的蛇形运动

在离车轮内侧面一定的距离上画一条水平上线,称为车轮踏面测量线,由此至轮缘尖顶处称轮缘高度,从测量线往轮缘尖方向 10mm 位置,测得的厚度称为轮缘厚度,如图 4.1-8 所示。一轮对左右两轮内侧面之间的距离称为轮背内侧距离 T,将此距离加上两轮的轮缘厚度 $2d$,就得轮对宽度 q,即 $q = T + 2d$,如图 4.1-8 所示。T、d、q 是轮对与轨道几何尺寸密切相关的三个尺寸。轮对宽度必须与轨距相配合,为使机车车辆的轮对能安全地通过轨道的各个部分,对轮对三个尺寸的制造公差都有严格限制。如表 4.1-1 所示是《铁路技术管理规程》中我国铁路机车车辆轮对的主要尺寸。

轮对主要尺寸表(mm) 表 4.1-1

名称	轮缘高度 h	轮对宽度 q		轮缘厚度 d			轮背内侧距 T		
		正常	最小	最大	正常	最小	最大	正常	最小
机车轮对	28	33	23	1356	1353	1350	1422	1419	1396
车辆轮对	25	34	22	1356	1353	1350	1424	1421	1394

我国地铁电力车组的轮对内侧距离及维修允差为 1353mm ± 2mm,车轮最大轮缘厚为 32mm,较表 4.1-1 中的尺寸要求严格。

具有 1:20 和 1:10 锥形踏面的车轮称为 TB(原铁道部标准)型车轮踏面。当轮对运行一段时间后,踏面不再是锥形,而是具有一定圆弧的踏面,称为磨耗型车轮踏面,如图 4.1-10 所示。国内外的研究表明,磨耗型车轮踏面具有较好的轮轨接触几何特性,可降低轮轨接触应力,所以现在在镟轮时,将车轮踏也做成磨耗型踏面。

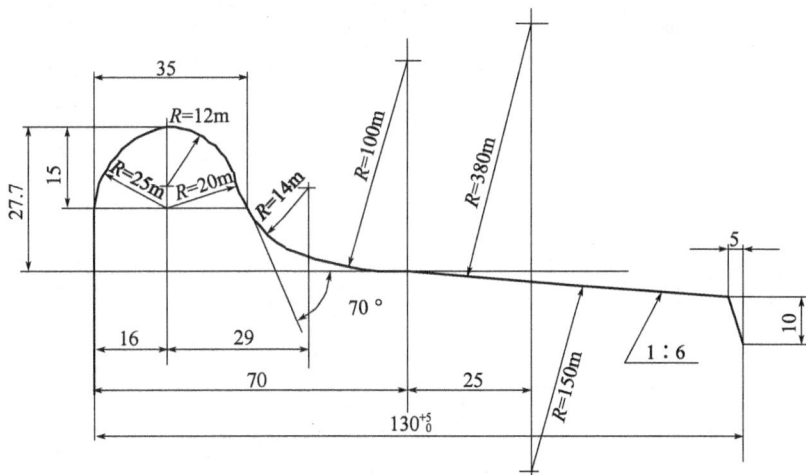

图 4.1-10 磨耗型轨车轮踏面(尺寸单位:mm)

四、机车车辆运行形态与类型

如不考虑车体的扭转和挠曲振动,把车体看成是一个刚体,则在空间有六个自由度的运动:

（1）沿轨道纵向的振动,称为伸缩运动(x方向)。

（2）车体的横向振动,称为侧摆运动(y方向)。

（3）车体的上下振动,称为沉浮运动(z方向)。

（4）车体绕垂直轴(z轴)的振动,称为摇头运动(又称蛇行运动)。

（5）车体绕纵向水平轴(x轴)的振动,称为侧滚运动。

（6）车体绕横向水平轴(y轴)的振动,称为点头运动。

在大多数情况下,车体的运动并非单一自由度的运动,而是由两种或三种运动组合而成,车体的运动就较为复杂。引起车辆振动的原因较为复杂,既有车辆的原因,也有轨道的原因,此处只讨论由于轨道状态不良引起的车体振动。车体的垂向沉浮运动和点头运动主要是由于轨面垂向不平顺所引起。沉浮运动的直接后果是引起轮载的增大和减小,增大了轨道结构的应力水平,加速轨道部件损伤的形成和发展。车体的横向振动和摇头振动主要由轨道方向不良所引起,由于横向振动和摇头振动,增大了轮轨横向作用力,降低了列车的舒适度,严重时造成列车脱轨。车体的侧滚运动主要是由于线路方向和水平不平顺的组合所引起,其结果是导致车辆舒适度降低和轮重减载,在严重状态时同样会影响行车的安全性。

机车车辆的振动对轮轨作用力和列车舒适度都有较大的影响。为了保证列车的安全平稳运行,车辆系统的动力性能固然重要,但提高轨道的平顺度也是提高列车运行平稳性和舒适度必不可少的条件。我国铁路主要干线运行的机车主要是电力机车和内燃机车,蒸汽机车目前只是在支线上运行。车辆有货车和客车,城市轨道交通的车辆有 A、B、C 三种型号。如表 4.1-2 所示列出了我国铁路和城市轨道交通运行的主要机车车辆的主要构造参数。

我国铁路和城市轨道交通主型机车和车辆主要的构造参数　　　　表 4.1-2

机车和车辆类型		轴列式	构造速度 (km/h)	平均轴重 (t)	车轮直径 (mm)	固定轴距 (mm)
内燃机车	东风4(DF4)	3_0-3_0	120(客), 100(货)	23	1050	3600
	东风9(DF9)	3_0-3_0	140	23	1050	4000
	东风11(DF11)	3_0-3_0	160	23	1050	4000
	ND5	3_0-3_0	118	23	1180	4050
电力机车	韶山1(SS1)	3_0-3_0	95	23	1250	4600
	韶山4(SS4)	2_0+2_0-2_0+2_0	100	23	1250	3000
货车车辆	新转8(转8A)	2-2	120	21	840	1750
客车车辆	208(用于硬座车和硬卧车)	2-2	120		915	2400
	209(用于餐车和软卧车)	2-2	120 120~140 140~160	18 17 16.5	915	2400
高速车辆	动车	2-2	300	20	915	3000
	拖车	2-2	300	14	915	2050
城市轨道 交通车辆	A 型车	2-2	≤80	16	840	2500
	B 型车	2-2	≤80	14	840	2200
	C 型车	2-2	≤70	11	760	1800

注:3_0-3_0表示一台机车有两个三轴转向架,下标 0 表示 3 个轴都有牵引电机。

第二节　城市轨道交通线路平面与纵断面及线路限界

由于火车的车辆类型、运行条件、运行速度与城市轨道交通有较大的差别,故线路参数也有较大差别。普通铁路、客运专线和高速铁路的有关线路参数可参照有关设计规范确定。以下讨论的是城市轨道交通的平纵断面线路参数。

一、线路平面

线路平面是线路中心线在水平面上的投影,由直线、圆曲线和缓和曲线组成。

城市轨道交通线路受都市建筑群的影响,曲线很多且是不可避免的。小半径曲线增加了轮轨的磨耗,加大了线路养护维修工作量。因此,应尽可能减少曲线数量,只有无法避让障碍或吸引客流情况下才采用曲线,但也尽可能采用大半径曲线。车站站台计算长度段线路应设在直线上,在困难地段可设在曲线上,其半径不应小于800m。

圆曲线最小长度为20m,困难条件下为一个车辆的全轴距。曲线最大超高值120mm,按曲线半径及行车速度确定缓和曲线长度。区间正线行车速度按80km/h设计,车站两端按70km/h计算。通往市郊、站间距离较大的线路,其速度可以有所提高。

如表4.2-1所示,最小曲线半径仅考虑保证列车运行安全最基本的要求,实际线路设计应综合考虑车辆类型、列车设计运行速度、工程投资、运营支出,并进行技术经济比较,选择"实际许用最小曲线半径",通常其值大于表4.2-1所列。

最小曲线半径(m)　　　　　　　　　　　　　　　　　表4.2-1

线　　　路		一般情况		困难情况	
		A 型车	B 型车	A 型车	B 型车
正线	$v \leqslant 80$km/h	350	300	300	250
	80km/h$< v \leqslant 100$km/h	550	50	450	400
联络线、出入线		250	200	150	
车场线		150	110	110	

注:除同心圆曲线外,曲线半径宜以10m的倍数取值。

线路平面圆曲线与直线之间应根据曲线半径、超高设置及设计速度等因素设置缓和曲线,其长度应符合有关规定。道岔附带曲线可不设缓和曲线和超高,但其曲线半径不得小于道岔的导曲线半径。

地铁线路不宜采用复曲线。在困难地段,有充分技术经济依据时可采用复曲线。当两圆曲线的曲率差大于1/2500时,应设置中间缓和曲线,其长度根据计算确定,在困难情况下不得小于20m。

正线及辅助线的圆曲线最小长度,对于不同类型的车辆,取值有所不同。地铁列车的车辆有A型车和B型车等类型,圆曲线最小长度,A型车不宜小于25m,B型车不宜小于20m,在困难情况下不得小于一个车辆的全轴距。

正线及辅助线上两相邻曲线间的夹直线长度(不含超高顺坡及轨距递减段的长度),A型车不宜小于 25m，B 型车不宜小于 20m，在困难情况下不得小于一个车辆的全轴距；车场线上的夹直线长度不得小于 3m。

二、线路纵断面

线路纵断面是线路中心线展直后在纵向垂直面上的投影。

线路纵断面由坡段及连接相邻坡段的竖曲线组成，坡段的特征由坡段长度和坡度值表示。线路坡度以轨面高程升降的高度与其长度之比的千分率来表示，上坡为正，下坡为负，平坡为零，不同坡段的分界点称为变坡点。

从行车角度上来说，线路坡度应尽可能平缓，但受城市地质条件以及穿越市区的河流等地理条件的影响，有时必须要设置较大的坡度。轨道由地下延伸到地面的时候，也需要爬坡。除了这些特殊情况以外，隧道内由于排水的需要，也不宜设置平坡。

由于区间隧道施工采用盾构法，有条件采用"高站位、低区间"纵断面形式。"高站位、低区间"纵断面具有如下优点：节省车站工程费用；列车进站上坡有利制动，出站下坡有利加速，节能省电，减少隧道温升。这种线形必须在区间线路的最低处设置排水泵房，以排除区间隧道渗漏水和其他积水。

区间隧道的坡度按设计规范规定：正线的最大坡度不宜大于 30‰，困难地段可采用 35‰，联络线、出入线的最大坡度不宜大于 40‰（均不考虑各种坡度折减值）。最大限制坡度的使用将影响线路的输送能力、运营质量和工程数量，线路坡度值的选用应进行技术经济比较后才可确定，通常尽可能不用足限制坡度。最小坡度：一般地段为 3‰，个别地段为 2‰。隧道内和路堑地段的正线最小坡度不宜小于 3‰，困难地段在确保排水的条件下，可采用小于 3‰ 的坡度；地面和高架桥上正线最小坡度在采取了排水措施后不受限制。

车站站台计算长度段线路应设在一个坡道上。有条件时车站宜布置在纵断面的凸形部位上，并设置合理的进、出站坡度。车站站台计算长度段线路坡度宜采用 2‰，在困难条件下，可设在不大于 3‰ 的坡道上。地面和高架桥上的车站站台计算长度段线路宜设在平坡道上，在困难地段可设在不大于 3‰ 的坡道上。

车场线宜设在平坡道上，条件困难时，库外线可设在不大于 1.5‰ 的坡道上。

道岔宜设在不大于 5‰ 的坡道上，在困难地段可设在不大于 10‰ 的坡道上。

折返线和停车线应布置在面向车挡或区间的下坡道上，隧道内的坡度宜为 2‰，地面和高架桥上的折返线、停车线，其坡度不宜大于 1.5‰。

规范规定，坡段与坡段相连，相邻两坡段坡度值的代数差大于或等于 2‰ 时，必须于变坡点设置竖曲线，即在垂直面上，用圆顺的曲线连接前后坡段，以改善列车的运行条件。区间线路竖曲线半径为 5000m，困难地段为 3000m，站端为 3000m，辅助线为 2000m，如表 4.2-2 所示。

竖曲线半径（m）　　　　　　　　　　　　　表 4.2-2

线　　别		一般情况	困难情况
正线	区间	5000	3000
	车站端部	3000	2000
联络线、出入线		2000	—
车场线		2000	—

车站站台计算长度内和道岔范围内不得设置竖曲线,换言之,该地段相邻坡度的代数差不大于2‰,竖曲线离开道岔端部的距离不应小于5m。碎石道床线路竖曲线不得与平面缓和曲线重叠;当不设平面缓和曲线时,竖曲线不得与超高顺坡段重叠。

线路坡段长度不宜小于远期列车长度,并应满足相邻竖曲线间的夹直线长度的要求,其夹直线长度不宜小于50m。

曲线的最大超高宜为120mm,当设置的超高值不足时,一般允许有不大于60mm的欠超高。隧道内及隧道外U形结构的整体道床地段轨道曲线超高,宜采用外轨抬高超高值的一半、内轨降低超高值一半的办法设置;高架线、地面线的轨道曲线超高,宜采取外轨抬高超高值的办法设置。曲线超高值应在缓和曲线内递减,无缓和曲线时,应在直线段递减。超高顺坡率不宜大于2‰,困难地段不应大于3‰。

三、线路限界

列车在运行过程中,它的外轮廓线始终与周围一切建筑物和各种设备的轮廓线之间保持一个安全距离,称为限界,如图4.2-1～图4.2-3所示。限界包括以下三个方面。

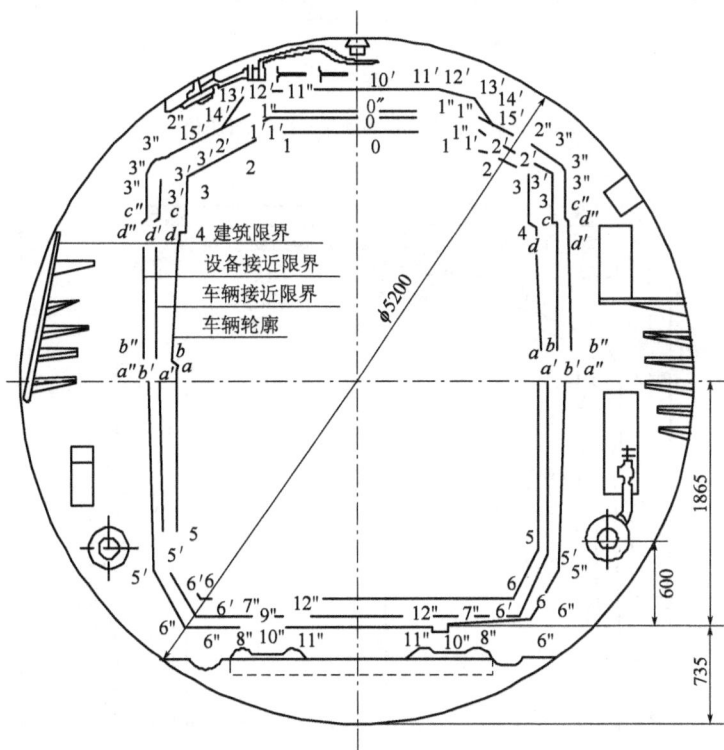

图4.2-1 直线地段圆形隧道建筑限界(尺寸单位:mm)

(1)建筑限界:沿线一切建筑物的外轮廓严禁向车辆运行空间方向侵入的安全警戒线。

(2)设备限界:沿线建筑物上所安装的一切设备,其外轮廓严禁向车辆运行空间方向侵入的安全警戒线。

（3）车辆限界：车辆的制造、安装以及工程列车上所装载的施工料具不得向建筑物方向超出的安全警戒线。

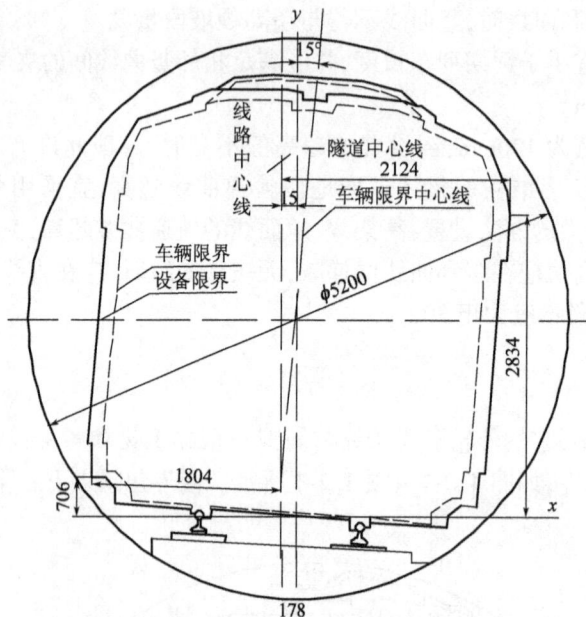

图 4.2-2　曲线地段圆形隧道建筑限界（尺寸单位：mm）

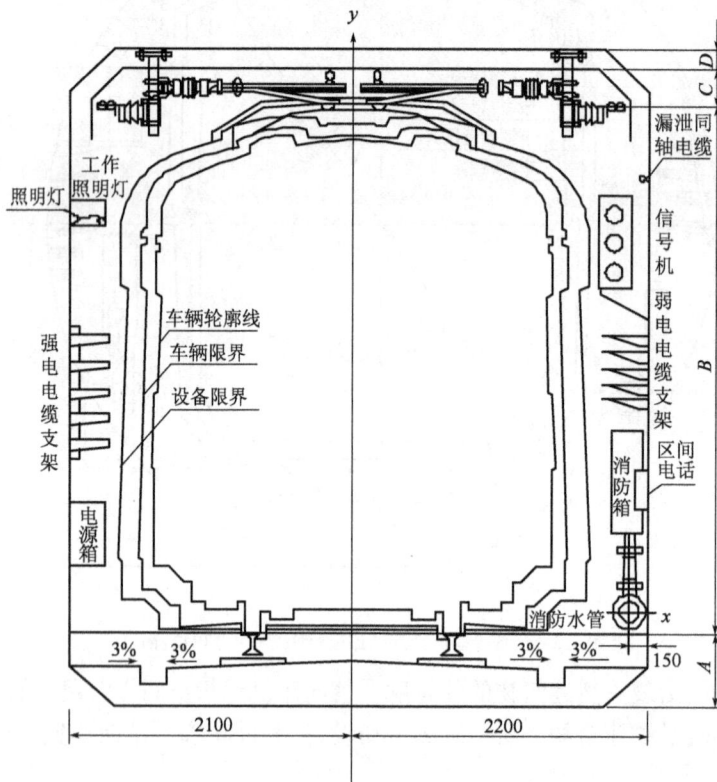

图 4.2-3　直线地段矩形隧道建筑限界（尺寸单位：mm）

车辆在线路上运行时,以线路中心线为基准,绘制车辆各部最外各点的静态轮廓线,并考虑其有可能发生的变化或振动,形成动态轮廓线,再结合轨道的几何偏差所引起的车辆位移确定车辆限界。

地铁限界是以地铁车辆的轮廓尺寸和运行的动力性能为基本依据,再综合考虑线路特性、设备安装、施工方法等因素,以确定地下构筑物的大小和各种设备互相间的尺寸关系及界限。地铁限界按车辆在平直线路上运行制定。在曲线段和道岔区,其限界必须按车辆的有关尺寸、不同的曲线半径和超高以及不同的道岔类型进行加宽和加高。竖曲线地段的建筑限界,应在直线地段上根据不同竖曲线半径及车辆的有关尺寸计算的加高量进行加高。

车辆限界是在直线上运行的车辆轮廓尺寸基础上,考虑车辆运行的偏移、倾斜,各联结件和走行部分的磨耗,以及空气弹簧一侧失效等因素,经计算求得的。它的决定因素主要有:车辆主要尺寸、静态和动态时的车辆横向偏移量、静态和动态时的车辆垂直偏移量、静态和动态时的车辆偏转角。其中,车辆主要尺寸包括:车体长度、车体最大宽度、车体顶面距轨顶面高度、车辆定距、转向架轴距和客室地板面距轨顶面高度。

设备限界是在车辆限界的基础上,考虑各种因素在内的安全预留量而确定的。除与行车直接有关的设备(如站台、接触网的滑触线)外,所有安装后的设备均不得侵入设备限界。

建筑限界是隧道最小横断面有效内轮廓尺寸限界。在建筑限界与设备限界间的空间,应满足安装设备和管线的需要。

接触网限界是在隧道内安装接触网及其支架的尺寸限界,它取决于车辆受电弓升起高度允许值,可能的偏移、倾斜、允许磨耗量以及接触网安装需要的高度。

在一般情况下,在车辆限界的基础上确定地铁限界以后,再综合考虑施工方法、施工误差、衬砌厚度。

曲线地段矩形隧道建筑限界加宽的具体做法包括:圆曲线地段可根据不同曲线半径的车辆设备限界进行加宽;缓和曲线地段加宽方法,其精确计算可按缓和曲线上各点曲率半径和轨道超高值逐一求得,也可采用近似计算法;当线路无缓和曲线而有超高过渡段时,其限界应进行加宽量计算。

区间及站内两相邻线路中心线间的距离为线间距。线间距是根据有关限界、相邻线路间设置的与行车有关的技术设备和办理不同性质作业而确定的。规范规定,地铁电动客车组,其半宽为1.5m,加上列车间的安全距离,故两正线直线地段最小线间距取3.6m。曲线部分区间及站内线路中心线间的水平距离,线路中心线至建筑接近限界的水平距离,均按曲线半径大小,根据曲线上建筑接近限界加宽办法计算确定。

车站站台面至轨顶的高度为1100mm,比车辆地板面至轨顶低30mm,主要考虑有利于乘客上、下车和当车轮直径因磨耗而缩小时仍不致比站台面低这一因素确定。

第三节　轨道几何形位基本要素

轨道几何形位要素有:轨距、水平、高低、方向和轨底坡。各种轨道几何形位都存在一定的偏差,但不得超过其容许值,称之为轨道几何尺寸的容许偏差。不同的铁路等级,容许偏差的大小也不一样,世界各国都有本国铁路的轨道几何形位容许偏差。我国铁路当前在线路维修养护中使用的容许偏差可分别参见《铁路线路维修规则》(铁运〔2006〕146 号部令发布,2006年 10 月 1 日起执行)中表 6.2.1 和表 6.3.1-1 的相关规定。

一、轨距

轨距为两股钢轨头部内侧与轨道中线相垂直的距离。因为轨底坡的缘故,所以轨距应在钢轨顶面以下某一规定距离处量取。我国《铁路技术管理规程》规定,轨距应在钢轨头部内侧面下 16mm 处量取。直线轨道的轨距值规定为 1435mm。

目前,世界大多数国家铁路普遍采用 1435mm 轨距,称为标准轨距。轨距大于 1435mm 称为宽轨距,常用的有 1542mm、1600mm 和 1676mm,主要用于印度、俄罗斯及澳大利亚。轨距小于 1435mm 为窄轨距,有 1067mm、1000mm 和 762mm。我国目前只在滇越铁路(昆明至老街段)保留 1000mm 窄轨距。在矿山专用线中也有用 900mm、1000mm 轨距的线路。

轨距用道尺或轨检车进行测量。前者测得的是静态的轨距,后者则可以测得列车通过时轨距的动态变化,这对于高速运行的列车来说是非常重要的。

《铁路线路维修规则》表 6.2.1 和表 6.3.1-1 中有关轨距偏差的规定与过去(上偏差 +6mm,下偏差 –2mm)的规定有所不同;它是按作业的性质和列车速度采用不同的偏差标准,使得这种偏差标准更趋经济合理。

轨距变化应缓和平顺,其变化率,正线和到发线不应超过 2‰(规定递减部分除外),站线和专用线不得超过 3‰。

所谓作业验收标准是综合维修标准,也是经常保养和临时补修作业质量的检查标准;经常保养标准是轨道应经常保持的质量管理标准;临时补修标准是应及时进行轨道整修的质量控制标准;限速标准是当轨道几何形位偏差较大,列车需降低速度通过时的标准。

为使机车车辆车轮顺利通过轨道,轨道的轨距必须略大于轮对宽度。钢轨与轮缘之间的空隙(也叫游间)由轨距和轮对尺寸不同的组合而成。在图 4.3-1 中,当轮对中心与轨道中心重叠时,每一侧的车轮轮缘与钢轨之间的游间为 $\delta/2$,则:

$$\delta = S - q \tag{4.3-1}$$

式中:S——轨距(mm);

q——轮对宽度(mm)。

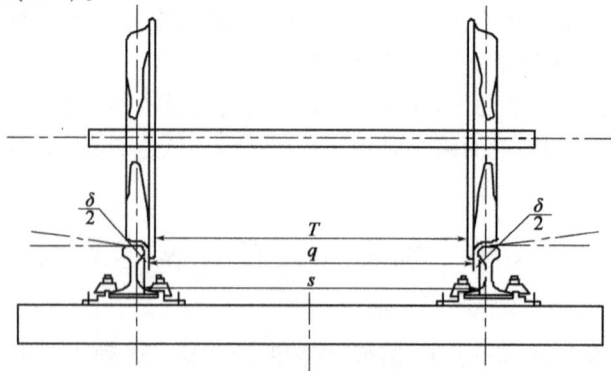

图 4.3-1　轮对宽度轨距和游间

由标准轨距 S_0 与正常轮对宽度 q_0 组合成的游间为正常游间,即 $\delta_0 = S_0 - q_0$;

由最大轨距 $S_{\max}$ 与最小轮对宽度 $q_{\min}$ 组合成的游间为最大游间,即 $\delta_{\max} = S_{\max} - q_{\min}$;

由最小轨距 $S_{\min}$ 与最大轮对宽度 $q_{\max}$ 组合成的游间为最小游间,即 $\delta_{\min} = S_{\min} - q_{\max}$。

直线上的 S_0、$S_{\max}$ 和 $S_{\min}$,分别为 1435mm、1441mm 和 1433mm;q_o、$q_{\max}$ 和 $q_{\min}$ 见表 4.3-1。由此按上述诸式可算得表 4.3-1 中的 δ_0、$\delta_{\max}$ 和 $\delta_{\min}$ 值。

δ_0、$\delta_{\max}$ 和 $\delta_{\min}$ 值(mm)

表 4.3-1

车轮名称	$\delta_{\max}$	δ_0	$\delta_{\min}$
机车轮	45	16	11
车辆轮	47	14	9

计算 δ 值时,没有把轮对宽度由于车轴挠曲而产生的变化量(±2mm)及轨距在列车通过时可能发生的弹性扩大(一般可取 2mm)考虑在内。

游间大小对列车运行的平稳性和轨道的稳定性有重要影响。游间不能过大,否则会使车辆行驶时的蛇行运动的幅度加大,横向加速度、轮缘对钢轨的冲角及作用于钢轨上的横向力也随之增加,加剧钢轨磨耗和轨道变形。行车速度愈高,这种影响愈严重。但如轮轨游间太小,则增加行车阻力和轮轨磨耗,严重时还可能楔住轮对、挤翻钢轨或导致爬轨事件,危及行车安全。全世界各国铁路通过研究后认为,为了提高行车的平稳性和减少轮轨之间的动力作用,对 δ 应加以限制,即适当减小轮轨间游间,特别是在高速铁路上。目前,英国已把原来的标准轨距从 1435mm 减小为 1433mm,德国减小为 1432mm,俄罗斯也把原来的标准轨距从 1524mm 减小为 1522mm。

二、水平

水平是指两股钢轨的顶面,在直线地段应保持在同一水平面上,在曲线地段应满足外轨超高均匀和平顺的要求。简单地说就是轨道上左右钢轨的水平。保持水平的目的是使两股钢轨受力均匀,并保证车辆平稳行驶。

水平可用道尺或轨检车进行测量。《铁路线路维修规则》规定:两股钢轨顶面水平的容许偏差,正线及至发线不得大于 4mm,其他站线不得大于 5mm。两股钢轨顶面水平偏差沿轨道方向的变化率不可太大,要求在 1m 范围内变化不大于 1mm,否则即使两股钢轨顶面的水平偏差在允许范围内,也将引起机车车辆的剧烈摇晃。

实践中,有两种性质不同的钢轨水平偏差,对行车的危害程度也不一样。第一种水平偏差是在一段相当长的距离内,一股钢轨的轨顶较另一股为高,此种水平偏差对行车的影响较小。另一种称为三角坑或轨道扭曲,它是指在一段不太长的距离内,先是左股钢轨高,后是右股钢轨高,如图 4.3-2 所示。三角坑偏差的水平变化率(含超高)最大不得大于 3‰。在检查三角坑时,静态检查时基长为 6.25m,但在 18m 范围内,两点出现的水平偏差也不应超过规定值;轨检车动态检查时基长为 2.4m。轨道上存在三角坑,会出现一个转向架的四个车轮踏面不能全部正常压紧轨面的现象,在最不利的情况下车轮轮缘甚至爬上轨顶,会引起脱轨事故。

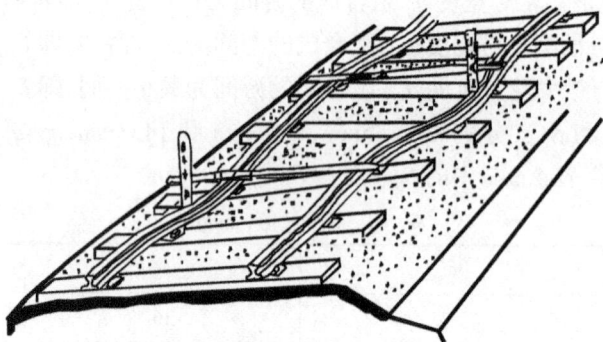

图 4.3-2　曲线上三角坑的"夸大"示意图

三、高低

轨道的纵向平顺情况称前后高低,也即轨面在较短范围内不能有较大的上下起伏。

轨道的前后高低亦即轨面不平顺是由以下两种原因造成:第一种是新铺设的轨道或大修后的线路,经过验收,即使轨面平顺,但经过一段时间列车运行后,因道床的累积变形、路基不均匀下沉、木枕腐朽、三角坑和弹性不均匀等原因,使轨面出现高低不平,这种不平顺称为静态不平顺;第二种是在无列车荷载作用时,轨面是平顺的,但在钢轨与轨枕之间或轨枕与道床之间存在空隙而形成空吊板和暗坑,当车轮通过时,轨面下沉形成不平顺,或轨道的弹性不均匀,在列车荷载作用下形成不平顺,这种不平顺称为动态不平顺。轨面不平顺的长度有长有短,如不平顺的波长较长,车轮沿不平顺的全长滚动,车轮与轨面不脱离;如轨面不平顺波长较短,如钢轨的波形磨耗、接头焊缝打塌及轨面擦伤等原因形成的轨面不平顺,当车轮通过这种不平顺时,车轮不触及不平顺的底部,造成较大的轮轨冲击作用。长波不平顺使车轮对钢轨产生附加动压力,其值随着不平顺的深度和行车速度的增加而增大;短波不平顺使车轮对钢轨产生振动冲击力,不平顺长度愈短、深度愈大和行车速度愈高,振动冲击力愈大。例如,在速度为 250km/h 时,对于同样的波深为 0.5mm 时的波形磨耗,波长为 20cm 时引起的最大振动冲击力达 514kN,约为波长 50cm 时的 2.6 倍。因此控制不平顺的大小,对降低轮轨间的动力作用、减小对轨道的破坏是十分重要的,尤其是在高速和重载的轨道上。

经过维修或大修的轨道要求目视平顺,前后高低用 10m 弦测量时,最大矢度值不应超过 4mm。

四、方向

方向又称轨向,是指轨道中线位置应与它的设计位置一致。但在机车车辆运行过程中,往往可使直线轨道不直,曲线轨道不圆顺。直线轨道不直,表现为由肉眼看不出的长度即 10 ～ 20m 的波浪形"曲线"组成。曲线轨道不圆顺则表现为缓和曲线和圆曲线上的曲率发生变化,成为由很多不同曲率半径圆弧组成的复曲线,形成严重的方向不平顺。

轨道方向不良,引起列车的蛇行运动,对行车的安全和平稳具有特别大的影响。为了保证行车的安全,必须控制轮轨间横向水平力(或称侧向力)的增长,使脱轨系数(横向水平力与垂直力之比值)不超过规定的允许值;为了使列车平稳运行,必须控制客车车体横向水平加速度的大小。而轨道方向对横向水平力、脱轨系数和横向水平加速度的影响很大。

在无缝线路地段,若轨道方向不良,则到了高温季节,在一定条件下,还会引起胀轨跑道,严重威胁行车安全。因此,为了确保行车安全和平稳,必须定期检查轨向,并及时加以整正。

轨道方向的偏差如前所述。直线轨道上的偏差是用10m弦量得的偏离直线方向最大矢度,正线不得超过4mm,站线和专用线不得超过5mm;曲线轨道上的偏差是用20m弦量得的圆曲线或缓和曲线上的正矢与计算正矢之差。

五、轨底坡

因车轮踏面的主要部分为1:20的斜坡,所以在直线上,钢轨不应竖直铺设,而要适当地向内倾斜,因而我们定义轨底坡为钢轨底面对轨枕顶面的倾斜度(也叫内倾度)。

设置轨底坡的目的是使车轮压力集中于钢轨的中轴线上,减小荷载偏心距,降低轨腰侧弯应力,避免轨头与轨腰连接处发生纵裂。此外,车轮踏面1:20的部分能与轨顶面的中部接触,增加了轮轨间的接触面积,减小了接触应力和由此产生的塑性变形。

一般轨底坡的大小,应与车轮踏面主要部分的斜度相同,即1:20。在1965年前,我国铁路轨底坡规定为1:20,但在机车车辆的动力作用下,轨道被弹性挤开,轨枕产生挠曲和弹性压缩,加上垫板与轨枕不密贴等原因,实际的轨底坡与原设的轨底坡有较大的出入。此外,车轮踏面经过一段时间的磨耗后,原来1:20的部分也接近1:40的坡度。为此,1965年以后我国铁路把直线地段的轨底坡从1:20改为1:40。在曲线地段,由于超高的存在,内股钢轨的轨底坡要有适当的调整,才能保证其不向轨道外方倾斜,调整范围见表4.3-2。当轨顶面由于不均匀磨耗形成横向坡度时,轨底坡亦应按轨顶磨耗情况予以适当调整。

内股钢轨轨底坡调整范围　　　　　　　　　表 4.3-2

外轨超高 （mm）	轨枕面最大斜度	铁板垫或承台的倾斜度		
		0	1/20	1/40
		垫楔形垫板或枕木砍削的坡度		
0~75	1:20	1:20	0	1:40
80~125	1:12	1:12	1:30	1:17

任何情况下,轨底坡不应大于1:12或小于1:60。

轨底坡设置的正确与否,可根据钢轨顶面由车轮踏面碾磨形成的光带位置来判断,一般情况下,要求光带宽度一致,并稍偏向轨头中心内侧。如光带偏向钢轨中心内侧较多,说明轨底坡不足;如偏向外侧,则说明轨底坡过大。所以在线路维修养护工作中,可根据轨顶面的光带判断轨底坡设置的正确与否。

第四节　曲线轨道轨距加宽

行驶中的机车车辆进入曲线轨道时,由于惯性的作用,仍然力图保持其原来的行驶方向,只有当转向架的最前轴的外轮受到外轨的导向作用后,迫使整个转向架的车轮沿曲线轨道行驶。为使机车车辆转向架能顺利通过曲线而不被楔住,以减小轮轨间的横向水平力和钢轨磨耗,在半径很小的曲线轨道上,轨距要适当加宽。加宽轨距系将曲线轨道的内轨向曲线中心方向移动,并在缓和曲线长度范围内完成,曲线外轨位置保持不变。

我国曾在 1955 年和 1983 年先后制定了两个轨距加宽标准。根据 2007 年颁布的《铁路线路维修规则》的规定,轨距加宽标准如表 4.4-1 所示。

曲线轨距加宽标准　　　　　　　　　　　表 4.4-1

铁　　　路			城 市 轨 道 交 通		
曲线半径(m)	轨距加宽(mm)	递减率	曲线半径(m)	轨距加宽(mm)	递减率
$R \geqslant 350$	0	<1%,困难条件下的站线 <2%	200 ~ 151	5	<2%,困难条件下 <3%
$300 > R \geqslant 350$	5		150 ~ 101	10	
$R < 300$	15		—	—	

注:表中值仅供参考,线路维修养护时要参考《铁路线路修理规则》。

一、机车车辆通过曲线轨道的内接方式

机车车辆通过曲线轨道时,可以有以下四种内接方式:

(1)斜接通过。机车车辆的车架或转向架最前位的外轮轮缘与外轨轨距线接触,最后位的内轮轮缘与内轨轨距线接触,此时列车的速度最低,如图 4.4-1a)所示。

(2)自由内接通过。机车车辆车架或转向架外侧最前位的外轮轮缘与外轨轨距线接触,其他各轮轮缘不与轨距线接触的,在轨道上自由行驶,这种情况又称之为转向架自由内接通过。列车通过曲线时,大部分处于这一状态,如图 4.4-1b)所示。

(3)楔接通过。机车车辆车架或转向架外侧最前位与最后位的轮缘同时与外轨轨线接触,内侧中间车轮(轴为奇数时)或靠近中间的两车轮(轴为偶数时)轮缘与内轨轨距线接触,此时轮轨之间游间为零,如图 4.4-1c)所示。

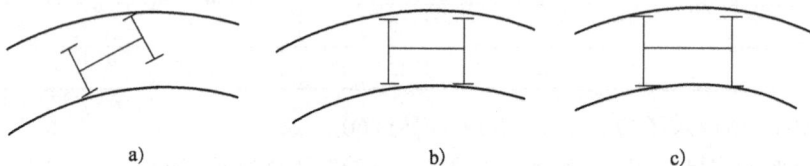

图 4.4-1　车辆通过曲线轨道的内接方式
a)斜街通过;b)自由内接通过;c)楔接通过

(4)正常强制内接通过。为避免机车车辆以楔住内接形式通过曲线,对楔住内接所需轨距加上直线轨道轮轨间最小游间的一半值 $\delta_{min}/2$。

显然,当机车车辆以斜接通过时,因游间太大,会引起过大的蛇行运动;以楔接通过时,又会增加行车阻力和加剧轮轨磨耗,故两者都不可取。自由内接是机车车辆通过曲线的最有利的方式。但是对机车来说,特别是现已停止生产但还在使用的蒸汽机车的固定轴距较大,这就需要很大的轨距加宽;而与车辆的轴数来比较,它的数量又很少,因此解决这一问题的合理方法是对机车车辆采用不同的方法来确定所需的轨距。

二、曲线轨道轨距加宽的计算原理

虽然目前我国铁路大量使用内燃机车和电力机车,蒸汽机车用得越来越少,但在一些支线铁路上仍在使用蒸汽机车,为保证蒸汽机车的安全运行,仍需对蒸汽机车的运行条件有所保证。

曲线轨道轨距加宽的计算原理有如下三条:

(1)按机车最大的固定轴距,以正常强制内接顺利通过最小曲线半径的条件来确定轨距。

(2)按车辆以自由内接的方式通过曲线的条件来确定轨距。

(3)保证车轮不掉道,即最大轨距不超过允许值。

依据第一个条件,前进型蒸汽机车的固定轴距为最大($L=6400\text{mm}$)。计算表明,当轨距为 1435mm 时,其所需的最小运行半径为 256m,同时第 V 轮对的外轮轮缘与外轨轨线间保持 16mm 的正常游间。同样也可以按照楔接通过的条件来检算其最小曲线半径。由图 4.4-2 可知,前进型机车的第 I 和第 V 轮对的外轮轮缘与外轨轨距线接触,中间的第 III 轮对内轮轮缘与内轨轨距线接触。

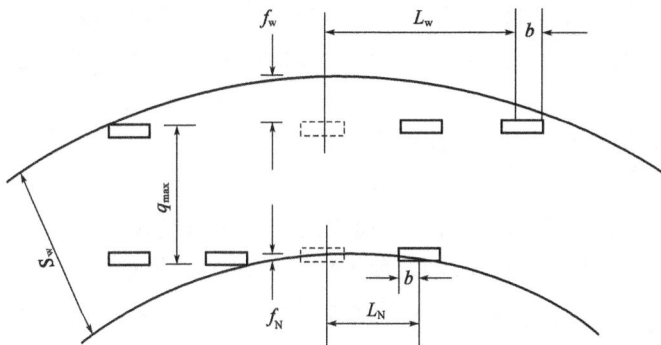

图 4.4-2　曲线轨道轨距的加宽计算

按图 4.4-2 算得所需的轨距:

$$S_W = q_{max} + f_w - f_N + \varepsilon - \sum \eta + \frac{1}{2}\delta_{min} \qquad (4.4\text{-}1)$$

式中:S_w——机车以楔接通过,并考虑轮轨间具有一定的游间时所需的轨距(mm);

　　q_{max}——最大轮对宽度(mm);

　　f_w——最前、最后位外轮在外轨轨距线上形成的外矢距(mm),按式(4.4-2)计算;

　　f_N——中间两内轮在内轨轨距线上形成的内矢距(mm),按式(4.4-4)计算;

　　$\sum \eta$——机车轮轴的总横动量(mm);

　　δ_{min}——轮轨间最小的游间(mm)。

$$f_w = \frac{(l_w + b)^2}{2R} \qquad (4.4\text{-}2)$$

式中:b——轮缘与轨头接触点距车轴之间的距离,称为超前量(mm),按式(4.4-3)计算;

　　R——曲线半径(mm);

　　l——车辆的固定轴距(mm)。

$$b = \frac{r+t}{R}\tan\tau \qquad (4.4\text{-}3)$$

式中：r——车轮半径(mm)；

t——轮缘与轨头接触点至轨面的垂直距离(一般 $t = 10$mm)；

τ——车轮轮缘角($\tau = 65°$)，由于 b 值甚小，在实际计算时往往忽略不计；

$$f_N = \frac{(l_N - b')^2}{2R} \qquad (4.4\text{-}4)$$

b'——内轮轮缘与轨头接触点距车轴间的距离，称为错后量，与 b 的计算方法相同，也因数值甚小，可以忽略不计；

l_N——轨距(mm)。

【例】由式(4.4-2)和式(4.4-4)可算出前进型蒸汽机车通过 $R = 256$mm 曲线时所需的轨距 S_w 如下：

$$f_w = \frac{3.2^2}{2\times256}\times1000 = 20(\text{mm}), f_N = \frac{1.6^2}{2\times256}\times1000 = 5.0(\text{mm})$$

前进型蒸汽机车的总横动量为 11mm，$\delta_{min} = 11$mm，$q_{max} = 1422$mm。将上述所有值代入式(4.4-1)计算得 $S_w = 1422 + 20 - 5 + 4 - 11 + 5.5 = 1435(\text{mm})$。计算结果与最小运行半径所需的轨距相同。

内燃机车和电力机车的固定轴距比前进型蒸汽机车小得多，其所需的最小运行半径比蒸汽机车的要小。

依据第二个条件，车辆以自由内接方式通过曲线。我国绝大部分车辆转向架为两轴转向架，当两轴转向架以自由内接通过曲线时，前轴外轮轮缘与外轨轨距线接触，后轴轴线位于半径方向，如图 4.4-3 所示，则自由内接所需的最小轨距为：

$$S_f = q_{max} + f_0 \qquad (4.4\text{-}5)$$

式中：S_f——车辆自由内接所需的轨距(mm)；

q_{max}——最大轮对宽度(mm)；

f_0——外矢距(mm)。

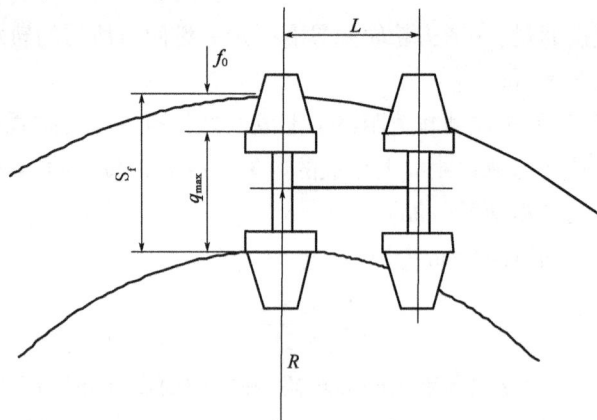

图 4.4-3　两轴转向架自由内接

$$f_0 = \frac{L^2}{2R}$$

其中:L——转向架固定轴距(mm);

R——曲线半径(mm)。

则轨距加宽值为:

$$e = S_f + S_0 \tag{4.4-6}$$

式中:S_0——直线轨距,为1435mm。

现以我国主型客车"202"型转向架为例,曲线半径 $R = 350m$,$L = 2.4m$,$q_{max} = 1424mm$,则可得:

$$f_0 = \frac{L^2}{2R} = \frac{2.4^2}{2 \times 350} \times 1000 = 8.2(mm),$$

$$S_f = q_{max} + f_0 = 1424 + 8$$

$$= 1432(mm) < S_0 = 1435mm$$

所以半径350m及以上的曲线,轨距无须加宽。由于城市轨道交通运行的车辆不同于铁路车辆,所以轨距加宽标准也不一样。表4.4-1为铁路和城市轨道交通的轨道加宽值。

三、曲线轨道的容许最大轨距

曲线轨道的最大轨距,应确保行车安全,使之不掉道。在最不利情况下,当轮对的一个车轮轮缘贴紧钢轨时,另一个车轮踏面的1:10斜坡段部分,应全部在轨头顶面上滚动,如图4.4-4所示。由此,曲线轨道的容许最大轨距 S_{max} 由下式计算:

$$S_{max} = d_{min} + T_{min} - \varepsilon_t + a - r - \varepsilon_s \tag{4.4-7}$$

式中:d_{min}——车辆车轮最小轮缘厚度,取22mm;

　　T_{min}——轮对最小轮背内侧距离,取1350mm;

　　ε_t——车轮车辆弯曲时轮背内侧距离缩小量,取2mm;

　　a——轮背至踏面斜度1:20与1:10的变坡点的距离,取100mm;

　　r——钢轨顶面圆角宽度,取12mm;

　　ε_s——钢轨弹性挤开量,取2mm。

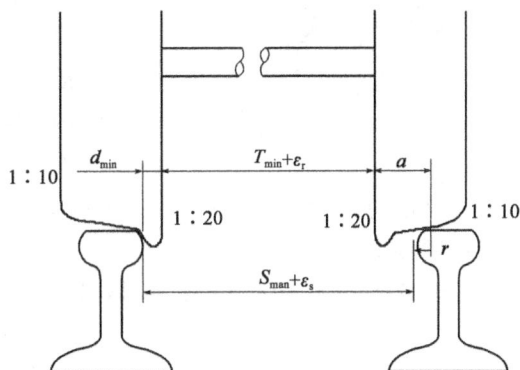

图4.4-4　曲线轨道的最大容许轨距

将上述数值代入式(4.4-7)得:

$$S_{max} = 22 + 1350 - 2 + 100 - 12 - 2 = 1456(mm)$$

若不考虑 ε_t 和 ε_s,则 $S_{max} = 1460mm$。在容许最大轨距1460mm的条件下,车轮支承在钢轨顶面上1:10斜坡度的宽度为35mm,故可保证车轮不会掉道。

第五节　曲线轨道外轨超高

一、外轨超高的计算

机车车辆在曲线轨道上运行时,产生的离心惯性力可按下式计算:

$$J = \frac{mv^2}{R}(\text{N})$$ (4.5-1)

式中:m——车辆的质量(kg);

v——列车速度(m/s);

R——曲线半径(m)。

当 v 的单位为 km/h 时,可得离心惯性力为:

$$J = \frac{mv^2}{12.96R}(\text{N})$$ (4.5-2)

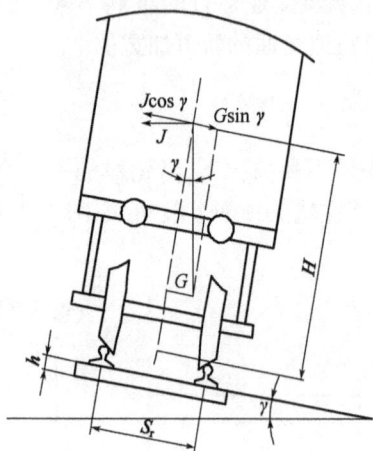

图 4.5-1　外轨超高计算示意图

为了平衡这个离心惯性力,需在曲线轨道上设置外轨超高,即把曲线外轨适当抬高,借助车辆重力 G 的水平分力平衡离心惯性力,从而使内外两股钢轨受力均匀,垂直磨耗均等,使旅客不因离心加速度而感到不适,提高线路横向稳定性,保证行车安全。

为简化计算,采用如图 4.5-1 所示的图式。在这一简化图式中,假定所有的力均作用在车辆的平面体内,重力作用在车体的重心上,并略去车辆左右两侧弹簧的伸长和压缩、车辆对轨道的偏心以及风力和牵引力的作用等,因而具有一定的近似性。

把 J 和 G 各分解为与轨顶线平行和垂直的两个分力。为使两股钢轨上所受的压力相等,应有 $J\cos\gamma = G\sin\gamma$。由于 γ 角甚小,在轨距 $S_1 = 1500\text{mm}$、外轨超高 $h = 150\text{mm}$ 的情况下,$\gamma = 5°43'$,因此取 $\cos\gamma = 1$,$\sin\gamma = \tan\gamma = h/S_1$,由此得 $J = Gh/S_1 = mgh/S_1 = 9.8mh/S_1$,$h = JS_1/9.8m$。

将式(4.5-2)中的 J 代入上式,即可得外轨超高 h 的表达式:

$$h = \frac{S_1 v^2}{127R}$$

取 $S_1 = 1500\text{mm}$,代入得:

$$h = 11.8\frac{v^2}{R}$$ (4.5-3)

式中:v——行车速度(km/h);

R——曲线半径(m)。

由式(4.5-3)可知,对一定半径的曲线来说,超高与列车速度的平方成正比,所以选用何种速度来设置超高是至关重要的。根据近几年我国铁路既有线提速和客运专线设置外轨超高的经验来看,在确定设置超高的列车速度时,要考虑两个因素:一是要保证旅客列车运行的舒适度和安全性;二是要考虑在客货列车共同作用下减小轨道设备的维修工作量和延长其使用寿命。

根据我国既有的客货混运线路和新建铁路设计施工时的需要,通常采用如下三种平均速度 v_0 来设置超高。

1. 全面考虑每次列车速度和质量的平均计算

对某一段曲线轨道来说,要使一昼夜通过曲线的列车,其内外轨所受的总重力相等,即其外轨超高 h 要使曲线轨道上内外两股钢轨的垂直压力之和相等,则应有 $\sum J = \sum Gh/S_1$。$J = mv^2/12.96R$,$G = mg$,在轨距 $S_1 = 1500\text{mm}$,$g = 9.8\text{m/m}^2$ 时,代入式(4.5-3),得 $h = S_1 \sum J / \sum G = 11.8/R \cdot \sum mv^2 / \sum m = 11.8v_0^2/R$ [v_0 为平均速度(km/h)],则有:

$$v_0 = \sqrt{\frac{\sum mv^2}{\sum m}} = \sqrt{\frac{\sum NPv^2}{\sum NP}} \tag{4.5-4}$$

式中:P——列车质量(kg);

　　　v——列车速度(km/h);

　　　N——每昼夜通过的质量和速度相同的列车次数(次/昼夜)。

式(4.5-4)适用于客货混运线路。一般来说,客车的速度比较高、质量比较小,货车则相反,按式(4.5-4)算出的平均速度较低,因而超高较小,这对两股钢轨的垂直均匀磨耗和不同程度地减轻外轨侧磨和内轨轨头压塌是有利的;但对于速度较高的客车来说,因超高不足而不能满足旅客舒适的要求,且这种矛盾随着 120 ~ 160km/h 快速列车的开行而更加突出。所以对于提速线路,则必须对线路的平面条件进行改造,使得线路条件能满足客货混运的要求。

2. 不考虑列车质量,根据每列车的平均速度计算

$$v_0 = \sqrt{\frac{\sum Nv^2}{\sum N}} \tag{4.5-5}$$

式中:N——每昼夜通过速度相同的列车次数(次/昼夜)。

由于式(4.5-5)不考虑列车牵引重量对平均速度的影响,对于客货混运线路,计算所得的平均速度对客车有利。但如该条线路运行单一列车,如客运专线、城市轨道交通线路、重载线路等,应用此式计算的结果与(4.5-4)的计算结果就差别甚小,甚至没有差别。

3. 新建铁路设计施工时用经验公式的平均速度计算

对于新建铁路,由于线路尚未投入运行,无法测得一昼夜通过线路的列车速度,所以考虑线路投入运行后,列车的平均速度是线路最高设计速度的 0.8 倍,即 $v_0 = 0.8v_{max}$,得计算超高的公式为:

$$h = 11.8\frac{v_0^2}{R} = \frac{11.8(0.8v_{max}^2)}{R} = 7.6\frac{v_{max}^2}{R}(mm) \tag{4.5-6}$$

式中:v_{max}——该段线路最大的设计行车速度(km/h)。

线路经过一段时间运行后,应根据实际的行车速度调整超高。

我国铁路设置超高时,是抬高外轨,内轨按原线路高程,所以在曲线上,线路中线的高程要抬高超高值的一半。在我国城市轨道交通的圆形地铁隧道内,为了不使超高影响建筑限界,在设置超高时,是外轨抬高一半超高,内轨降低一半超高,这样线路中心不变;矩形隧道、敞开段、地面线、高难度架线的曲线超高由抬高外轨设置。

二、未被平衡的横向加速度、欠超高和过超高

一旦线路实设超高确定后,在运行过程中是不能随意改变的,而能使得列车通过曲线时的向心力等于离心力的列车速度只有一个,即平均速度。在一昼夜中,通过曲线的列车速度有高有低,当实际列车速度大于或小于通过曲线的平均速度时,就会产生未被平衡的横向加速度。当列车的速度大于平均速度时,由于外轨超高的不足而产生未被平衡的离心加速度,同时使外轨加载,内轨减载。未被平衡的离心加速度为:

$$a = \frac{v^2}{R} - \frac{gh}{S_1} \tag{4.5-7}$$

式中:$\frac{v^2}{R}$——离心加速度(m/s²);

$\frac{gh}{S_1}$——由于外轨超高的存在而产生的重力加速度的向心加速度分量(m/s²)。

为了保证最高速度的旅客列车运行的平稳和安全以及旅客的舒适,必须把未被平衡的离心加速度控制在一个合适的范围内,即必须规定一个合理的未被平衡的离心加速度容许值a_0。令v_{max}为最高行车速度(m/s),则$v_{max}^2/R - gh/S_1 \leq a_0$。将$g = 9.8m/s^2$、$S_1 = 1500mm$及$v_{max}$以km/h为单位代入式(4.5-7),得:

$$\Delta h_q = 11.8\frac{v_{max}^2}{R} - h \leq 153a_0 \tag{4.5-8}$$

显然,式(4.5-8)左侧第一项为与v_{max}相适应的外轨超高,第二项为与平均速度相适应的外轨超高,两者分别记为h_{max}与h_0,两者之差记为Δh。在$v_{max} > v_0$的情况下,Δh为正值,称之为欠超高,以Δh_q表示。

当列车的速度小于平均速度,则情况正好与上述相反。因超高过大而产生未被平衡的向心加速度和与此相应的过超高,即在$v_{min} < v_0$的情况下,式(4.5-8)可以改写为:

$$\Delta h_g = 11.8\frac{v_{min}}{R} - h \leq 153a_0 \tag{4.5-9}$$

式中:v_{min}——最低行车速度(km/h)。

此时的超高差Δh为负值,称之为过超高,以Δh_g表示。

我国经过多次和大量的未被平衡加速度与舒适度关系的试验,规定a_0值在一般情况下取$0.4 \sim 0.5m/s^2$,在特殊情况下取$0.6m/s^2$,据此可算得Δh_q值为:在一般情况下,$\Delta h_q = 61 \sim$

76.5mm;在特殊情况下，$\Delta h_q = 91.8\text{mm}$。

我国《铁路线路维修规则》规定：未被平衡的欠超高一般不应大于 75mm，困难情况下不得大于 90mm；容许速度大于 120km/h 线路的个别特殊情况，已设置 110mm 的欠超高，可暂时保留，但应逐步改造。过超高不应大于 30mm，困难情况下不大于 50mm。

必须指出，随着我国铁路的提速和客运专线的修建，为提高旅客列车的舒适度，未被平衡欠超高的控制更加严格。我国铁路轨道设计规范对曲线欠超高和过超高的规定允许值如表 4.5-1 所示。城市轨道交通的列车速度单一，故将欠超高值严格控制，要求不超过 61.2mm。

曲线欠超高及欠超高与过超高之和的允许值（mm）　　　　　　　　　　　表 4.5-1

列车速度（km/h）	欠超高允许值		欠超高与过超高之和的允许值	
	一般	困难	一般	困难
$160 < v \leqslant 200$	$\leqslant 60$	$\leqslant 80$	$\leqslant 110$	$\leqslant 130$
$120 < v \leqslant 160$	$\leqslant 70$	$\leqslant 90$	$\leqslant 120$	$\leqslant 140$
$v \leqslant 120$	$\leqslant 75$	$\leqslant 90$	$\leqslant 125$	$\leqslant 140$

三、曲线轨道外轨超高最大值的规定

外轨超高最大值是指在曲线轨道上行驶的车辆在离心力、向心力、重力及风力的共同作用下不致向外倾覆（或向内倾覆）的最大超高值。下面讨论在欠超高的情况下外轨超高的最大值。如图 4.5-2 所示，这些力的合力 R 通过轨距中点 O 时，车辆处于绝对稳定的状态。

在欠超高的情况下，合力只要向外侧偏离 O 点一定距离，车辆在曲线轨道上抵抗向外侧倾覆的稳定程度，取决于偏心距 e 值的大小。为了衡量其稳定程度，通常由稳定系数 n 表示，并定为两股钢轨中线间距离的一半（即 $S_1/2$）与偏心距 e 的比值，即：

$$n = \frac{S_1}{2e} \qquad (4.5\text{-}10)$$

当 $e = 0$、$n = \infty$ 时，车辆处于绝对稳定状态；当 $e = S_1/2$、$n = 1$ 时，车辆处于临界稳定状态；当 $e > S_1/2$、$n < 1$ 时，车辆丧失稳定而倾覆；当 $e < S_1/2$、$n > 1$ 时，车辆处于稳定状态，n 越大，车辆越稳定。

偏心距 e 与欠超高 Δh_q 的关系可由图 4.5-3 得到。如果外轨超高 h 与行车速度相适应，合力 R 通过轨距中点 O，

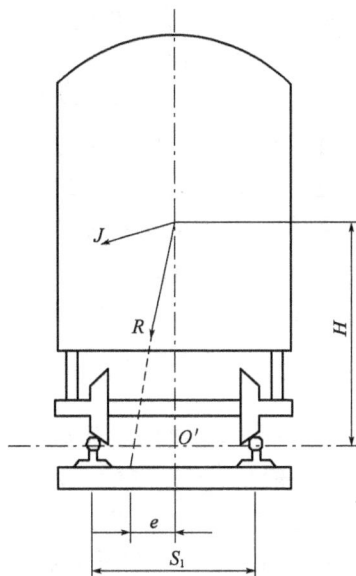

图 4.5-2　车辆在绝对稳定情况下的受力图

如果存在欠超高 Δh_q，合力 R 将与轨顶线相交中点以外的某一点 O'，因 CO 垂直于外轨超高为 h 的轨顶线 BA，CO' 垂直于外轨超高 $h + \Delta h_q$ 假想的轨顶线 BA'，$\angle OCO' = \angle ABA'$，所以三角形 OCO' 与 ABA' 相似，由此得：

$$OO' : CO = AA' : BA$$

因 $O'O = e, CO = H$(车辆重心至轨顶的高度,我国标准货车为2220mm,客车为2057.5mm), $AA' = \Delta h_q, BA = S_1$,所以:

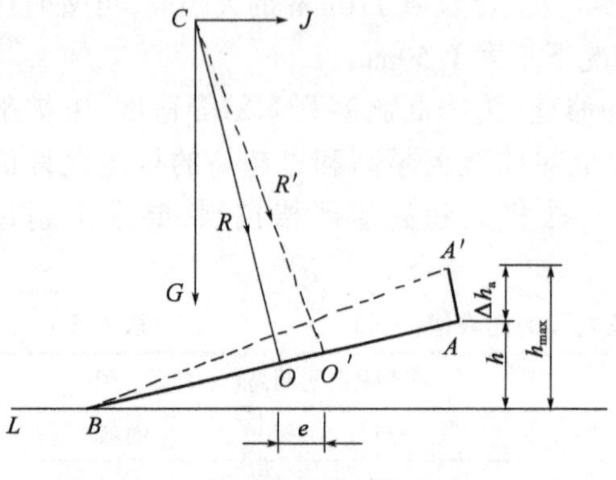

图4.5-3 车辆在欠超高情况下的受力图

$$e = \frac{H}{S_1}\Delta h_q$$

代入式(4.5-10),得:

$$n = \frac{S_1^2}{2Hh_q} \quad (4.5-11)$$

将容许的欠超高 Δh_q 和货车重心高度 H 代入式(4.5-11),则得相应的偏心距 e 和稳定系数 n:

$\Delta h_q = 60mm$ 时,$e = 88mm, n = 8.5$;

$\Delta h_q = 75mm$ 时,$e = 110mm, n = 6.8$;

$\Delta h_q = 90mm$ 时,$e = 132mm, n = 5.7$。

列车在曲线轨道上行驶或者临时停车,n 应取何值方能保证列车稳定?根据长期的实践,认为 n 不应小于3。我国铁路规定,外轨超高最大值为150mm,由式(4.5-10)可算得 $n = 3.4$,大于3,保证了车辆的稳定。若列车在曲线轨道上临时停车,则包括轨道允许水平偏差在内,超高可达154mm,此时列车处在最不利情况:

$$n = \frac{S_1^2}{2H\Delta h_q} = \frac{1.5^2}{2 \times 2.22 \times 0.254} = 3.3 > 3$$

列车仍能保证有足够的稳定系数。

复线和单线行车条件不同,外轨超高最大值亦应不同。复线为单方向行驶,同一曲线上行驶的速度相差较小,故最大超高可大些;单线铁路的上下行两个方向的运量不同,轻、重车的行驶速度相差比较大,为保证安全,并不使内轨偏载过大,规定最大超高不得超过125mm。城市轨道交通的最大超高值为120mm。

必须指出,各国规定的最大超高值不完全一致。例如日本在无砟轨道的高速铁路上,规定最大超高值为180mm。对于有砟轨道,180mm 超高的轨道状态较难保持。日本高速铁路还特别重视临界风速对车辆倾覆所起的作用。此外还要考虑车辆横向振动产生横向力的作用。

四、曲线轨道上最高行车速度

任何一段曲线轨道,当按一定的平均速度设置超高后,除了行车速度有较大的变化外,其他因素一般是固定不变的。在已设超高的条件下,通过该段曲线的最高容许速度受欠超高的限制,据此可得出通过该曲线的允许最高速度。

由式(4.5-8)可知,因为 $\Delta h_q = 153a_0$,故可得:

$$11.8\frac{v_{max}^2}{R} = h + \Delta h_q, \quad v_{max} = \sqrt{\frac{(h + \Delta h_q)R}{11.8}} \text{(km/h)} \quad (4.5-12)$$

式中:R——曲线半径(m);

h——按平均速度在线路上的实设超高(mm);

Δh_q——容许欠超高(mm)。

在复线上,当最大超高 $h = 150\mathrm{mm}$ 时,容许的最大行车速度与曲线半径的关系如下:

$$\Delta h_\mathrm{q} = 60\mathrm{mm} \text{ 时}, v_\mathrm{max} = 4.2\sqrt{R}$$

$$\Delta h_\mathrm{q} = 75\mathrm{mm} \text{ 时}, v_\mathrm{max} = 4.3\sqrt{R}$$

$$\Delta h_\mathrm{q} = 90\mathrm{mm} \text{ 时}, v_\mathrm{max} = 4.5\sqrt{R}$$

在单线上,当最大超高 $h = 125\mathrm{mm}$ 时,容许的最大行车速度与曲线半径的关系如下:

$$\Delta h_\mathrm{q} = 60\mathrm{mm} \text{ 时}, v_\mathrm{max} \leqslant 4.0\sqrt{R}$$

$$\Delta h_\mathrm{q} = 75\mathrm{mm} \text{ 时}, v_\mathrm{max} \leqslant 4.1\sqrt{R}$$

$$\Delta h_\mathrm{q} = 90\mathrm{mm} \text{ 时}, v_\mathrm{max} \leqslant 4.3\sqrt{R}$$

上述规定是为了保证列车以最高容许速度安全地通过曲线轨道。

第五章 轨道结构力学分析

第一节 概 述

铁路轨道是有别于桥梁、房屋等土建工程结构物的结构。首先它的基础是由松散的介质（道砟）所组成，其次是它所承受的来自机车车辆的荷载具有随机性和重复性。因而在轨道结构的各部件中产生了非常复杂的应力、变形和其他的动力响应（振动加速度等）。此外，轨道（特别是道床）还会不可避免地产生不均匀下沉和残余变形积累，使轨道几何形位发生偏差，形成各种轨面及方向上的不平顺，增大了轮轨之间的相互动力作用，轨道破坏的发展速度加快，这就需要依靠加强对轨道的养护维修来加以消除。因此，铁路轨道是一种边工作、边维修的工程结构物，并且必须根据速度、轴重和运量等运营条件的要求，不断地加强和完善轨道结构，而轨道力学分析则是达到这一目的不可缺少的手段。

轨道结构力学分析，就是应用力学的基本原理，结合轮轨相互作用理论，运用计算模型来分析轨道及其各部件在机车车辆荷载作用下产生应力、变形及其他动力响应，对轨道结构的主要部件进行强度检算。轨道的力学分析，首先要确定作用在轨道上的力。轨道承受着非常复杂的力，而且有强烈的随机性和重复性。大体上可分为垂直于轨面的垂向力、垂直于钢轨轴向的横向水平力和平行于钢轨轴向的纵向水平力等，如图 5.1-1 所示。

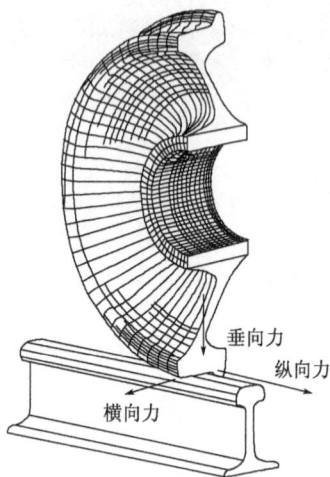

图 5.1-1 钢轨支点刚度

（1）竖向力包括静轮重和附加动压力。轮重是机车车辆静止时，同一个轮对的左右两个车轮对称地作用于直轨道上的轮载。列车行驶过程中，车轮实际作用于轨道上的竖直力称为车轮动轮载。动轮载超出静轮载的部分称为动力附加值，产生的原因非常复杂，有属于机车车辆构造及状态方面的；有属于轨道构造及其状态的；也有属于机车车辆在轨道上的运动形态方面的。主要包括蒸汽机车蒸汽压力和传动机构运动时的惯性力以及过量平衡锤的离心力等产生的；由于车轮踏面不圆顺或车轮安装偏心引起的。轨道不平顺有轨面单独不平顺、轨缝、错牙和折角等导致产生的不平顺。由不平顺产生的附加动压力随不平顺的长度、深度及行车速度、轴重的不同而变，严重时可达静轮载的 1～3 倍。

（2）横向水平力包括：在直线轨道上，因车辆蛇行运动，车轮轮缘接触钢轨产生的往复周期性的横向力；轨道方向不平顺处，车轮冲击钢轨的横向力；在曲线轨道上，因转向架转向，车轮轮缘作用于钢轨侧面上的导向力（此导向力产生的横向力较其他各项为大）；还有未被平衡的离心力等。

（3）纵向水平力包括：列车起动、制动时产生的纵向水平力；坡道上列车重力的水平分力；爬行力以及钢轨因温度变化不能自由伸缩而产生的纵向水平力等，温度对无缝线路的稳定性来说是至关重要的。

轨道结构力学分析的主要目的为：确定机车车辆作用于轨道上的力，并了解这些力的形成及其相应的计算方法；确定在一定的运行条件下，轨道结构的承载能力。

第二节　轨道结构垂向受力分析及计算方法

轨道结构垂向受力静力计算的目的是分析轨道结构的受力。目前，最常用的检算轨道强度的方法称为准静态计算方法。所谓准静态计算方法，就是应用静力计算的基本原理，对轨道结构进行静力计算，然后根据轮轨系统的动力特性，考虑为轮载、钢轨挠度、弯矩和轨枕反力等的动力增值问题。

轨道强度准静态计算包括以下三项内容：

（1）轨道结构的静力计算。

（2）轨道结构强度的动力计算——准静态计算。

（3）检算轨道结构各部件的强度。

本节主要讲解轨道结构的静力计算和准静态计算。

一、轨道结构静力计算

轨道结构静力计算常用的有连续弹性基础梁和连续弹性点支承梁两种模型，如图 5.2-1 所示。

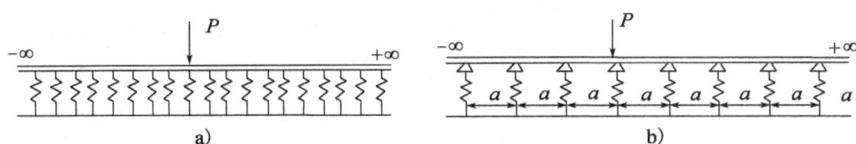

图 5.2-1　连续弹性基础无限长梁

a）连续弹性基础无限长梁；b）连续弹性点支承无限长梁；（a 为轨枕间距）

连续弹性基础梁模型是将钢轨视为一根支承在连续弹性基础上的无限长梁进行轨道结构的静力分析。它将轨枕对钢轨的支撑视为连续支承。用该模型可以求得精确严密的解析解，方法简便直观，更符合实际情况。现在世界各国包括我国铁道部门均采用此种方法，因而本章节只介绍连续弹性基础无限长梁计算模型。

连续弹性点支承梁模型将对钢轨的支承按一定间隔离散在各个轨枕上，每个轨枕处简化为对钢轨的弹性点支承。

1. 计算假定和计算参数

连续弹性基础梁模型就是把钢轨视为一根支承在连续弹性基础上的无限长梁，分析梁在受垂向力作用下所产生的挠度、弯矩和基础反力。利用这一模型进行垂向受力分析时，需作如下一些假定：

①轨道和机车车辆均符合各项规定标准的要求。

②钢轨是一根支承在连续弹性基础上的无限长梁。连续基础由路基、道床、轨枕和扣件所组成。作用于弹性基础单位面积上的压力和弹性下沉成正比。

③作用于钢轨的对称面上,两股钢轨上的荷载相等。钢轨的垂向抗弯刚度 EJ 和连续基础刚度均对称于轨道的纵向中心线,因此,可把两股钢轨分开计算。

④不考虑轨道自重。

1)钢轨抗弯刚度 EJ

按连续弹性基础梁模型进行计算时,必须先确定 EJ 和包括轨枕、道床、路基的钢轨基础弹性系数 k 等计算在内。EJ 为钢轨的弹性模量 E 和钢轨截面对其水平中性轴的惯性矩的乘积。E 值一般可取 2.1×10^5 MPa。J 可根据不同的钢轨类型及其相应的垂直磨耗程度从表 5.2-1 中查得。

各种类型钢轨截面惯性矩与截面系数　　　　表 5.2-1

钢轨垂直磨耗 （mm）	名称	单位	钢轨类型				
			75	60	50	43	38
0	J	mm⁴	44890000	32170000	20370000	14890000	1204000
	W_1	mm⁴	509000	396000	287000	218000	179000
	W_2	mm⁴	432000	339400	251000	208000	178000
3	J	mm⁴	43280000	30690000	19460000	14090000	11360000
	W_1	mm⁴	496000	385000	283000	211000	176000
	W_2	mm⁴	420000	318000	242000	200000	171000
6	J	mm⁴	40890000	28790000	18270000	13170000	10500000
	W_1	mm⁴	482000	375000	275000	205000	168000
	W_2	mm⁴	405000	291400	230000	189000	161000
9	J	mm⁴	38980000	26900000	17020000	12200000	9730000
	W_1	mm⁴	480000	363000	264000	197000	163000
	W_2	mm⁴	390000	264000	216000	176000	148000

注：W_1-轨底截面系数；W_2-轨头截面系数。

2)钢轨支点刚度 D

钢轨基础弹性系数 k 的含义是要使钢轨产生单位下沉时在单位长度钢轨上均匀施加的垂向力。为了确定 k 值,首先确定道床系数 C 或钢轨支点弹性系数 D。道床系数 C 是使道床顶面产生单位下沉时所施加于道床顶面单位面积上的压力,单位为 MPa/mm,它表示轨枕下道床和路基的弹性特征。

钢轨支点弹性系数(或称支点刚度)D 表示钢轨支点的弹性特征,它是使钢轨支点顶面产生单位下沉时所必须施加于支点顶面上的钢轨压力,单位为 N/mm。D 的表达式为：

$$D = \frac{R}{y_\mathrm{p}} \tag{5.2-1}$$

式中:R——作用在支点上的钢轨压力(N);

　　y_p——钢轨支点下沉量(mm)。

对于混凝土轨枕线路,钢轨支点弹性系数 D 由橡胶垫板的弹性系数 D_1 与道床和路基的弹性系数 D_2 组成,如图 5.2-2 所示。将橡胶垫板、道床和路基模拟成弹簧 1 和 2,支点则为前两个弹簧的串联组合,因此 D 表示为:

$$\frac{1}{D} = \frac{1}{D_1} + \frac{1}{D_2} \tag{5.2-2}$$

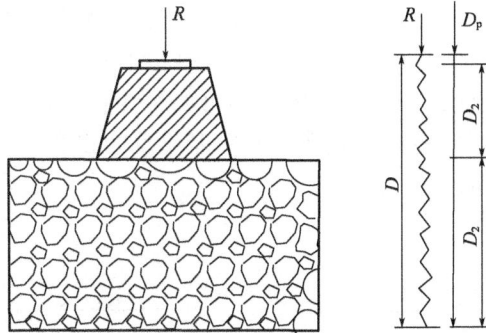

图 5.2-2　钢轨支点刚度

D 值随材料的性质、路基和道床密度及气候的影响而变化。根据我国的测定数据,混凝土轨枕轨道的 D 值如表 5.2-2 所示。

混凝土枕轨轨道的 D 值(N/mm)　　　　　　表 5.2-2

轨枕和垫板类型	特重型、重型		次重型、普通型	
	钢轨	轨枕、道床及基床	钢轨	轨枕、道床及基床
混凝土枕,橡胶垫板	30000	50000	22000	42000
土枕,橡胶垫板	50000	120000	—	—

从表 5.2-2 可知,在计算钢轨和轨枕道床路基应力时,应分别采用不同的 D 值,这是因为 D 值的大小对钢轨和轨枕、道床、路基应力的影响是不同的。

k 与 D 的关系为:

$$k = \frac{D}{a} \tag{5.2-3}$$

式中:a——轨枕间距(mm)。

C 与 D 的关系为:

$$D = \frac{Cbl\alpha}{2} \tag{5.2-4}$$

式中:b——轨枕宽度(mm);

　　l——轨枕长度(mm);

　　α——轨枕挠度系数,由于混凝土轨枕刚度比较大,所以可认为 α 值等于 1.0。

由上述两式,可得 k 与 C 的关系为:

$$k = \frac{Cbl\alpha}{2a} \tag{5.2-5}$$

对于 C 值,新线轨道由于路基未完全压实,$C = 0.04 \sim 0.06\text{MPa/mm}$,既有线轨道 C 值较高,$C = 0.08 \sim 0.10\text{MPa/mm}$。

应当指出,C、D、k 三个弹性特征参数值是离散性很大的随机变量,如果选择不当,计算结果会引起很大的误差,因此尽可能采用实测数据。

2. 计算公式推导

根据图 5.2-1 的计算模型,钢轨作为连续弹性基础上的无限长梁,在集中荷载 P 的作用下产生了如图 5.2-3a)所示的钢轨位移变形曲线和如图 5.2-3b)所示的钢轨弯矩曲线。设 P 在坐标原点 O 上挠度向下为正,其弹性曲线的方程可表示为:$y = y(x)$。当变形微小时,由材料力学可知,钢轨各截面的转角 θ、弯矩 M、剪力 Q 和基础反力强度 q 分别为:

$$\theta = \frac{dy}{dx}, M = -EJ\frac{d^2y}{dx^2}, Q = -EJ\frac{d^3y}{dx^3}, q = -EJ\frac{d^4y}{dx^4} \tag{5.2-6}$$

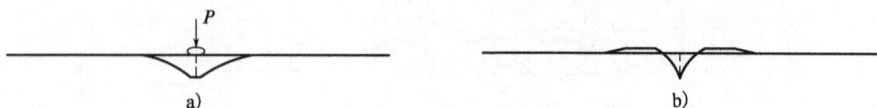

图 5.2-3 单个车轮荷载作用下的钢轨位移及弯矩图

根据 Winkler 弹性地基板假设,$q = ky$,由此得:

$$EJ\frac{d^4y}{dx^4} + ky = 0 \tag{5.2-7}$$

式中:EJ——钢轨的垂向抗弯刚度;

k——钢轨基础弹性系数。

令钢轨基础与钢轨刚比系数:

$$\beta = \sqrt[4]{\frac{k}{4EJ}}(\text{mm}^{-1}) \tag{5.2-8}$$

则式(5.2-7)便转换为:

$$\frac{d^4y}{dx^4} + 4\beta^4 y = 0 \tag{5.2-9}$$

式(5.2-9)的特征方程为:$\lambda^4 + 4\beta^4 y = 0$;可求得四个根为:$\lambda_{1,2} = (1 \pm i)\beta$,$\lambda_{1,2} = (-1 \pm i)\beta$;可得方程(5.2-9)的通解为:$y = Ae^{(1+i)\beta x} + Be^{(1-i)\beta x} + Ce^{(-1+i)\beta x} + De^{(-1-i)\beta x}$。应用欧拉公式:$e^{\pm i\beta x} = \cos\beta x \pm i\sin\beta x$,最后得:

$$y = C_1 e^{\beta x}\cos\beta x + C_2 e^{\beta x}\sin\beta x + C_3 e^{\beta x}\cos\beta x + C_4 e^{\beta x}\sin\beta x \tag{5.2-10}$$

式中:C_1、C_2、C_3、C_4——积分常数,由边界条件确定。

当钢轨为无限长时,根据边界条件 $x \to \infty$ 时,$y = 0$,得 $C_1 = C_2 = 0$;当 $x = 0$ 时,$\frac{dy}{dx}$,得 $C_3 =$

$C_4 = C$；当 $x=0$ 时，$2EJ\dfrac{\mathrm{d}^3 y}{\mathrm{d}x^3} = P$，得 $C = \dfrac{P}{8EJ\beta^3}$；最后得 y，并由式(5.2-6)得其他各值如下：

$$\begin{cases} y = \dfrac{P}{8EJ\beta^3}\mathrm{e}^{-\beta x}(\cos\beta x + \sin\beta x) \\[2mm] \theta = -\dfrac{P}{4EJ\beta^2}\mathrm{e}^{-\beta x}\sin\beta x \\[2mm] M = \dfrac{P}{4\beta}\mathrm{e}^{-\beta x}(\cos\beta x - \sin\beta x) \\[2mm] Q = \dfrac{P}{2}\mathrm{e}^{-\beta x}\cos\beta x \\[2mm] q = \dfrac{P\beta}{2}\mathrm{e}^{-\beta x}(\cos\beta x + \sin\beta x) \end{cases} \qquad (5.2\text{-}11)$$

作用于轨枕上的钢轨压力（或称轨枕反力）R，等于基础反力强度 q 与轨枕间距 n 的乘积，即：

$$R = q \cdot a = \dfrac{P\beta a}{2}\mathrm{e}^{-\beta x}(\cos\beta x + \sin\beta x) \qquad (5.2\text{-}12)$$

令 $\eta = \mathrm{e}^{-\beta x}(\cos\beta x + \sin\beta x)$，$\mu = \mathrm{e}^{-\beta x}(\cos\beta x - \sin\beta x)$

在轨道强度计算中一般仅计算 y、M 和 R，由式(5.2-11)则可得：

$$\begin{cases} y = \dfrac{P}{8EJ\beta^3}\eta = \dfrac{P\beta}{2k}\eta \\[2mm] M = \dfrac{P}{4\beta}\mu \\[2mm] R = \dfrac{P\beta a}{2}\eta \end{cases} \qquad (5.2\text{-}13)$$

一般情况下，机车车辆一个转向架下有两个或三个轮对，在多个轮对作用下求位于计算轮的钢轨截面（计算截面）上的 y、M 和 R 值，必须考虑计算轮及其左右邻轮的影响，如图 5.2-4 所示。根据力的独立作用原理，把轮群对计算截面的作用叠加起来，即得整个轮群对这个截面的总作用，自此得到轮群作用下的 y、M 和 R 值的计算公式：

$$\begin{cases} y = \dfrac{\beta}{2k}\sum P\eta \\[2mm] M = \dfrac{1}{4\beta}\sum P\mu \\[2mm] R = \dfrac{\beta a}{2}\sum P\eta \end{cases} \qquad (5.2\text{-}14)$$

式中：　P——轮群中各车轮的轮载；

$\sum P\eta$、$\sum P\mu$——计算钢轨挠度（下沉）和轨枕反力、计算钢轨弯矩的当量荷载。

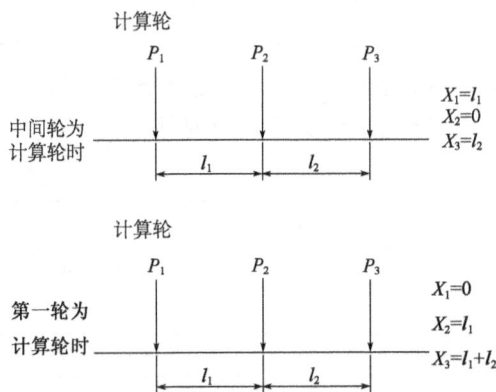

图 5.2-4　轮群作用下各轮位的计算距离

因为邻轮的影响随 βx 的大小而有正负值,故当量荷载可以大于或小于计算轮的轮载 P。

当当量荷载大于计算轮轮载时,邻轮对计算轮的影响起叠加的作用;而相反时,邻轮对计算轮的影响起抵消作用。例如,计算一台具有两个三轴转向架的内燃或电力机车的 $\sum P\eta$ 和 $\sum P\mu$ 时,由于两个转向架之间的距离比较大,当 $\beta x > 5$ 时(60kg/m 轨道的 P 值一般为0.001 ~0.0015mm^{-1}),η 和 μ 值已很小,如图 5.2-5 所示,可以认为两个转向架是彼此独立而互不影响的。因此,只需计算任何一个转向架下所有车轮的 $\sum P\eta$ 和 $\sum P\mu$ 值,并从中选取最大值作为计算 y、M 和 R 值的依据。

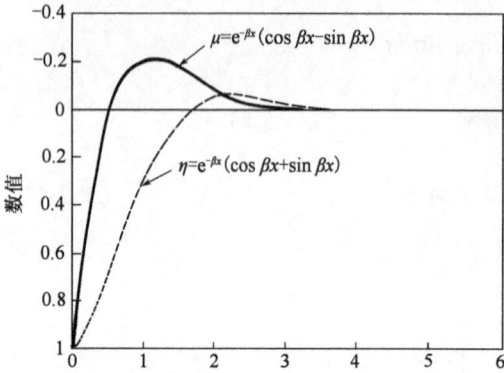

图 5.2-5 η 和 μ 值

二、准静态计算

所谓结构动力的准静态计算,名义上是动力计算,而实质上则是静力计算,因为在计算过程中不考虑质体运动的惯性力。而准静态计算方法的前提是质体运动的惯性力与结构所受的外力、反力相比较,相对较小,从而可以忽略不计,而相应的外荷载称为准静态荷载。在轨道结构的准静态计算中,主要是确定钢轨的挠度、弯矩和轨枕的动力增值。这些动力增值的主要因素是行车速度、车辆偏载和列车通过曲线轨道时的横向水平力,分别用速度系数、偏载系数和横向水平力系数加以考虑。

1. 速度系数

列车在直线轨道上运行,由于轮轨之间的动力效应,导致作用在轨道上的动轮载要比静轮载大。由行车速度引起的动轮载 P_d 与静轮载 P 之差称为轮载的动力增值,与静轮载的比值称为轮载增值系数。这个系数随行车速度的增加而增大,因此通常称为速度系数,用 α 表示,$\alpha = (P_d - P)/P$,则可求得动轮载为:

$$P_d = (1 + \alpha)P \qquad (5.2\text{-}15)$$

各国所采用的速度系数公式不尽相同,一般都是通过实测数据而得的经验公式。大多数和行车速度成线性或非线性关系,也有少数和车轮直径及轨道的弹性系数成一定的函数关系。我国通过对不同机车类型和速度条件下的钢轨挠度、轨底弯曲拉应力和轨枕反力的大量实际测定,再经过数理统计分析,得出适用于行车速度 $v \leq 120$km/h 的速度系数值,如表 5.2-3 所示。

速 度 系 数　　　　　　　　　　表 5.2-3

项　　目	速　度　系　数　α	
列车类型	计算轨底弯曲应力用	计算轨道下沉及轨下基础部件的荷载及应力用
内燃	$0.4v/100$	$0.3v/100$
电力	$0.6v/100$	$0.45v/100$
蒸汽	$0.8v/100$	$0.6v/100$

注:v 可以 km/h 计。

当前我国既有铁路列车速度已达 160km/h,并且还要修建速度为 200km/h 的客货混运线路和 200km/h 以上的客运专线。随着列车速度的提高,表 5.2-3 中的速度系数就不能适应。但确定速度系数需要大量的试验研究,目前我国铁路尚未有规范的标准速度系数,表 5.2-4 是根据我国实测数据整理而得,以供参考。

速 度 系 数

表 5.2-4

速 度 系 数	速 度 范 围	速 度 差	牵 引 种 类	
			电力	内燃
α	$v \leqslant 120$	—	$0.6v/100$	$0.4v/100$
α_1	$120 < v \leqslant 160$	$\Delta v_1 \leqslant v - 120$	$0.3\Delta v_1/100$	—
α_2	$160 < v \leqslant 200$	$\Delta v_2 = v - 160$	$0.45\Delta v_2/100$	—

注:大于 120km/h 的速度系数尚需进一步研究,此表的计算结果不十分合理,仅作为试用。

2. 偏载系数

列车通过曲线轨道时,由于未被平衡的超高(欠超高或过超高)的存在,从而引起外轨或内轨偏载,车体重力与离心惯性力(或向心力)的合力 R 就会偏离轨道的中心线。如图 5.2-6 为存在欠超高时的偏载情况。

外轨偏载与静载之比称为轨道的偏载系数,用 β_p 表示,其值为:

$$\beta_p = \frac{\Delta P}{P_0} = \frac{P_1 - P_0}{P_0} \qquad (5.2\text{-}16)$$

式中:ΔP——外轨偏载值;

$\quad\quad P_0$——平均轮载;

$\quad\quad P_1$——外轨轮载。

把合力 R 分解为垂直于轨面线的分力 F 和平行于轨面线的分力 F_1,则由静力平衡条件 $\sum M_A = 0$ 可得:

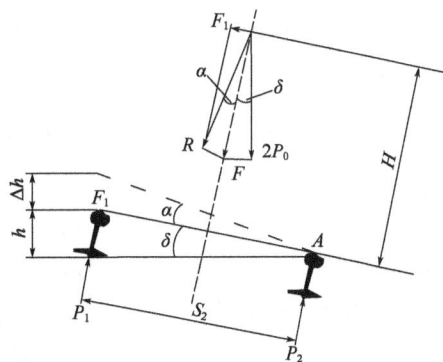

图 5.2-6　计算偏载系数图

$$P_1 S_1 = F\frac{S_1}{2} + F_1 H \quad \text{或} \quad P_1 = \frac{F}{2} + F_1 \frac{H}{S_1} \qquad (5.2\text{-}17)$$

式中:H——车体重心高度(从轨面算起),一般为 $2.1 \sim 2.3$m;

$\quad\quad S_1$——两股钢轨中心距,取 1500mm。

欠超高角 α 和超高角 δ 均很小(一般为 $3° \sim 5°$),故可取 $\cos\alpha \approx 1$,$\cos\delta \approx 1$,$\sin\alpha \approx \Delta h/S_1$,由此得:$F = 2P_0$,$F_1 = 2P_0\Delta h/S_1$;代入上式得:$P_1 = P_0 + 2P_0 H\Delta h/S_1^2$;代入式(5.2-21),并把 $H = 2200$mm、$S_1 = 1500$mm 代入上式得偏载系数表达式为:

$$\beta_p = \frac{2H\Delta h}{S_1^2} = \frac{2 \times 2200 \cdot \Delta h}{1500^2} = 0.002\Delta h \qquad (5.2\text{-}18)$$

3. 横向水平力系数

横向水平力系数考虑横向水平力与偏心垂向力共同作用下,使钢轨产生横向水平弯曲和约束扭转,轨底边缘应力因之而增大所引入的系数,它等于轨底外缘弯曲应力与轨底中心弯曲应力的比值,即:

$$f = \frac{\sigma_0}{\dfrac{\sigma_0 + \sigma_i}{2}} \tag{5.2-19}$$

式中:σ_0——轨底外缘弯曲应力;

$\quad\quad \sigma_i$——轨底内缘弯曲应力。

f 值应根据不同机车类型及线路平面条件下 σ_0 及 σ_i 的大量实测资料,通过数理统计分析加以确定。如表 5.2-5 所示为我国通用的机车类型的横向水平力系数的建议值。

横向水平力系数 f

表 5.2-5

线路平面	直线	曲线半径(m)				
		≥800	600	500	400	200
横向水平力系数 f	1.25	1.45	1.60	1.70	1.80	2.00

4. 轨道强度的准静态计算

用准静态计算方法计算钢轨的动挠度 y_d、钢轨动弯矩 M_d 和钢轨动压力(或轨枕动反力)R_d,计算公式为:

当 $v \leqslant 120$ 时
$$\begin{cases} y_d = y_j(1 + \alpha + \beta_p) \\ M_d = M_j(1 + \alpha + \beta_p)f \\ R_d = R_j(1 + \alpha + \beta_p)(1 + \alpha_1) \end{cases} \tag{5.2-20}$$

当 $120 < v \leqslant 160$ 时
$$\begin{cases} y_d = y_j(1 + \alpha + \beta_p)(1 + \alpha_1) \\ M_d = M_j(1 + \alpha + \beta_p)(1 + \alpha_1)f \\ R_d = R_j(1 + \alpha + \beta_p)(1 + \alpha_1) \end{cases} \tag{5.2-21}$$

当 $160 < v \leqslant 200$ 时
$$\begin{cases} y_d = y_j(1 + \alpha + \beta_p)(1 + \alpha_1)(1 + \alpha_2) \\ M_d = M_j(1 + \alpha + \beta_p)(1 + \alpha_1)(1 + \alpha_2)f \\ R_d = R_j(1 + \alpha + \beta_p)(1 + \alpha_1)(1 + \alpha_2) \end{cases} \tag{5.2-22}$$

式中:y_j、M 和 R_j——钢轨的静挠度、静弯矩和静轨枕压力。

式(5.2-21)和式(5.2-22)为参考计算式,式(5.2-22)中计算 α_1 时的速度差为 $\Delta v_1 = 160 - 120 = 40 (\text{km/h})$,计算 α_2 时的速度差为 $\Delta v_1 = 200 - 160 = 40 (\text{km/h})$。

第三节　轨道强度检算

钢轨应力分为残余应力、基本应力、局部应力和附加应力等,有些可以通过计算所得,有些则不能。下面分别介绍这几种应力。

　　残余应力指的是钢轨在冶炼、轧制、矫直或运输铺设过程中因作业不当而残留于钢轨内部的应力。到目前为止,还不能对残余应力进行计算,只能通过实测得到,所以在对轨道强度检算时,也较难将残余应力计算在内。

　　钢轨基本应力包括在轮载作用下的弯曲应力和钢轨温度变化产生的温度应力。局部应力是轮轨接触点上的接触应力、螺栓孔周围和钢轨截面发生急剧变化的应力集中,附加应力是指钢轨所承受的制动力、爬行力、特殊地段(如桥梁、道岔)因钢轨相对移动产生的纵向力等。钢轨强度检算是对钢轨基本应力的检算,它必须满足钢轨强度条件的要求。

　　钢轨局部应力并不是检算强度的内容,但是随着轴重的增加,轮轨间的接触应力随之而增加,对钢轨的损伤影响显著,因此在这里也要介绍轮轨接触应力的计算方法。如图 5.3-1 所示是钢轨截面上的各种应力分布图。

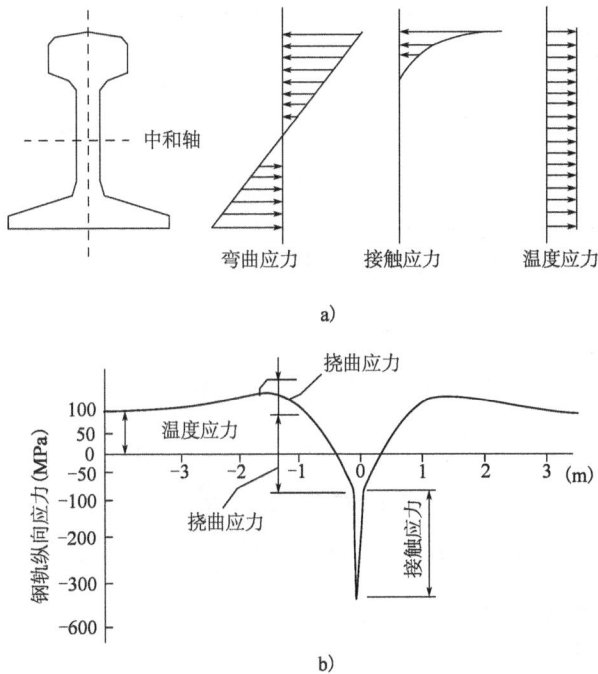

a)

b)

图　5.3-1

a)各种应力在钢轨截面上的分布;b)轨头的组合应力

一、检算内容

1. 钢轨强度检算

1)基本应力计算

钢轨承受列车动载后,产生了轨底外缘动拉应力 σ_{1d} 和轨头外缘动压应力 σ_{2d},计算式如下:

轨底动应力:

$$\sigma_{1d} = \frac{M_d}{W_1} \tag{5.3-1}$$

轨头动应力:

$$\sigma_{2d} = \frac{M_d}{W_2}$$ (5.3-2)

式中:M_d——钢轨所受的动弯矩(N·mm);

W_1、W_2——钢轨底部和头部对其水平面中和轴的截面系数(mm³),可由表5.2-2查得。

对于无缝线路,可通过轨温变化幅度计算钢轨中的温度力,$\sigma_t = 2.48\Delta t$,Δt为最高轨温或最低轨温与锁定轨温之差。对于25m长钢轨的普通线路,由轨温变化而产生的温度应力σ_t可由表5.3-1查得。基本应力σ计算如下:

$$\sigma = \sigma_d + \sigma_t (\text{MPa})$$ (5.3-3)

温 度 应 力 σ_t(MPa)   表5.3-1

轨型(kg/m)钢轨 长度(mm)	75	60	50	43
12.5	34.5	42.5	50	60
25	41.5	51	60	70

因此,钢轨的基本应力应符合下列的强度条件:

轨底:

$$\sigma_{1d} + \sigma'_t \leqslant [\sigma] = \frac{\sigma_s}{K}$$ (5.3-4)

轨头:

$$\sigma_{2d} + \sigma_t \leqslant [\sigma] = \frac{\sigma_s}{K}$$ (5.3-5)

式中:σ_t——钢轨的温度压应力(MPa);

σ'_t——钢轨温度拉应力(MPa);

σ_s——钢轨的屈服极限(MPa);

$[\sigma]$——允许应力(MPa);

K——安全系数,新轨$K = 1.3$,再用轨$K = 1.35$。

2)轮轨接触应力的分析与计算

车轮在钢轨上滚动具有复杂的物理和力学特性,轮轨之间的接触面积约为100mm²,接触应力可达1000MPa以上,大大超过钢轨的屈服极限,易于引起轨头压溃,形成轨面波浪形磨耗等滚动接触疲劳(Rolling Contact Fatigue,RCF),所以需知道接触应力的大小,但迄今为止,还不能直接测量其值。

钢轨承受车轮荷载,当车轮为纯滚动时,在滚轮接触区域内,最大剪应力位于轨顶面以下5~7mm处,在轨面下2mm范围内,形成压缩残余应力区,在其下部,形成张拉残余应力,如图5.3-2所示。当列车牵引或制动条件下,轮轨之间存在切向力,最大剪应力在轨顶面,如图5.3-3所示。

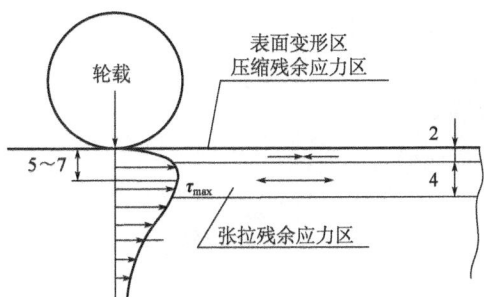

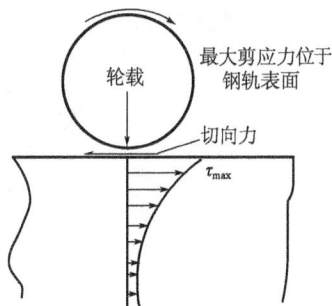

图 5.3-2　无切向力时钢轨中剪应力分布(尺寸单位:mm)　　图 5.3-3　有切向力时钢轨中剪应力的分布

当轮轨接触应力较小时,钢材处于弹性变形状态,应力增大,轨顶材料进入弹性安定状态,当达到弹性安定极限后,应力进一步增大,轨顶材料进入塑性安定状态,再进一步增大,达到塑性安定极限,荷载再增大,则钢材进入塑性状态,每次荷载作用都会增大塑性应变,故此称为棘齿效应。

初始轮轨接触均会造成轮轨表层局部的塑性变形,在塑性变形量较小时,并不会导致钢轨和车轮连续的塑性流动而破坏,这主要得益于轮轨表面因初始的塑性变形后会形成较大的残余应力分布,抑制轮轨表面进一步发生塑性变形;其次是轮轨表面在初始的塑性变形后,车轮、轨面接触点曲率半径增大,增加了接触区域面积,降低了轮轨的接触应力值,减小了轮轨表面进一步发生屈服的可能性(图 5.3-4)。

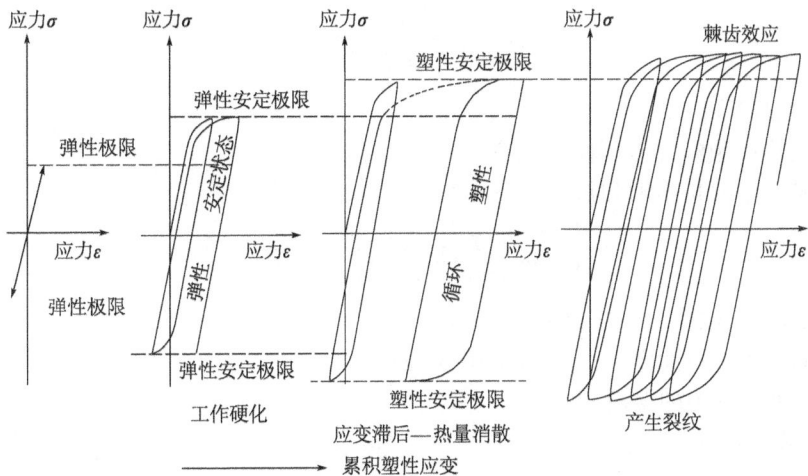

图 5.3-4　不同应力条件下的钢轨塑性应变积累

研究表明,安定极限值受切向力的影响极大,当切向力 T 为零时,安定极限值 p/k_e 约为4;而当切向力 T 与法向力的比值增大时,安定极限值 p/k_e 下降。所以在相同的法向荷载下,随着切向力的增加,钢轨发生塑性变形的概率将迅速增大,如图 5.3-5 所示。因此线路上一些切向力较大的区段,如制动或启动区段、曲线区段,钢轨抗塑性变形的能力将迅速减小,钢轨发生压溃的可能性迅速增加。

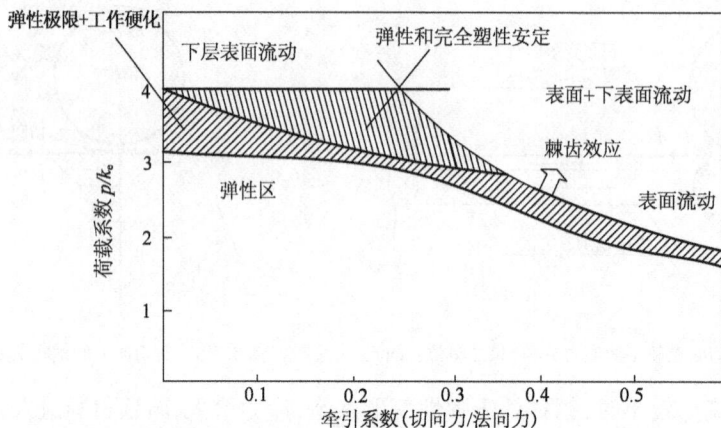

图 5.3-5　钢材安定极限图

轮轨接触点在轨头表面的不同位置,其接触面的形状和大小也不相同,图 5.3-6 是正常状态的轮轨接触应力图。对于发生在钢轨踏面中部的接触应力,可以根据赫兹(Hertz)弹性接触理论对接触应力问题做出经典性的解答。对于发生在轨头边缘附近的接触应力,其值较位于轨头中部的为大,钢轨不可避免地发生塑性流动,如用上述理论来计算接触应力会产生很大的误差。这里仅介绍轨头踏面中部的接触应力计算方法。

当新轮与新轨相接触时,可以认为是两个相互垂直的圆柱体的接触问题,如图 5.3-7 所示。两个相互垂直的圆柱体的接触面是一个椭圆形,在椭圆形中心的接触压应力最大,为:

$$\sigma_{max} = \frac{3}{2} \frac{P}{\pi ab} (\text{MPa}) \tag{5.3-6}$$

式中:P——轮载(N);

πab——轮轨接触椭圆形面积(mm^2);

a、b——椭圆形的长半轴和短半轴(mm)。

$$a = m \left[\frac{3P(1-v^2)}{2E(A+B)} \right]^{\frac{1}{3}}, b = \frac{n}{m}a \tag{5.3-7}$$

式中:v——泊松比,取 0.25 ~ 0.30;

E——钢轨钢的弹性模量,取 2.1×10^5MPa;

m、n——与 θ 角有关的系数。

θ 角由下式来计算:

$$\theta = \arccos \frac{|B-A|}{A+B} \tag{5.3-8}$$

$$\begin{cases} A+B = \frac{1}{2}\left(\frac{1}{R_w} + \frac{1}{R_t} + \frac{1}{R_r}\right) \\ |B-A| = \frac{1}{2}\left(\frac{1}{R_w} - \frac{1}{R_t} - \frac{1}{R_r}\right) \end{cases} \tag{5.3-9}$$

式中:R_w——接触点处车轮的滚动半径(mm);

R_r——钢轨顶面的圆弧半径(mm);

R_t——车轮踏面横截面外形半径(mm)，一般在计算时考虑为∞。

m、n 值可在求 θ 值后从表5.3-2中查得。如 θ 处于表中两值之间，则用内插法求得。

m、n 值与 θ 值的关系　　　　表5.3-2

θ	30°	35°	40°	45°	50°	55°	60°	65°	70°	75°	80°	85°	90°
m	2.731	2.397	2.136	1.926	1.754	1.611	1.486	1.378	1.284	1.202	1.128	1.061	1.000
n	0.493	0.530	0.567	0.604	0.641	0.658	0.717	0.759	0.802	0.840	0.893	0.944	1.000

沿着椭圆面上的法向力 O，可视为按椭圆体规律分布：

$$\frac{\sigma^2}{\sigma_{max}^2} + \frac{x^2}{a^2} + \frac{y^2}{b^2} = 1 \tag{5.3-10}$$

轮轨接触应力随着车轮滚动圆半径和轨顶面半径的增大而减小，随着轮重的增加而增大。就轮轨接触应力的大小而言，已远远超过钢轨钢的屈服极限，但由于接触面积受到四周钢材的挤压，钢材不会被压溃。然而在钢轨边缘，接触面积周围没有钢材挤压，在巨大的接触应力作用下，钢轨就不可避免地出现塑性流动(应力大于塑性安定极限)。

比接触应力更为危险的是剪应力。垂向接触应力 σ_x 为沿深度 y 方向，而水平接触应力 σ_x 为沿钢轨长度方向的压应力。σ_x 比 σ_y 随着深度的增加而衰减得快。根据苏联别辽耶夫教授的研究，最大剪应力发生在轮轨接触面以下的某一深度，其值为：

$$2\tau \approx 0.63\sigma_{max} = 0.63 m_0 \sqrt[3]{\frac{PE^2}{R_w^2}} \tag{5.3-11}$$

在接触面以下发生的最大剪应力深度 h 与接触椭圆的长短半轴 a 和 b 有关。

如当 $b/a = 1$ 时，$h = 0.48a$；$b/a = 3/4$ 时，$h = 0.41a$；$b/a = 1/2$ 时，$h = 0.31a$。

而在接触面上的最大剪应力为：

$$2\tau_1 \approx n_0\sigma_{max} \tag{5.3-12}$$

如当 $R_r/R_w \leqslant 0.33$ 时，τ_1 位于椭圆的中心，若 $R_r/R_w > 0.33$ 时，则 τ_1 位于椭圆长轴的端点上。

以上两式的 m_0 和 n_0 可按表5.3-3查得。

m_0 和 n_0 值　　　　表5.3-3

R_r/R_w	m_0	n_0	R_r/R_w	m_0	n_0
1.00	0.388	0.27	0.40	0.536	0.28
0.90	0.400	0.27	0.30	0.600	0.28
0.80	0.420	0.28	0.20	0.716	0.30
0.70	0.440	0.28	0.15	0.800	0.31
0.60	0.468	0.28	0.10	0.970	0.33
0.50	0.490	0.28			

从式(5.3-8)、式(5.3-14)、式(5.3-15)可知，轮轨接触应力和最大剪应力与轮载 P 及其轮径关系密切，在轮载不变的情况下，加大车轮直径可降低轮轨之间的接触应力。

2.轨枕承压强度与弯矩的检算

1)轨枕顶面承压应力 σ_z 的计算

轨枕顶面承压应力 σ_z 取决于钢轨压力、承压面积和材料的承压强度的大小,承压应力可按下式计算:

$$\sigma_z = \frac{R_d}{A} \tag{5.3-13}$$

式中:A——轨枕与轨底的接触面积(mm^2);

R_d——钢轨动压力(N)。

混凝土轨枕耐压强度大,一般可以不检算其承压应力。

2)轨枕弯矩的计算

在轮载作用下,混凝土轨枕的轨下截面上出现正弯矩,枕轨中间截面上出现负弯矩,它们的大小决定于作用在轨枕上的钢轨压力和道床支承反力。计算轨枕截面上的弯矩有下列三种方法:将轨枕视为一根支承在弹性地基上的等截面定长梁;将轨枕视为支承在非均匀支承的变截面的有限长连续梁;根据安全度设计理论,将轨枕视为一根支承在符合一定支承条件道床上的倒置简支梁。目前,一般用倒简支梁法计算轨枕弯矩。

利用倒简支梁法计算轨枕截面弯矩时,可以根据轨枕实际使用的条件采用最不利的道床支承方案。即检算轨下截面正弯矩时,采用如图 5.3-6 所示的中部不支承在道床上的方案;检算轨枕中间截面负弯矩时,采用如图 5.3-7 所示的支承方案。

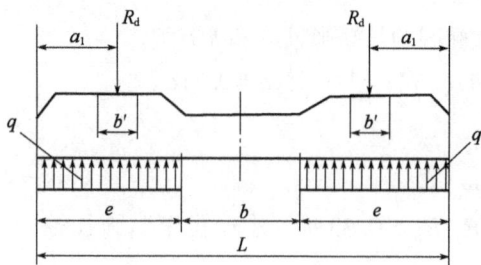

图 5.3-6　计算轨下截面正弯矩的道床支承方案　　图 5.3-7　计算轨枕中间截面负弯矩支承方案

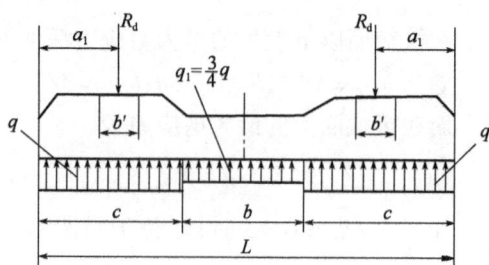

按图 5.3-6 可得检算轨下截面和中间截面的正弯矩的公式为:

$$M_g = \left(\frac{a_1^2}{2e} - \frac{b'}{8}\right)R_d \leq [M_g],\quad M'_c = \left(\frac{2a_1 - e}{2}\right)R_d \leq [M'_c]\ (\text{kN}\cdot\text{m}) \tag{5.3-14}$$

按图 5.3-7 可得检算中间截面负弯矩的公式为:

$$M_c = -\left[\frac{4e^2 + 3L^2 - 12La_1 - 8ea_1}{4(3L + 2e)}\right]R_d \leq [M_e]\ (\text{kN}\cdot\text{m}) \tag{5.3-15}$$

对于重型及特重型轨道,其轨枕中间截面的负弯矩按轨枕全长上支承反力均匀分布计算,则可得检算中间截面负弯矩的公式为:

$$M_c = -\left(\frac{L - 4a_1}{4}\right)R_d \leq [M_e] \tag{5.3-16}$$

式中:L——轨枕长度(mm);

a_1——钢轨中心线至枕端距离(mm),$a_1=(L-S_1)/2$(mm);

S_1——两钢轨中心之间的距离,取1500mm;

e——道床支承长度,一般按$e=L-S_1$来计算,在现行标准设计中,对于2.5m轨枕,其中间部分600mm长度不支承在道床上,故$e=950$mm;

b'——轨底宽(mm);

R_d——钢轨动压力(N);

$[M_g]$——轨下截面允许弯矩,与轨枕类型有关,I型枕可取为11.9kN·m,II型枕可取为13.3kN·m,III型枕可取为18kN·m;

$[M_c]$——轨枕中间截面允许弯矩,I型枕取8.8kN·m,II型枕取10.5kN·m,III型枕取14kN·m。

R_d原则上可按准静态方法计算而得,但考虑到钢轨支承在轨枕上以及轨枕支承在道床上并不是理想的均匀支承,更由于道床坍塌及空吊板的存在,用准静态方法算得的钢轨动压力与实测值有很大的出入。为了保证轨枕的强度,我国铁道科学研究院建议在设计轨枕时采用的R_d为$(0.86\sim1.20)P$,P为静轮载。此外,为了适应重载运输的要求,25t轴重货车的运行也势在必行,因此为了设计适应25t轴重货车运行条件的轨枕,R_d采用125kN作为设计依据。

3.道床应力及路基面应力计算

1)道床顶面应力的计算

道床顶面应力,即轨枕底部接触面上的应力,随着道砟颗粒与轨枕底部接触的情况而分布十分不均匀,一般是钢轨中心线和轨枕中心线相交处的应力较大,轨枕边上的应力相对小一些。但是为了计算方便,通常先计算道床上的平均应力,然后考虑应力分布的不均匀性并计算出道床顶面上的最大压应力,如图5.3-8所示。

道床顶面上的平均压应力由下式计算:

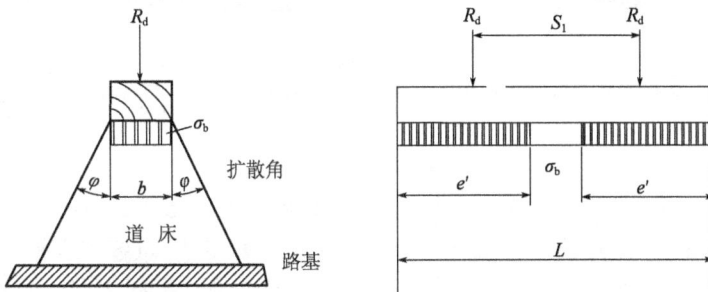

图5.3-8　道床受力图

$$\sigma_b=\frac{R_d}{be'} \tag{5.3-17}$$

式中:R_d——钢轨动压力(N);

b——轨枕底面的宽度,木枕6~220mm,混凝土轨枕取其平均宽度;

e'——轨枕有效支承长度(mm),木枕$e'=1100$mm,I型混凝土轨枕,$e'=950$mm,II型混凝土轨枕,其中间部容许支承在不捣实的道床。

所以按下式计算 e'，即：

$$e' = \frac{3L}{8} + \frac{e}{4} \qquad (5.3\text{-}18)$$

当 $L = 2500\text{mm}$，$e = 950\text{mm}$ 时，得 $e' = 1175\text{mm}$。

道床顶面上的最大压应力按下式计算：

$$\max\sigma_\text{b} = m\sigma_\text{b} \qquad (5.3\text{-}19)$$

式中：m——道床应力分布不均匀系数，取 $m = 1.6$。

2）道床顶面及路基面应力计算

道床顶面的应力通过道床本身的传递至路基面。计算道床和路基面应力有以下三种方法：有限单元法、弹性半空间理论及近似计算法（道床摩擦角扩散法）。近似计算法的特点是道床顶面压应力通过道砟颗粒相互传递，分层扩散，随着道床厚度的增加，应力逐渐减小，直至路基面。

近似计算方法比较简单，而且在强度计算中，计算道床应力的目的仅是确定道床厚度，因此，目前常用这种方法计算道床应力。用近似法计算道床垂向应力时，应作如下的简化假定：

①轨枕压力以扩散角 φ 按直线扩散规律从道床顶面向下传递到路基。

②不考虑相邻轨枕的影响。

③传递到路基面的压应力，达到基本分布均匀的要求。

道床应力以扩散角向下传递，如图 5.3-9 所示。

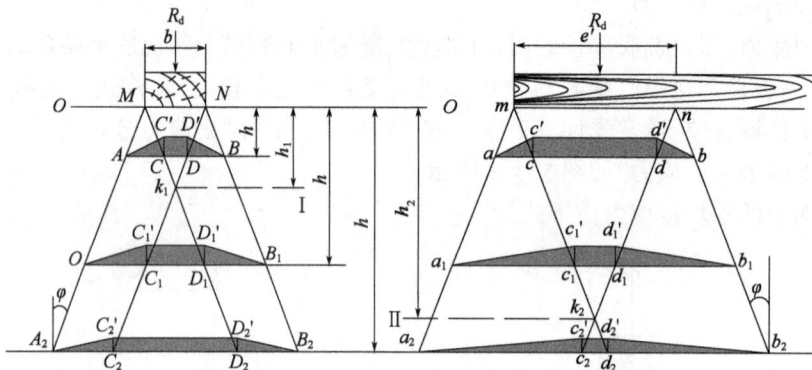

图 5.3-9　道床应力传递图

自 M、N 和 m、n 点分别以扩散角 φ 绘出扩散线 MA、MC、ND、NB、ma、mc、nd、nb 等。内扩散线 MC 与 ND 相交于 k_1 点，mc 与 nd 相交于 k_2 点。过 k_1 和 k_2 点各作水平线 Ⅰ 及 Ⅱ，它们分别距轨枕底面的深度为 h_1 和 h_2。从图 5.3-9 中可得：这两条水平线 Ⅰ 和 Ⅱ 将道床划分为三个不同的区域，三个区域代表三个不同的道床厚度。

（1）$0 \leqslant h \leqslant h_1$。

在第一区域中，道床的深度为 $0 \leqslant h \leqslant h_1$。在此区域内的道床压应力的分布为一梯形台体，如图 5.3-9 上的 $AC'D'BDC$ 和 $ac'd'bdc$ 所示。这两个台体的体积代表这一层的道床压应力，其值应和道床顶面压应力相等，由此得这台体的高度（应力）σ_h 为：

$$h_1 = \frac{b}{2}\cot\varphi, \; h_2 = \frac{e'}{2}\cot\varphi, \; \sigma_\text{b} = \frac{R_\text{d}}{be'} \qquad (5.3\text{-}20)$$

考虑到顶面压应力的不均匀性,顶面的最大压应力 $\max\sigma_b = m\sigma_b(\mathrm{MPa})$,所以在第一区域内的压应力应为:

$$\sigma_b = m \cdot \frac{R_d}{be'} \tag{5.3-21}$$

(2)$h_1 \leqslant h \leqslant h_2$。

在第二区域中,道床的深度为 $h_1 \leqslant h \leqslant h_2$。在此区域中,道床深度已越过内扩散线交点 k_1。图中 $A_1C_1'D_1'B_1D_1C_1$ 和 $a_1c_1'd_1'b_1d_1c_1$ 为深度 h 的压应力分布的梯形台体。$A_1D_1 = 2h\tan\varphi$,$a_1d_1 = ad = e'$,所以梯形台体的高度 σ_h 为 $A_1D_1 \cdot a_1d_1 \cdot \sigma_h = R_d$,因此:

$$\sigma_h = \frac{R_d}{2he'\tan\varphi} \tag{5.3-22}$$

(3)$h > h_2$。

第三区域中,道床深度 $h > h_2$,道床深度已超过 k_2 点。在这一层上的应力梯形台体为 $A_2C_2'D_2'B_2D_2C_2$ 及 $a_2c_2'd_2'b_2d_2c_2$。$A_2D_2 = 2h\tan\varphi$,$a_1d_1 = 2h\tan\varphi$,梯形台体的高度 σ_h 可以从下式求得:

$$A_2D_2 \cdot a_2d_2 \cdot \sigma_h = R_d$$

$$\sigma_h = \frac{R_d}{4h^2\tan^2\varphi} \tag{5.3-23}$$

式中:φ——道床压应力扩散角(°),一般应根据道砟材质的内摩擦角来确定,通常采用 $\varphi = 35°$。

3)道床及路基强度的检算

根据上述任何一式算出来的道床压应力必须符合如下的强度条件:

$$\sigma_b \leqslant [\sigma_b], \sigma_r \leqslant [\sigma_r] \tag{5.3-24}$$

式中:$[\sigma_b]$——道砟的允许压应力(MPa),碎石道砟 $[\sigma_b] = 0.5\mathrm{MPa}$,筛选卵石道砟 $[\sigma_b] = 0.4\mathrm{MPa}$;

$[\sigma_r]$——路基面允许压应力(MPa),新建线路砂黏土路基 $[\sigma_r] = 0.13\mathrm{MPa}$,既有线路基 $[\sigma_r] = 0.15\mathrm{MPa}$。

二、轨道强度计算举例

1. 计算资料——重型轨道结构组成

线路条件:新建铁路,曲线半径 $R = 1000\mathrm{m}$;钢轨:60kg/m,U55V 新轨,25m 长的标准轨;轨枕:Ⅱ型混凝土轨枕 1760 根/km;道床:碎石道砟,面砟 25cm,垫砟 20cm;路基:砂黏土;钢轨支点弹性系数 D:检算钢轨强度时,取 30000N/mm;检算轨下基础时,取 70000N/mm;$\sigma_t = 51\mathrm{MPa}$,不计钢轨附加应力。

机车:SS1(客)电力机动车,三轴转向架,轮载 115kN,轴距 2.3m,如图 5.3-10 所示,机车构造速度 95km/h。

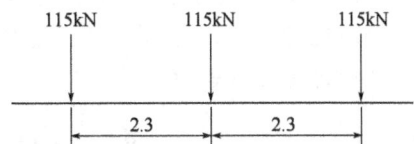

图 5.3-10　SS1 电力机动车轴距和轮载(尺寸单位:m)

2.轨道各部件强度检算

1)机车通过曲线轨道的允许速度的确定

对于新建线路,通过 $R=1000$m 曲线轨道时的机车允许速度可按 $v_{max}=4.3\sqrt{R}=136$km/h 来计算,得 $v_{max}=95$km/h,然后按此速度来检算各部件的强度。

2)钢轨强度的检算

SS1 电力机车的两个转向架之间距离比较大,彼此的影响甚小,可任选一个转向架的车轮作为计算轮,同时由于三个车轮的轮重和轮距相同,两端的车轮对称,只要任选 1、2 轮或 2、3 轮作为计算轮来计算弯矩的当量荷载 $\sum P\mu$,计算结果见表 5.3-4。

$$\sum P\mu \text{ 的 计 算}$$
表 5.3-4

计 算 轮	计 算 值	轮 位			$\sum P\mu$
		1	2	3	
1	$P(\mathrm{N})$	115000	115000	115000	105314
	$x(\mathrm{mm})$	0	2300	2300	
	βx	0	2.714	5.428	
	μ	1	-0.08779	0.00356	
	$P\mu$	115000	-10096	410	
2	$P(\mathrm{N})$	115000	115000	115000	94808
	$x(\mathrm{mm})$	2300	0	2300	
	βx	2.714	0	2.714	
	μ	-0.08779	1	-0.08779	
	$P\mu$	-10096	115000	-10096	

计算步骤如下:

(1)计算 k 值。

计算钢轨强度的 $D=30000$N/mm,按无缝线路的要求,轨枕均匀布置,轨枕间距 $a=1000000/1760=568(\mathrm{mm})$,由此可得 $k=D/a=30000/568=52.8(\mathrm{MPa})$。

(2)计算 β 值。

$$\beta = \sqrt[4]{\frac{k}{4EJ}} = \sqrt[4]{\frac{52.6}{4\times 2.1\times 10^5\times 3217\times 10^4}} = 0.00118(\mathrm{mm^{-1}})$$

式中:J——60kg/m 新轨对水平轴的惯性矩,为 3217×10^4mm^4。

(3)计算 $\sum P\mu$。

以 1、2 轮分别为计算轮计算 $\sum P\mu$,并选取其中最大值来计算钢轨的弯矩。

由表 5.3-5 可知,计算轮 1 的 $\sum P\mu = 105314$ 为其中的最大值,用此值来计算静弯矩。

(4)计算静弯矩 M。

$$M = \frac{1}{4\beta}\sum P\mu = \frac{1}{4\times 0.00118}\times 105314 = 22.31$$

(5)计算动弯矩 M_d。

计算电力机车运行条件下轨底弯曲应力的速度系数公式为 $a=0.6v/100$,算得速度系数为:

$$a = \frac{0.6}{100} \times 95 = 0.57$$

由计算偏载系数 β_P 的公式,式中的 $\Delta h = 75\text{mm}$,则得: $\beta_P = 0.002 \times 75 = 0.15$。查表 5.2-5 得 $R = 1000\text{mm}$ 时的横向水平力系数 $f = 1.45$。将上述系数代入式(5.2-20)的 M_d,则得:

$$M_d = M(1 + \alpha + \beta_P)f = 22312307 \times (1 + 0.57 + 0.15) \times 1.45 = 55.65(\text{kN} \cdot \text{m})$$

(6)计算钢轨的动弯应力 σ_{1d} 和 σ_{2d}。

由表 5.2-1 可查得新轨的 $W_1 = 396\,000\text{mm}^3$,$W_2 = 339400\text{mm}^3$,则得轨底和轨头应力分别如下:

轨底
$$\sigma_{1d} = \frac{M_d}{W_1} = \frac{55646894}{396000} = 140.5(\text{MPa})$$

轨头
$$\sigma_{2d} = \frac{M_d}{W_2} = \frac{55646894}{394000} = 141.2(\text{MPa})$$

查表 5.3-1 得 25m 长的 60kg/m 钢轨的温度应力 $\sigma_t = 51\text{MPa}$,则得钢轨的基本应力分别如下:

轨底
$$\sigma_{1d} + \sigma_t' = 140.5 + 51 = 191.5(\text{MPa})$$

轨头
$$\sigma_{2d} + \sigma_t = 141.2 + 51 = 192.2(\text{MPa})$$

U55V 新轨的屈服极限 $\sigma_s = 610(\text{MPa})$,新轨的安全系数 $k = 1.3$,允许应力为:

$$[\sigma] = \frac{610}{1.3} = 469(\text{MPa})$$

上述轨底和轨头的基本应力均小于 $[\sigma]$,符合钢轨的强度检算条件。

3)轨枕弯矩的检算

(1)计算 k 和 β 值。

计算轨枕弯矩时,用 $D = 50000\text{N/mm}$,由此可得 k 和 β 值:

$$k = \frac{70000}{568} = 123.2, \beta = \sqrt[4]{\frac{k}{4EJ}} = \sqrt[4]{\frac{123}{4 \times 2.1 \times 10^5 \times 3217 \times 10^4}} = 0.00146(\text{mm}^{-1})$$

(2)计算轨枕反力的当量荷载 $\sum P\eta$。

与计算 $\sum P\eta$ 一样,也列表计算,其结果见表 5.3-5。

$\sum P\eta$ 的 计 算 值 表 5.3-5

计 算 轮	计 算 值	轮 位			$\sum P\eta$
		1	2	3	
1	$P(\text{N})$	115000	115000	115000	110443
	$x(\text{mm})$	0	2300	4600	
	βx	0	3.358	6.716	
	μ	1	−0.04147	0.00184	
	$P\mu$	115000	−4768.63	211.95	

计算轮	计算值	轮 位			$\sum P\eta$
		1	2	3	
2	$P(\mathrm{N})$	115000	115000	115000	105463
	$x(\mathrm{mm})$	2300	0	2300	
	βx	3.358	0	3.358	
	μ	-0.041466	0	-0.041466	
	$P\mu$	-4768.63	115000	-4768.61	

取表中最大的 $\sum P\eta = 110443\mathrm{N}$。

(3)计算轨枕上的动压力 R_d。

速度系数：

$$\alpha = \frac{0.45v}{100} = \frac{0.45 \times 95}{100} = 0.4275;$$

偏载系数：

$$\beta_P = 0.15;$$

$$R_d = (1 + \alpha + \beta_P)R = (1 + 0.4275 + 0.15)\frac{\beta a}{2}\sum P\eta$$

$$= 1.5775 \times \frac{0.00146 \times 568}{2} \times 110443 = 77240(\mathrm{N})$$

R_d 约为静轮载的 65.4%，以此计算值来计算轨枕弯矩。

对于Ⅱ型轨枕 $L = 2500\mathrm{mm}, a_1 = 500\mathrm{mm}, e = 950\mathrm{mm}, 60\mathrm{kg/mm}$ 轨底宽 $b' = 150\mathrm{mm}$，代入式(5.3-13)计算轨下截面正弯矩，得：

$$M_g = \left(\frac{a_1^2}{2e} - \frac{b'}{8}\right)R_d = \left(\frac{500^2}{2 \times 950} - \frac{150}{8}\right) \times 77240 = 8.70(\mathrm{kN \cdot m})$$

在计算轨枕中间截面弯矩时，可按式(5.3-12)和式(5.3-13)代表的两种不同中部支承方式的计算结果进行比较，由式(5.3-13)得：

$$M_c = -\left[\frac{4e^2 + 3L^2 - 12a_1 - 8ea_1}{4(3L + 2e)}\right]R_d$$

$$= -\left[\frac{4 \times 950^2 + 3 \times 2500^2 - 12 \times 2500 \times 500 - 8 \times 950 \times 500}{4 \times (3 \times 2500 + 2 \times 950)}\right] \times 77240$$

$$= -7.3(\mathrm{kN \cdot m})$$

由式5.3-14得：

$$M_c = -\left(\frac{L - 4a_1}{4}\right)R_d = -\frac{2500 - 4 \times 500}{4} \times 77240 = -9.66(\mathrm{kN \cdot m})$$

显然，轨枕中部支承时产生的负弯矩比中部不支承时的负弯矩大32%。

4)道床顶面应力的检算

由式(5.3-15)计算道床顶面应力。对于Ⅱ型轨枕，对于中部不支承在道床上时，$e' =$

950mm，中部支撑在道床上时 $e' = 1175$mm，$b = 275$mm，所以按照上述两种支承情况可算得道床顶面压应力为：

$$\sigma_b = \frac{R_d}{be'}m = \frac{77240}{275 \times 950} \times 1.6 = 0.473\,(\text{MPa})$$

或：

$$\sigma_b = \frac{R_d}{be'}m = \frac{77240}{275 \times 1175} \times 1.6 = 0.382\,(\text{MPa})$$

上述 $\sigma_b < [\sigma_b] = 0.50$MPa，满足强度条件。

5）路基面道床压应力的检算

可以由两种检算方法，一种方法是根据已知的道床厚度，检算路基面的道床压应力；另一种方法是根据路基填料的允许应力反算所需的厚度。

第一种计算方法如下：

$$h_1 = \frac{b}{2}\cot\varphi = \frac{275}{2}\cot 35 = 196.4\,(\text{mm})$$

$$h_2 = \frac{e'}{2}\cot\varphi = \frac{1175}{2}\cot 35 = 839.0\,(\text{mm})$$

由前面的计算资料可知，面砟厚250mm，底砟厚200mm，道床的计算厚度 $h = 250 + 200/2 = 350$（mm）。所以计算厚度在 h_1 和 h_2 之间，应按式（5.3-20）计算 σ_t，即：

$$\sigma_t = \frac{R_d}{2he'\tan\varphi} = \frac{77240}{2 \times 350 \times 1175 \times \tan\left(\dfrac{35 \times \pi}{180}\right)} = 0.134 < [\sigma_t] = 0.15\,(\text{MPa})$$

第二种计算方法如下：

$$\sigma_t = \frac{R_d}{2e'[\sigma_r]\tan\varphi} = \frac{77240}{2 \times 1175 \times 0.15\tan\left(\dfrac{35 \times \pi}{180}\right)} = 313\,(\text{mm})$$

道床厚度的计算值小于实际的道床厚度，满足要求，并采用实际的道床厚度，检算通过。

第四节　曲线轨道横向受力分析

列车在直线轨道上因车轮的锥形踏面而引起的蛇形运动，轮轨游间较大可增大轮轨间横向水平力，但比列车通过曲线轨道时产生的横向水平力小。本节介绍列车通过曲线轨道时横向水平力的计算，以及横向水平力对轨道横向变形和行车安全的影响。

机车车辆通过曲线轨道的横向水平力有以下三种计算方法：

（1）摩擦中心理论。此理论作了一系列的假定，是一种近似计算方法，它适用于计算固定轴距比较长和曲线半径比较小的条件下的横向水平力。对于现代的固定轴距比较短的机车车辆和曲线半径比较大的曲线轨道，计算所得横向水平力存在较大误差而降低其应用价值。但是由于此理论比较简单,作为定性分析,还是具有一定的实用性,所以还是常被用于估算小半径曲线轮轨横向力。

(2)蠕滑中心理论。此理论引进了现代机车车辆动力学的研究成果,对摩擦中心理论作了较大的改进。例如在计算中考虑了车轮踏面的锥度、轮载的偏载效应以及轮轨间的蠕滑理论和非线性蠕滑等特性。所以用此理论计算得到的横向水平力,其精度有很大的提高,但计算方法稍复杂。

(3)机车车辆非线性动态曲线通过理论。此理论按轮轨间的相互作用的特点,把机车车辆和轨道组成一个统一的计算模型,列出机车车辆受力的动态平衡微分方程组,将曲线轨道的半径、超高、轨距、轨底坡以及轮轨几何形状作为微分方程组中的参变数,应用计算机仿真计算技术,求解微分方程的解,从而得到横向水平力等值。此法是目前研究机车车辆通过曲线轨道时轮轨相互作用较为完善的理论,主要用于研究工作。

由于摩擦中心理论较为简单,本节介绍这种理论的计算方法。

一、摩擦中心理论

用此理论计算机车车辆通过曲线轨道时车轮作用于钢轨上的横向水平力,需作如下的一些假定:

以两轴转向架的车辆通过曲线轨道为例来说明这些假定。如图 5.4-1 所示为一个两轴转向架在曲线轨道上行驶时的受力情况,在分析受力时假定:

(1)转向架和轨道都作为刚体。

(2)不考虑牵引力的作用。

(3)不考虑车轮踏面为锥体的影响。

(4)各车轮轮载 P 与轮轨间的摩擦系数 μ 均相同。

(5)各轮轴中点与轨道中点重合。

(6)转向时,转向架绕位于其纵轴或其延长线上的旋转中心转动。

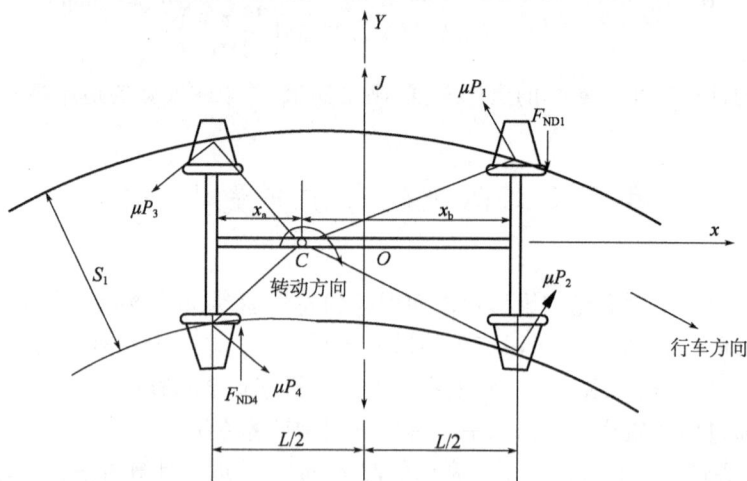

图 5.4-1 摩擦中心理论计算图

图 5.4-1 中,O 为转向架中心,C 为瞬时旋转中心,1、2 表示前轴的外轮和内轮,3、4 表示后轴的外轮和内轮。所有的力均作用于转向架及轮对上。当转向架绕点 C 转动时,钢轨顶面对轮踏面的摩擦阻力为 $\mu P_i(i=1,2,3,4)$。由于假设各轮的轮载 P 与轮轨间摩擦系数 μ 均相等,所以:

$$\mu P_1 = \mu P_2 = \mu P_3 = \mu P_4 = \mu P \qquad (5.4\text{-}1)$$

轮轨间的摩擦系数 μ 随着钢轨的各种条件而变化,一般 P 值取 $0.25 \sim 0.30$。

将摩擦阻力分解为垂直于 x 轴的 Y_i 和平行于 x 轴的 X_i 两个分力,则对于车轮 1 有:

$$Y_1 = \frac{\mu P x_b}{\sqrt{x_b^2 + \left(\frac{s_1}{2}\right)^2}}, X_1 = \frac{\mu P \frac{s_1}{2}}{\sqrt{x_b^2 + \left(\frac{s_1}{2}\right)^2}} \qquad (5.4\text{-}2)$$

式中:x_b——C 点至前轴的距离;

s_1——两钢轨顶面中点间的距离。

因为车轴中点与轨道中点重合,所以 $Y_1 = Y_2$,$X_1 = X_2$。

同理,对于车轮 3 有:

$$Y_3 = \frac{\mu P x_a}{\sqrt{x_a^2 + \left(\frac{s_1}{2}\right)^2}}, X_3 = \frac{\mu P \left(\frac{s_1}{2}\right)}{\sqrt{x_a^2 + \left(\frac{s_1}{2}\right)^2}} \qquad (5.4\text{-}3)$$

式中:x_a——C 点至后轴的距离,$x_a = L - x_b$,其中,L 为转向架固定轴距。

$$F_{ND1} - F_{ND4} - 2Y_1 + 2Y_3 - J + F_n = 0 \qquad (5.4\text{-}4)$$

式中:F_{ND1}——作用于前轴外轮上的轮缘力(或称导向力)(N);

F_{ND4}——作用于后轴内轮上的轮缘力(N);

J——分配到一个转向架上的车辆的离心惯性力(N),其值为 $J = mv^2/R$;

m——车辆分配到一个转向架上的质量(kg);

v——车辆实际的行驶速度(m/s);

R——曲线半径(m);

F_n——分配到一个转向架上的车辆重力的向心分力(N),其值为 $F_n = mgh/s_1$;

g——重力加速度(m/s²),采用 9.80;

h——外轨超高(mm)。

其他符号意义同前。

由 $\sum M_0 = 0$ 得:

$$F_{ND1}\frac{L}{2} + F_{ND4}\frac{L}{2} - 2Y_1\frac{L}{2} - 2Y_3\frac{L}{2} - 2X_1\frac{s_1}{2} - 2X_3\frac{s_1}{2} = 0$$

$$F_{ND1} + F_{ND4} - 2Y_1 - 2Y_3 - 2X_1\frac{s_1}{L} - 2X_3\frac{s_1}{L} = 0 \qquad (5.4\text{-}5)$$

在曲线轨道上,一般情况是转向架后轴内轮不挤压内轨,故可认为 $F_{ND4} \approx 0$。

对于已经给定的车辆类型、曲线资料及行车速度,上式中的 m、P、L、μ、R、s_1、h 和 v 等均为已知值,则式(5.4-4)和式(5.4-5)中的 J、F_n 均为已知值,J 和车辆速度间的关系为 $V=3.6\sqrt{JR/m}(\mathrm{km/h})$。而 X_1、X_3、Y_1 和 Y_3 均为 x_b 的函数。解式(5.4-4)和式(5.4-5),消去 F_{ND1},并取 $F_{ND4}=0$,得:

$$J = F_n + \frac{2X_1 s_1}{L} + \frac{2X_3 s_1}{L} + 4Y_3 \tag{5.4-6}$$

由此,可求得在给定条件下的旋转中心的位置 x_b。当 $x_b<L$,旋转中心位于前轴和后轴之间,x_a 为正值;当 $x_b>L$,旋转中心位于后轴之后的转向架纵轴的延长线上,x_a 为负值。

将求得的 x_b 代入式(5.4-4),即可求得所需的轮缘力 F_{ND1}。

车轮轮缘作用于钢轨侧面上的横向水平力 H 等于轮缘力与轮轨间的摩擦阻力分力 Y 的代数和:

$$H_1 = F_{ND1} - Y_1, H_2 = -Y_2$$
$$H_3 = \pm Y_3 (x_b<L \text{ 取正值}, x_b>L \text{ 取负值})$$
$$H_4 = \pm Y_4 (x_b<L \text{ 取正值}, x_b>L \text{ 取负})$$

此外,还可以从图 5.2-6 中求得冲角 α,此 α 角称为正冲角,即车轮轮缘的前端与钢轨侧面相接触时的角度。正冲角 α 与曲线半径 R 和旋转中心 x_b 有关,可按下式求得:$\alpha = \arcsin\frac{x_b}{R}$。

因为 α 的绝对值很小,所以可近似地认为:

$$\alpha = \frac{x_b}{R} \tag{5.4-7}$$

二、横向水平力的限值

轨道在横向水平力的作用下产生横向位移。如横向水平力比较大,而轨道的横向强度不足以抵抗较大的横向水平力,则轨道发生严重的变形(钢轨和轨枕在道床上出现横向移动或挤翻钢轨),引起车辆脱轨。为此,应对横向水平力值加以限制。根据我国《铁道车辆动力学性能评定和实验鉴定规范》(GB 5599—1985)规定,对施加于轨道上的横向水平力应采用如下的限值。

在木枕线路上:

$$H \le 0.85 \times \left(10 + \frac{P_1+P_2}{2}\right)(\mathrm{kN}) \tag{5.4-8}$$

在混凝土轨枕线路上:

$$H \le 0.85 \times \left(15 + \frac{P_1+P_2}{2}\right)(\mathrm{kN}) \tag{5.4-9}$$

式中:H——轮对横向水平力(这里采用构架力),如图 5.2-6 所示可知第一轴的轮对横向力为 $H = F_1 - Y_1 - Y_2$;

P_1、P_2——同一轮轴两车轮的静轮载(kN)。

在曲线半径比较小的轨道,当横向水平力超过上述限值时,应采用轨距(拉)杆进行加强。

三、车辆安全评估

1.脱轨系数

当曲线轨道与车辆均处于正常状态下,车辆是否会脱轨与作用钢轨上的轮载和横向水平力大小有关。车辆脱轨有以下两种类型:车轮爬上钢轨顶面引起车辆脱轨;车轮突然跳上钢轨顶面引起脱轨。

如图 5.4-2 所示为一个导向轮对爬上钢轨时的临界状态。由图可知,导向轮轮缘与钢轨接触点为 E,在 E 点作用这轮载 P_1 与横向水平力 H。AB 为车轮轮缘在轮轨接触点 E 处的切面,它与水平面成的夹面为 β,称为轮缘角。轮缘角大不容易爬坡,但轮对通过道岔时容易撞击尖轨尖端,我国标准锥形路面车轮的轮缘角为 $69°12'$,实测值为 $68° \sim 70°$。

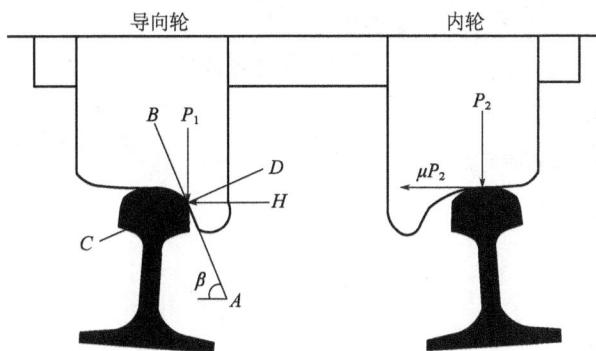

图 5.4-2　导向轮对爬上钢轨临时的临界状况

将轮对上所有的力投影到 AB 和与 AB 垂直的法线 CD 的方向上,于是可得促使车轮沿 AB 面下滑的力为:

$$T = P_1\sin\beta - H\cos\beta - \mu_2 P_2\cos\beta \qquad (5.4\text{-}10)$$

阻止车辆沿 AB 面下滑的力为:

$$\mu_1 N = \mu_1(P_1\cos\beta + H\sin\beta + \mu_2 P_2\sin\beta) \qquad (5.4\text{-}11)$$

式中:P_1——导向轮轮载;

$\quad P_2$——内轮轮载;

$\quad H$——横向水平力;

$\quad \mu_1$——导向轮与钢轨接触点的滑动摩擦系数,一般取 $\mu_1 = 0.2 \sim 0.3$;

$\quad \mu_2$——内轮踏面在轨顶面上的滑动摩擦系数,一般取 $\mu_1 = \mu_2 = \mu$。

为了保证车轮不爬上轨顶,应有 $T \geqslant \mu_1 N$,即

$$P_1\sin\beta - H\cos\beta - \mu_2 P_2\cos\beta \geqslant \mu_1(P_1\cos\beta + H\sin\beta + \mu_2 P_2\sin\beta)$$

经整理后得:

$$\frac{H + \mu P_2}{P_1} \leqslant \frac{\tan\beta - \mu}{\mu\tan\beta + 1} \qquad (5.4\text{-}12)$$

令 $\dfrac{\tan\beta-\mu}{\mu\tan\beta+1}=k$，则上式成为：

$$\frac{H+\mu P_2}{P_1}\leqslant k \tag{5.4-13}$$

式（5.4-13）即著名的 Nadals 公式，k 为脱轨系数，k 随着 μ 和 β 值而变化，k 值越大，则表示 $(H+\mu P_2)/P_1$ 的值增大而不会脱轨。取轮缘角 $\beta=69°12'$ 时，随着摩擦系数 μ 增大，脱轨系数 k 降低，如图 5.4-3 所示。因此，降低轮轨间的摩擦系数，可以增大 k 值，减小脱轨的危险性。

按《铁道车辆动力学性能评定和实验鉴定规范》（GB 5599—1985）的规定，若实验鉴定车辆测定的横向水平力是构架力，则：

脱轨系数容许值：

$$\frac{H+\mu P_2}{P_1}\leqslant 1.2 \tag{5.4-14}$$

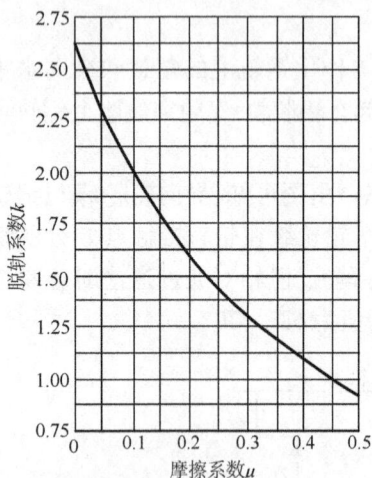

图 5.4-3 摩擦系数与脱轨系数的关系

脱轨系数安全值：

$$\frac{H+\mu P_2}{P_1}\leqslant 1.0 \tag{5.4-15}$$

式中，μ 值取 0.24。

若仅用作用与爬坡的车轮上横向水平力 H 与垂直力 P_1 之比作为脱轨系数，则：

脱轨系数容许值：

$$\frac{H}{P_1}\leqslant 1.2 \tag{5.4-16}$$

脱轨系数安全值：

$$\frac{H}{P_1}\leqslant 1.0 \tag{5.4-17}$$

上述脱轨系数指标适用于低速脱轨的情况，目前我国高速列车的脱轨系数限值取 0.8。

因车辆突然跳轨引起的脱轨是由于轮轨瞬时冲击，产生的出轨力大得足以迫使车辆在瞬时跳上钢轨，我国对此尚无明确的评定标准。国外规定，当轮轨间横向力的作用时间小于 0.05s 时，容许的脱轨系数为：

$$\frac{H}{P_1}\leqslant\frac{0.04}{t} \tag{5.4-18}$$

式中：t——轮轨间横向水平力作用时间（s）。

必须指出，车辆爬轨或跳轨引起脱轨，除上述原因外，还可能有其他因素存在。例如车轴断裂和轨道部件损伤、轮载转移、不正常的车辆装载、轨道的不良几何形位及车辆在不良几何形位下动力运行特性等。因此，一旦脱轨，必须进行详细的现场调查研究，查明脱轨的真正原因。

2. 轮重减载率

至于产生脱轨的原因,过去多半认为是由于横向力增大的结果,但在实际运行中发现,有时在横向力不大的情况下,轮重严重减载时,也会出现脱轨现象,也就是说,当左右轮的轮重偏载过大时,即便轮对横向力很小,也有可能脱轨。若 $P_1 \gg P_2$,当横向力 $H = 0$ 时,由于左侧车轮转向的摩擦力仍可使左侧轮缘爬上钢轨。

设

$$\bar{P} = \frac{1}{2}(P_1 + P_2), \Delta P = \frac{1}{2}(P_1 - P_2)$$

则 $\dfrac{\Delta P}{\bar{P}} = \left| \dfrac{P_1 - P_2}{P_1 + P_2} \right|$ 称为轮重减载率。根据理论分析和试验研究结果,目前我国建议的轮重减载率安全指标如下:

危险限度:

$$\frac{\Delta P}{\bar{P}} = \left| \frac{P_1 - P_2}{P_1 + P_2} \right| \leqslant 0.65 \qquad (5.4\text{-}19)$$

允许限度:

$$\frac{\Delta P}{\bar{P}} = \left| \frac{P_1 - P_2}{P_1 + P_2} \right| \leqslant 0.6 \qquad (5.4\text{-}20)$$

对于小半径曲线,列车低速运行的情况,采用轮重减载率作为衡量列车运行的安全标准,具有一定的意义。

四、小结

本章通过介绍轨道力学工作的基本原理,并介绍了轨道所受力的计算方法。第二节中我们运用连续弹性基础无限长梁计算模型分析轨道受垂向力时产生的扰度、弯矩和基础反力。此后介绍轨道的准静态计算,分析了轨道所受的横向水平力,主要从速度系数、偏载系数和横向水平力系数方面加以考虑。

第三节中介绍了钢轨强度检算、轨枕承压及弯矩检算和道床应力及路基面应力计算,最后我们结合实例进行了轨道强度检算。

第四节作者介绍了列车通过曲线轨道的横向水平力计算方法:摩擦中心理论,并对轨道在水平力作用下产生的横向位移进行限制。最后分别从脱轨系数和轮重减载率两个方面讨论车辆安全的标准。

第六章 选线设计

在轨道交通线路设计工作中,一条轨道交通线是以线路中心线来表示的。线路中心线用路基横断面上 O 点(图 6.0-1)的纵向连线表示;O 点为距外轨半个轨距的铅垂线 AB 与路肩(城市间铁路)或轨顶面(高速磁浮交通和城市轨道交通线路)水平线 CD 的交点。

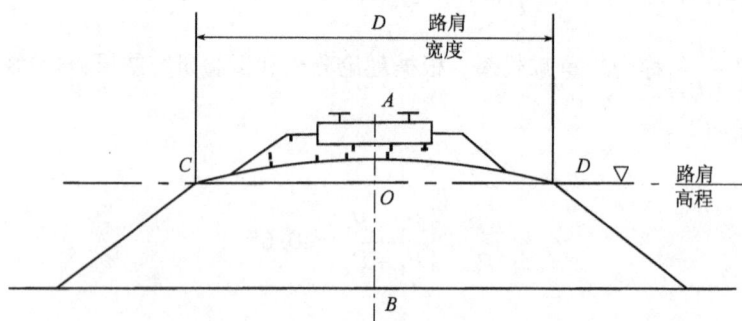

图 6.0-1 线路中心线在横断面上的位置

线路的空间位置是由它的平面和纵断面决定的。线路平面是线路中心线在水平面上的投影,表示线路平面位置。线路纵断面是沿线路中心线所做的铅垂线剖面展直后所形成的线路中心线的立面图,表示线路起伏情况,其高程为路肩高程或轨顶高程。线路平面和纵断面的设计,就是确定线路在空间具体位置及其组成部分的形状和大小。

线路平面和纵断面的设计,必须满足行车的安全、平顺和快速,并保证旅客一定的舒适程度与维修工作的方便等要求。这些要求均反映在有关技术标准中,因而设计时必须严格遵循相关规定,并结合具体条件在规定的范围内合理选用。

第一节 线路走向选择

一、客货列车共线铁路的线路走向选择

在设计线起讫点间,因城市位置、资源分布、工农业布局和自然条件等具体情况的不同,常有若干可供选择的线路走向。

线路走向的选择,关系到能否适应国家的要求和地区国民经济发展的需要,也直接影响到铁路本身的经济效益和工程运营条件。因此,必须充分做好调查研究与分析,认真仔细地进行选线设计工作。

在一般情况下,新建客货列车共线铁路干线的走向,已在网性经济选线时有了初步轮廓。在勘测设计过程中,要根据新的要求和情况,做进一步研究落实。

1. 影响线路走向选择的主要因素

影响线路走向选择的因素很多,主要有以下几个方面:

(1)设计线的意义及其在路网中的作用。选择线路走向,首先应明确该线路在政治、经济和国防上的意义,以及在路网中的作用。

(2)政治经济控制点和经济效益。选择线路走向时,对重要的政治经济控制点,必须考虑通过。对有些政治经济控制点,重要干线经过有困难时,应与以支线连接的方案进行比较。

(3)铁路与其他建设的协调。选择线路走向应考虑与其他建设密切配合,如水力资源的开发等。此外,还应考虑有利于规划的铁路干线、支线的引入,以及与其他交通体系的合理衔接等。

(4)自然条件。

(5)主要技术标准和施工条件。线路的主要技术标准在一定程度上影响线路走向的选择。

上述各项因素相互联系且互为影响,故应整体考虑,才能选出较为合理的线路走向。

2. 接轨方案的选择

设计线与既有线的接轨方案是影响线路局部走向的重要因素,选线设计中接轨方案的选择主要是解决接轨站的选择和接轨方向的选择两个问题。

1)接轨站的选择

接轨站是指设计线起点或终点与既有线相连的车站。影响接轨站选择的主要因素有:

(1)设计线在路网中的作用。接轨方案的选择,应考虑设计线在路网中的作用。

(2)线路走向。接轨方案的选择与线路走向的选择是相互影响的,两者应结合考虑。

(3)货流方向。接轨站选择应力求缩短大部分货流和客流的行程。

(4)既有区段站的分布及接轨站的条件。

总之,接轨方案的选择,应考虑各方面因素,综合分析,经比选确定。

2)接轨方向的选择

在接轨站选定后,就要解决从接轨站的哪一端引入的问题。主要考虑的因素有:

(1)主要客货流方向,应力求减少客货流的折角运输。

(2)城市规划与新线引入的条件。一般城市居民密集,应力求减少拆迁工程量。

二、高速客运专线的线路走向选择

高速客运专线(含高速磁浮交通系统)的线路走向选择,有三层不同的内涵:

①从宏观角度来看,即要选择确定线路的起终点城市和中间停站经过的城市,这些城市一般会形成一个城市绵延分布的城市带,构成一个区域或国家的主要客流走廊。

②从中观角度来看,即要确定区间线路走廊平面地理位置和枢纽车站在城市区域中的站位。

③从微观角度来看,即要选择确定区间线路的平面位置和基本结构形式等。

因此,一般线路走向选择需要确定的基本要素包括:本线路起终点城市和起终点城市的车站位置;本线路中间设站的城市和中间经过城市的车站位置;线路的平面走向位置及其可能的结构形式。

1. 高速客运专线线路走向选择的影响因素

(1)区域或国家大中城市社会经济地理形态分布状况。城市走廊是该区域或国家的主要产业走廊和交通走廊,高速客运专线一般会选择这样的城市走廊布设。

(2)既有交通网络的线路选线和场站布置状况。城市既有交通场站的布设状况,对高速客运专线车站的选址及其与干线的联络方式有着重要的影响。

(3)城市土地使用与规划状况。高速客运专线引入城市设站,必然引起城市对外客运能力的重新分布调整和城市内外交通衔接系统的重新布局。因此,高速客运专线引入城市,需要充分与当地政府规划部门协商,在城市既有土地利用规划和交通枢纽布局中考虑预留高速客运专线车站位置以及与干线的联络方式和通道,同时,考虑环境约束与应对措施。

(4)线路走廊相关区域的工程技术因素。

(5)成本、投资与环境因素。

2.高速客运专线线路走向选择的基本原则

(1)沿客流主通道方向布置。高速客运专线的主要服务对象是沿线和周围吸引区范围内的居民,所以,高速客运专线线路必须要沿城市带延伸才能便于组织乘客直达、减少换乘,从而吸引最大的客流量。

(2)与既有交通网的良好衔接。只有高速客运专线与其他交通线路具备良好的衔接条件,才能扩大自己的客流吸引范围,增大客流量。尤其是高速客运专线作为一种新的公共旅客运输方式,自身在短期内难以形成比较完善的高速交通网路,因此,初期将更加依赖于其他交通运输方式的接驳运输。

(3)高速客运专线车站与城市用地规划相结合。高速客运专线作为城市对外的重要交通方式,其车站及正线引线区域是城市发展的重要组成部分,它的用地和位置方案是城市用地规划内容之一。高速客运专线站位既要与目前市区功能协调,也要适应城市的未来发展规划。当高速客运专线车站不能设在既有市区,应尽可能选择在城市即将发展的区域,并与即将发展区的布局和主要道路系统相互配合。

(4)充分考虑环境影响。规划任意一种新的交通运输项目,都必须考虑它对环境的影响。因此,在选择高速客运专线的线路走向时,应使其对自然和人类环境的影响达到最低限度,且尽可能减轻任何不能避免的影响。总之,为了遵守国家环境政策法案,在选择线路位置时应对环境影响进行慎重的评估。

(5)充分考虑对用地的影响。高速客运专线线路必然要沿城市带且有利于吸引客流的方向走行,将有大量的线路地段需要经过高度城市化的区域,所以在市区广泛使用既有交通线路设施的筑路用地是不可避免的。

综上所述,在高速客运专线线路走向选择时,需要同时兼顾以下准则:沿客流主通道布置;与其他交通线路具备良好的衔接条件;线路通过地段的环境污染损害达到最低程度;噪声影响较小;景观影响较小;占地面积较小;线路顺直;建设与运营成本较低;施工方便。

三、城市轨道交通的线路走向选择

城市轨道交通的主要功能是为城市居民出行服务,所以,城市轨道交通线路走向选择的基本原则是沿客流方向布置。同时,应考虑有效利用土地、缩短建设工期、节约建设投资、线路运营后能方便旅客使用等方面的问题,市区线路绝大多数应铺设在城市街道地区的主要道路下面。由于轨道交通一旦建成,改造十分困难且费用昂贵,所以,线路的走向应经慎重研究比较后选定。城市轨道交通线路走向选择应考虑以下主要原则:

(1)应符合城市轨道交通线网规划和城市发展总体规划要求,沿主客流方向选择并通过大客流集散点(如工业区、大型住宅区、商业文化中心、公交枢纽、火车站、码头、长途汽车站等),以便于乘客直达目的地,减少换乘,使轨道交通成为城市公共交通骨干,轨道交通车站成为城市交通换乘中心。

(2)应符合城市改造及发展规划,通过形成以轨道交通换乘站为核心的城市综合交通枢纽来引导或维持沿线区域中心或城市副中心的发展。

(3)尽量避开地质条件差、历史文物保护、地面建筑和地下建筑物等区域,在老城区线路宜选择地下线路。

(4)应结合地形、地质及道路宽窄等条件,尽量将线路位置选择在施工条件好的城市主干道上。同时,进行施工方法的比选,合理选择线路的基本位置、埋置方式及深度,减少城市轨道交通地下线施工过程中对现有房屋等建筑物的拆迁、地下管线位置改移及城市交通的干扰。在郊区及次中心区有条件地段,可以选择地面线或高架线,以节省建设投资,降低运营费用。

(5)尽可能减少线路通过建筑群区域的范围。线路在道路的十字路口拐弯时,通过十字路口拐角处往往会侵入现存的建筑用地。此时若以大半径曲线通过,虽然对运行速度、电能消耗、轨道养护、乘客舒适性等方面都有利,但会造成通过建筑群地带占用地面以下的区间增长,用地费用增加,征地困难。同时,还可能出现基础托底加固等困难工程。

(6)对于浅埋隧道线路、地面线路或高架线路,其位置通常是沿着较宽的城市干道布设,或是通过建筑物稀少的地区,这样,可以减少因避让线路穿越建筑群区域桩基或拆迁房屋而增加的麻烦及费用,也为线路施工创造了良好的明挖条件,并增加了车站位置选择的自由度。对于深埋隧道,其线路位置由车站位置决定,一般在其间取短直方向。

(7)应充分考虑城市轨道交通既有及规划线路的情况。当线路预定与远期规划线联络时,先期建设的线路应考虑与远期规划线路交叉点处的衔接,为方便乘客在未来线网中的换乘创造条件,虽然费用支出可能有所增加,但较将来改建线路增设换乘设施所需的投资要少。

(8)应考虑车辆段、停车场的位置和连接两相邻轨道交通线路间的联络线。

第二节　区间线路平面设计

轨道交通的区间线路平面是由直线、圆曲线及缓和曲线组成的。三者的相互位置如图6.2-1所示。有关曲线参数的计算公式为:

$$T = (R + p) \cdot \tan\frac{\alpha}{2} + m \tag{6.2-1}$$

$$K = R\frac{\pi(\alpha - 2\beta_0)}{180} + 2l_0 = R\frac{\pi\alpha}{180} + l_0 \tag{6.2-2}$$

式中:T——切线长度(m);

R——圆曲线半径(m);

K——曲线长度(m);

l_0——缓和曲线长度(m);

α——曲线偏角(°);

β_0——缓和曲线偏角(°),$\beta_0 = 90\, l_0 / \pi R$;

m——切垂距(m),$m = l_0/2 - l_0^3/240\, R^2 \approx l_0/2$;

p——圆曲线内移距离(m),$p = l_0^2/24R - l_0^4/2688\, R^3 \approx l_0^2/24R$。

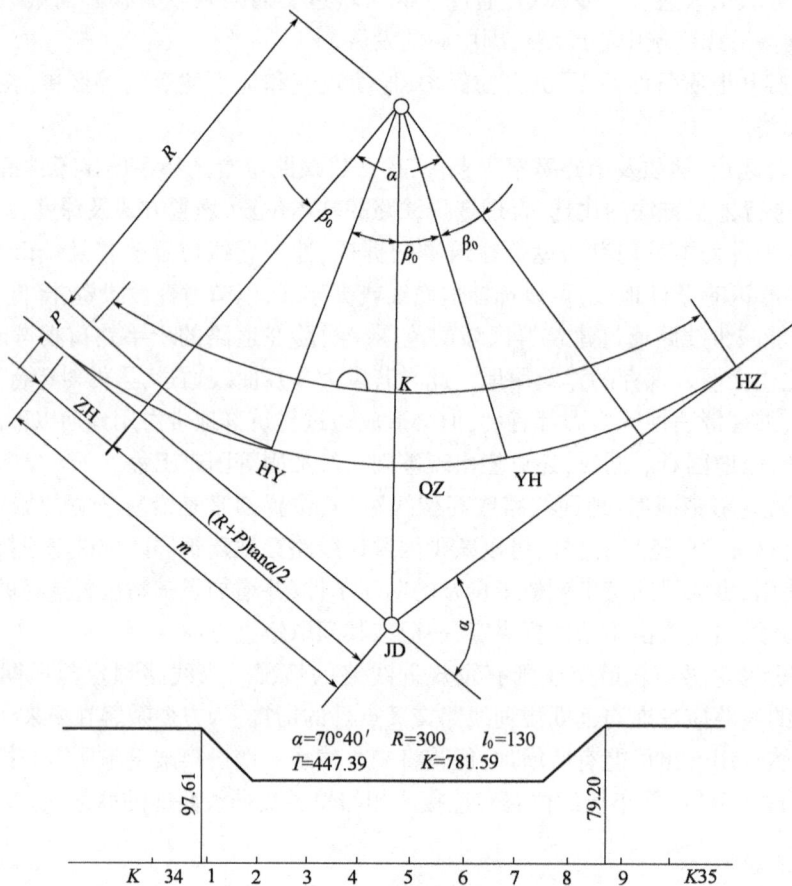

图 6.2-1　轨道交通线路曲线示意图

另外,曲线起讫点里程,可按下列方法推导:ZH 里程,在平面上量得;HZ 里程 = ZH 里程 + K;HY 里程 = ZH 里程 + l_0;YH 里程 = HZ 里程 l_0。

线路平面设计的主要技术要素包括最小曲线半径、夹直线最小长度、最小圆曲线长度、缓和曲线线形和长度等。

一、圆曲线

1. 曲线半径对工程和运营的影响

1)曲线半径对行车速度的影响

根据旅客列车以较高速度通过曲线时所产生的欠超高不超过旅客舒适度要求的允许值,

可推导出列车通过曲线时的运行速度与曲线半径、曲线超高及允许欠超高的关系,即:

$$R = \frac{11.8\, v_R^2}{h + [h_q]}$$

式中:R——曲线半径(m);

  v_R——曲线限速,即旅客列车通过曲线时的允许速度(km/h);

  h——曲线实设超高(mm);

  $[h_q]$——允许欠超高(mm)。

  由此可见,列车运行速度的平方与曲线半径成正比。因此,旅客列车通过曲线的最高速度受曲线半径的限制。

  2)曲线半径对工程的影响

  对于城市间铁路,较小的曲线半径能够较好地适应地形、地物、地质等条件的约束。地形困难地段,采用较小的曲线半径一般能更好地适应地形变化,减少路基、桥涵、隧道、挡墙的工程数量,对降低工程造价有显著效果。

  对于上海、北京等大城市的轨道交通线路,随着城市社会经济的快速发展,城市高层建筑、高架桥等设施大量兴建,其深桩基对轨道交通选线形成很大的约束。在这样复杂的约束条件下,不同的曲线半径标准产生的工程拆迁量差异很大。如果遇到高层建筑群,一处曲线采用大小不同的半径会造成拆迁工程费的差异高达数千万元甚至上亿元。

  3)曲线半径对运营费的影响

  (1)增加轮轨磨耗。

  列车通过曲线,轮轨间产生纵向滑动和横向挤压,使轮轨磨耗增加。曲线半径越小,磨耗增加越大。

  钢轨磨耗用磨耗指数(每通过兆吨总质量产生的平方毫米磨耗量)表示。运营部门实测资料绘制的曲线(图6.2-2)表明,当曲线半径 $R < 400\text{m}$ 时,钢轨磨耗急剧加大;$R > 800\text{m}$ 时,磨耗显著减轻;$R > 1200\text{m}$ 时,磨耗与水平直线接近。车轮轮箍的磨耗,大致和钢轨磨耗接近,也是随曲线半径的减小而增大。根据国内对城市轨道交通线路曲线钢轨磨耗的研究结果,推算出的200m半径曲线的换轨周期比400m半径曲线的换轨周期缩短约40%。

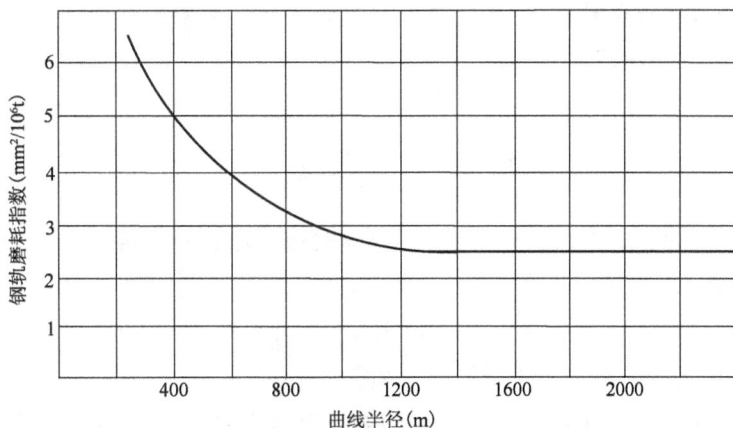

图6.2-2　钢轨磨耗与曲线半径的关系曲线

（2）增加养护维修费。

小半径曲线地段，轨距、水平、方向均难保持，养护维修工作量比直线或大半径曲线地段增加 30% ~40% 。

4）曲线半径对城市轨道交通换乘站设计方案的影响

当曲线半径大于 300m 时，在大城市中心区域的轨道交通线路走向调整的余地较小，从而在设计时大大限制了可提出的换乘方案数量；而当半径降至 200m 或以下时，交叉线路（尤其是交角小于 60°时）设置平行换乘或其他较短换乘路径的换乘方案的可行性将大大提高。

5）曲线半径与工程可实施性

在城市轨道交通的地面或高架线路中，任何小半径曲线均可实施。在地下线路中，明挖、暗挖等施工方法能够适应各种小半径曲线的施工，但对盾构法，目前国内受现有设备的限制，只能实施半径 300m 以上的曲线。而日本已经具备实施半径 80m 以上的盾构设备并大量运用于东京、大阪的地铁建设中。

2. 曲线半径的合理选择

最小曲线半径是一条干线或其中某一路段允许采用的曲线半径最小值。它是轨道交通设计的主要技术标准之一，应在可行性研究阶段比选确定。

1）最小曲线半径

最小曲线半径与铁路运输模式、速度目标值、旅客乘坐舒适度和列车运行平稳度等有关。

（1）在客货列车共线铁路上，最小曲线半径应保证在一定的实设超高条件下，旅客列车以最高行车速度 v_{max} 通过曲线时所产生的欠超高不大于其允许值，以满足旅客舒适度要求。即：

$$11.8 \frac{v_{max}^2}{R} - h \leqslant [h_q] \qquad (6.2\text{-}3)$$

因此，当曲线设置最大超高时，可得满足旅客舒适度条件的最小曲线半径为：

$$R_{min} = \frac{11.8 \, v_{max}^2}{h_{max} + [h_q]} \qquad (6.2\text{-}4)$$

式中：v_{max}——旅客列车最高行车速度（km/h），可采用路段设计速度。

（2）在客货列车共线铁路或高、中速旅客列车共线运行的客运专线上，货物列车或中速旅客列车以速度 v_D 通过该曲线时产生的过超高也不应大于其允许值，以免引起内轨的严重磨耗。即：

$$h - 11.8 \frac{v_D^2}{R} \leqslant [h_g] \qquad (6.2\text{-}5)$$

因此，将式（6.2-4）与式（6.2-5）相加，可得同时满足旅客舒适度与内外轨均磨条件要求的最小曲线半径为：

$$R_{min} = \frac{11.8(v_{max}^2 - v_D^2)}{[h_q] + [h_g]} \qquad (6.2\text{-}6)$$

（3）全部高速旅客列车运行的客运专线和城市轨道交通线路，其最小曲线半径应按照式（6.2-4）的计算值，并取为 50m 的整数。

(4)客货列车共线铁路或高、中速旅客列车共线运行的客运专线,其最小曲线半径应取式(6.2-4)与式(6.2-6)计算值的较大者,并取为 50m 的整数。

2)最大曲线半径

最大曲线半径标准关系到线路的铺设、养护、维修能否达到要求的精度。曲线的线形或轨道的平顺主要是依据基桩控制曲线的正矢值或偏矢(不等弦测量)来保持的。基桩决定于测设精度;正矢值则与曲线半径成反比,与弦长的平方成正比。

当曲线半径大到一定程度后,正矢值将很小,测设和检测精度均难以保证很小正矢值的准确性,可能反而导致轨道不平顺。因此,宜对圆曲线最大半径加以限制。

对于客货列车共线铁路和城市轨道交通线路,当曲线半径增加到一定程度时,再增大曲线半径,因行车速度不高,行车条件的改善并不显著;相反,因曲率太小,维修工作量加大,曲线也不易保持圆顺。综合国内外的工程实践经验和科研成果,我国规定曲线半径的最大值为10000m,特殊困难条件时,经技术经济比较,最大曲线半径可取 12000m。

3)曲线半径的选用

曲线半径的选用应因地制宜、由大到小、合理选用,以使曲线半径既能满足行车速度和设置建筑物如桥梁和隧道的技术要求,又能适应地形、地质等条件,减少工程量,达到技术经济合理的要求。

客运专线铁路由于曲线半径直接决定行车速度,应根据线路不同地段的行车速度适当选定相应的曲线半径;对于位于车站两端减、加速地段,由于行车速度较低,为减少工程,可选用与实际行车速度相适应的较小曲线半径;对地形、地质条件困难,工程艰巨地段,亦可适当选用较小曲线半径并宜集中设置,以免列车频繁限速,恶化运营条件。

选用曲线半径时,还应考虑线路纵断面的情况。如在较长的平缓坡道或凹形纵断面坡底地段,行车速度较高,为了不致限制行车速度,应选用较大的曲线半径;如果曲线位置在长大坡道的凸形纵断面坡顶地段,若地形困难,选用较大的曲线半径将引起较大的工程时,可选用不限制行车速度的较小的曲线半径。

设计中选定的最小曲线半径,其数值不得小于各类轨道交通规范的规定值。对于高速客运专线,为增加曲线半径选择的灵活性,以适应特殊地形条件下节省工程投资的需要,必要时可采用最大与最小曲线半径间 100m 整倍数的曲线半径。

对于城市轨道交通线路,随着大城市向高密度方向发展,最小曲线半径标准将会对工程、运营、换乘方案设计等方面产生越来越大的影响。美国、日本、法国等国家为了降低工程造价而采取了较为灵活的最小曲线半径标准值,主要线路上的曲线半径比我国的标准小得多。纽约地铁的最小曲线半径为 107m,芝加哥和波士顿地铁为 100m,日本东京、大阪等城市的地铁线路最小曲线半径大部分不足 200m,巴黎地铁的最小曲线半径仅为 75m。

二、缓和曲线

缓和曲线是介于直线轨道和曲线轨道之间的曲率渐变的连接曲线。为使列车安全、平稳、舒适地由直线过渡到圆曲线或由圆曲线过渡到直线,在直线与圆曲线间必须设置一定长度的缓和曲线。

缓和曲线设计主要是解决其线形和长度两个问题。

1.缓和曲线的线形

平面缓和曲线线形的选定应满足行车安全、平顺和旅客舒适度要求。

一般而言,缓和曲线方程式的次数越高,列车运行条件越平稳;但相应的缓和曲线的长度将增长,会给缓和曲线的铺设和养护带来很大的困难,同时也将引起工程及运营费用的增加。所以,在实际应用上,往往选择能够较好地满足行车安全和舒适度要求且测设和养护简单的缓和曲线线形。

相关研究和实测结果表明,只要缓和曲线长度达到一定要求,各种线形的缓和曲线均能保证高速行车安全和旅客乘坐舒适度的要求。国外高速铁路的运营实践也证明了这一点。考虑到三次抛物线线形简单、设计方便,平立面有效长度长,现场运用、养护经验丰富等特点,我国各类轨道交通规范均规定以三次抛物线作为缓和曲线的线形(图6.2-3)。

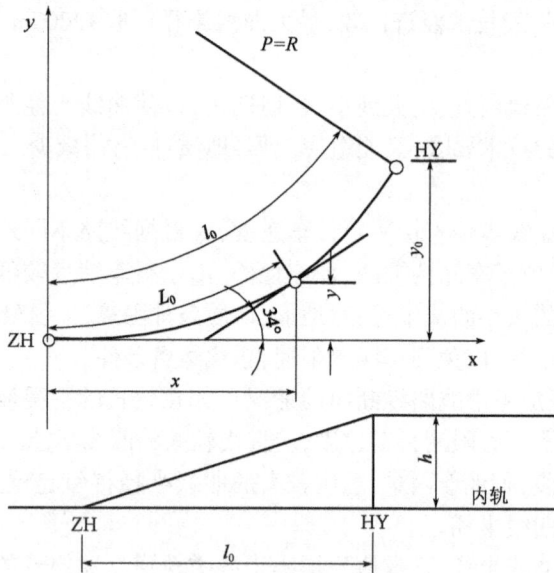

图 6.2-3　缓和曲线与外轨超高

三次抛物线形缓和曲线的参数方程、直角坐标方程和外轨超高顺坡坡度的计算公式分别为参数方程:

$$x = l\left(l - \frac{l^4}{40\,R^2 l_0^2} + \frac{l^8}{3456\,R^4 l_0^4} - \cdots\right) \approx l \tag{6.2-7}$$

$$y = \frac{l^3}{6R\,l_0}\left(1 - \frac{l^4}{56\,R^2 l_0^2} + \frac{l^8}{7040\,R^4 l_0^4} - \cdots\right) \approx \frac{l^3}{6R\,l_0} \tag{6.2-8}$$

直角坐标方程:

$$y = \frac{x^3}{6R\,l_0}\left(l + \frac{2\,x^4}{35\,R^2 l_0^2} + \cdots\right) \approx \frac{x^3}{6R\,l_0} \tag{6.2-9}$$

外轨超高顺坡率:

$$i_0 = \frac{h}{l_0} \tag{6.2-10}$$

式中:x、y——缓和曲线上任意点 M 的横坐标、纵坐标;

$\quad$ l——缓和曲线上任意点 M 距 ZH 点的长度(m);

$\quad$ l_0——缓和曲线全长(m);

$\quad$ R——圆曲线半径(m);

$\quad$ h——圆曲线上的外轨超高(mm)。

2.缓和曲线的长度

缓和曲线长度是线路平面设计的主要参数之一。为保证列车运行的安全和旅客乘坐舒适度的要求,缓和曲线应有足够的长度。但过长的缓和曲线将影响平纵断面设计的灵活性,引起工程投资的增大。因此,缓和曲线长度的选择应因地制宜、从长到短,合理选用。

缓和曲线长度的确定受许多因素的影响,其中最主要的是保证行车安全和旅客舒适度两个条件。

1)按超高顺坡率条件确定的缓和曲线长度

机车车辆行驶在缓和曲线上,若不计轨道弹性和车辆弹簧的作用,则转向架上的车轮可能形成如图 6.2-4 所示的 3 点支承,即转向架一端的两轮贴着钢轨顶面,另一端的两轮,在外轨上的车轮贴着钢轨顶面,而在内轨上的车轮是悬空的。为了保证不脱轨,应使车轮轮缘不爬越内轨顶面,即内轨的悬空高度不应大于轮缘高度,所以,超高顺坡率应满足:

$$i_o \leqslant \frac{f_{\min}}{D_{\max}}$$

式中:$f_{\min}$——最小轮缘高度(mm);

$\quad$ $D_{\max}$——机车车辆的最大固定轴距(m)。

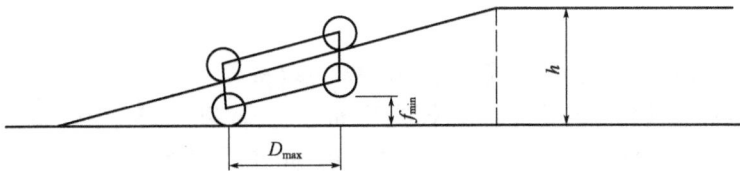

图 6.2-4 转向架上 4 个车轮在轨道上可能形成的 3 点支撑

保证车轮不脱轨的最大超高顺坡率受车辆脱轨安全性的控制,与机车车辆构造和状态、行车速度、钢轨磨耗等因素有关。我国现行《铁路线路设计规范》规定,最大超高顺坡率不大于 2‰,即 1/500,国外(日本、英国、德国)规定的超高顺坡最大值为 1/400 ~ 1/300。

据此,对超高 h 线性变化的三次抛物线形缓和曲线,由车辆脱轨安全性因素(超高顺坡率允许值)决定的缓和曲线长度为:

$$l_1 \geqslant \frac{h}{[i_0]} = 0.5h \qquad (6.2\text{-}11)$$

式中:l_1——由超高顺坡率允许值决定的缓和曲线长度(m);

$\quad$ h——圆曲线外轨超高(mm);

$\quad$ $[i_0]$——超高顺坡率的容许值(‰)。

2)按欠超高时变率条件确定的缓和曲线长度

旅客列车通过缓和曲线,欠超高逐渐增加,未被平衡的横向加速度时变率即欠超高时变率不应大于保证旅客舒适度的容许值$[\beta]$,即:

$$\frac{h_q}{t} = \frac{h_q}{l_2/(v_{max}/3.6)} = \frac{h_q \cdot v_{max}}{3.6 \, l_2} \leqslant [\beta]$$

由此可得按欠超高时变率限值要求的缓和曲线长度l_2为:

$$l_2 \geqslant \frac{v_{max}}{3.6} \cdot \frac{h_q}{[\beta]} \tag{6.2-12}$$

式中:l_2——由欠超高时变率允许值决定的缓和曲线长度(m);

v_{max}——设计最高速度(或该曲线限制速度)(km/h);

$[\beta]$——旅客舒适度允许的欠超高时变率限值(mm/s),良好条件下取 23mm/s,困难条件下取 38mm/s;

h_q——圆曲线设计欠超高(mm)。

3)按超高时变率条件确定的缓和曲线长度

旅客列车通过缓和曲线,外轮在外轨上逐渐升高,其升高速度μ即超高时变率,不应大于保证旅客舒适度的容许值$[f]$,即

$$\frac{h}{t} = \frac{h}{l_3/(v_{max}/3.6)} = \frac{h \cdot v_{max}}{3.6 \, l_3} \leqslant [f]$$

按超高时变率限值要求的缓和曲线长度l_3为:

$$l_3 \geqslant \frac{v_{max}}{3.6} \cdot \frac{h}{[f]} \tag{6.2-13}$$

式中:l_3——由超高时变率允许值决定的缓和曲线长度(m);

$[f]$——旅客舒适度允许的超高时变率限值(mm/s),取值为 28～40mm/s,与最高行车速度及工程条件有关,速度高、工程条件容易时应取小值。

因此,我国铁路常以公式(6.2-11)～式(6.2-13)计算值中的较大者为依据。为了铺设和维修养护方便起见,将计算结果取 10m 的整倍数。若既有线上原设置的缓和曲线长度比计算结果大,则采用原来的长度;若原长度不足,则以计算结果予以延长。

3. 缓和曲线长度选用

线路平面设计时,缓和曲线长度应根据曲线半径、路段旅客列车设计行车速度和工程条件,按照各类轨道交通相关规范所列的数值选用。为适应客运专线铁路初期和远期运输组织模式的特点,避免因提速需延长缓和曲线而引起线路改建工程及运营干扰,设计用缓和曲线长度分为三档,即最大长度、一般长度和最小长度,有条件时尽可能在最大长度与一般长度之间选用,困难条件下,缓和曲线长度不得短于最小长度。缓和曲线长度在三档长度之间插值选用时,应以 10m 为单位。

需要特别注意的是,当设计最高速度为 350km/h 时,缓和曲线最大长度与一般长度值对应的超高时变率分别为 25mm/s、28mm/s,其对应的超高顺坡率分别为 0.257‰、0.288‰,均小

于国外一些专家提出的经验极限值0.3‰,故在选用缓和曲线长度时,可优先选用超高顺坡率更接近0.3‰的一般长度。

铁路选线设计时,在受地形、地物等各种条件控制的困难地段及位于车站两端减、加速地段,往往只能采用较小半径的曲线,曲线地段的行车速度也受到限制,同时在限速地段内,往往有小偏角的曲线需要采用较大曲线半径和较小缓和曲线长度的情况,因此其缓和曲线长度应与曲线半径、行车速度相适应。

三、缓和曲线间夹直线和圆曲线的最小长度

在地形困难曲线毗连路段,两相邻曲线间的直线段,即前一曲线终点(HZ_1)与后一曲线起点(ZH_2)间的直线,称为夹直线,如图6.2-5所示。两相邻曲线,转向相同者称为同向曲线,转向相反者称为反向曲线。

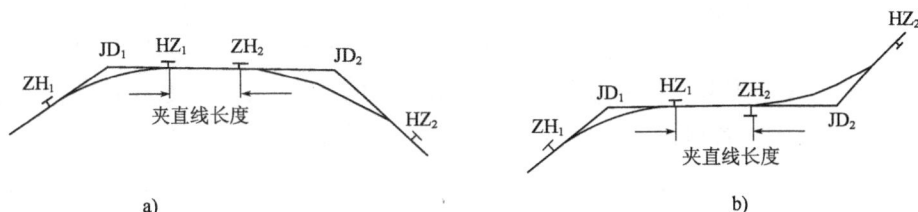

图 6.2-5 夹直线

缓和曲线间夹直线和圆曲线的最小长度主要受线路养护要求、列车运行平稳性及旅客乘坐舒适条件的控制。

1. 线路养护要求

为保持曲线圆顺,圆曲线上至少应有两个正矢桩,以便绳正曲线,故缓和曲线间圆曲线的最小长度不应小于20m。

夹直线长度太短,特别是在反向曲线路段,列车通过时,因频繁转换方向,车轮对钢轨的横向推力加大,夹直线的正确位置不易保持。为正确保持直线方向,夹直线长度不宜少于2~3节钢轨,至少应有一节钢轨在直线上。我国钢轨标准长度为25m,故夹直线长度短于50~75m;地形困难时,不小于25m。

2. 行车平稳要求

旅客列车从前一曲线通过夹直线进入后一曲线或从前一缓和曲线通过圆曲线进入后一缓和曲线的运行过程中,因外轨超高和曲线半径不同,未被平衡的横向加速度频繁变化,引起车辆左右摇摆。为减少车辆摇摆,保证行车平稳、旅客舒适,圆曲线和夹直线长度不宜少于2~3节客车长度。

同时,旅客列车通过圆曲线和夹直线两端缓和曲线时,为避免车辆后轴在缓和曲线终点(指缓圆点或缓直点)产生的振动,与车辆前轴在另一缓和曲线起点(指圆缓点或直缓点)产生的振动相叠加,圆曲线或夹直线应有足够长度,使旅客列车通过圆曲线或夹直线的时间 t 不小于弹簧振动消失的时间t_τ。即:

$$t \geq t_\tau = nt_z$$

$$\frac{L_j - L_z}{\dfrac{v_{max}}{3.6}} \geq nt_z$$

$$L_j \geq \frac{v_{max}}{3.6}nt_z + L_z \tag{6.2-14}$$

式中：t——车辆通过圆曲线或夹直线的时间（s）；

    L_j——圆曲线或夹直线的最小长度（m）；

  v_{max}——列车最高速度（km/h）；

    t_τ——车辆弹簧振动消失的时间（s）；

    n——车辆振动消失所经历的振动周期数；

    t_z——车辆振动周期（s）；

    L_z——客车全轴距（m）。

考虑到车辆并非刚体，可不考虑客车全轴距的影响，即取 $L_z = 0$。n、t_z 值与车辆构造和弹簧装置性能有关，当车辆类型固定时均为固定值，为简化计算，将 n、t_z 与系数 3.6 一并考虑，用一个具有时间量纲的量 τ 表示，$\tau = nt_z/3.6$，则公式（6.2-14）可改写为：

$$L_j \geq \tau v_{max} \tag{6.2-15}$$

τ 值可根据路段速度的高低和工程条件的难易程度确定，客货列车共线铁路可按《线规》规定，在 0.4～0.8 范围内取值；客运专线一般情况下取 0.8，困难条件下取 0.6。

我国《地铁设计规范》（GB 50157—2003）规定：正线及辅助线上相邻曲线间的圆曲线或夹直线长度，A 型车不宜小于 25m，B 型车不宜小于 20m，在困难情况下不得小于一个车辆的全轴距；车场线的夹直线长度不得小于 3m。

第三节　区间线路纵断面设计

轨道交通的线路纵断面是由坡段和连接相邻坡段的竖曲线组成的。坡段的特征用坡段长度和坡度值来表示。坡段长度 L_i 为该坡段前后两个变坡点之间的水平距离（m）。坡段坡度 i 为该坡段两端变坡点的高程 H_i 除以坡段长度 L_i，其值以千分数表示（图 6.3-1）。坡度值上坡取正值，下坡取负值；如坡度为 6‰，即表示每千米高差为 6m。其计算公式为：

$$i = \frac{H_i}{L_i} \times 1000 \tag{6.3-1}$$

线路纵断面设计主要包括确定最大坡度、坡段长度、坡段连接与坡度折减等问题。

一、线路的最大坡度

客货列车共线铁路，线路的最大坡度是由货物列车牵引质量要求决定的，在单机牵引路段称为限制坡度，在一台以上机车牵引路段称为加力牵引坡度。其中，最常见的为双机牵引，称为双机牵引坡度。

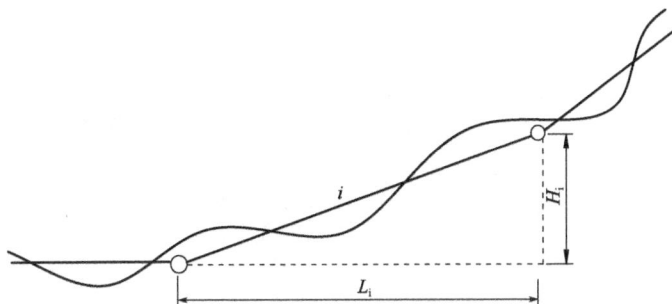

图 6.3-1　坡段长度与坡度示意图

限制坡度是单机牵引普通货物列车在持续上坡道上最后以机车计算速度作等速运行的坡度。它是限制坡度区段的最大坡度,货物列车牵引质量是按它来计算的。

加力牵引坡度是一台以上机车牵引普通货物列车在持续上坡道上最后以机车计算速度等速运行的坡度;加力牵引坡度值高于限制坡度值,但加力牵引坡度地段的普通货物列车牵引质量,是按相应限制坡度上一台机车牵引的计算值确定的。

如果纵断面的设计坡度超过最大坡度,则牵引质量按限制坡度计算的货物列车,在该设计坡道的持续上坡道上,最后就会导致低于计算速度运行,发生运缓事故,甚至造成途停,这是不允许的。所以设计坡度值加上曲线阻力值(曲线半径过小时,还要考虑黏降影响)或隧道附加阻力值,不能大于最大坡度值。

客运专线铁路和城市轨道交通系统一般采用动、拖车编组或全动车编组,牵引和制动性能优良,能适应大坡度运行,坡度标准一般情况下用最大坡度表示,不考虑曲线半径和隧道引起的坡度折减。

最大坡度是一项具有全局意义的轨道交通主要技术标准,它对设计线的线路走向、长度、工程投资、运营费用、牵引质量及输送能力,均具有重要的影响。以下就客货列车共线铁路的限制坡度和加力牵引坡度、高速客运专线铁路的最大坡度、城市轨道交通的最大坡度分别进行论述。

1. 限制坡度

1)限制坡度对工程和运营的影响

(1)限制坡度对输送能力的影响。

设计线的输送能力主要取决于通过能力和牵引质量。在牵引种类和机车类型已定的情况下,牵引质量即由限制坡度值决定。限制坡度大,牵引质量小,输送能力低;反之,限制坡度小,牵引质量大,输送能力高。

(2)限制坡度(最大坡度)对工程的影响。

在平原地区,限制坡度的大小,对工程数量通常影响不大;但在铁路跨越道路与通航河流而需要立交时,因要保证桥下必要的净空,故必须抬高桥梁处高程,若采用较大的限制坡度,可使桥梁两端引线缩短,减少填方数量。

在地形起伏的丘陵地区,采用较大的限制坡度,能更好地适应地形起伏,从而减少路基填挖方、降低桥梁高度、缩短隧道长度,使工程数量减少,工程造价降低(图 6.3-2)。

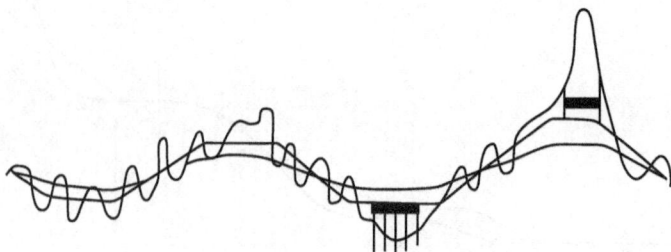

图 6.3-2　不同限制坡度的起伏纵断面

（3）限制坡度对运营的影响。

在完成相同的运输任务的前提下,采用的限制坡度越大,则货物列车的牵引质量越小,需要开行的货物列车对数越多。一般情况下,列车对数增多,机车台数也要增多,机车乘务组、燃料消耗、修理费用等都要加大;列车对数增多,线路通过能力也要相应加大,使区间距离缩短,车站数目加多,管理人员和日常开支增加;列车对数增多,使列车区段速度降低,旅途时间增加,相应开支加大。总之,采用较大限坡,运营支出要相应增加,行车设备的投资也将增加。

2）限制坡度的选定

设计线的限制坡度应根据下述各项因素要求,经比选确定:

（1）铁路等级。

铁路等级高,则设计线的意义、作用和客货运量大,需要有良好的运营条件。因此,宜选用较小的限制坡度。

（2）运量和牵引动力条件。

设计线的输送能力必须满足远期客货运量的要求。

输送能力与货物列车牵引质量有关,而牵引质量是由限制坡度与牵引动力的大小决定的。如果要求的输送能力较大,就应选用功率较大的机车和较小的限坡;反之,就可选用功率较小的机车和较大的限坡。

当输送能力相同时,采用大功率的机车就有可能选用较大的限坡(或加力牵引坡度);而采用较小功率的机车就要选用较缓的限坡。设计时应力求选定的限制坡度与地面平均自然纵坡相适应,不致引起较多的展线。

设计线的客货运量是逐年增长的。选择限制坡度时,应研究尽量节约初期投资,逐期加强的方案;如初期采用功率较小机车,远期更换大功率机车。这样,就有可能采用适应地形条件,而又能满足运输能力要求的较大限坡,达到节省初期投资的目的。

（3）地形条件。

地形条件是选择限制坡度的重要因素。当限制坡度与自然纵坡相适应时,线路不需展长,工程费最省;当限制坡度小于自然纵坡时,则线路需要展长,工程费将增加。一般情况下,运量一定时,限制坡度增大,工程费减少而运营费增加;反之,工程费增大而运营费减少。

当地形困难时,限制坡度大小对工程费影响较大,而对运营费来说相对较小;工程越困难,工程费占的比重越大。一般情况下,限制坡度(或加力牵引坡度)接近或稍大于地面平均自然纵坡 1‰~2‰,则不致引起巨大工程和过于展长线路。

(4)邻接铁路的牵引质量。

当设计线与邻接铁路的直通货流量很大,或者设计线在路网中联络分流的作用很显著,则选择设计线限制坡度时应考虑与邻线牵引质量相协调并尽量统一。这样,直通货物列车可避免在接轨站的甩挂作业,从而加速货物运送,降低运输成本。

我国铁路干线的限制坡度,4‰者约占1/4,6‰者约占1/2,12‰约占1/4,个别干线为9‰或10‰,全国路网基本形成了4‰,6‰与12‰的限制坡度系统。选择限制坡度时,应考虑这种现实情况。

综上所述,影响限制坡度的因素较多,且有些因素之间是相互矛盾的。因此,设计线(或区段)的限制坡度应根据铁路等级、地形条件、牵引种类和运输需求比选确定,并考虑与邻接铁路牵引质量相协调,选定的限制坡度数值不应大于《线规》的规定值。

3)分方向选择限制坡度

一般情况下,一条线路双方向的限制坡度是相同的,即双方向最大上坡值是相同的。但有些线路具备一定条件,可以在重车方向设置较缓的限制坡度,在轻车方向设置较陡的限制坡度,这样的设计就称为分方向选择限制坡度。

(1)分方向选择限制坡度的条件是:

①轻重车方向货流显著不平衡,而且预计将来也不会发生巨大变化。

②轻车方向上升的平均自然纵坡较陡,而重车方向上升的平均自然纵坡较缓,分方向选用不同限制坡度,可以节省大量工程。

③通过技术经济比较,证明分方向选择限制坡度是合理的。

具备上述条件,各级铁路均可按不同方向分别选择限制坡度;但Ⅰ级铁路多属路网中的重要干线,意义重大,分方向选定不同限制坡度时,应特别慎重,只有在特殊困难条件下,有充分技术经济依据时,方可采用。

(2)轻车方向限制坡度值具有以下限制:

①轻车方向的限制坡度值不应大于重车方向限制坡度的三机牵引坡度值,且应进行重车方向的下坡制动安全检算。这是为了当将来货流发生变化、轻车方向货运量增大时,可采用三机牵引达到重车方向的牵引吨数。

②根据双方向货流比,按双方向列车对数相同、每列车车辆数相同,可估算出轻车方向货物列车的牵引质量Q_q,轻车方向限制坡度值i_{xq}不应大于由Q_q计算得出的坡度值。因为轻车方向的限制坡度值i_{xq}若大于计算值,则每列车的牵引质量就要小于Q_q。这样,轻车方向的列车数反而多于重车方向,重车方向就会产生单机回空或附挂折返而浪费机力,这是不合理的。

轻车方向限制坡度值按下式计算:

$$i_{xq} = \frac{1000\lambda \cdot F_j - (p \cdot \omega_0' + Q_q \cdot \omega_{0(p)}'' \cdot g)}{(P + Q_q) \cdot g} \tag{6.3-2}$$

式中:F_j——机车计算牵引力(kN);

λ——机车牵引力取值系数,按有关设计手册的规定取值;

P——机车计算质量(t);

ω_0'——计算速度下的机车单位基本阻力(N/kN);

$\omega''_{0(p)}$——计算速度下空重车的平均单位基本阻力(N/kN);

Q_q——轻车方向的牵引质量(t)。

轻车方向的牵引质量Q_q和车辆平均单位基本阻力ω''_{0p},可用下式计算:

$$Q_q = n(\lambda_{QZ} \cdot q_j + q_z)$$

$$\omega''_{0(p)} = \frac{\lambda_{QZ}(q_j + q_z)\omega''_{0z} + (1 - \lambda_{QZ}) \cdot q_z \cdot \omega''_{0(q)}}{\lambda_{QZ} \cdot q_j + q_z} \tag{6.3-3}$$

式中：n——轻车方向每列车的车辆数(其值与重车方向相同);

λ_{QZ}——轻、重车方向的货流比;

q_j——每辆满载货车的平均净载重量(t);

q_z——货车车皮的平均质量(t);

ω''_{0z},ω''_{0q}——重车、空车的单位基本阻力(N/kN)。

2. 加力牵引坡度

一条干线的某些越岭地段,地面平均自然纵坡很陡,若按限制坡度设计,会引起线路大量展长或出现较长的越岭隧道,使工程大量增加,工期延长。在这种地段亦可考虑采用较陡的坡度定线。为了保持在限制坡度上单机牵引的牵引质量不变,就需要采用加力牵引。

实践证明,采用加力牵引坡度可以缩短线路长度,大量减少工程,有利于降低造价和缩短工期。

1)采用加力牵引坡度的注意事项

(1)加力牵引坡度应集中使用,使补机能在较长的路段上行驶,提高其利用率。

(2)补机要进行必要的整备作业,需要相应的机务设备。所以,加力牵引坡度的起讫站,宜为区段站或其他有机务设备的车站,困难时也应尽量与这类车站接近,以利于使用其机务设备。

(3)补机要在加力牵引坡度的起讫站摘挂,导致列车停站时分增加。因此,与起讫站邻接的加力牵引坡度区间的往返行车时分要相应减少,以免限制通过能力。

(4)加力牵引采用重联牵引或补机推送中的何种方式,与牵引质量、车钩强度有关。若车钩强度允许时,应采用重联牵引,以便各台机车的司机相互配合、同步操纵,充分发挥机车的牵引力;否则,应采用补机推送,此时补机的牵引力就不能充分发挥。

重联牵引的车钩允许拉力F_c应大于列车工作拉力,即:

$$F_c \geqslant \sum_{k=1}^{n} \lambda_k F_{jk} - \sum_{k=1}^{n} \frac{P_k \cdot g(\omega'_{0k} + i_{j1})}{1000} \tag{6.3-4}$$

式中：F_{jk}——第k台机车在计算速度时的牵引力(kN);

λ_k——第k台机车牵引力取值系数,按有关设计手册规定取值;

n——机车台数;

P_k——第k台机车的质量(t);

ω'_{0k}——第k台机车在计算速度时的单位基本阻力(N/kN);

i_{j1}——加力牵引坡度值(‰);

g——重力加速度,取 9.8m/s^2。

采用补机推送时,补机前方要换挂成 16t 车重的四轴守车,因为重约 8t 的二轴守车有被补机顶起而脱轨的可能。

2)加力牵引坡度的计算

加力牵引坡度的坡度值 i_{j1},可根据限制坡度上的牵引质量、机车类型、机车台数和加力牵引方式,按下式计算:

$$i_{j1} = \frac{1000\sum\limits_{k=1}^{n}\lambda_k F_{jk} - (\sum\limits_{k=1}^{n}P_k \cdot \omega'_{0k} + Q \cdot \omega''_0)}{(\sum\limits_{k=1}^{n}P_k + Q) \cdot g} \quad (‰) \qquad (6.3\text{-}5)$$

式中:Q——限制坡度上单机牵引的牵引质量(t);

ω''_0——计算速度下货车的单位基本阻力(N/kN);

其余符号意义同前。

双机牵引坡度采用最广泛,一般两台机车类型相同,重联或推送的牵引方式由车钩允许应力决定。双机牵引坡度 i_{sj} 的计算式为:

$$i_{sj} = \frac{1000(1+\lambda)F_j - (2P \cdot \omega'_0 + Q \cdot \omega''_0)g}{(2P+Q)g} \quad (‰) \qquad (6.3\text{-}6)$$

3)加力牵引坡度的最大值

加力牵引坡度的最大值取决于货物列车在陡坡上的运营条件,包括下坡的制动安全和闸瓦磨耗、上坡的能量消耗以及车站技术作业对通过能力的影响等。电力、内燃机车则可用电阻制动控制下坡速度。

3. 客运专线的最大坡度

客运专线采用大功率、轻型动车组,牵引和制动性能优良,能适应大坡度运行,一般情况下坡度标准用最大坡度表示,即可以不考虑曲线半径和隧道引起的坡度折减。

高速客运专线最大坡度的选择应主要考虑速度影响以及工程设计的普遍原则——经济合理。

1)国外高速铁路的最大坡度

国外高速铁路由于采用的运输组织模式和沿线地形条件不同,采用的最大坡度也大不一样。

法国高速铁路采用全高速模式,通常采用的最大坡度为 35‰。

日本新干线采用全高速模式,东海道新干线最大坡度 20‰,北陆新干线最大坡度 30‰,九州新干线最大坡度 38‰。其他新干线最大坡度 15‰,并规定延长不足 2.5km 长的区间可用小于 18‰ 的最大坡度,延长不足 1km 的区间可用小于 20‰ 的最大坡度,延长 10km 线路范围内的平均坡度小于 12‰ 的最大坡度。

德国高速铁路采用客货列车共线运行模式,最大坡度为 30‰。

2)我国正在设计的客运专线最大坡度采用情况

京沪高速铁路最大坡度,一般情况下采用 12‰,个别困难情况下不大于 20‰;京津城际客运专线的最大坡度采用20‰;武广客运专线全线最大坡度采用20‰,在局部地面自然坡度较大地段采用20‰;郑西客运专线最大坡度采用12‰,一般情况下不宜超过20‰;沈大客运专线最大坡度采用12‰,局部地段不大于20‰;沈哈客运专线最大坡度采用12‰;京郑客运专线最大坡度,一般情况下采用12‰,个别困难情况下不大于20‰。

3)电动车组爬坡性能分析

(1)电动车组性能。

提高列车速度须通过提高列车单位质量牵引功率或系统地降低列车质量来实现。客运专线上将运行最高速度为350km/h、300km/h、200km/h的动车组列车。根据有关研究资料,350km/h列车总重为768t,最大功率为21120kW,单位质量牵引功率为27.5kW/t。

根据《时速200和300km动车组主要技术条件》(铁运函〔2006〕462号)提供的技术参数,动车组总重CRH3为536t、CRH2-200为408.5t,牵引总功率分别为8800kW、4800kW。

(2)速度与坡度的适应性分析。

在列车运行过程中,列车牵引功率必须满足牵引时起动加速度能力及最高速度目标值时剩余加速度的要求,不同高速列车的阻力和牵引质量不同,对功率要求也有差异。如表6.3-1所示是给定功率下列车速度与坡度的适应情况分析。

列车运行速度与坡度适应情况　　　　表6.3-1

动车组类型	单位质量牵引功率(kW·t⁻¹)	速度值(km·h⁻¹)	基本阻力(N·kN⁻¹)	牵引力(N·kN⁻¹)	剩余牵引力(N·kN⁻¹)	平坡上运行剩余加速度(m·s⁻²)	保持匀速运行的坡道值(‰)
350km/h	27.5	350	18.47	24.18	5.71	0.06	5.71
		300	14.17	28.22	14.05	0.14	14.05
		250	10.47	33.86	23.39	0.23	23.39
300km/h	16.4	300	13.01	18.198	5.18	0.05	5.18
		280	11.55	19.584	8.03	0.08	8.03
		250	9.53	21.897	12.36	0.12	12.36
		200	6.63	27.24	20.62	0.21	20.62
200km/h	11.8	200	6.80	18.468	11.67	0.12	11.67
		180	5.80	20.493	14.69	0.15	14.69
		160	4.90	23.076	18.18	0.18	18.18
		150	4.48	24.66	20.18	0.20	20.18

注:功率利用系数采用0.95,牵引力使用系数采用0.9,未考虑曲线以及隧道附加阻力的影响。

由表6-8可见,最高速度350km/h的列车在平坡上运行仍有0.057m/s²的加速度;在14‰的坡道上能以300km/h匀速运行;在23‰的坡道上也可以950km/h匀速运行,但较最高速度降低了30%。最高速度300km/h的列车在平坡上运行仍有0.05m/s²的加速;在8‰的坡道上能以280km/h匀速运行;在12‰的坡道上也可以250km/h匀速运行;在20‰的坡道上也可以200km/h匀速运行,较最高速度降低了30%。对于最高时速200km/h的列车在20‰的坡道上能以150km/h的速度匀速运行。

综上分析，《新建时速300~350km客运专线铁路设计暂行规定》(上、下)推荐最大坡度一般条件下不宜大于20‰,个别困难情况下可采用大于20‰,但不应大于30‰的最大坡度。

4.城市轨道交通线路的最大坡度

城市轨道交通由于载重量小、运距短,坡度已不是限制列车牵引质量的主要因素。城市轨道交通线路纵断面的最大坡度值,不包含曲线阻力、隧道内空气阻力等附加当量坡度,与我国城市间铁路设计中的限制坡度值定义有区别。

城市轨道交通列车为了适应小站距的频繁起动、制动,具有良好的动力性能,一般采用全动轴或2/3动轴列车,起动加速度要求达到1m/s²及以上,这就意味着列车可以爬100‰及以上的当量坡度(最大坡度加上曲线阻力坡度、隧道附加阻力坡度)。

我国《地铁设计规范》(GB 50157—2003)中规定,正线的最大坡度不宜大于30‰,困难地段可采用35‰,联络线、出入线的最大坡度不宜大于40‰(均不考虑各种坡度折减值),已经考虑了列车动力的丧失及各种附加阻力和黏着力的影响。但随着各种城市轨道交通车辆的改进,允许的最大坡度值也正在增大。例如,新型的线性电机系统允许的正线设计最大坡度可以达到60‰。日前,日本东京都营地铁12号线的正线设计最大坡度已经达到50‰。

二、坡段长度

两个坡段的连接点,即坡度的变化点,称为变坡点。一个坡段两端变坡点之间的水平距离称为坡段长度。

从工程数量上来看,采用较短的坡段长度所设计的纵断面,可以更好地适应地形的起伏,减少路基、桥隧等工程数量(图6.3-3)。

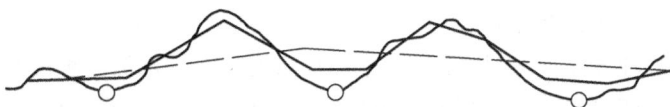

图 6.3-3 不同坡长对工程的影响

1.客货列车共线铁路线路的最小坡段长度

客货列车共线铁路线路纵断面设计时,坡段长度不宜小于表6.3-2的规定值。

最小坡段长度(m)   表6.3-2

远期到发线有效长度	1050	850	750	650	≤550
最小坡段长度	100	350	300	250	200

在不影响列车运行平稳的前提下,为了因地制宜节省工程,在下列情况下,客货列车共线铁路线路的坡段长度允许缩短至200m:

(1)因最大坡度折减而形成的坡段[图6.3-4a)],包括折减坡段及其中间无需折减的坡段,这些坡段间的坡度代数差较小,坡长可以缩短。

(2)在两个同向坡段之间或平坡与上下坡段之间,为了缓和相邻坡度代数差、使纵断面上坡度逐步变化而设置的缓和坡段,包括加力牵引路段为了使坡度代数差不超过允许值而设置的缓和坡段[图6.3-4b)],对列车平稳运行有利,故允许缩短为200m。

(3)两端货物列车以接近计算速度运行的凸形纵断面的分坡平段[图6.3-4c)],因这种路段行车速度较低,故允许缩短至200m。

(4)路堑内代替分坡平段的人字坡段[图6.3-4d)],其坡度一般不小于2‰,以利于路堑侧沟排水。

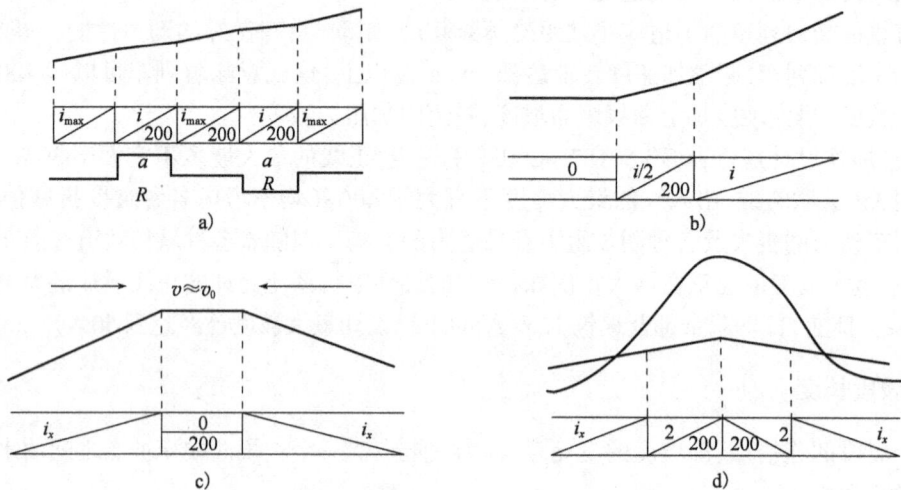

图6.3-4 允许采用的200m坡段(尺寸单位:m)

2.客运专线线路的最小坡段长度

高速客运专线对列车运行平稳性有更高的要求。从列车运行平稳性的角度考虑,最小坡段长度除应满足两竖曲线不重叠外,还应考虑两竖曲线间有一定的夹坡段长度,以确保列车在前一个竖曲线上产生的振动在夹坡段长度范围内完成衰减,不与下一个竖曲线上产生的振动叠加。

对于两竖曲线间夹坡段长度的要求,德国、日本两国高速铁路的规范无具体规定,但法国高速铁路要求两竖曲线间夹坡段长度不得小于$0.4\,v_{\max}$。由于我国尚未有这方面的经验,参考法国标准,规定两竖曲线间的最小夹坡段长度不得小于$0.4\,v_{\max}$,即最小坡段长度可按下列公式计算确定,并取50m的整倍数:

$$l_{\mathrm{p}} = 2 \times \frac{\Delta i}{2} \times R_{\mathrm{sh}} + 0.4\,v_{\max} \tag{6.3-7}$$

式中:l_{p}——最小坡段长度(m);

Δi——相邻坡段最大坡度差;

R_{sh}——竖曲线半径,一般最小半径取30000m,个别最小半径取25000m。

同时,为提高行车舒适度,还规定最小坡段长度不小于900m,困难条件下不小于600m。

3.城市轨道交通线路的最小坡段长度

城市轨道交通线路坡段长度不宜小于远期列车计算长度。按每节车厢19.11m计算,当列车编组为 8 节车厢时,约为 150m;当列车编组为 6 节车厢时,约为 115m;当列车编组为 4 节车厢时,约为 75m。

城市轨道交通线路不要求坡段长度取 50m 的整倍数。

三、坡段连接

1. 坡度代数差

纵断面坡段的坡度分上坡、下坡和平坡。上坡的坡度值为正,下坡的坡度值为负,相邻坡段坡度差的大小,以代数差的绝对值 Δ_i 表示。如前一坡段的坡度 i_1 为下坡 3‰,后一坡段的坡度 i_2 为上坡 5‰,则坡度代数差 Δ_i 为:

$$\Delta_i = |i_1 - i_2| = |(-3) - (+5)| = 8‰$$

列车通过变坡点时,车钩产生附加应力,并致使车辆的局部加速度增加,其值与相邻两坡段的坡度代数差成正比。若附加应力过大,会影响旅客乘坐舒适度;再加之驾驶员操纵不当,严重时可能造成断钩事故。客货列车共线铁路线路坡度差允许的最大值,主要受货物列车制约,坡度差不应大于重车方向的限制坡度值。

为了保证列车运行的安全和平稳,《线规》规定:客货列车共线铁路线路相邻坡段的连接宜设计为较小的坡度差,最大不得超过表 6.3-3 的数值。改建既有线如有充分技术经济依据时,其相邻坡段的坡度差可保留原数值。

相邻坡段最大坡度差 表 6.3-3

远期到发线有效长(m)		1050	850	750	650
最大坡度差(‰)	一般	8	10	12	15
	困难	10	12	15	18

高速客运专线和城市轨道交通线路,由于旅客列车质量远低于货物列车,又因国外高速铁路对相邻坡段的坡度差均未做规定,故我国高速客运专线和城市轨道交通相关规范均未对坡度代数差加以限制。

2. 竖曲线

在纵断面上,若各坡段直接相连则形成一条折线。列车运行至坡度代数差较大的变坡点处,容易造成车轮脱轨、车钩脱钩和附加加速度过大等问题。为避免这类情况发生,当坡度代数差等于或大于一定值时,应在变坡点处设置竖曲线,把折线断面平顺地连接起来,以保证列车运行的安全和平稳。

1)线形

竖曲线有抛物线形和圆曲线形两种。抛物线形竖曲线是由长度 20m 的短坡段以一定变坡率连接起来形成的,如图 6.3-5 所示。

作为竖曲线应用的抛物线,实际上可看作大半径的圆曲线(图 6.3-6),其相应的半径可按以下方法推求:

从图 6.3-7 可知,$T_{sh} = R_{sh} \cdot \tan\dfrac{\alpha}{2} = \dfrac{l}{2}$。

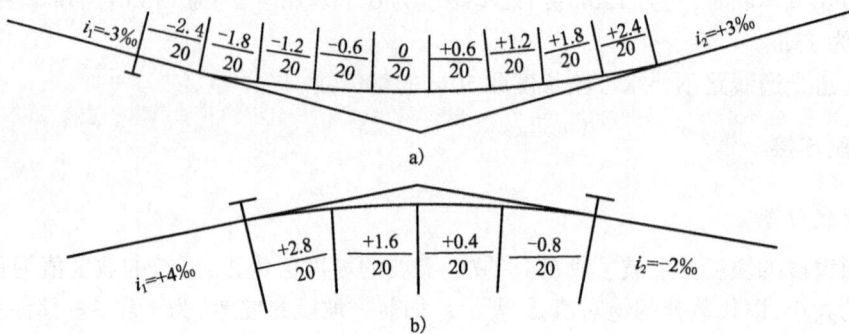

图 6.3-5 抛物线形竖曲线

a)凹形($\Delta i = 6‰, \gamma = 1.2‰, n = 9, L = 180\text{m}$);b)凸形($\Delta i = 6‰, \gamma = 1.2‰, n = 4, L = 80\text{m}$)

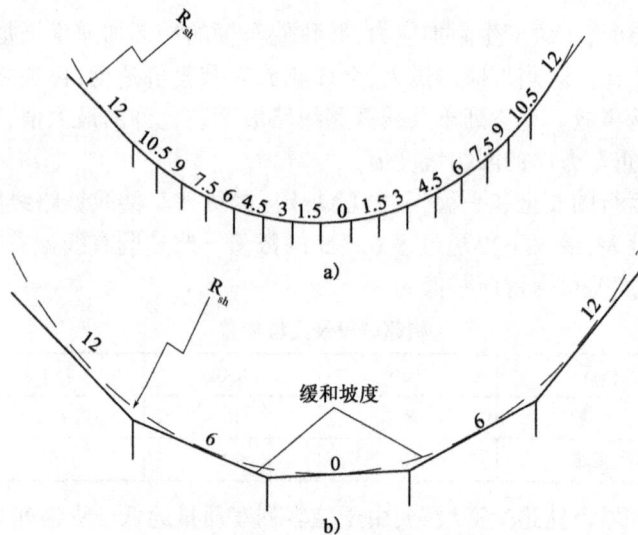

图 6.3-6 抛物线形与圆曲线形的竖曲线对比

a)抛物线形竖曲线短坡段;b)圆形竖曲线缓和坡段

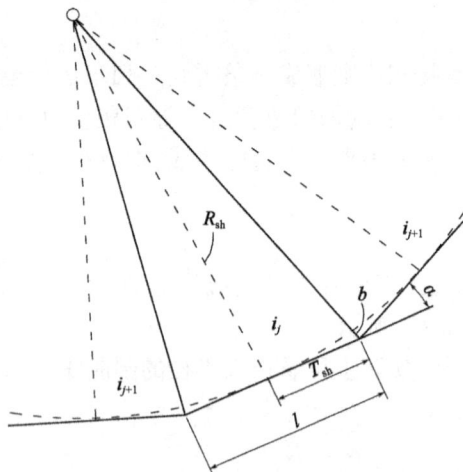

图 6.3-7 抛物线形竖曲线的计算

所以：

$$R_{sh} = \frac{\frac{l}{2}}{\tan\frac{\alpha}{2}} \approx \frac{l}{2} \cdot \frac{1}{\frac{1}{2}\tan\alpha} = \frac{l}{2}\frac{1}{\frac{\gamma}{2000}} = \frac{1000l}{\gamma} \qquad (6.3\text{-}8)$$

式中：T_{sh}——切线长度(m)，等于短坡段长度的一半；

    l——短坡段长度(m)；

    R_{sh}——竖曲线半径(m)；

    γ——短坡段的变坡率(‰)，$\gamma = i_{j+1} - i_j$，i_{j+1} 和 i_j 分别为前后两短坡段的坡度。

2) 竖曲线半径

圆曲线形竖曲线的半径应根据旅客舒适度条件和运行安全条件(不脱轨和不脱钩)拟定。

(1) 旅客舒适度条件。

列车通过竖曲线时，产生的竖直离心加速度不应使旅客产生不舒适感，即应保证竖向离心加速度 a_{sh} 不大于允许的竖向离心加速度 $[a_{sh}]$：

$$a_{sh} = \frac{v_{max}^2}{3.6^2 \cdot R_{sh}} \leq [a_{sh}]$$

$$R_{sh} \geq \frac{v_{max}^2}{3.6^2 \cdot [a_{sh}]} \qquad (6.3\text{-}9)$$

式中：v_{max}——列车的最高速度(km/h)。

竖向离心加速度的允许值，我国尚缺乏系统研究，国外经验，当 $[a_{sh}]$ 值在 $0.3 \sim 0.6\text{m/s}^2$ 范围内时，不致引起旅客的不舒适感。国外高速客运专线一般取 $0.20 \sim 0.35\text{m/s}^2$，法国困难条件下取 $0.5 \sim 0.6\text{m/s}^2$，日本困难条件下取 0.5m/s^2，苏联采用 0.15m/s^2。目前，我国客货列车共线铁路的 $[a_{sh}]$ 值一般取为 0.15m/s^2 或 0.20m/s^2；高速客运专线的 $[a_{sh}]$ 值一般取为 0.4m/s^2，困难条件下取为 0.5m/s^2；城市轨道交通的 $[a_{sh}]$ 值一般取为 $0.10 \sim 0.154\text{m/s}^2$，困难条件下取为 $0.17 \sim 0.26\text{m/s}^2$。

(2) 列车不脱轨条件。

列车通过凸形竖曲线时，产生向上的竖直离心力，电力、内燃机车的前转向架中间轴未通过变坡点前，机车前轮将呈悬空状态，为防止脱轨事故，其最大悬空值不能超过轮缘高度。根据相关研究和运营实践经验，在我国客货列车共线铁路上，此条件对竖曲线半径不起限制作用。

(3) 列车不脱钩条件。

列车在变坡点处，由于相邻车辆的相对倾斜，使相邻车钩的中心线上下错动，如超过限定的数值时，就易引起上下脱钩。竖曲线半径 R_{sh} 与变坡点处相邻车辆相对倾斜引起的车钩中心线上下位移允许值 f_R 之间的关系为：

$$R_{sh} = \frac{(Z+D)D}{2f_R} \qquad (6.3\text{-}10)$$

式中：Z——车辆转向架中心距(m)；

    D——转向架中心至车钩中心距(m)。

根据铁道科学院的研究结果，竖曲线半径一般由旅客舒适度条件控制。我国目前各类轨道交通线路的竖曲线半径采用标准如表 6.3-4 所示。

竖曲线半径采用标准   表 6.3-4

轨道交通类型	高速客运专线			客货列车共线铁路		城市轨道交通	
						一般	困难
路段设计速度 v(km/h)	300(含) 以上	250(含) ~300	200(含) ~250	160	160 以下	5000	3000(A 型车) 2000(B 型车)
R_{sh}(m)	25000	20000	15000	15000	10000		

当竖曲线半径增大到一定程度,养护维修很难达到其设置要求。因此,根据国内外养护维修经验,最大竖曲线半径不宜大于 40000m。

3)竖曲线的几何要素(图 6.3-8)

(1)竖曲线切线长 T_{sh}。

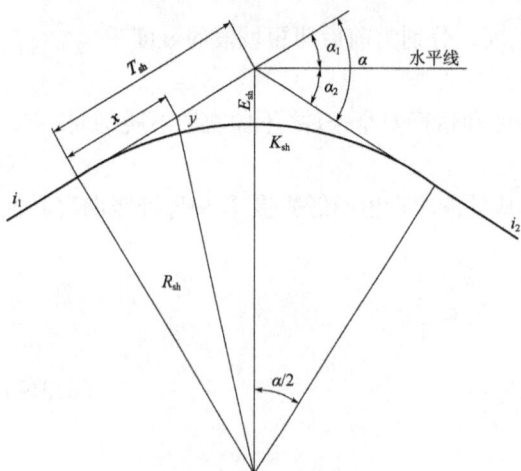

图 6.3-8 竖曲线的几何要素

$$T_{sh} = R_{sh} \cdot \tan \frac{\alpha}{2} \approx \frac{R_{sh}}{2} \cdot \tan|\alpha_1 - \alpha_2|$$

$$= \frac{R_{sh}}{2} \cdot \left| \frac{\tan \alpha_1 - \tan \alpha_2}{1 + \tan \alpha_1 \cdot \tan \alpha_2} \right|$$

$$\approx \frac{R_{sh}}{2} \cdot |\tan \alpha_1 - \tan \alpha_2|$$

$$= \frac{R_{sh}}{2} \left| \frac{i_1}{1000} - \frac{i_2}{1000} \right|$$

$$= \frac{R_{sh} \cdot \Delta_i}{2000} \tag{6.3-11}$$

式中:α——竖曲线的转角(°);

α_1、α_2——前、后坡段与水平线的夹角(°),上坡为正值,下坡为负值;

i_1、i_2——前、后坡段的坡度(‰),上坡为正值,下坡为负值;

Δ_i——坡度差的绝对值(‰)。

(2)竖曲线长度 K_{sh}。

$$K_{sh} \approx 2 T_{sh} \tag{6.3-12}$$

(3)竖曲线纵距 y。

$$(R_{sh} + y)^2 = R_{sh}^2 + x^2$$

$$2 R_{sh} \cdot y = x^2 - y^2 (y^2 值很小,略去不计)$$

$$y = \frac{x^2}{2 R_{sh}} \tag{6.3-13}$$

式中:x——切线上计算点至竖曲线起点的距离(m)。

变坡点处的纵距称为竖曲线的外矢距 E_{sh},计算式为:

$$E_{sh} = \frac{T_{sh}^2}{2 R_{sh}} \tag{6.3-14}$$

变坡点处的线路设计高程,应根据变坡点的计算高程,减去(凸形变坡点)或加上(凹形变坡点)外矢距的高度;路基填挖高度应根据设计高程计算。

4)竖曲线的设置。

(1)需要设置竖曲线的坡度代数差。

①路段设计速度为 160km/h 的客货列车共线铁路,当相邻坡段的坡度差大于 1‰时需要设置竖曲线;当路段设计速度为 160km/h 以下的客货列车共线铁路,相邻坡段的坡度差大于 3‰时需要设置竖曲线。

②高速客运专线铁路,当相邻坡段的坡度差大于 1‰时需要设置竖曲线。

③城市轨道交通线路,当相邻坡段的坡度差大于或等于 2‰时需要设置竖曲线。

(2)竖曲线与竖曲线不应重叠设置。

相邻的两个竖曲线重叠设置时,竖曲线很难达到各自的形状,测设工作也非常困难。目前各国的标准也都不允许竖曲线重叠设置。为了避免或减轻列车同时位于两竖曲线上而产生的振动叠加,一般情况下两竖曲线之间的距离不宜小于 50m,困难时可用 30m。

(3)竖曲线与缓和曲线不应重叠设置。

竖曲线与缓和曲线重叠有如下不利影响:

①增加线路测设工作量。

②对行车安全和乘坐舒适度的影响。

③增加了养护维修工作的难度。

因此,规定竖曲线与缓和曲线不应重叠设置。

为了保证竖曲线不与缓和曲线重叠,纵断面设计时,变坡点离开缓和曲线起终点的距离,不应小于竖曲线的切线长(图 6.3-9)。

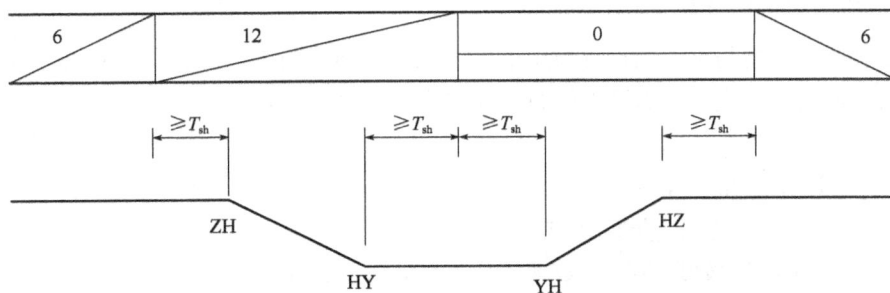

图 6.3-9 变坡点距缓直点的距离

(4)竖曲线与道岔不应重叠设置。

道岔为正线线路的薄弱部分,作为其主要部件的尖轨与辙叉应位于同一平面上,如将其设在竖曲线的曲面上,则将影响道岔的正常使用,同时增加道岔铺设和养护的困难以及列车通过时的摇摆和振动。

另外,高速客运专线道岔总长度较长,竖曲线与道岔重叠设置时,道岔全长不在一个坡度上,列车通过道岔过程中,车轮对尖轨及导曲线将产生较大的冲击力,导曲线未被平衡的加速度对车体将产生横向作用,再叠加竖向作用力后,降低了乘客的舒适度和行车的安全性。因此,竖曲线与道岔不应重叠设置。

(5)竖曲线不应设在明桥面上。

明桥面桥上如有竖曲线时,其曲率需要用木楔调整,每根木枕厚度都不一样且需特制,并要固定位置顺序铺设,给施工养护带来困难。因此,竖曲线不应设在明桥面上。

为了保证竖曲线不设在明桥面上,变坡点距明桥面端点的距离不应小于竖曲线的切线长。

（6）竖曲线与平面圆曲线重叠设置问题。

竖曲线与平面圆曲线重叠设置，同样增加线路测设工作量以及养护维修工作的难度，对行车安全和乘坐舒适度产生不利的影响，为此，竖曲线与平面圆曲线不宜重叠设置。

高速客运专线平面圆曲线与竖曲线重叠设置时的最小曲线半径值如表6.3-5所示。

平面圆曲线与竖曲线重叠设置时的最小曲线半径值 表6.3-5

设计最高行车速度(km/h)	350	300
平面最小圆曲线半径(m)	7000	4500
最小竖曲线半径(m)	25000	25000

四、客货列车共线铁路线路最大坡度的折减

客货列车共线铁路线路纵断面设计时，在需要用足最大坡度（包括限制坡度与加力牵引坡度）的路段，当平面上出现曲线和遇到长于400m的隧道时，因为附加阻力增多和黏着系数降低，需要将最大坡度值折减，以保证普通货物列车能以不低于计算速度或规定速度通过该路段。此项工作称为最大坡度的折减。

线路纵断面的最大坡度应包括曲线阻力、小半径曲线黏降及隧道等坡度的折减值。

新建铁路正线的任何地段，其上坡方向的加算坡度不得超过线路的最大坡度。

1. 曲线阻力引起的坡度折减

在曲线地段，货物列车受到设计坡度的坡度阻力和曲线阻力之和，不得超过最大坡度的坡度阻力，以保证列车不低于计算速度运行。所以设计坡度 i 应为：

$$i = i_{max} - \Delta i_r \qquad (6.3-15)$$

式中：i_{max}——最大坡度值(‰)；

Δi_r——曲线阻力的相应坡度折减(‰)。

曲线阻力所引起的坡度折减，其数值按下列公式计算确定：

1）当曲线长度大于或等于货物列车长度时

$$\Delta i_r = \frac{600}{R} \qquad (6.3-16)$$

2）当曲线长度小于货物列车长度时

$$\Delta i_r = \frac{10.5 \sum \alpha}{l} \qquad (6.3-17)$$

式中：Δi_r——曲线阻力所引起的坡度折减值(‰)；

R——曲线半径(m)；

l——坡段长度(m)，当其大于货物列车长度时采用货物列车长度；

$\sum \alpha$——坡段长度（或货物列车长度）内平面曲线偏角总和(°)。

如果是将单个曲线设计为一个坡段，上式中的 $\sum \alpha$ 为该单曲线的偏角 α。

在设计折减坡度时应注意的问题有：

（1）坡段折减范围，系指未加设缓和曲线前的圆曲线范围。

（2）曲线坡度折减所用货物列车长度，当近远期牵引种类或机型不同，而近期列车长度短

于远期列车长度时,一般采用近期货物列车长度。

(3)若连续有一个以上长度小于货物列车长度的圆曲线,其间直线段长度又小于200m,则可将小于200m的直线段分开,并入两端曲线分别进行折减;也可将两三个曲线与这种直线段合并折减,但折减坡度长度不宜大于货物列车长度。曲线阻力的坡度折减值用式(6.3-16)或式(6.3-17)计算。

(4)当一个曲线长度小于列车长度,将曲线设计为两个坡度时,其曲线偏角的分配按变坡点划分的曲线长度的比例确定;但曲线长度大于或等于列车长度时,如将曲线分成两个坡段设计,则坡度折减仍按式(6.3-16)计算。

(5)曲线阻力坡度折减形成的坡段(包括曲线间的直线段)应尽量长一些(取50m的整数倍),但最短不小于200m。

曲线阻力引起的坡度折减值取至小数点后一位,第二位数进整。

2. 小半径曲线黏降坡度折减

在长大坡道上小半径曲线黏着系数降低引起的坡度折减,仅发生在计算牵引力大于黏降后的计算黏着牵引力,即前者受后者控制的时候;如黏着系数降低后,计算黏着牵引力仍等于或大于计算牵引力时,则不需要进行坡度折减。

当货物列车在限制坡度上以计算速度运行时,计算牵引力和总阻力相等,故:

$$F_j = (P+Q) \cdot g \cdot (i_{max} + \omega_0) \tag{6.3-18}$$

列车在小半径曲线地段的最大坡度折减后的上坡道上,仍应保持计算速度作等速运行,故:

$$\begin{aligned} F_{jn(j)} &= (P+Q) \cdot g \cdot (i + \omega_0 + \omega_r) \\ &= (P+Q) \cdot g \cdot [\omega_0 + \omega_r + (i_{max} - \Delta i_r - \Delta i_{rn})] \end{aligned} \tag{6.3-19}$$

式中:$F_{jn(j)}$——黏降后的计算黏着牵引力(N);

Δi_{rn}——小半径曲线的黏降折减值(‰)。

由于 $\Delta i_r = \omega_r$,则:

$$F_{jn(j)} = (P+Q) \cdot g \cdot (i_{max} + \omega_0 - \Delta i_{rn}) \tag{6.3-20}$$

黏着系数降低的百分率相当于黏着牵引力降低的百分率,即

$$\frac{F_{jn} - F_{jn(j)}}{F_{jn}} = a_{rn}$$

故

$$F_{jn(j)} = F_{jn}(1 - a_{rn}) \tag{6.3-21}$$

式中:F_{jn}——计算黏着牵引力(N);

a_{rn}——黏降百分率。

将式(6.3-20)代入式(6.3-21),得:

$$F_{jn}(1 - a_{rn}) = (P+Q) \cdot g \cdot (i_{max} + \omega_0 - \Delta i_{rn}) \tag{6.3-22}$$

以式(6.3-23)除以式(6.3-19),得:

$$\frac{F_j}{F_{jn}(1 - a_{rn})} = \frac{i_{max} + \omega_0}{i_{max} + \omega_0 - \Delta i_{rn}} \tag{6.3-23}$$

假定$r_n = \dfrac{F_{jn} - F_j}{F_{jn}}$，$r_n$称为黏着牵引力的富余百分率。

以$F_j / F_{jn} = (1 - r_n)$代入式(6.3-23)并整理后得：

$$\Delta i_{rn} = \frac{\alpha_{rn} - r_n}{1 - r_n}(i_{max} + \omega_0) \tag{6.3-24}$$

式(6.3-24)为计算黏降坡度折减值的一般通式。

由于各种类型机车牵引特性不同，影响的程度各不一样。当$r_n \geq \alpha_{rn}$时，这说明黏着系数降低后计算黏着牵引力仍等于或大于计算牵引力，故不需要进行黏降的坡度折减。

《线规》规定：电力牵引的铁路，在长大坡道上可引起黏着系数降低的小半径曲线范围内，应进行坡度折减，其折减值可采用表6.3-6规定的数值。

电力牵引铁路小半径曲线黏降坡度折减值(‰)　　　　　　表6.3-6

最大坡度		4	6	9	12	15	20	25	30
曲线半径(m)	450	0.20	0.25	1.00	0.45	0.55	0.70	0.90	1.05
	400	0.35	0.50	0.65	0.85	1.05	1.35	1.65	1.95
	350	0.50	0.70	1.00	1.25	1.50	2.00	2.45	2.90
	300	0.70	0.90	1.30	1.65	2.00	2.60	3.20	3.80

注：当采用表列数值间的最大坡度或曲线半径时，其相应的坡度折减可采用线性内插值。

3. 隧道内的最大坡度折减

列车在隧道内运行，由于空气阻力的增加而产生隧道附加阻力，因此各种牵引种类的铁路，位于长大坡道上且隧道长度大于400m的路段，需考虑隧道附加阻力的坡度折减。

为了简化计算，隧道内的最大坡度折减值换算成隧道内最大坡度系数β_s的折减来考虑。它们和设计坡度i的关系为：

$$i = i_{max} - \Delta i_s = \left(1 - \frac{\Delta i_s}{i_{max}}\right) \cdot i_{max} = \beta_s \cdot i_{max} \tag{6.3-25}$$

式中：Δi_s——隧道内的最大坡度折减值(‰)。

按《线规》规定：位于长大坡道上且大于400m长度的隧道，其设计坡度不得大于最大坡度乘以表6.3-7系数所得的数值。

电力和内燃牵引铁路隧道内线路最大坡度系数　　　　　　表6.3-7

隧 道 长 度(m)	电力牵引	内燃牵引
401～1000	0.95	0.90
1001～4000	0.90	0.80
>4000	0.85	0.75

位于曲线地段的隧道，应先进行隧道折减，再进行曲线折减。

为防止废气进入驾驶室，内燃机车牵引铁路还应检算列车进入隧道的速度，《线规》规定：内燃机车牵引列车通过隧道的速度不得小于机车的计算速度，隧道长度大于1000m时，还不得小于25km/h。如检算结果未达到上述要求时，应在隧道外设计加速缓坡(图6.3-10)。

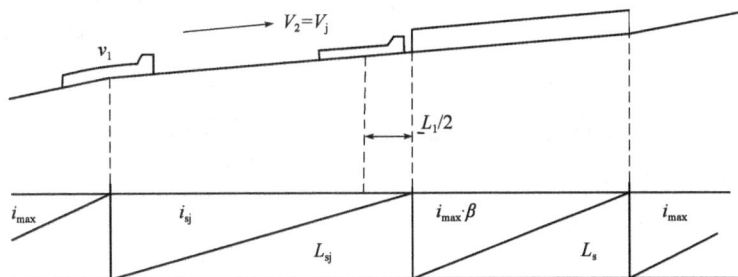

图 6.3-10 隧道外加速缓坡

i_{sj}-加速缓坡的坡度(‰);L_{sj}-加速缓坡的坡段长度(m)

第四节 桥涵、隧道、路基地段的平纵断面设计

一、桥涵处的线路平纵断面设计

桥梁按其长度可划分为特大桥(桥长大于500m)、大桥(桥长100~500m)、中桥(桥长20~100m)和小桥(桥长小于等于20m)。涵洞孔径一般为0.75~6.0m。

1. 桥涵路段的平面设计

特大桥、大桥宜设在直线上,困难条件下必须设在曲线上时,宜采用较大的曲线半径。桥梁设在曲线上有以下缺点:桥梁结构设计和施工不便;更换钢轨和整正曲线比较困难;线路位置容易变形造成过大偏心,对墩台受力不利;曲线上行车摇摆对桥梁受力和运行安全均造成不良影响。

明桥面桥应设在直线上。如设在曲线上,因桥梁未铺道砟,线路很难固定,轨距不易保持,影响行车安全;明桥上的外轨超高要用桥枕高度调整,铺设和抽换轨枕比较困难。所以只有在特殊困难条件下,确有技术经济依据时,方可将跨径大于40m或桥长大于100m的明桥面桥设在半径小于1000m的曲线上。

明桥面桥不应设在反向曲线上,也不宜设在缓和曲线上。因为如将桥梁设在反向曲线上,列车通过时将产生剧烈摆动,影响运营安全;同时线路养护不易正确就位,桥梁产生偏心有害于桥梁受力,明桥面桥更为严重。

桥梁上采用的曲线半径,应不限制桥梁跨径的合理选用。常用定型梁的最小允许曲线半径可参阅有关标准设计图。

连接大桥的桥头引线,应尽量采用桥梁上的平面标准。如设计为曲线时,半径不应小于该区段的最小曲线半径,并考虑采用架桥机架梁时对桥头引线曲线半径的要求。

2. 桥涵路段的纵断面设计

涵洞和道砟桥面桥可设于任何纵断面的坡道上。

明桥面的桥宜设在平道上。设在坡道上时,由于钢轨爬行的影响,难于锁定线路和保持轨距标准,给线路养护带来困难,也影响行车安全。如果必须设在坡度上时,坡度不宜大于 4‰,以免列车下坡时,在桥上制动增加钢轨爬行。所以如将跨径大于 40m 或桥长大于 100m 的明桥面桥设在大于 4‰ 的坡道上,则应有充分技术经济依据。

明桥面桥上不应设置竖曲线,以免调整轨顶高程引起铺设和养护的困难。所以纵断面设计时,应使变坡点距明桥面桥两端不小于竖曲线切线长(图 6.4-1)。

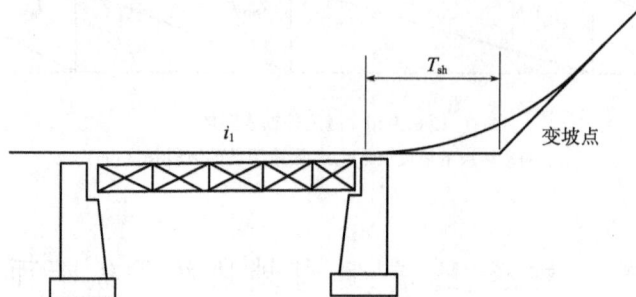

图 6.4-1 变坡点距明桥面桥的距离

桥涵处的路肩设计高程,涵洞处应不低于水文条件和构造条件所要求的最低高度,桥梁处应不低于水文条件和桥下净空高度所要求的最低高度。平原地区通航河流上的大型桥梁,为了保证桥下必要的通航净空,并使两端引线的高程降低,可在桥上设置凸形纵断面。

二、隧道处的线路平纵断面设计

1. 隧道路段的线路平面

隧道内的测量、施工、运营、通风和养护等条件均比空旷地段差,曲线隧道更为严重。所以隧道宜设在直线上;如因地形、地质等条件限制必须设在曲线上时,宜将曲线设在洞口附近并采用较大的曲线半径。

隧道不宜设在反向曲线上。

当直线隧道外的曲线接近洞口时,应使直缓点或缓直点与洞门的距离不小于 25m,以免引起洞口和洞口段衬砌断面加宽。

2. 隧道路段的线路纵断面

隧道内的线路纵断面,可设置为单面坡或人字坡。单面坡能争取高度且有利于长隧道的运营通风,人字坡有利于施工中的排水和出砟。

需要用足最大坡度路段的隧道,为了争取高度,一般应设计为单面坡。

内燃牵引的长隧道,如洞内采用人字坡,将对运营通风不利,尤其是需要双向通风的情况下,不但增加工程设备投资和长期的运营费用,而且可能因双向通风时间较长,降低通过能力,因此,一般宜采用单面坡。

内燃牵引的越岭隧道的坡型选择,应以创造良好的运营条件和争取高程、减少工程为主要依据,设置向自然纵坡陡的一侧为下坡的单面坡;当越岭隧道两端地下水量均很大或高洞口一端地下水发育且工期紧迫,经比选可考虑采用人字坡。

隧道内的坡度不宜小于 3‰,以利排水;严寒地区且地下水发育的隧道,可适当加大坡度,以减少冬季排水结冰堆积的影响。

三、路基对纵断面设计的要求

大中桥的桥头引线、水库地区和低洼地带的路基,路肩设计高程应不小于设计水位 + 壅水高度 + 波浪侵袭高度 + 0.5m。

小桥涵洞附近的路基,路肩设计高程应不小于设计水位 + 壅水高度 + 0.5m。

长大路堑内的设计坡度不宜小于2‰,以利侧沟排水。当路堑长度在400m以上且位于凸形纵断面的坡顶时,可设计为坡度不小于2‰、坡长不小于200m的人字坡。

四、线路平面图和纵断面图

线路平面图和纵断面图是铁路设计的基本文件。在各个设计阶段都要编制要求不同、用途不同的各种平面和纵断面图,其比例尺、项目内容和详细程度都不同,铁路线路各种平纵面图都有标准的格式和要求,设计时可参考原铁道部审批的《铁路线路图式》。

第五节　定线方法

一、客货列车共线铁路的定线方法

地形是客货列车共线铁路定线设计中具有决定性的因素之一,它直接影响线路的方向和位置、线路平面与纵断面的技术标准,以及工程的难易。定线时根据不同的地形条件,采用不同的定线原则和方法。

地形条件通常以地面平均自然坡度来表示。地面平均自然坡度,一般是指 3 ~ 5km 的路段内,两高程控制点高差(m)与其间距离(km)的比值,用(‰)表示。

当采用的最大设计坡度大于地面平均自然坡度($i_{max} > i_{PZ}$)时,线路不受高程障碍的限制,主要矛盾是考虑平面障碍处的定线。这样的地段称为缓坡地段。

当采用的最大设计坡度小于或等于地面平均自然坡度($i_{max} \leqslant i_{PZ}$)时,则线路不仅受平面障碍的限制,更主要的是受高程障碍的控制。这样的地段称为紧坡地段。

1. 定线的原则

1)缓坡地段

在缓坡地段,地形平易,定线时可以航空线为主导方向,既要力争线路顺直,又要尽量节省工程投资。为此,应注意以下几点:

(1)为了绕避障碍而使线路偏离短直方向时,必须尽早绕避前方的障碍,力求减小偏角。一般线路与指导方向的偏角在15°以内时,线路延长比较小。如图 6.5-1 所示为两种绕避湖泊的方法,虚线方案在全长范围内很少偏离短直方向,但将使曲线数目、总偏角和线路长度均较实线方案有所增加。所以,定线应尽早绕避障碍。

(2)线路绕避山嘴,跨越沟谷或其他障碍时,必须使曲线交点正对主要障碍物,使障碍物在曲线的内侧并使其偏角最小。从图 6.5-2 中可见,曲线正对障碍物的实线方案就比未正对障碍物的虚线方案的土石方数量少。

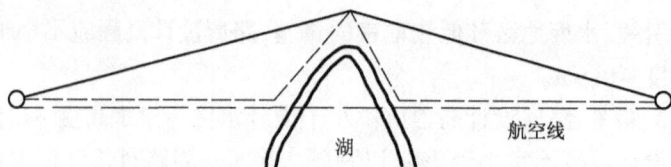

图 6.5-1　绕避平面障碍

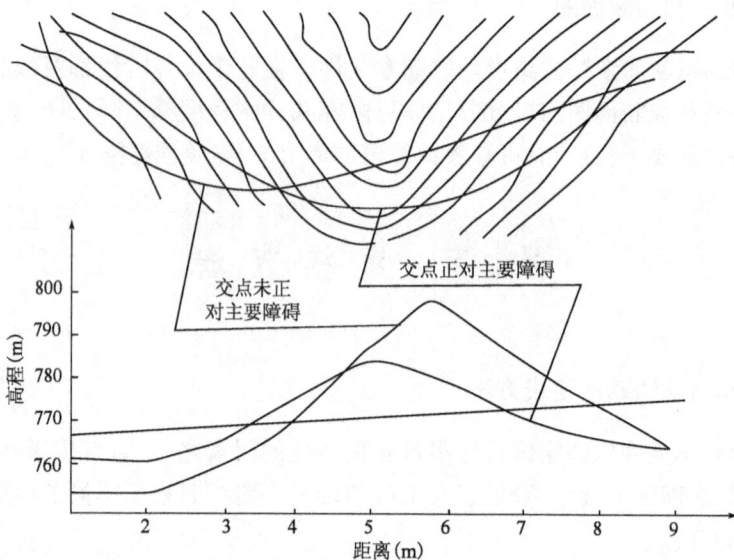

图 6.5-2　平面曲线的合理定位

(3)设置曲线应有理由,必须是确有障碍存在。曲线半径应结合地形尽量采用大半径。

(4)坡段长度最好不小于列车长度,应尽量采用下坡方向无须制动的坡度即无害坡度。

(5)力争减少总的拔起高度,但绕避高程障碍而导致线路延长时,应通过比选确定。

(6)车站的设置应不偏离线路的短直方向,并争取把车站设在凸形地段。地形应平坦开阔,以减少工程量。

2)紧坡地段

在紧坡地段定线时,应注意以下几点:

(1)紧坡地段从总体而言应用足最大坡度定线,以克服高程障碍。

(2)展线地段若无特殊原因,一般不采用反向坡度,以免增大克服高度,引起线路不必要的展长和增加运营支出。

(3)在紧坡地段定线,一般应从困难地段向平易地段引线,因为垭口附近地形困难,展线不易,故从预定的越岭隧道洞口开始向下引线较为合适,个别情况下,当受山脚的控制点(如高桥)控制时,也可由山脚向垭口定线。

(4)困难地段选线与车站分布的配合。

在地形困难、地质条件复杂的山区,站坪位置和车站数目是影响展线的主要因素之一。由于车站范围内平纵断面设计标准不同,理想的线路方案往往找不到合适的设站位置,或选定了较理想的站址将影响合理的线路位置。

因此,在困难地段应做好车站分布与选线的配合工作。首先按允许的最大区间长度,结合地形、地质和居民点位置等情况,考虑不同的车站位置和线路方案,经技术经济比选后确定较理想的方案。在垭口地段,车站宜采用较陡的站坪坡度,以争取高度;或将站坪设在高桥的下坡一方,以降低桥梁的高度。

2.定线原理和方法

铁路定线可分为纸上定线(又称室内定线)和野外定线两种基本方法。纸上定线是在等高线地形图上选定线路的走向和位置,野外定线则是在实地进行这些工作。在实际选线过程中,为了选出最佳的线路位置,通常都采用两者相结合的办法交替进行。

纸上定线的方法很多,有导向线法、横断面选线法、尝试法(或试探法)等,对不同的设计阶段和不同比例尺的地形图采用不同的定线方法。

1)导向线法——小比例尺地形图上定线方法

在急坡地段,线路的概略位置与局部走向,可借助导向线来拟定。导向线就是用足最大坡度在导向线与等高线交点处定出的填挖为零的一条折线。因此,参照导向线的位置定出的线路平面,其填挖工程量是比较小的。

导向线法是利用两脚规在地形图上进行选线(故又称为两脚规跨距法),其定线步骤如下:

(1)根据地形图上等高线间距 Δh,定线坡度 i_d,计算出线路上升 Δh 需要的距离 Δl,即:

$$\Delta l = \frac{\Delta h}{i_d \cdot x} \times 10^5 \qquad (6.5\text{-}1)$$

式中:Δl——定线步距或两脚规开度(cm);

Δh——地形图等高线间距(m);

i_d——定线坡度(‰);

x——等高线地形图比例尺。

(2)参照规划纵断面,在平面图上选择合适的车站位置,从紧坡地段的车站中心开始,向前进方向绘出半个站坪长度($L_z/2$),作为导向线起点(或由预定的其他控制点开始)。

(3)按地形图比例尺,取两脚规开度为 Δl,将两脚规的一只脚定在起点或附近地面高程与设计路肩高程相近的等高线上,再用另一脚截取相邻的等高线。如此依次前进,在等高线上截取很多点,将这些点连成折线,即为导向线(图6.5-3中的 $a,b,c,d,e,\cdots$)。在同一起讫点间,有时可定出若干条导向线。如图中虚线为另一导向线,因偏离短直方向较实线线路距离长,故可以放弃。

(4)平面和纵断面设计。设计步骤如下:

①导向线是一条折线,仅能表示线路的概略走向,为了定出线路平面,须以导向线为基础,借助于铁路曲线板和三角板,在符合线路规范有关规定的前提下,顺直地绘出线路平面(图6.5-4)。

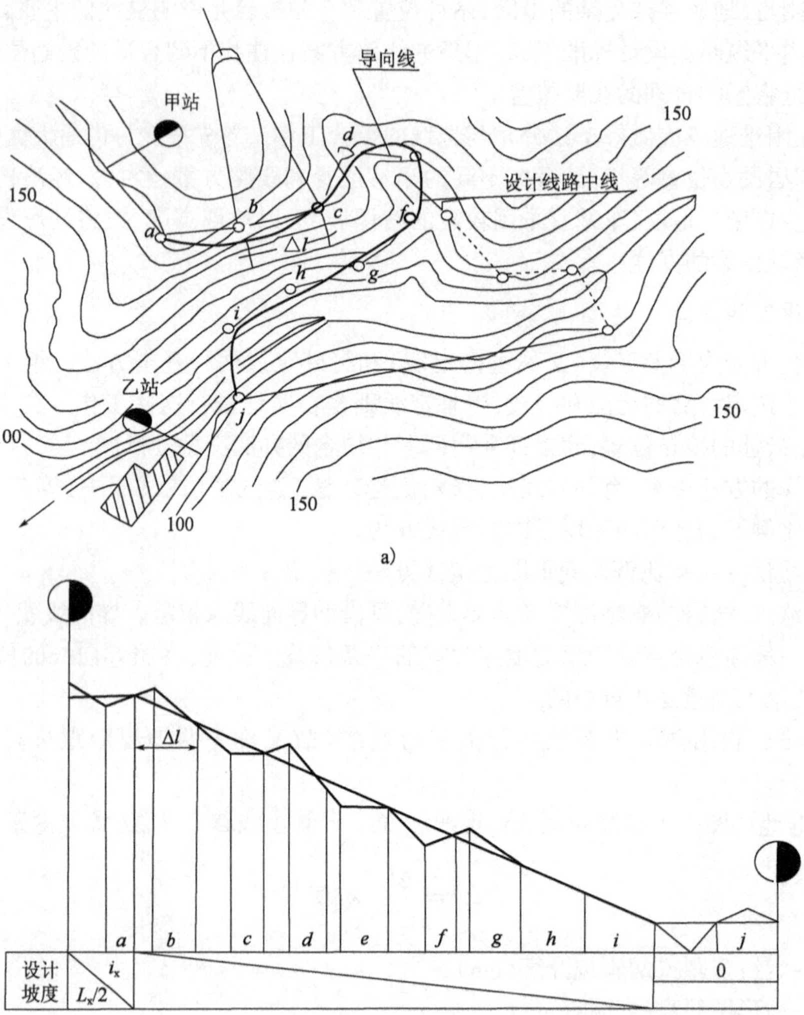

a)

b)

图 6.5-3　导向线定线

a) 平面; b) 纵断面

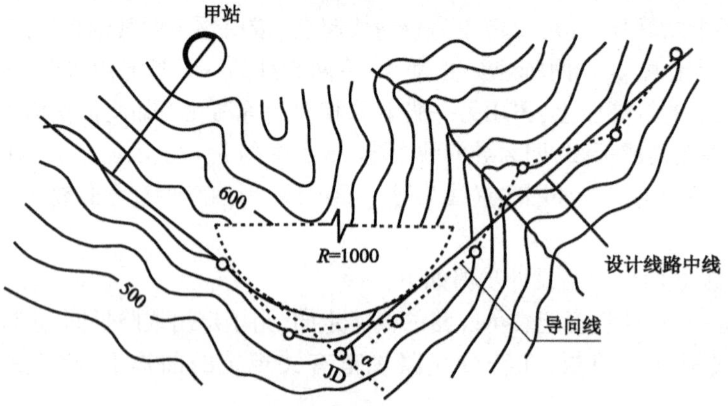

图 6.5-4　沿导向线设定线路及选配半径

②用量角器量出曲线偏角,选配缓和曲线长度,求出切线长、曲线长(可查阅《铁路曲线测设用表》)。

③按切线长在地形图上定出曲线的直缓点和缓直点。由设计起点或后方曲线的缓直点开始,量出各千米标、百米标和直缓点里程。直缓点里程加曲线长(1个缓和曲线长与1个圆曲线长之和),即得该曲线缓直点里程。

④按里程及地面特征点(设加标)的高程,以规定的比例尺绘出纵断面图的地面线;在纵断面图"线路平面"栏按里程绘出平面示意图,曲线内侧填注曲线要素。

⑤根据地面起伏、地面横坡、地质条件和规范有关规定,进行纵断面设计(填挖高要适当),定出各个坡段长度(一般取50m的整倍数)及坡度大小(除折减地段外,一般取0.5‰整倍数);计算变坡点处的路肩设计高程(取至厘米),绘出设计坡度线。

⑥通常在定出一小段平面后,紧接着设计纵断面。在试定出3~5km线路后,进行全面的检查、分析,考虑线路是否合理,并修改至满意为止。

重复以上步骤,设计下一段线路,直至设计终点。最后,按标准图式绘制平面图与纵断面图。

(5)桥隧及其他单项工程的布置。线路设计的合理性,要结合单项工程的布置与设计综合考虑。除车站分布如前述以外,还应进行桥梁、涵洞的分布、流量与孔径的计算,确定隧道洞口位置与隧道长度,以及布置挡土墙等。这些工作应由有关的专业配合进行。

2)试探法

本法适用于缓坡地段,是在平原丘陵地区纸上定线常用的方法之一。在缓坡地段由于地面自然坡度不受限制坡度的控制,因而利用控制点间的航空线方向,就可较轻松地定出一条平直的线路。定线的基本方法如下:

从实际起点开始,先按控制点间航空线方向直接定线,遇到河湾、村庄、山谷、山嘴和不良地质条件等平面障碍和高程障碍时在图纸上做出记号,必要时做绕避方案的比较,无论是选用内绕、外绕或取直方案,都必须先用直线或曲线通过记号点进行试凑(尽可能通过众多的记号点)定线。有时需要经过几次尝试,才能定出合适的线路位置。一般情况下先定出直线,后选配曲线半径;但在地形复杂的困难地段,为保证符合《线规》要求,减少不必要的返工,也可先定出曲线后再定直线位置。如图6.5-5所示是在大比例尺(1:5000~1:2000)带状地形图上,用试探法进行纸上定线的一段线路。

用试探法定线,一般通过对纵断面的比较,决定方案的取舍,在困难的情况下要经过比选,定出较好的方案。试探法平纵断面设计的步骤与上述导向线法相同。

3. 线路平面、纵断面设计的改善

对初步定出的线路平面和纵断面进行研究分析,将会发现需要修改原定线路某些地段,以减少工程数量和改善运营条件。在技术设计(或施工设计)阶段,平、纵断面是编制施工文件最重要的依据,尤应认真复核、研究和修改,精心设计。

平、纵断面改善的问题通常有:线路局部方案的比选;减少填挖方及桥梁、隧道的工程数量;绕避不良地质;车站及桥涵分布的调整;改善某些工点的施工条件;改善局部地段的运营条件;改善采用规范容许最低标准的局部地段的设计;减少农田占用及建筑物的拆迁。

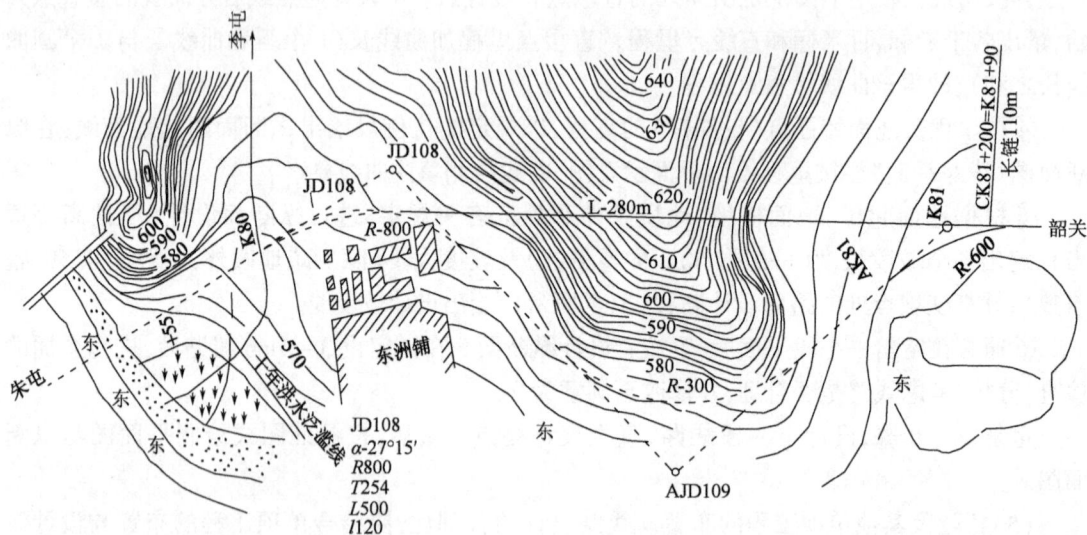

图 6.5-5　试探法定线

线路平面、纵断面的改善,一般是从分析研究入手,找出存在问题及其解决办法,然后做局部修改。小的改动是凭经验判断,较大的改动需要通过技术经济比较确定。在设计上平、纵、横断面三者是互相制约的。改动平面,要检查纵、横断面引起的变化;改动纵断面,要检查横断面的变化和平面位置的合理性。现以常见的修改平、纵断面以减少填挖方数量的几种情况为例,说明如下:

(1)原坡度设计不当,局部地段出现填挖方过大时,可改变坡段组合或设计高程以减少填挖方数量,如图 6.5-6 所示。

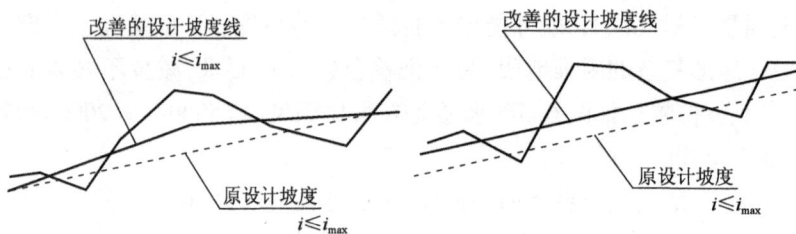

图 6.5-6　改变设计坡度减少工程

(2)原设计坡度不宜改动(如已用足最大坡度),但在纵断面图上填挖高度由一端向另一端逐渐增大到不合理的程度时,则可根据具体情况改变线路平面位置,如将线路扭转一个角度(图 6.5-7)。

原坡度设计合理,而在纵断面图上填挖高度由两端向中间逐渐增大到不合理的程度时,则可增设曲线或改变曲线半径以减小中间的填挖高度(图 6.5-8)。

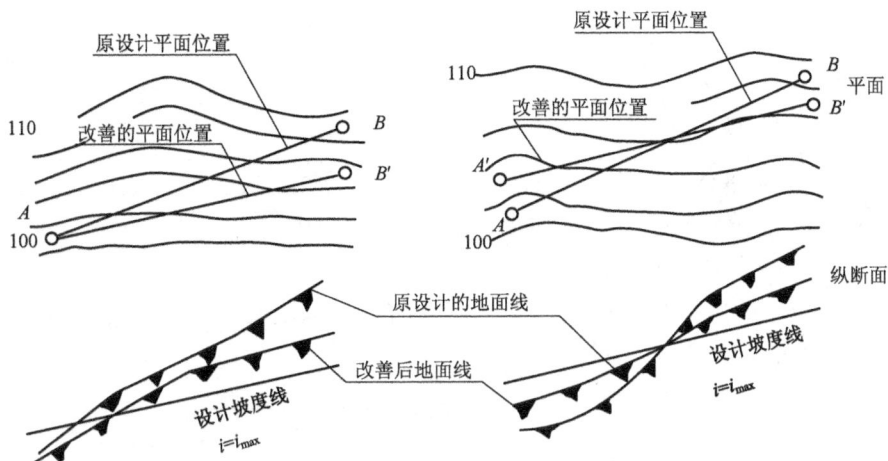

图 6.5-7　转动直线减少工程

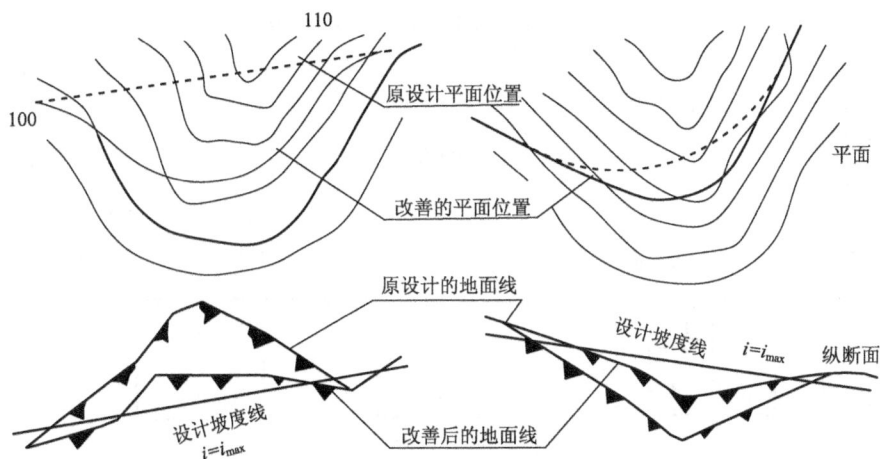

图 6.5-8　改变曲线减少工程

（3）当平面曲线和切线配合不当而引起工程增加时,应重新调整偏角和配置曲线,以减小工程量。如图 6.5-9 所示,原定线路的纵断面图上,两涵洞间一段挖方和右侧一段填方都很大。经在平面图上研究,发现在挖方处将线路往低处横向移动,填方地段往高处横向移动,即可减少挖方和填方。为此,改变了曲线半径和右侧的切线方向。

二、城市轨道交通线路的定线方法

1.线路平面位置选择

1）地下线路平面位置

城市轨道交通地下线路的平面位置主要有如下两类:

（1）轨道交通线路位于城市规划道路红线范围内,是常用的线路平面位置形式。它的特点是对道路红线范围以外的城市建筑物干扰较小。如图 6.5-10 所示是城市轨道交通地下线路的三种代表位置。

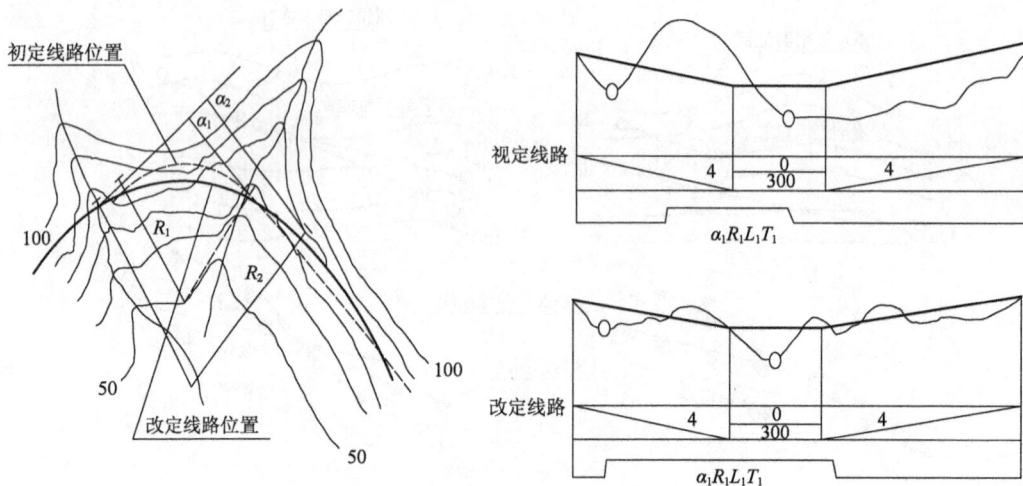

图 6.5-9　改动切线和曲线半径减少工程

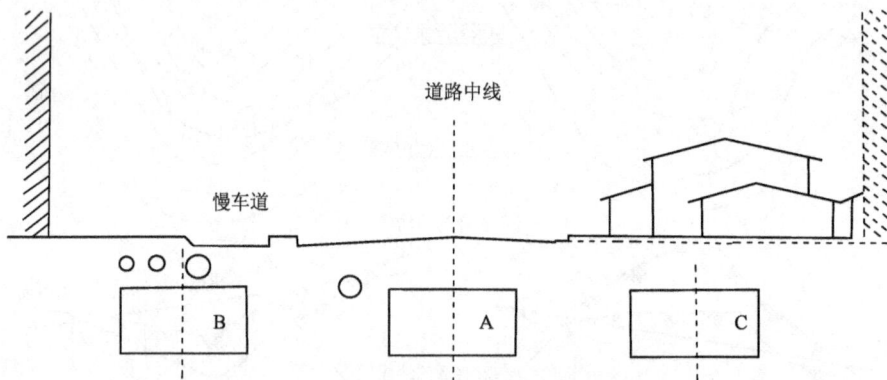

图 6.5-10　城市轨道交通地下线路设置位置示意

A 位:轨道交通线路居道路之中心,对两侧建筑物影响小,地下管网拆迁较少,有利于线路裁弯取直,减少曲线数量,并能适应较窄的道路红线宽度。缺点是当采用明挖法施工时,会破坏现有道路路面,对城市交通干扰大。

B 位:轨道交通线路位于慢车道和人行道下方,能减少对城市交通的干扰和对机动车路面的破坏。

C 位:轨道交通线路位于待拆的已有建筑物下方,对现有道路及交通基本上无破坏和干扰,地下管网也极少。但房屋拆迁及安置量大,只有与城市道路改造同步进行,才十分有利。

(2)轨道交通线路位于道路范围以外。轨道交通地下线路置于道路范围之外,可以达到缩短线路长度、减少拆迁、降低工程造价的目的。但必须具备如下条件之一:

①沿线区域地质条件好,基岩埋深很浅,隧道可以用矿山法在建筑物下方施工。

②沿线区域为城市非建成区或广场、公园、绿地(耕地)等。

③沿线区域为老的街坊改造区,可以与轨道交通同步规划设计,并能按合理施工顺序进行施工。

除上述条件外,若线路从既有的多层、高层房屋建筑下面通过时,不但施工复杂、难度大,并且造价高昂,选线时要尽量避免。

2)高架线路平面位置

高架线路平面位置选择,较地下线路严格,自由度更少,一般要顺城市主干道平行设置,道路红线宽度宜大于40m。在道路横断面上,轨道交通高架桥墩柱位置要与道路车行道分隔带配合,一般宜将桥柱置于分隔带上,如图6.5-11所示。

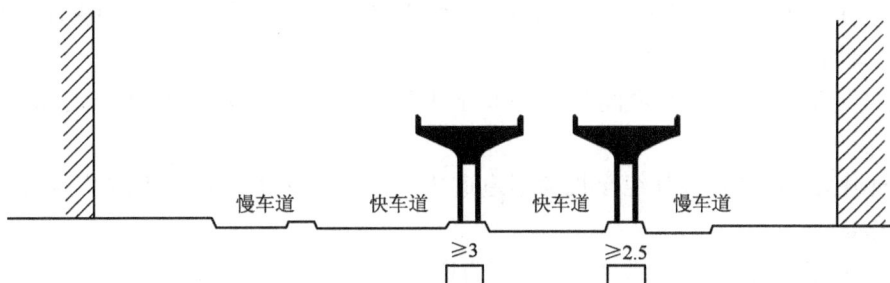

图6.5-11 轨道交通高架桥设置位置示意

3)地面线路平面位置

(1)轨道交通地面线位于道路中心带上,如图6.5-12所示,带宽一般为20m左右。当城市快速路或主干道的中间有分隔带时,地面线设于该分隔带上,不阻隔两侧建筑物内的车辆按右行方向出入,不需设置辅道,有利于城市景观及减少轨道交通噪声的干扰。其不足之处是乘客均需通过地道或天桥进入轨道交通站台。

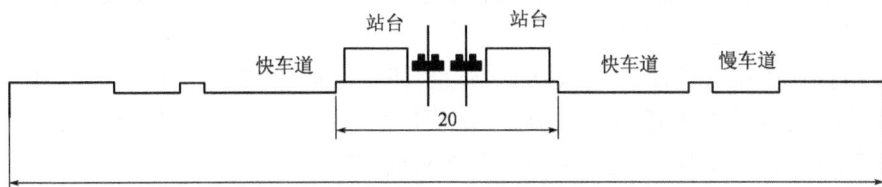

图6.5-12 轨道交通地面线设置位置示意(一)(尺寸单位:m)

(2)轨道交通地面线位于快车道一侧,如图6.5-13所示,带宽一般为20m左右。当城市道路无中间分隔带时,线路设于该位置可以减少道路改移量。其缺点是在快车道另一侧需要建辅路,增加了道路交通管理的复杂性。

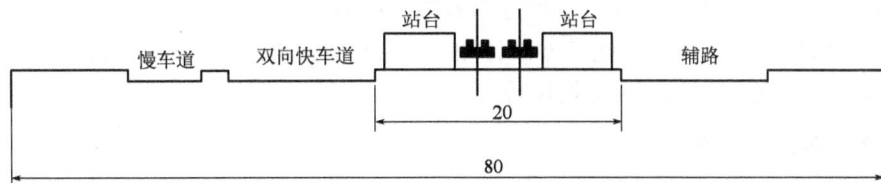

图6.5-13 轨道交通地面线设置位置示意(二)(尺寸单位:m)

当道路范围之外为江、河、湖、海岸滩地或是不能用于居住建筑的山坡地等,可考虑将轨道交通线路布置于这些地带上,但要充分考虑路基的稳固与安全。轨道交通地面线一般应设计成封闭线路,防止行人、车辆进入,与城市道路交叉时一般应采用立交。

4)轨道交通线路与地面建筑物之间的安全距离

地下线与地面建筑物之间的安全距离。为了确保地下线施工时地面建筑物的安全,轨道交通线路与建筑物之间应留有一定距离。它与施工方法和施工技术水平密切有关。采用放坡明挖法施工时,其距离应大于土层破坏棱体宽度。

高架线与建筑物之间的安全距离。轨道交通高架线与建筑物之间的安全距离,由防火安全距离与防止物体坠落轨道交通线路内的安全距离确定。前者参照建筑物防火与铁路防火规范执行,后者暂无规范,可视具体情况考虑。

地面线与道路及建筑物之间的最小安全距离。目前规范未做出规定,建议按下列值考虑:

(1)轨道交通围护栏杆外缘至机动车道道牙内缘最小净距1.0m(无防护挡墙)或0.5m(有防护挡墙)。

(2)轨道交通围护栏杆外缘至非机动车道道牙内缘最小净距0.25m。

(3)轨道交通围护栏杆外缘至建筑物外缘最小净距5.0m(无机动车出入)或10m(有机动车出入)。

此外,在决定安全距离时,尚应考虑列车运行的振动和噪声的影响。

5)线路平面位置方案比选

线路平面位置比选主要包括直线位置的比选和曲线半径的比较,其主要比选内容如下:

(1)线路条件比较:包括线路长度、曲线半径、转角等。对于小半径曲线,在拆迁数量、拆迁难度、工程造价增加不多的情况下,宜推荐较大半径的方案,若半径大于或等于400m,则不宜增加工程造价来替换大半径曲线。

(2)房屋拆迁比较:包括拆迁房屋数量、质量、使用性质、拆迁难易等的比较。质量差的危旧房屋可以拆。住宅房易拆,办公房次之,工厂厂房难拆迁;学校、医院等单位,一般考虑邻近安置;在市场经济的条件下拆迁商贸房异地搬迁的难度大。

(3)管线拆迁比较:包括上下水管网、地下和地上电力线(管)、地下和地上通信电缆线(管)、煤气管、热力管等的数量、规格、费用及拆迁难度的比较。大型管道改移费用高,下水管改移难度大。

(4)改移道路及交通便道面积比较:包括施工时改移交通的临时道路面积及便桥,恢复被施工破坏的正式路面及桥梁等。

(5)其他拆迁物比较:不属于上述拆迁内容的其他拆迁。

(6)城市轨道交通主体结构施工方法比较:包括施工的难易度、安全度、工期、质量保证、对市民生活的影响等方面的综合分析评价。

2.线路平面设计方法

1)设计步骤及方法

城市轨道交通平面设计以右线为准,具体设计步骤及方法如下:

(1)确定线路任意点坐标及直线边方位角。根据定线所要求的线路与城市规划道路或指定建筑物的关系,求取线路右线直线边及任一点坐标和方位角。为了施工的方便,轨道交通线路平面及高程控制系统应尽量与城市控制系统取得一致,方位角一般取整到秒,线路长度取整到毫米,交点坐标取值精确到 0.1mm。

当道路中线由多个极小折角、短边组成近似直线时,轨道交通线路应尽量取直,并与城市规划部门协调并得到认可。

若控制点在曲线地段,则宜先确定圆心点坐标。有时需要通过变更曲线半径反复计算,才可得出线路的最佳位置。

(2)右线交点坐标计算。右线坐标计算从起点开始,先用已知直线相交公式及点间距离公式求出起始边长,取整后用坐标公式计算交点坐标。用交点坐标及第二直线边方位角作为新起始边直线,再用上述公式求出第二直线边长,取整后计算第二个交点坐标。这种交替计算边长和坐标的方法,可以保持线路的计算位置与设计位置一致,误差在 0.5mm 以内。

(3)曲线要素计算。

①曲线半径,初步设计阶段,右线曲线半径一律采用标准整数。施工设计阶段,当左右线为同心圆曲线时,外圆曲线半径采用标准整数,若是最小曲线半径,内圆一般应采用标准整数半径。

②缓和曲线长度,初步设计阶段根据曲线距车站的远近,根据经验按地铁设计规范初步选用缓和曲线长度;施工设计时根据列车运行速度图,选用缓和曲线长度。

(4)右线里程计算。轨道交通里程曾采用百米标表示,现改用千米标表示,如 K8 + 800,表示为 8km 加 800m 处。另外,可以在"K"字前冠以不同的西文字母,表示不同的比较方案。对不同设计阶段,一般不需用字母区分,以简化设计工作。

(5)断链使里程失去线路直观长度,也容易造成设计施工中的差错,因此右线在任何设计阶段,里程不宜产生断链。

(6)建筑物控制点与线路相互关系计算。建筑物控制点至线路的垂距及其里程,可用点线间垂距公式计算,也可以用两直线的交点公式计算。

(7)车站中心右线里程及坐标计算。根据定线要求的站位首先计算右线站中心里程。移动车站中心位置取车站里程整数到米,再计算站中心坐标,坐标取值到 0.1mm。

2)部分计算公式介绍

线路平面设计时所应用的公式很多,仅将轨道交通设计中常用公式的一部分列出。

(1)点线间垂距计算公式。

$$d = (X - X_0)\sin\alpha - (Y - Y_0)\cos\alpha \qquad (6.5\text{-}2)$$

式中:α——线路方位角,其余见图 6.5-14;

d——正值表示 P 点与坐标原点分别位于线路的两侧,负值表示 P 点与坐标原点位于同侧。

(2)两线相交点坐标计算公式。

$$X_c = X_a + \frac{(X_a - X_b)\tan\alpha_b - (X_a - X_b)}{\tan\alpha_a - \tan\alpha_b} \qquad (6.5\text{-}3)$$

$$Y_c = Y_a + (X_c - X_a)\tan\alpha_a \qquad (6.5\text{-}4)$$

或

$$Y_c = Y_b + (X_c - X_b)\tan\alpha_b \qquad (6.5\text{-}5)$$

式中:符号含义如图 6.5-15 所示。

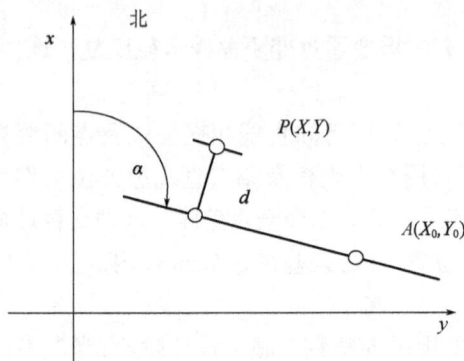

图 6.5-14　点线间垂距计算示意　　　　图 6.5-15　两线相交点坐标计算示意

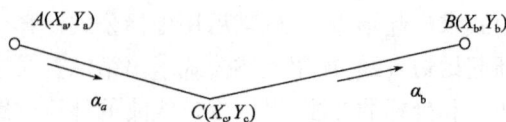

式(6.5-6)与式(6.5-7)可互为校核,当转角很小时,得出的小数位要取 4 位,才能保证所得值一致。

(3)不等缓和曲线长度的切线长度计算公式。

$$T_{1s} = (R + p_1) \cdot \tan\frac{\alpha}{2} + \frac{(p_2 - p_1)}{\sin\alpha} + m_1 \qquad (6.5\text{-}6)$$

$$T_{1s} = (R + p_1) \cdot \tan\frac{\alpha}{2} + \frac{(p_2 - p_1)}{\sin\alpha} + m_1 \qquad (6.5\text{-}7)$$

$$L_s = \frac{\pi R_a}{180°} + \frac{l_1 + l_2}{2}$$

3. 线路纵断面设计方法

1)设计原则

(1)纵断面设计要保证列车运行的安全、平稳及乘客舒适,高架线路要注意城市景观,坡段应尽量长些。

(2)线路纵断面要结合不同的地形、地质、水文条件,线路敷设方式与埋深要求,隧道施工方法,地上、地下建筑物与基础情况以及线路平面条件等进行合理设计,力求方便乘客使用和降低工程造价。必要时,可考虑变更线路平面及施工方法。

(3)尽量设计成符合列车运行规律的节能型坡道组合的纵断面。车站一般位于纵断面的高处,区间位于纵断面的低处。除车站两端的节能坡道外,区间一般宜用缓坡,避免列车交替使用制动—给电运行。

2)纵断面设计步骤

(1)绘制基础资料。根据不同的设计阶段、设计要求,按不同的纵断面图幅格式,将不同繁简的基础资料绘制于厘米格纸上(或输入计算机)。这些资料包括:地面线(道路线)及其跨越道路立交桥、河床底、航行水位、洪水位、铁路、高压线高程等资料;地下管道及主要房屋、人防工程基础高程等资料;道路、立交桥、铁路、河渠、地下管道等规划高程资料;地质剖面及地下水位高程资料;线路平面及附属结构物设计资料。

(2)找出线路控制高程。根据设计原则、标准、隧道结构外轮廓尺寸、覆土厚度、桥下净高、距建筑物的最小距离、地铁排水位置等要求,找出纵断面设计的控制高程。

(3)右线坡度设计。右线坡度设计贯穿于各个设计阶段。初步设计及以前各阶段,坡段长度宜为50m的倍数,变坡点一般落在百米里程及50m里程处。施工设计阶段,右线坡段长度一般取整为10m的倍数,变坡点落在整10m的里程上,坡度一般用千分整数表示,以便其他设计专业和施工人员应用。设计高程应为轨顶高程。

(4)右线竖曲线设计。竖曲线设计包括竖曲线半径选择、竖曲线切线长度计算及竖曲线高程改正值计算。初步设计阶段只进行竖曲线半径设计,施工设计阶段才进行竖曲线高程改正值计算,精度至毫米。

3)左线坡度设计

(1)左线与右线并行于同一隧道内。左线与右线位于同一隧道结构体内,无论隧道结构是单孔(跨)还是多孔(跨),无论是车站隧道结构还是区间隧道结构,左线坡度应与右线一致,同断面的左右线高程应相等。

曲线地段,左右线(内、外曲线)长度不同,左线坡度应做调整,使曲线范围内同一法线断面上的左右线高程相同。调整坡度段与原坡段视为同一坡段,调整坡度段的变坡点最好位于缓和曲线中部的整10m里程位置上,并验算左右线同断面高程是否相同,允许高程差不大于2cm。在曲线和坡度地段,可以调整变坡点位置,避免零碎坡段和坡度,但要满足相同断面高程差不大于2cm的要求。调整坡度值与调整变坡点也可以同时进行。

左线与右线上下重叠于同一隧道内,是一种立体并行形式。这种形式的左线坡度与右线应完全相同,高程相差一常数。

(2)左线与右线分设于单线隧道内。车站范围内的左线坡度及高程宜与右线一致(左右线站台位于同一平面上)或高程相差一常数(左右线站台不位于同一平面上)。虽然车站范围内左线与右线的隧道是单独的,但站台之间、站台与站厅之间都有通道相互联络,左右线坡度及高程一致(或差一常数),有利于车站各部分的设计与施工。

区间地段的左线坡度不要求与右线相同,坡度设计较为灵活。但左右线宜共用一个排水站,要求左线最低点位置处于右线最低点同一断面处,如错动不应大于20m,最低点高程宜相等,但允许有30cm以内高差。左右线之间若有连接通道,其左右线高程宜相同,允许有50cm以内的高差。

4)纵断面修改设计

地基原因:软土地基及软硬土层交界地段。

施工原因:不同施工方法、新老施工段相隔时间久、利用隧道上方场地大量存土等原因,造成建好的隧道结构不均匀下沉;又由于隧道结构净孔限制,致使轨道无法按原纵断面设计坡度及高程铺设,必须修改纵断面坡度及高程。

纵断面坡度修改设计标准与新线设计标准基本相同,允许的最小坡度可用到2‰,但排水沟要特殊施工,以保持水沟不积水。交坡点位置可以设在整数米的位置,坡度可以用非整数千分坡。

修改纵断面设计的关键工作是准确掌握已完工的隧道结构沉降、断面净孔尺寸及其误差情况。设计人员应深入现场,实地检查,在此基础上,提出横断面净孔测量及加密底板面高程测量要求。一般对底板面高程,沿线路中心线每隔 5~20m 距离测量一次;对断面净孔尺寸及顶板底面高程,一般每隔 10~50m 测一次。

纵断面修改设计的步骤如下:

(1)审阅线路平面贯通测量及隧道底板高程资料,现场踏勘检查。

(2)提出左右线隧道结构断面净孔及高程测量要求。

(3)标绘隧道结构底、顶板净孔的放大纵断面图。

(4)分析隧道结构净孔放大纵断面图,找出高程控制点。

(5)纵断面坡度修改设计。

(6)检查净孔高度及道床厚度是否满足要求。

在困难条件下,限界中可以适当扣除施工误差,道床可特殊设计,减薄厚度。在采取上述措施后仍不能满足净孔要求时,由施工单位采取补救措施,扩大隧道净孔,并根据施工补救方案进行纵断面修改设计。

第七章　铁路路基工程

第一节　概　述

一、路基工程的组成及特点

1.路基的概念

铁路路基是经开挖或填筑而形成的直接支承轨道、满足轨道铺设和运营条件而修建的土工结构物,是铁道工程的重要组成部分。它承受着轨道及机车车辆的静荷载和动荷载,并将荷载向地基深处传递扩散,因此路基应具有足够的强度和稳定性,应能抵抗自然因素的破坏而不致产生有害变形。在纵断面上,路基必须保证线路需要的高程;在平面上,路基与桥梁、隧道连接组成完整贯通的线路。

路基工程包括路基本体工程、路基防护工程、路基排水工程、路基支挡和加固工程,以及由于修筑路基可能引起的改河、改沟等配套工程。对所有这些路基工程建筑物应如何正确、合理地进行设计和施工是路基工程师工作的基本内容。

2.路基工程的特点

作为轨道的基础,作为一种土工结构物,路基工程具有其独特的特点。

1)路基建筑在土石地基上并以土石为建筑材料

路基是建筑在土石地基上并以土石为建筑材料的土工结构物。岩石和土都是不连续介质,各种岩石性质差异悬殊,并具有多种结构面;土的成因、成分、结构、构造也各不相同。在自然营力和人类活动的作用下,土石的工程性质在不断变化。所以,在以岩土力学为基础的路基工程设计中,如何取得正确反映土石工程性质的物理力学指标和如何建立表达土石的应力—应变—时间关系的本构模型,成为岩土工程的重要研究内容,也是路基设计和施工水平提高的基础。

2)路基完全暴露在大自然中

在线路工程中,路基除可遇见各种复杂的地形、地质条件外,还常受严寒、酷暑、水位涨落、狂风暴雨等气候、水文以至地震等自然条件的影响,引起各种病害,如膨胀土路基干缩湿胀引起路基边坡坍塌;南方淫雨、北方冻胀融沉引起路基隆起、下沉、翻浆冒泥等病害,雨季引起大滑坡;西北风蚀沙埋路基等。所以,路基的设计、施工、养护均离不开具体的自然条件,在充分调查研究的基础上,认识和克服自然灾害,是路基工程师工作的重要内容。

3)路基建筑在土石地基上并以土石为建筑材料

路基上的轨道结构和附属构筑物产生静荷载,列车运行产生动荷载,动荷载是造成基床病害的主要原因之一。要研究土体在动力作用下的变形、稳定问题,必须了解土的动力性质,包括土的动强度和液化、动孔隙水压力增长及消散模式、土的震陷等。一些新的测试手段和计算模型的出现,为进一步深入研究基床土动力响应提供了更完善的条件。在普通铁路路基设计中,将动荷载视为静荷载计算,而在高速铁路路基设计中,必须考虑作用在路基面上的动荷载特性。

二、路基工程技术的现状及发展

20 世纪 20 年代以前,路基填筑都按"自然沉落"法设计施工。直到 1930 年,美国人 Proctor 首先提出用标准击实试验控制路基填筑压实度。自此,各国开始制定路基填筑标准。随着生产力的发展,铁路运量和速度的不断提高,既有线铁路路基不断出现病害,各国也不断提高新建路基的设计标准。

1. 我国铁路路基现状

长期以来,我国新建铁路没有把路基当成土工结构物来对待,而普遍冠名以土石方。在"重桥隧、轻路基,重土石方数量、轻质量"的倾向下,路基翻浆冒泥、下沉、边坡坍滑、滑坡等病害经常发生,使新建铁路交付运营后乃至运营多年仍不能达到设计速度与运量,经济效益与社会效益较差。

运营铁路路基技术状态不佳、强度低、稳定性差,严重威胁铁路运输和安全,已成为铁路运输的主要薄弱环节。因此,路基质量问题已逐渐被人们所认识与重视。由于我国铁路运输承担了全国 70% 左右的货物周转量和 60% 左右的旅客周转量,因此国家确定了发展重载列车及高速客运专线的技术政策。为了适应这一变化,必须提出与之相适应的高要求的路基设计标准,并严格控制工程质量。

2. 国外铁路路基现状

国外铁路发展的方向是重载及高速铁路。发展重载铁路(轴重 250~360kN)的国家有美国、加拿大、澳大利亚、俄罗斯等;发展高速铁路的国家有法国、日本、德国等。这些国家都制定了较高的路基技术标准和严格的施工工艺,其特点如下:

(1)结合路基工程规定了详细的岩土分类,要求进行详细的调查,为设计、施工及养护提供所必需的依据资料。

(2)加强了轨道基础的路基基床部分,包括路堤、路堑及不填不挖地段,特别是对基床表层的材料(日本对新干线要求设置加强基床,很多国家设置基层或防护层、垫层)有严格条件并规定了强度要求。关于强度标准,有的用形变模量 E,有的用加州承载比(CBR)。日本采用直径为 30cm 的平板荷载试验求出的地基系数 K_{30};欧洲铁路联盟及法国标准要求对基层要根据土质、承载能力、防冻要求、线路等级、运输荷载条件(轴重、运量、速度)以及线路上部结构的条件设计其结构及所需厚度。

(3)对路堤各部分的填土规定了相应的填料标准,填土质量标准要求较高。多数采用压实系数 K 作为标准,施工中严格进行质量检验及控制。日本、法国标准中分别提出可用贯入仪及落球回弹法等快速检验法。为了调整接近桥台的路堤刚度,对桥头路堤规定了更高标准。

(4)为控制路基不发生过大的下沉,对路堤填土的地基条件提出了规定及处理要求。

(5)加强路基的排水系统、边坡和灾害的防护。要求防护工程与主体工程同时完成,增加路基的坚固和稳定性,避免运营期间发生病害。

3.路基工程技术的发展

高速、重载铁路的兴建,对铁路线路的质量提出了新要求。因此,路基的性状必须要与之相一致。在确保路基稳定的前提下,在线路养护维修允许的条件下,路基在各种因素作用下的变形应控制在确保线路不出现不良状态的范围内。近年来获得的进步主要表现在:

1)设计计算技术逐步提高,设计理念逐渐转变

计算技术的发展促进了对岩土本构关系的研究。国内外出现的上百种非线性弹性、弹塑性土石本构关系模型,使对土石的变形和破坏机理的研究翻开了崭新的一页。

利用现有计算技术,能方便地对地基土石的物理力学指标进行概率统计处理,为可靠性设计奠定了基础。国内已有多个行之有效的计算机程序,可以完成路基的初步设计和施工图设计。在不断应用的过程中,它必然会日臻完善。

随着高速铁路的出现和发展,深化了传统的路基设计理念。由于高速行车对线路变形的严格要求,使得路基由强度控制设计逐渐向变形控制设计转变,通常在路基强度破坏之前,已出现了较大的变形。

2)新工艺、新技术、新材料层出不穷

随着新材料、新工艺、新技术的不断出现,路基工程面貌一新。对滑坡的处理除采用重力式挡土墙外,经历了抗滑桩、仰斜排水孔、锚杆等,发展到应用预应力锚索及锚索桩;对软土地基的处理,从采用砂井、反压护道,经历袋装砂井、塑料排水板、真空预压等,发展到粉喷桩、旋喷桩及土工合成材料加筋地基;对基床病害的处理经历了换填砂石料、敷设沥青面层、设盲沟排水等措施,发展到较普遍地应用土工合成材料进行加筋和隔离;边坡防护技术正在从工程防护向绿色生物防护发展。在相应工程中,技术人员可以因时、因地制宜,选用合理的处理方案。

我国高速公路路基工程中,已多次用粉煤灰填筑,铁路路堤也已开始在铁路专用线及地方铁路中得到试用,这是轻量填筑法的开始。除粉煤灰外,还有水淬矿渣等一类工业废料可以利用,它们在减轻结构物质量、保护环境、减少投资等方面有独到之处。

使用高效施工机械,大大提高了施工速度和施工质量,减轻了工人的劳动强度;爆破技术的进步,减少了施工对路堑边坡的破坏;一些灾害报警装置性能的明显提高,使施工和行车安全有了保障;施工组织、管理水平也逐渐向世界先进水平靠拢。

3)测试手段和设备进一步提高,检测方法更加合理

室内土工试验仪器精密化、自动化程度的提高,为研究土体的应力历史、应力路径,判别砂土液化的可能性,确定动荷载作用下土强度和变形等提供了条件。土工离心机模拟试验可直观显示构筑物因重力引起的应力、应变状态,以便于研究其破坏机理,现已用于研究软土地基上路堤临界高度、路堤沉降分析以及支挡结构物的作用机理等课题中。

利用原位测试手段了解现场土的物理力学状态,克服了取样试验的一些局限性。通过大量试验,对各试验指标之间及各试验指标与室内试验相应指标之间的相关关系研究取得了可资应用的成果。

路基施工质量的检测方法正在由以前单一的压实系数 K 指标逐渐向双指标(压实系数 K 和相对密度 D_r 与地基系数 K_{30})检测过渡。随着人们对高速列车动荷载作用下路基表现的动

态行为的认识不断深入,检测路基强度的另一指标——动态变形模量 E_{vd} 正在逐渐应用推广。

4)规范逐步完善和更新

制定规范可以说是各项建筑工程的"国策",有了规范才有章可循。只有建设者遵守规范,才能加强工程设计和施工管理及统一验收标准,确保工程质量。在调查研究、总结经验、吸取科研成果的基础上,我国相继制定和修改了若干有关铁路路基勘测、设计、施工及质量评定的规范。随着我国铁路建设事业的发展,规范本身也将不断改革和更新。

路基工程技术的进步,为使路基稳固、经济,把路基的变形控制在允许范围内奠定了基础。

三、路基工程常见病害及建筑要求

1.铁路路基常见病害

1)基床翻浆冒泥

基床翻浆冒泥(图7.1-1)是指含黏粒、粉粒的基床表层土,在水和列车反复振动的作用下,发生软化或触变、液化,形成泥浆,列车通过时轨枕上下起伏使泥浆受挤压抽吸而通过道床孔隙向上翻冒,造成道砟脏污、板结、丧失弹性。

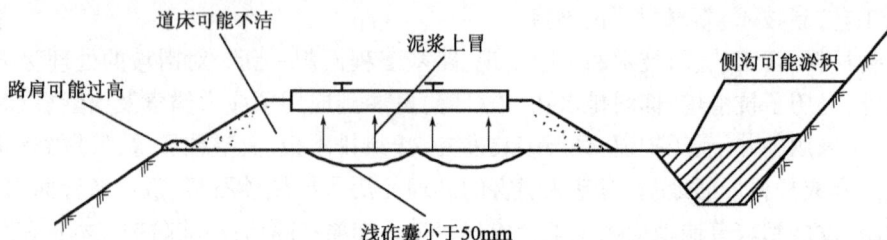

图 7.1-1　基床翻浆冒泥

基床翻浆冒泥分为土质基面翻浆、风化石质基面翻浆、裂隙泉眼翻浆三类。典型的翻浆冒泥多发生在基床表层 $30\sim50cm$ 以内,此时,道砟压入基床而形成的道砟囊也较浅,轨道下沉常不明显,且多发生于雨季,路堤、路堑均可发生,是基床病害的早期现象。泥浆使道床板结,失去弹性,加剧了列车对轨道的冲击力,缩短了轨道的使用寿命,增加了线路的维修工作量。基床翻浆如不及早整治,病害将向基床深部发展,导致道砟囊加深,轨道沉陷,从而转化为基床下沉或挤出等严重变形现象。

2)路基下沉

路基下沉是指由于路基土压实度不足或松软,在水、荷重、自重及列车振动作用下发生局部或较大面积的竖向变形。一般经过列车运行一段时间后,下沉会趋于缓解,但有时因荷重增加或水的作用使沉降速率加大,局部下沉也会造成陷槽,使线路不平顺。路基下沉分为基床下沉、地基下沉及边坡外鼓三类。

(1)基床下沉。由于基床填料的压实度不足、土质不良或由于线路荷重增加而造成的基床面高程局部或大范围的明显沉陷的变形现象。

(2)地基下沉。由于地基土质不良且路基填筑时处理不当,或由于线路荷重增加而造成地基面高程的降低。

(3)边坡外臌。在黏性土或粉土路堤上,受水和列车动力影响,道砟囊向边坡方向发展,从而使边坡中下部向外膨出。

3）基床外挤

基床外挤主要是指由于基床的软弱层被水饱和，在列车动力作用下，软弱层顺其下的刚卧层发生剪切滑动或塑性流动，向路肩一侧或两侧挤出的变形现象。图 7.1-2 是发生于路堑的基床外挤。外挤分为路肩隆起和路肩外挤两类。路肩隆起指基床土处于软塑状态，基床发生剪切破坏，在路肩单侧或双侧向上隆起的变形；路肩外挤指基床内的土经常处于软塑状态，而基床下部某一深度处存在刚卧层或土质密实，阻碍了道砟陷坑向下发展，同时侧向阻力较小，剪切沿交界面发生，使路肩向外挤出的变形。

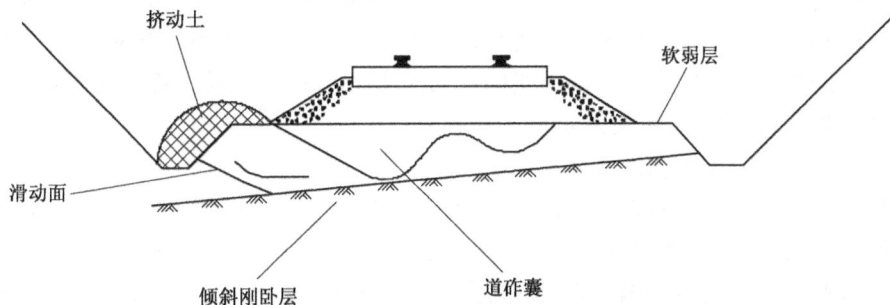

图 7.1-2　基床外挤

4）基床冻害

路基在土质、水和温度的不利组合下，低温季节基床土冻结，短距离地段内出现不均匀冻胀或左右股道的不均匀冻胀，导致线路不平顺或方向不良的现象称为基床冻害。基床冻害可分为表层冻害和深层冻害两类。表层冻害指发生在基床土体临界冻结深度上半部分的冻害，或冻结深度小的地区发生的冻害，易造成线路不均匀冻胀。深层冻害产生冻害的部位较深，多兼因地下水位较高、冻结过程中不断出现冰层而引起。

5）滑坡

滑坡是指一部分土体在重力作用下沿路堤的某一滑动面滑动。滑坡现象主要是由土体的稳定性不足而引起的，分路堤滑坡和路堑滑坡，见图 7.1-3。边坡坡度过陡，或边坡坡脚被冲刷挖空，或填土层次安排不当，是路堤边坡发生滑坡的主要原因。路堑边坡滑坡的主要原因，是边坡高度和边坡坡度与天然岩土层次的性质不相适应。黏性土层和蓄水的砂石层交替分层蕴藏，特别是有倾向路堑方向的斜坡层理时，就更容易造成滑坡。

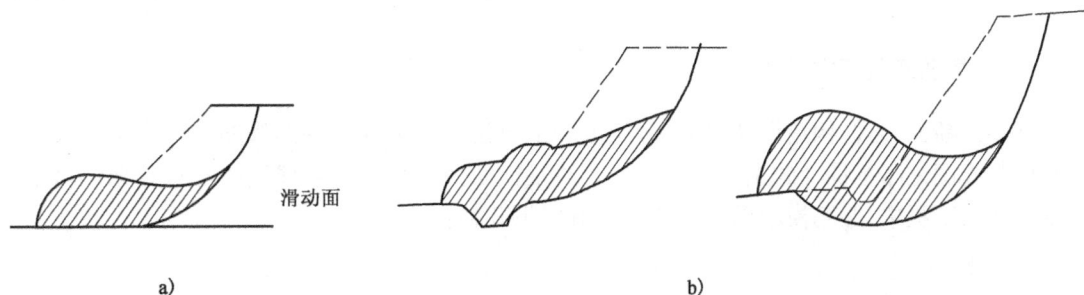

图 7.1-3　滑坡

a）路堤滑坡；b）路堑滑坡

6)不良地质和水文条件造成的路基破坏

铁路通过不良地质条件(如泥石流、溶洞等)和较大自然灾害(如大暴雨)地区时,均可能导致路基的大规模毁坏。在铁路勘测设计过程中,应力求避开这些地区或采取相应的工程技术措施,以保证路基的安全和稳定。

2.对路基的建筑要求

根据铁路路基的特点及病害发生的种类,为使路基正常工作,路基建筑应满足如下要求:

1)路基必须平顺,路基面有足够的宽度和上方限界

路基平顺状态是指路肩高程和平面位置与线路平面、纵断面设计相符。路基的平面位置以其中心线表示。路基面宽度应满足轨道铺设和养护要求。在路基面上方应有足以保证行车安全和便于线路维修养护的安全空间。当路基面上方或两侧有接近线路的建筑物时,必须按照铁路限界的规定设置在限界范围以外。

2)路基必须具有足够的强度和刚度

强度和刚度是两个不同的力学特性,两者既有联系,又有不同。强度是指路基抵抗应力作用和避免破坏的能力,刚度是指路基抵抗变形的能力。

路基是直接在天然地面上填筑或挖除部分地面而建成的。路基修建后改变了原地面的自然平衡状态。为防止路基在列车荷载及各种自然因素作用下发生破坏与失稳,同时给轨道提供一个坚实的基础,必须针对具体情况,采取一定的措施来保证路基具有足够的强度。同时为保证路基在荷载作用下,不致产生超过容许范围的变形,也要求路基应具有一定的刚度。

3)路基必须具有足够的水稳定性和温度稳定性

路基在地面水和地下水作用下,其强度会降低。在季节性冻土地区,由于周期性的冻融作用,在水和负温度共同作用下,土体会发生冻胀,造成轨面变形,春融期局部土层过湿软化,路基强度急剧下降。因此,不仅要求路基要有足够的强度和刚度,而且还应保证在最不利的水温条件下,路基不致冻胀和在春融期强度不致发生显著降低,这就要求路基应具有足够的水稳定性和温度稳定性。

第二节 铁路路基本体工程

一、路基横断面基本形式

路基的断面形式、构造尺寸、各部分组成和主要设备均可从路基的横断面图上得到反映,路基横断面图是路基设计的主要文件之一。路基横断面图是指垂直线路中心线截取的截面。在铁路线路工程中,路基横断面的基本形式有以下几种:

1.路堤

当铺设轨道的路基面高于天然地面时,路基以填筑方式构成,这种路基称为路堤,如图7.2-1a)所示。

2. 路堑

当铺设轨道的路基面低于天然地面时,路基以开挖方式构成,这种路基称为路堑,如图 7.2-1b)所示。

3. 半路堤

当天然地面横向倾斜,路堤的路基面边线和天然地面相交时,路堤体在地面和路基面相交线以上部分无填筑工程量,这种路堤称为半路堤,如图 7.2-1c)所示。

4. 半路堑

当天然地面横向倾斜,路堑路基面的一侧无开挖工作量时,这种路基称为半路堑,如图 7.2-1d)所示。

5. 半路堤半路堑

当天然地面横向倾斜,路基一部分以填筑方式构成,而另一部分以开挖方式构成时,这种路基称为半路堤半路堑,如图 7.2-1e)所示。

6. 不填不挖路基

当路基的路基面和经过清理后的天然地基面平齐,路基无填挖土方时,这种路基称为不填不挖路基,如图 7.2-1f)所示。

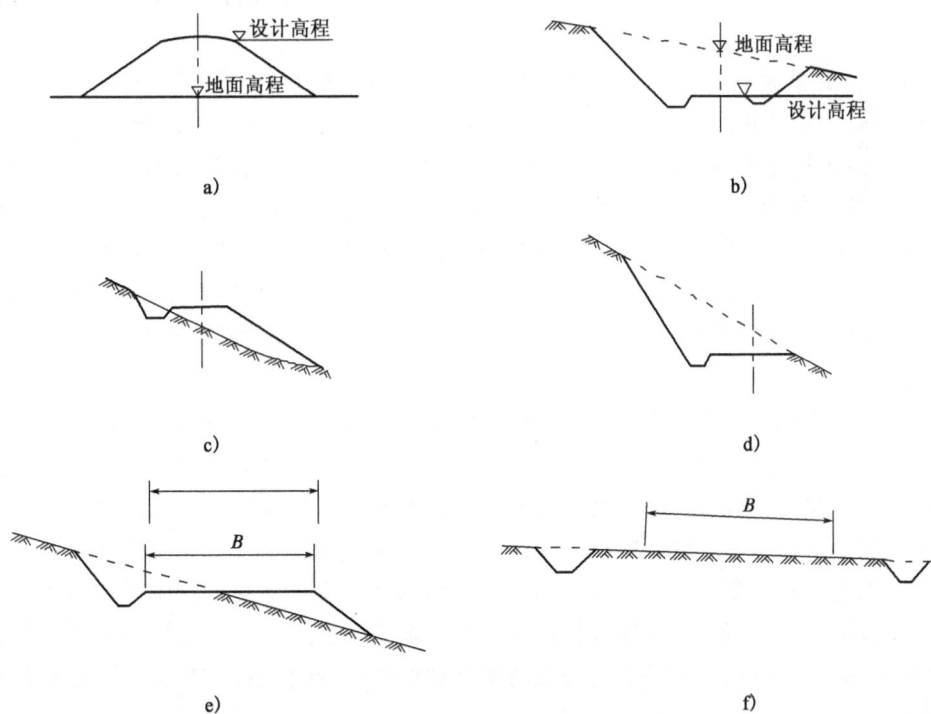

图 7.2-1　路基横断面形式
a)路堤;b)路堑;c)半路堤;d)半路堑;e)半路堤半路堑;f)不挖不填路基

二、路基横断面基本构造

1.路基本体

在各种路基形式中,为了能按线路设计要求铺设轨道而构筑的部分,称为路基本体。在路基横断面中,路基本体由路基顶面、路肩、基床、边坡、路基基底几部分构成,如图 7.2-2 所示。

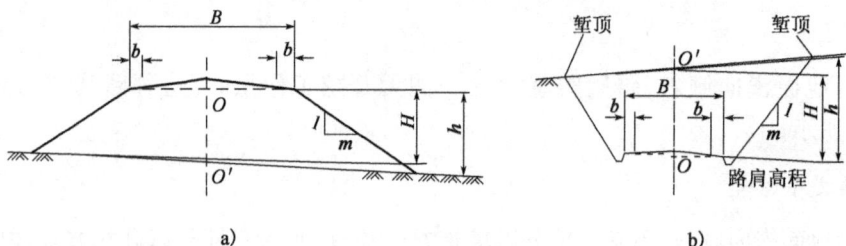

图 7.2-2　路基本体

a)路堤;b)路堑

B-路基宽度;b-路肩;H-路基中心高;h-路基边坡高

(1)路基顶面。直接在其上面铺设轨道的面,称为路基顶面或简称路基面。在路堤中路基顶面即路堤堤身的顶面,也称路堤顶面;在路堑中,路基顶面即堑体开挖后形成的构造面。

(2)路肩。路基面两侧自道床坡脚至路基面边缘的部分称为路肩。其作用是保护轨道以下的路基土体,防止其在列车动荷载作用下侧向挤动;防止路基面边缘部分的土体稍有塌落时,影响轨道道床的完整状态;在线路养护维修作业中,路肩是线路器材的存放处和辅助工作面;铁路线路的标志、信号设备和有些通信、电力及给水设施也都设置在路肩上或设槽埋置在路肩下。在线路设计中,路基的设计高程以路肩边缘的高程表示,称为路肩高程。

(3)基床。铁路路基面以下受列车动荷载作用和受水文、气候四季变化影响的深度范围称为基床。其状态直接影响到列车运行的平稳和速度的提高,设计时应严格执行铁路路基设计规范对基床厚度、填料及其压实度、排水等的规定。

(4)边坡。在路堤的路肩边缘以下和在路堑路基面两侧的侧沟外,因填挖而形成的斜坡面,称为路基边坡。边坡与路基顶面的交点称为顶肩。边坡与地面的交点,在路堤中称为坡脚;在路堑中称为路堑堑顶边缘,其高程与路肩高程的差为路堑边坡高度。路堤的边坡高度为路肩高程与坡脚高程之差。边坡的坡形在路基中常修筑成单坡形、折线形或阶梯形,每一坡段坡面的斜率以边坡断面图上取上下两点间的高差与水平距离之比表示,当高差为 1 单位长时,水平距离经折算为 m 单位长,则斜率为 $1:m$。在路基工程中,以 $1:m$ 方式表示的斜率称为坡度,m 称为坡率。在路基本体构造中,边坡的形状和坡度的缓陡对路基本体的稳定和工程费用有重要影响。

(5)路基基底。路堤填土的天然地面以下受填土自重及轨道、列车荷载作用的部分称为路堤基底。路堑边坡土体内和堑底路基面以下的地基内因开挖而产生应力变化的部分称为路堑基底。基底部分土体的稳固性,对整个路基本体以至于轨道的稳定性都是极为关键的,特别是在软弱土的基底上修建路堤,必须对基底做妥善处理,以免危及行车安全与正常运营。

2.路基设备

路基设备是路基的组成部分,是为确保路基本体的稳固性而采用的必要的经济合理的附属工程措施,包括排水设备和防护、加固设备两大类。

路基的排水设备分地面排水设备和地下排水设备两种。地面排水设备用以拦截地面径流,汇集路基范围内的雨水并使其畅通地流向天然排水沟谷,以防止地面水对路基的浸湿、冲刷而影响其良好状态。地下排水设备用以拦截、疏导地下水和降低地下水位,以改善地基土和路基边坡的工作条件,防止或避免地下水对地基和路基本体的有害影响。

路基防护设备用以防止或削弱风霜雨雪、气温变化及流水冲刷等各种自然因素对路基本体所造成的直接或间接的有害影响,其种类很多,类型各异。常用的防护设备是坡面防护和冲刷防护。为了防止路基边坡和坡脚受坡面雨水的冲刷,防止日晒雨淋引起土的干湿循环,防止气温变化引起土的冻融变化等因素影响边坡的稳固,常采用坡面防护。为了防止河水对边坡、坡脚或坡脚处地基不断的冲刷和淘刷,应设冲刷防护。防护位置和所采用的类型则常视水流运动规律及防护要求而定。特殊条件下路基的防护类型更多,例如在多年冻土地区,为防止冻融线路的剧烈变化,应采用各种保温措施;在泥石流地区,为防止泥石流对路基本体的威胁,常设置多种拦蓄与疏导工程;在风沙地区,为防止路基本体沙蚀和被掩埋,常采用各种防砂、固砂设施等。

路基加固设备是用以加固路基本体或地基的工程设施,在路基工程中,有护堤、挡土墙、支垛、抗滑桩及其他地基加固措施等。路基加固设备是提高路基稳定性的一种有效措施。

三、路基横断面各组成部分的设计原则

1.路基面形状

水的危害是造成路基病害的重要原因,保证良好的排水条件是路基设计的重要原则。路基面的形状应根据基床填料的渗水性及水稳性而定。当路堤或路堑的土质为非渗水性土时,路基面应做成有横向排水坡的拱状,称为路拱,以利于排除雨水,避免路基面处积水,使土浸湿软化,造成病害。而岩质路基或用渗水材料(如碎石、卵石、砾石、粗砂或中砂)修筑的路基,因填料具有良好的渗水性能,降雨时短暂的湿润对强度影响不大,故路基面不需设成路拱而做成水平状即可。但对于年平均降水量大于400mm地区的易风化泥质岩石,因其在动荷载长期作用下易于软化而发生翻浆冒泥病害,因此路基面亦应按土质路基做成路拱,这样,路基面的形状便视路基材料是否为渗水材料而分为有路拱和无路拱两种。路基面形状应符合下列规定:

(1)非渗水土和用封闭层处理的路基面应设路拱。路拱形状为三角形,单线路基的路拱高0.15m,一次修筑双线路基的路拱高0.2m,底宽等于路基面宽度,如图7.2-3所示,图中 B 为路基面宽度。曲线加宽时,路拱仍保持三角形,仅将路拱外侧坡度放缓。既有线修筑双线时,第二线路基面按4%排水横坡设计。

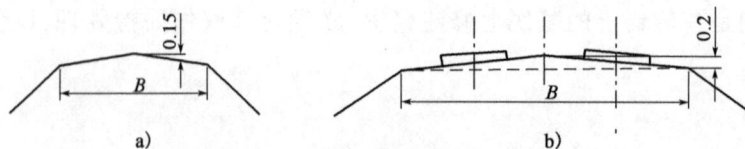

图 7.2-3 单、双线路基路拱图(尺寸单位:m)
a)单线路基;b)双线路基

(2)渗水土和岩石(年平均降水量大于 400mm 地区的易风化泥质岩石除外)的路基面均为水平面。其路肩应高于非渗水土路基的路肩,高出尺寸 Δh 按下式计算:

$$\Delta h = (h_1 - h_1') + \Delta \tag{7.2-1}$$

式中:h_1——非渗水土路基的道床厚度(m);

h_1'——渗水土路基的道床厚度(m);

Δ——轨下路拱高度(m)。

站场内路基面的形状可根据站内股道数目的多少选用单坡形、人字坡或锯齿形,路基面的横向排水坡度为 2% ~4%,并在低谷处设置排水设备,如图 7.2-4 所示。

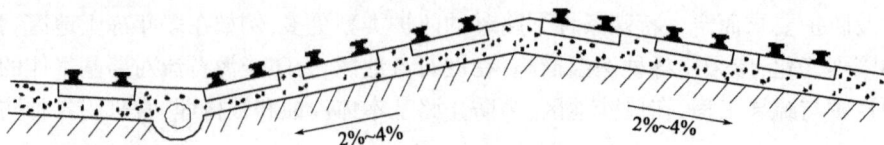

图 7.2-4 站场多股道路基顶面图

岩石、渗水土路基与非渗水土路基衔接时,自两者的衔接处起,在岩石或渗水土地段由非渗水土路基向渗水土路基顺坡,其长度不应小于 10m。同时可使衔接顺坡地段的道床厚度能满足规定的要求,如图 7.2-5 所示。

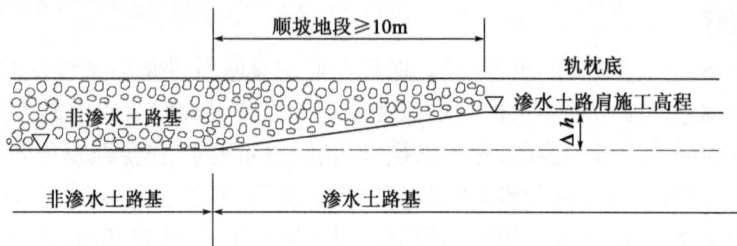

图 7.2-5 岩石、渗水土路基与非渗水土路基的衔接

2.路基面宽度

路基面宽度等于道床覆盖的宽度加上两侧路肩的宽度之和。区间路基面宽度应根据铁路等级、正线数目、线间距、远期采用的轨道类型、路基面形状、曲线加宽、路肩宽度等由计算确定。

路肩宽度:Ⅰ级铁路,一般情况下,路堤不应小于 0.8m,路堑不应小于 0.6m,困难条件下,路堤不得小于 0.6m,路堑不得小于 0.4m;Ⅱ级铁路,路堤不得小于 0.6m,路堑不得小于 0.4m;Ⅲ级铁路,路堤和路堑均不得小于 0.4m。

1）区间直线地段路基面宽度

区间直线地段的路基面宽度如表7.2-1所示。

表7.2-1

直线地段路基面宽度（m）

铁路等级	轨道类型	单线						双线					
		非渗水土			渗水土、岩石			非渗水土			渗水土、岩石		
		道床厚度	路基面宽度		道床厚度	路基面宽度		道床厚度	路基面宽度		道床厚度	路基面宽度	
			路堤	路堑		路堤	路堑		路堤	路堑		路堤	路堑
Ⅰ级	特重型	0.50	7.5	7.1	0.35	6.6	6.2	0.50	11.6	11.2	0.35	10.6	10.2
	重型	0.50	7.5	7.1	0.35	6.6	6.2	0.50	11.6	11.2	0.35	10.6	10.2
	次重型	0.45	7.1	6.7	0.30	6.3	5.9	0.45	11.3	10.9	0.30	10.3	9.9
Ⅱ级	次重型	0.45	6.7	6.3	0.30	5.9	5.5	—	—	—	—	—	—
	中型	0.40	6.5	6.1	0.30	5.9	5.5	—	—	—	—	—	—
Ⅲ级	次重型	0.40	6.2	6.2	0.30	5.5	5.5	—	—	—	—	—	—
	中型	0.35	5.6	5.6	0.25	5.0	5.0	—	—	—	—	—	—

注：1. 表中宽度值系按非无缝线路道床顶宽计算，当铺设无缝线路时，特重型与重型轨道路基面宽度均应增加0.2m，次重型轨道路基面宽度均应增加0.3m。
2. 困难条件下，当路肩宽度为路堤0.6m，路堑0.4m时，Ⅰ级铁路路基面宽度可减小0.4m。
3. 单线路堑自线路中心沿轨枕底面水平至路堑边坡的距离，一边不应小于3.5m（曲线地段系指曲线外侧），双线路堑两边均不应小于3.5m。
4. 表中的非渗水土是指黏性土（填料中的细粒土）、粉砂（填料中的勃砂、粉砂）以及黏性土含量大于或等于15%的碎石类土、砂类土（填料中的岩块和粗粒土，但粗粒土中黏砂、粉砂除外）。
5. 年平均降水量大于400mm地区的易风化泥质岩石，可按非渗水土考虑。

对于有特殊要求的线路和各种非标准轨距的线路等，则可建立公式对路基面宽度进行计算，以满足特定道床覆盖宽度和所需路肩宽度的要求。

（1）单线非渗水土路基面宽度［图7.2-6a)］。

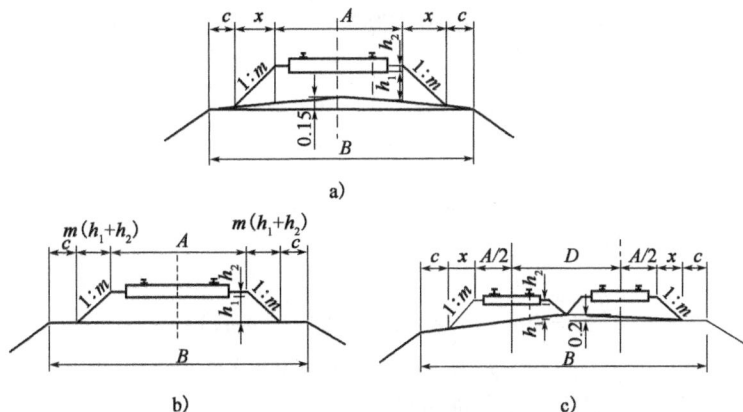

a)

b)　　　　　　　　c)

图7.2-6　直线地段路基面宽度(尺寸单位：m)

a)单线非渗水土路基面宽度；b)单线岩石、渗水土路基面宽度；c)双线非渗水土路基面宽度

在图7.2-6中，B为路基面宽度；A为道床顶面宽度；c为路肩宽度；m为道床边坡坡率；h_1为靠路基中心的钢轨处轨枕下道床厚度；h_2为轨枕埋入道床深度，Ⅲ型钢筋混凝土轨枕为

0.185m，Ⅱ型钢筋混凝土轨枕为 0.165m。

从图 7.2-6a)可知，路基面宽度为：

$$B = A + 2x + 2c \tag{7.2-2}$$

而

$$x = \frac{m(h_1 B + h_2 B + 0.15A + 0.225)}{B - 0.3m}$$

将 x 代入式(7.2-2)，并进行整理，得：

$$B^2 - MB + N = 0 \tag{7.2-3}$$

所以：

$$B = \frac{M \pm \sqrt{M^2 - 4N}}{2}$$

其中：

$$M = A + 2c + 2m(0.15 + h_1 + h_2)$$
$$N = m(0.6c + 0.45)$$

(2)单线岩石、渗水土路基面宽度[图 7.2-6b)]。

图 7.2-6b)中，路基面宽度为：

$$B = 2[(h_1 + h_2)m + c] + A \tag{7.2-4}$$

(3)双线非渗水土路基面宽度[图 7.2-6c)]。

从图 7.2-6c)可知，路基面宽度为：

$$B = D + A + 2x + 2c \tag{7.2-5}$$

而

$$x = \frac{m(h_1 B + h_2 B + 0.2A + 0.3)}{B - 0.4m}$$

式中：D——双线的线间距，其值不应小于 4.0m；

h_1——靠路基中心的钢轨处轨枕下的道床厚度。

将 x 代入式(7.2-5)，并进行整理，得：

$$B^2 - MB + N = 0 \tag{7.2-6}$$

所以：

$$B = \frac{M \pm \sqrt{M^2 - 4N}}{2}$$

其中：

$$M = D + A + 2c + 2m(0.2 + h_1 + h_2)$$
$$N = m(0.4D + 0.8c - 0.6)$$

(4)双线直线地段岩石、渗水土路基面宽度。

路基面宽度为：

$$B = 单线岩石路基面宽度 + 4.0$$

2)区间曲线地段的路基面宽度

在曲线地段，由于曲线轨道的外轨设置超高、外侧道床加厚、道床坡脚外移，故曲线外侧的路基面应予加宽,其加宽值可按各级铁路的最大允许超高度计算确定。曲线外侧路基面的加宽量应在缓和曲线范围内向直线递减。我国《铁路路基设计规范》(TB 10001—2016)中规定的区间单线曲线地段,路基面加宽值如表 7.2-2 所示。双线和多线曲线地段路基面宽度除按表 7.2-2 规定的数值加宽外,还应根据双线线间距、外轨超高度、道床宽度及其坡度、路拱形状等计算确定,确保规定的安全行车空间所需的线间距加宽值,如图 7.2-7 所示。双线曲线地段线间距加宽的原因是当两线列车交会时,外线车辆中部向内偏移而内线车辆两端向外偏移,使行车安全空间被压缩,如图 7.2-7a)所示;若外线超高值大于内线超高值,则两线上行驶的车辆顶部相互靠近,也减少了行车安全空间,如图 7.2-7b)所示。

曲线地段基面加宽值(m)　　　　　　　　　　　　表 7.2-2

铁 路 等 级	曲 线 半 径	路基面外侧加宽值	铁 路 等 级	曲 线 半 径	路基面外侧加宽值
Ⅰ、Ⅱ级	$R \leqslant 800$	0.5	Ⅲ级	$R \leqslant 600$	0.5
	$800 < R \leqslant 1000$	0.4		$600 < R \leqslant 800$	0.4
	$1000 < R \leqslant 1600$	0.3		$800 < R \leqslant 1000$	0.3
	$1600 < R \leqslant 6000$	0.2		$1000 < R \leqslant 2000$	0.2
	$6000 < R \leqslant 10000$	0.1		$2000 < R \leqslant 5000$	0.1

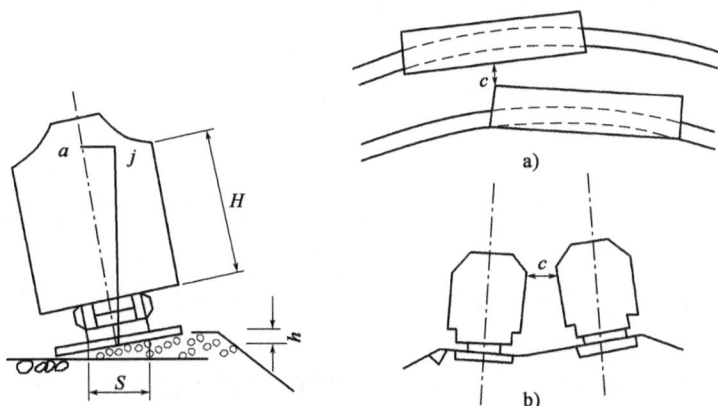

图 7.2-7　双线曲线路基面线间距加宽值计算图

区间曲线地段路基面加宽值是按照Ⅰ级铁路最高行车速度 140km/h,Ⅱ级铁路最高行车速度 120km/h,Ⅲ级铁路最高行车速度 100km/h 计算的。计算轨面超高值根据最高行车速度,按《铁路线路设计规范》(GB 50090—2006)条文说明中超高上界值选用,均不超过 150mm 的最大超高值。

计算结果表明,Ⅰ、Ⅱ级铁路加宽值相差不大,故统一按Ⅰ级铁路采用。

由图 7.2-8 可知,曲线地段路基面加宽值计算公式为:

$$h_2 = \left(\frac{A}{2} + \Delta + 0.75\right)\frac{h_3}{1.5} + 0.185 \tag{7.2-7}$$

因

$$\left(\frac{B}{2} - 0.75\right)\frac{0.3}{B} = h_4 + \frac{0.3c}{B + 2W}$$

故 $h_4 = 0.15\left(1 - \frac{1.5}{B} - \frac{2c}{B + 2w}\right)$,采用近似值 0.07 ~ 0.1m,所以:

$$x = m(h_1 + h_2 + h_4)$$

曲线地段路基面加宽值为：

$$W = \frac{A}{2} + \Delta + x + c - \frac{B}{2} \qquad\qquad (7.2\text{-}8)$$

式中：h_1——钢轨处轨枕下道床厚度；

h_3——计算轨面超高值；

Δ——道床顶面加宽值，无缝线路 $R < 800\mathrm{m}$、非无缝线路 $R < 600\mathrm{m}$ 时，$\Delta = 0.1\mathrm{m}$，否则 $\Delta = 0.0\mathrm{m}$。

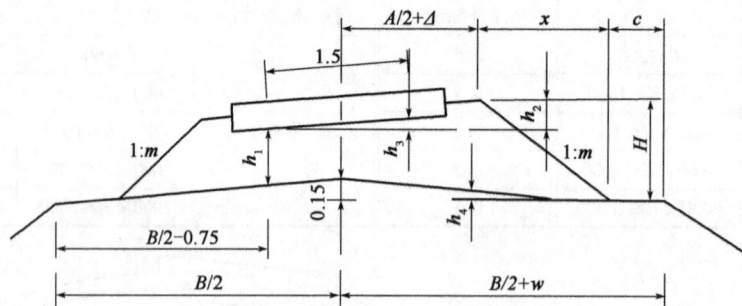

图 7.2-8 曲线地段路基面加宽

3.路肩高程

路肩的高程应保证路基不致被洪水淹没，也不至于在地下水最高水位时因毛细水上升至路基面而产生冻胀或翻浆冒泥等病害。因此，对路肩高程有一个最小值要求。

当路肩高程受洪水位或潮水位控制时，计算设计水位一般采用的设计洪水频率标准为：Ⅰ、Ⅱ级铁路为 1/100，Ⅲ级铁路为 1/50。

滨河、河滩路堤的路肩高程应高出设计水位加壅水高(包括河道卡口或建筑物造成的壅水，河湾水面超高)加波浪侵袭高或斜水流局部冲高，加河床淤积影响高度，再加 0.5m。其中波浪侵袭高与斜水流局部冲高应取两者中之大值，如图 7.2-9 所示。

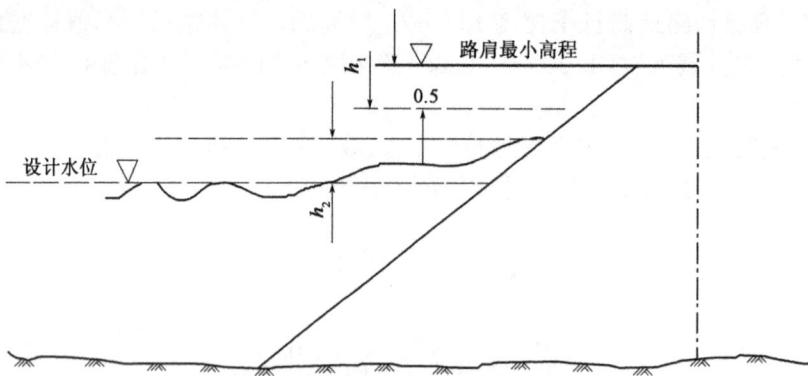

图 7.2-9 滨河、河滩路堤的路肩高程(尺寸单位：m)
h_1-波浪侵袭高；h_2-壅水高

　　水库路基的路肩高程,应高出设计水位加波浪侵袭高加壅水高(包括水库回水及边岸壅水),再加 0.5m。当按规定洪水频率计算的设计水位低于水库正常高水位时,应采用水库正常高水位作为设计水位。

　　未设防浪胸墙的滨海路堤,其路肩高程应高出设计高潮水位加波浪侵袭高(波浪爬高)加不小于 0.5m 的安全高度;当路堤顶设有防浪胸墙时,路肩高程应高出设计高潮水位以上不小于 0.5m。

　　地下水水位和地面积水水位较高地段的路基,其路肩高程应高出最高地下水水位或最高地面积水水位加毛细水强烈上升高度,再加 0.5m。

　　季节性冻土地区路基的路肩高程应高出冻前地下水水位或冻前地面积水水位,加毛细水强烈上升高度加有害冻胀深度,再加 0.5m。

　　盐渍土路基的路肩高程应高出最高地下水水位或最高地面积水水位,加毛细水强烈上升高度加蒸发强烈影响深度,再加 0.5m。

　　通常,路肩的设计高程在线路平纵断面设计时先行确定。

　　在铁路线路工程中,路基面的高程由线路纵断面设计确定,并以路肩高程表示。在线路纵断面设计图中,所确定的路肩高程系按路基面为有拱路基面得出的,所以,当路基面为无拱路基面时,按规定路肩高程修筑的路基面铺轨后,轨面高程将低于设计的高程,单线路基时其值为路拱高和有、无路拱的道床厚度差之和,如图 7.2-10 所示。因此,在路基设计和施工中,当路基面土质为渗水土或岩石时,路基面不设路拱,路肩的高程应加高,使铺轨后的轨面与纵断面设计相符。

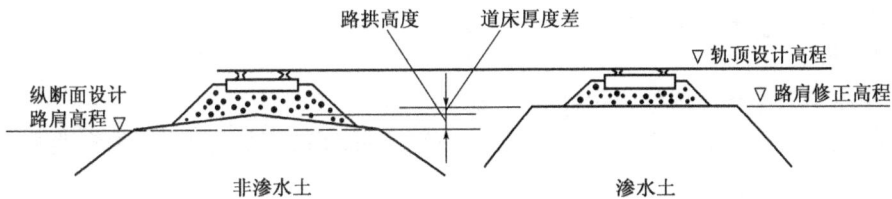

图 7.2-10　渗水土或岩石路基的路肩设计高程

4.路基基床

　　路基基床结构分为表层和底层,《铁路路基设计规范》(TB 1001—2016)规定其厚度如表 7.2-3 所示,结构如图 7.2-11 所示。

铁路路基基床厚度(m) 表 7.2-3

铁路等级		I 级	II 级	III 级
层位	表层	0.6	0.5	0.4
	底层	1.9	1.5	1.1

注:基床厚度以路肩施工高程为计算起点。

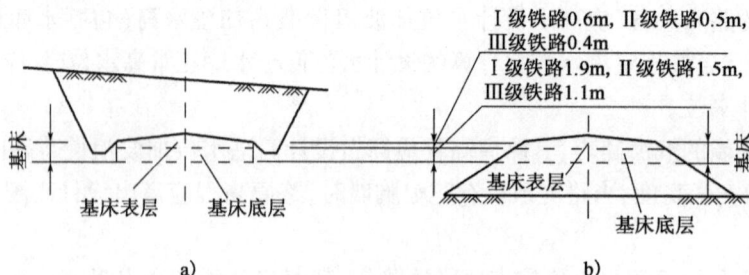

I 级铁路0.6m，II 级铁路0.5m，
III 级铁路0.4m

I 级铁路1.9m，II 级铁路1.5m，
III 级铁路1.1m

图7.2-11 基床结构示意图
a)路堑;b)路堤

我国各类铁路基床厚度及部分国外铁路基床厚度如表7.2-4、表7.2-5 所示。

我国各类铁路基床厚度(m)   表7.2-4

铁路类型		高速铁路	秦沈高速铁路	广深准高速铁路	大秦重载铁路	TBJ1－96			GBJ12－89	
						I	II	III	I (10Mt 以上)	I、II、III (10Mt 以下)
基床厚度	表层	0.7	0.6	0.7	0.6	0.6	0.5	0.3	0.5	0.3
	底层	2.3	1.9	1.8	1.9	1.9	0.7	0.9	0.7	0.9

部分国外铁路基床厚度(m)   表7.2-5

国 别		日本	美国	德国	苏联	法国
基床厚度	表层	0.5、08	设计确定	0.5	0.3～0.5	0.6
	底层	2.2、2.5	1.22	1.3	1.0	—

由此可见,我国铁路现行规范所规定的基床厚度除小于日本外,与其他国家比较接近;基床表层厚度与其他国家基本一致。

1)路堤基床

路堤基床表层填料的选择应符合下列要求:

(1)应优先选用 A 组填料(填料组别见本节第二部分),其次为 B 组填料,但颗粒粒径不得大于 150mm。

(2)当选用 B 组填料中的砂黏土时,在年平均降水量大于 500mm 的地区,其塑性指数不得大于 12,液限不得大于 32%。

(3)当不得不使用 C 组填料中的细粒土含量大于 30% 的卵石土、碎石土、圆砾土、角砾土和细粒土中的粉土、粉黏土时,在年平均降水量大于 500mm 的地区,其塑性指数不得大于 12,液限不得大于 32%。

(4)对不符合上述要求的填料,应采取土质改良措施。

(5)严禁使用 D、E 组填料作为基床表层填料。

基床底层的填料可选用 A、B、C 组填料。当不得不使用 D 组填料时,必须采取加固或改良措施。

基床土的压实度,对细粒土和黏砂、粉砂,应采用压实系数 K_h 或地基系数 K_{30} 作为控制指标;对粗粒土(黏砂、粉砂除外),应采用相对密度 D_r 或地基系数 K_{30} 作为控制指标;对碎石类土和块石类混合料,应采用地基系数 K_{30} 作为控制指标。其值不应小于表7.2-6 的规定值。

基床土的压实度　　　　　　　　　　　　　　　　　　　表 7.2-6

层位	填料类别 铁路等级 压实指标	细粒土和黏砂、粉砂		细砂、中砂、 粗砂、砾砂	砾砂类	碎石类	块石类 混合料
		Ⅰ、Ⅱ级	Ⅲ级	Ⅰ、Ⅱ、Ⅲ级			
表层	压实度系数 K_h	0.91	0.91	—	—	—	—
表层	地基系数 K_{30} （MPa/cm）	0.9	0.9	1.0	1.2	1.2	—
表层	相对密度 D_r	—	—	0.75	0.75	—	—
底层	压实度系数 K_h	0.89	0.86	—	—	—	—
底层	地基系数 K_{30} （MPa/cm）	0.8	0.7	0.8	1.0	1.0	1.2
底层	相对密度 D_r	—	—	0.7	0.7	—	—

注：K_h 为重型击实试验的压实系数，是填土经夯实以后的干密度 ρ_d 与填土土样用重型击实试验求得的最大干密度 ρ_{dmax} 之比。相对密度 D_r 按下式计算得出：$D_r = (e_{max} - e) / (e_{max} - e_{min})$，式中的 e_{max}、e_{min} 为填料的最大和最小隙比，分别在试验中取最大密度 ρ_{dmax} 和最小干密度 ρ_{dmin} 计算得出。为填料压实后取样，测其干密度 ρ_d 后求得的孔隙比。K_{30} 为 30cm 直径荷载板试验得出的地基系数，一般取下沉量为 0.125cm 的荷载强度。

高度小于基床厚度的低路堤，基床表层厚度范围内天然地基的土质及其压实度应满足表 7.2-3 和表 7.2-6 的要求。基床底层厚度范围内天然地基为冲积细粒土时，其静力触探比贯入阻力 P_s 值不得小于 1MPa。

2）路堑基床

基床表层土，在年平均降水量大于 500mm 的地区，当为易风化的泥质岩石和塑性指数大于 12、液限大于 32% 的黏性土时，应采取换填或土质改良等措施。

基床表层土的压实度不应小于表 7.2-6 的规定值，否则应采取压实措施。

基床底层为软弱土层时，其静力触探比贯入阻力值 P_s 不得小于 1MPa。

3）基床加固措施

路基基床加固应根据土质及其压实度、降水量、地下水类型及其埋藏深度、加固材料来源等，经比选采用适宜的加固措施。常用基床加固措施有以下几种：

(1) 就地碾压。路堑基床表层和低路堤基床表层范围内天然地基土的压实度不能满足表 7.2-6 的规定时，可采用重型碾压机械进行碾压。

(2) 换土或土质改良。当基床土不能满足表 7.2-6 规定时，可采用换土或在土中加入石灰、水泥、砂、炉渣等掺和料的方法改良土质。

(3) 加强排水。当基床土受水影响时，应增设地面或地下排水设备，拦截、引排或降低、疏干基床范围内的水。

(4) 设置土工合成材料。当降水量大，同时基床土为亲水性强的填料时，可在路基面铺设不透水的土工膜或复合土工膜；当水源为地下水时，可在路基面铺设透水的无纺土工织物；当基床土为软弱土层时，可在基床表层铺设土工格室。

(5) 综合措施。当并存的诸因素均可诱发基床病害时，可采用上述措施的组合。

四、路基荷载

路基荷载是指作用在路基面上的应力。它包含两部分：一部分是线路上部结构的重量作用在路基面上的应力,即静荷载。静荷载可以按线路类型,按每公里的各种材料数量及重量,确定每延米长的重量及其分布的宽度。另一部分是列车行驶时轮载力通过上部结构传递到路基面上的动应力,即动荷载。动荷载按规定采用《中华人民共和国铁路标准活载》,即中—活载作为标准荷载,如图7.2-12所示。路基中常仅取图中的机车活载为动荷载,不需考虑后面车辆部分的分布力。但是轴重是集中力,因此在具体计算时又把它简化成纵向均布的线荷载,并假定每个轴重的分布宽度等于轴距。最后得到沿纵向作用在路基面上的列车(动)荷载分布强度 $q = 220/1.5 = 146.67$(kN/m)。

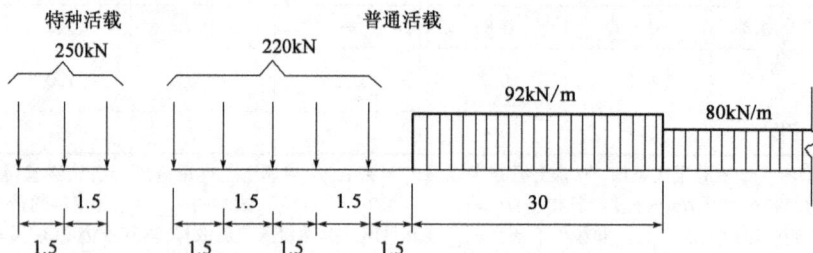

图 7.2-12 中—活载计算图式(尺寸单位:m)

普通铁路路基设计当需要考虑荷载的影响时,计算中常把静荷载和动荷载一并简化作为静荷载处理,即通常的换算土柱法。将静荷载和动荷载加在一起,按由轨端做45°应力扩散角与路基面相交的宽度视为分布宽度的矩形荷载。将路基面上的轨道和列车荷载的合力,换算成与路基填料重度相同的土柱来代替,如图7.2-13所示。

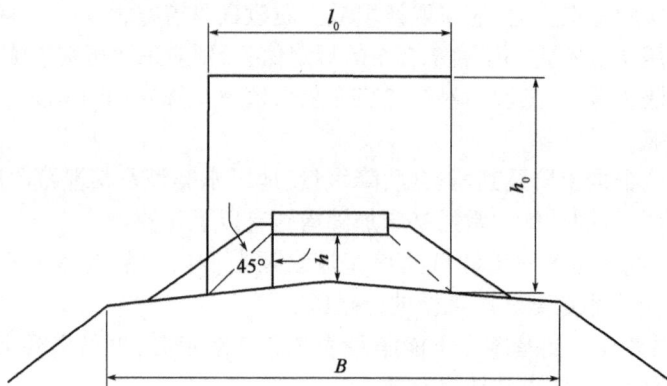

图 7.2-13 换算土柱图式

换算土柱高度 h_0 为:

$$h_0 = \frac{p}{l_0 \gamma} \qquad (7.2\text{-}9)$$

式中:l_0——路基面上荷载检算土柱宽度,$l_0 = L + 2h \cdot \tan 45° = L + 2h$,$h$ 为道床厚度(m),L 为轨枕长度(m);

γ——路基填料重度(kN/m³);

p——作用在单位延米长路堤上列车与轨道荷载(kN/m)。

标准轨距铁路的轨道和列车荷载换算土柱高度及分布宽度如表7.2-7所示。

列车和轨道荷载换算土柱高度及分布宽度　　　　　　　　表7.2-7

铁路等级（轨道类型）	路堤填料	设计荷载	轨道条件					换算土柱			
			钢轨	轨枕	道床厚度	道床顶宽	道床坡度	分布宽度	计算强调	重度	计算高度
		kN	kg/m	根/km	m	m	—	m	kPa	kN/m³	m
Ⅰ级（特重型）	非渗水土	220	75	1720（Ⅲ型）	0.5	3.1	1.75	3.6	59.2	17	3.5
										18	3.3
	岩石渗水土				0.35			3.2	60.4	18	3.4
										19	3.2
Ⅰ级（重型）	非渗水土	220	60	1680（Ⅲ型）	0.50	3.1	1.75	3.6	59.1	17	3.5
										18	3.3
	岩石渗水土				0.35			3.2	60.3	18	3.4
										19	3.2
Ⅰ、Ⅱ级（次重型）	非渗水土	220	50	1760（Ⅱ型）	0.45	3.0	1.75	3.5	57.6	17	3.4
										18	3.2
	岩石渗水土				0.30			3.1	59.2	18	3.3
										19	3.1
Ⅱ、Ⅲ级（中型）	非渗水土	220	50	1680（Ⅱ型）	0.40	3.0	1.75	3.4	57.7	17	3.4
										18	3.2
	岩石渗水土				0.30			3.1	59.2	18	3.3
										19	3.1
Ⅲ级（轻型）	非渗水土	220	50	1640（Ⅱ型）	0.35	2.9	1.50	3.3	56.9	17	3.4
										18	3.2
	岩石渗水土				0.25			3.0	59.1	18	3.3
										19	3.1

注:1. 表中换算土柱高度系按非无缝线路道床顶宽和铺设钢筋混凝土轨枕计算的。当铺设无缝线路时,其换算土柱高
　　　度应增加0.1m;铺设木枕时,其换算土柱高度应减小0.1m,分布宽度不变。
　　2. 重度与本表不符时,需另计算换算土柱高度。
　　3. 活载分布于路基面上的宽度,按自轨枕底两端向下按45°扩散角计算。

在高速铁路路基的设计中必须进行动态分析,这就不能简单地把动荷载作为静荷载处理,此时,需要计算列车动荷载作用在路基中所产生的动应力的大小和分布规律。

五、标准路基横断面图式

在铁路路基工程中,常常可以遇到设计要求和设计条件相同或基本相似的情况,为了减少或避免做许多重复性的设计计算工作,将在设计中经常遇到并可以共用的设计图式加以认定,便成为可直接引用的标准图式。

路基标准图式有两种:其一是在一般情况下,地基良好、无不良工程地质和水文地质问题,无其他不良因素作用,路基可以按照现行规范进行设计而形成的图式,这种图式有很强的通用

性;其二是在某些特定的条件下或特定的要求下制定的图式,它在特定条件或特定要求相同的路基工程中适用,在一定范围内有通用性。路基横断面的标准图式标明路基本体的构造尺寸和各种防护、排水等设施的基本尺寸,所以,在实际应用时,对于各种防护设施、排水设备,以及如路堤的取土和路堑弃土的处理等,还都有一定的设计计算工作,标准图式为各项设计的取值提供了依据。以下为在铁路路基工程中最为常见的路堤和路堑的标准图式:

1. 路堤标准横断面

路堤的标准设计断面系根据土的种类、地面横向坡度及边坡高度等分别给出的,如图7.2-14a)所示为边坡高度不大于8m、地面横坡 $i \leqslant 1:10$、两侧设有取土坑的一般黏性土路堤标准设计断面。如图7.2-14b)所示为地面横坡大于1:5而小于1:2.5的黏性土路堤标准设计断面。

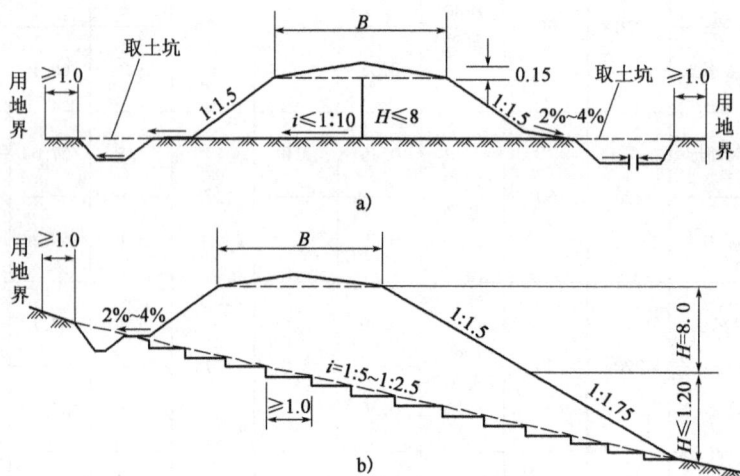

图7.2-14 路堤标准横断面(尺寸单位:m)

进行路基横断面标准设计时,在排水方面只考虑大气降雨的影响。对于路堤来说,地面排水设备是排水沟或按规定挖通的取土坑。地面有明显横坡时,排水沟或作排水用的取土坑应设在路堤迎水一侧。地面横坡不明显时,可设置在路堤两侧。排水沟一般底宽为0.4m,深0.6m。如汇水量过大而有漫溢可能时,则应根据径流流量,在迎水一侧加设一道或数道截水沟,或加大排水沟断面。

排水沟或取土坑至路堤坡脚应有一定的距离,这一位置称为天然护道,其宽度一般不小于2m。设护道是为了使水沟或坑内的水不影响路堤的稳定性。在无排水沟或取土坑的一侧也应设护道,以免雨水在坡脚滞留和农田积水对路堤产生不利影响。在地质和排水条件良好的地段或经济作物高产田地段,若采取一定措施足以保证路堤稳定时,可将天然护道宽度减至1.0m。

排水沟或取土坑至用地界应留有不少于1m的宽度,以保持沟壁的完整。

2. 路堑标准横断面

路堑的标准设计断面根据土质条件有多种形式。如图7.2-15a)所示为有弃土堆的一般黏性土路堑标准设计断面。如图7.2-15b)所示为无弃土堆的粗砂、中砂路堑标准设计断面。如图7.2-15c)所示为岩石路堑标准设计断面。

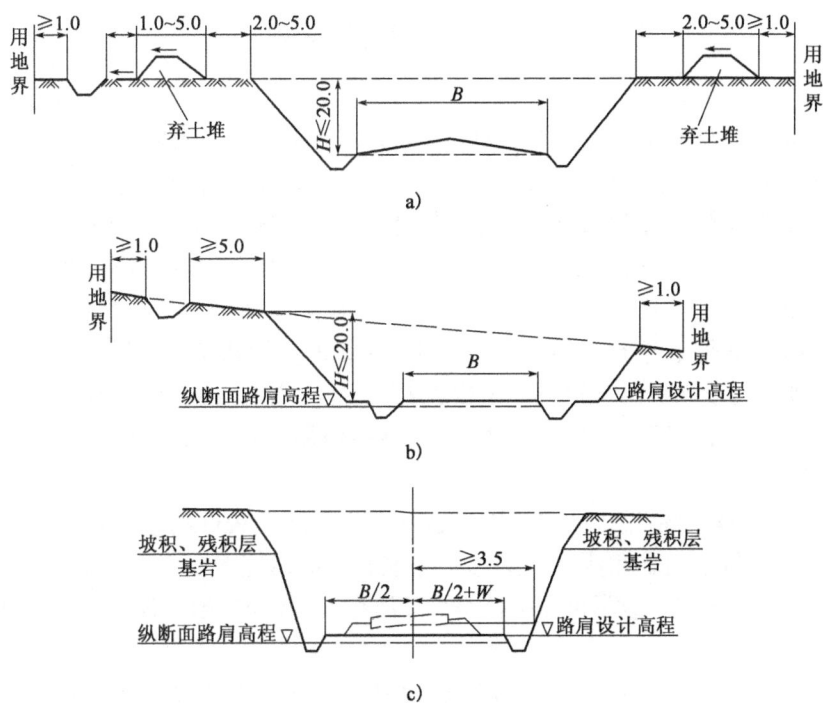

图 7.2-15　路堑标准横断面(尺寸单位:m)

路基面两侧的排水沟称为侧沟,用以排引路基面和边坡上的地面水。一般黏性土和细砂土的路堑侧沟,底宽不应小于 0.4m,沟深不应小于 0.6m,干旱少雨地区沟深可减至 0.4m。一般黏性土的侧沟边坡,靠线路一侧为 1:1,靠田野一侧与边坡坡度一致。岩质路堑的侧沟可修建成槽形,底宽和深度均不应小于 0.4m。侧沟纵坡一般应与路堑地段的线路纵坡相同;若线路的纵坡为零或小于 2%,侧沟可做成单面坡或双面坡,后者常用于长路堑内,以免侧沟下游段开挖太深,双面坡侧沟的分水点处,沟深可减至 0.2m。在困难条件下,侧沟沟底纵坡可减至 1%。

路堑顶缘以外部分称为路堑堑顶,置于堑顶的弃土应建成弃土堆。为保证路堑边坡的稳定,弃土堆内侧坡脚至堑顶边缘间应保持一定的距离,其大小随边坡的土质条件与边坡高度而定,一般为 2~5m。若无弃土堆,路堑顶缘至天沟边缘距离一般不小于 5m。如土质良好、堑坡不高或天沟铺砌时,可减至 2m。湿陷性黄土路堑天沟至路堑顶缘间的距离,一般不小于 10m,并应加固防渗。

为保证弃土堆本身的稳定,其边坡不得陡于 1:1,高度不宜超过 3m,弃土堆在山坡迎水一侧应连续堆积。弃土堆至堑顶边缘间的地面应整平成倾向路堑的缓坡以利排水。必要时,此处地面及堑坡可防护加固。弃土堆如在山坡下侧时,应间断堆积,每隔 50~100m 留出 1m 以上的缺口,以便弃土堆内侧的水顺利排出。

沿河弃土时,应防止下游路基与河岸的冲刷,避免弃土阻塞、污染河道,必要时应设置挡护设施。桥头弃土不得挤压桥墩,阻塞桥孔。

第三节　铁路路基排水工程

路基排水的目的就是把路基工作区内的填料含水率降低到一定的范围内。填料含水率过大,会引起强度降低,边坡坍塌,路基下沉或滑动,影响线路的使用功能。因此,必须做好地面水和地下水的排除工作,使路基有良好、完善的排水系统,确保路基具有足够的强度和稳定性。

排水设备的设计应与桥涵、隧道、车站等排水设备衔接配合,有足够的过水能力,并且应与水土保持和农田水利的综合利用相结合,同时应遵循以下原则:

(1)设计前必须进行充分的调查研究,使排水系统的规划和设计做到正确合理。

(2)各种路基排水沟渠的设置应尽量少占农田,并与水利规划和土地使用规划等相配合进行综合规划。一般情况下,不应利用边沟作农业灌溉用,但不得已时,应采取加固措施以防水流危害路基。

(3)排水设计应经济适用。排水沟渠应选择在地形地质较好的地区范围内通过,以节约加固工程量。对于排水困难和地质不良地段应进行特殊设计。

(4)排水沟渠的出水口应尽可能引接至天然河沟,以减少桥涵工程,不应直接使水流入农田,损害农业生产。

(5)排水设施的设计,应贯彻因地制宜、就地取材的原则,以减少造价,要能迅速有效地排除"有害水",以免影响路基的强度和稳定性,保证铁路运输的安全。

一、路基地面排水

在细粒土路基中,为使路基经常处于干燥、坚固稳定的状态,必须及时地修建好地面水排水设施,使地面水迅速排离路基范围,防止地面水停滞下渗和流动冲刷而降低路基的稳定性。

地面水渗入路基土体,会降低土的抗剪强度;地面水的流动会造成路基边坡面冲刷和坡脚冲刷;地面水渗入含易溶盐的土(如黄土)中会产生溶蚀作用形成陷穴;在气温下降时,地面水也常成为寒冷地区产生冻害的一个重要因素。凡此种种都说明了地面水对路基稳定性的严重危害。此外,地面水还给施工及运营造成许多困难和危害。所以,路基地面排水工程虽较简易且费用不大,但其重要性是不可忽视的,否则将造成路基失稳的严重后果。粗粒土路基中细粒土含量大时,也可能出现上述情况。

1.排除路基地面水的主要设备

排除路基地面水的设施备有:排水沟、侧沟、截水沟(天沟)、跌水、急流槽和缓流井等,如图 7.3-1 所示。

(1)排水沟如图 7.3-1a)所示,用以排除路堤范围内的地面水。当地面较平坦时,设于路堤两侧;当地面较陡时,应设于迎水一侧。当有取土坑时,可用取土坑代替排水沟。排水沟应设置在路堤天然护道以外。

(2)侧沟如图 7.3-1b)所示,在路堑地段用以排除路基面和路堑边坡坡面的地面水,设于路基面两侧或一侧(半路堑)。

（3）天沟如图7.3-1b）所示,用于排除山坡迎水方向流向路堑的地面水。

（4）跌水如图7.3-1c）所示,主槽底部呈台阶状的急流槽,其构造可有单级和多级两类,每级高差为0.2~2.0m,利用台阶跌水消能。一般应做铺砌防护。

（5）缓流井如图7.3-1d）所示,沟底纵坡较陡的水沟,可设计成两段较缓坡的水沟,用缓流井连接起来。两段水沟的落水高差最大可达15m。

（6）急流槽,如图7.3-1e）所示,用片石、混凝土材料筑成的衔接两段高程较大的排水设施。主槽纵坡大、水流急,出口设有消力池、消能槛等消能装置,沟底纵坡可达1:2。设在路堑边坡上的急流槽又称吊沟。

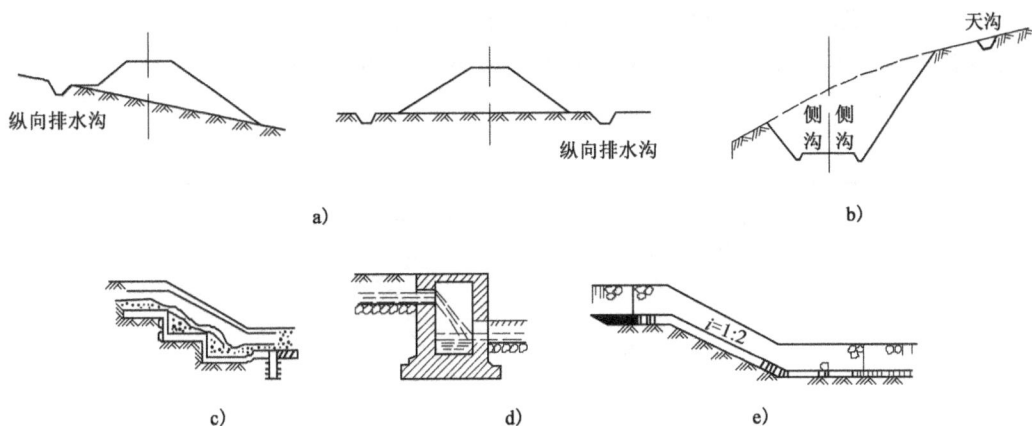

图 7.3-1 路基地面排水设备

排水沟、侧沟、天沟、边坡平台截水沟等各类排水沟的出口,应将水引排至路基以外,以防止水流冲刷路基。地面横坡明显的地段,排水沟、天沟可在上方一侧设置。若地面横坡不明显,宜在路基两侧设置。排水沟、侧沟、天沟的横断面,应有足够的过水能力,除需按流量计算外,可采用底宽0.4m、深度0.6m。干旱少雨地区或岩石路堑中,深度可减少至0.4m。位于反坡排水地段或小于2‰线路坡道的路堑侧沟,其分水点的沟深可减少至0.2m。边坡平台截水沟尺寸,可采用底宽0.4m、深度0.2~0.4m。需按流量设计的排水沟、侧沟、天沟,其横断面应按1/25洪水频率的流量进行计算,沟顶应高出设计水位0.2m。下列情况的排水沟、侧沟和天沟应采取防止冲刷或渗漏的加固措施,必要时可设垫层:位于松软土层影响路基稳定的地段;流速较大,可能引起冲刷的地段;路堑内易产生基床病害地段的侧沟;有集中水流进入天沟、排水沟的地段。

路堑顶部无弃土堆时,天沟内边缘至堑顶距离不宜小于5m。当沟内进行加固防渗时,不应小于2m。地面排水设施的纵坡,不应小于2‰。地面平坦或反坡排水地段,在困难情况下,可减少至1‰。天沟不应向路堑侧沟排水。当受地形限制需修建急流槽向侧沟排水时,应在急流槽的进口处进行加固,出口处设置消能设备及防止水流冲刷道床的挡水墙。急流槽下游的侧沟应加大断面,应按1/50洪水频率流量确定。侧沟靠线路一侧边坡可采用1:1,外侧边坡与路堑边坡相同。当有侧沟平台时,外侧边坡可采用1:1。在砂类土中,两侧边坡采用1:1~1:1.5。天沟、排水沟的边坡应根据土质及边坡高度确定,黏性土可采用1:1~1:1.5。

在深长路堑和反坡排水困难的地段,宜增设桥涵建筑物,将侧沟水尽快引排至路基外。路堑侧沟的水流不得流经隧道排出。当排水困难且隧道长度小于300m,洞外路堑的水量较小,含泥量少时,经研究比较可经隧道引排。

2.排除路基地面水设计的一般原则

排水设施的作用是排除路基本体范围内的地面水及自田野方向流向路基的水,并将水导引至铁路过水建筑物或自然沟渠中排走。由于汇水面积一般不大,流量不多,故除特殊情况外均不作个别水力计算,直接采用规范规定的断面尺寸和有关规定(纵坡和加固等)。

排水沟常采用梯形断面,如图7.3-2所示。根据需要,有时也采用矩形断面。为避免水流冲刷或淤积,水沟纵坡最大不得超过8‰,最小不得小于2‰,困难地段不得小于1‰。水沟纵坡大于8‰的地段,应对水沟的沟身进行加固,防止冲刷破坏。在水沟纵坡变化段、水沟弯曲段尤应注意。

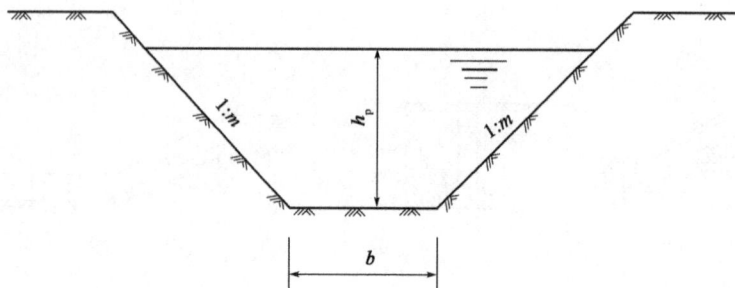

图7.3-2　梯形排水沟横断面图

排水设计应首先做好排水规划。规划排水设施平面布置的原则是使地面水尽快通过水沟汇集排除,水沟应尽可能设在距路基本体较近位置,使流向路基的水和降落在路基内的雨雪水均可由此排出。水沟的长度应取短,但如地形起伏,为减小工程量,可按最大纵坡顺地形绕行。水沟的排水能力,在不允许漫溢的情况下,如路堑段的水沟、滑坡地区水沟,若流量较大,应作水力计算检算。

二、路基地下水的降低与排除设备

1.地下水对路基稳定性的危害

在路基中,地下水对路基稳定性的危害是指在路基设计和施工中,由于地下水存在的形式和数量可使工程设计与施工产生一定的困难,因而应采取措施,使地下水存在的形式或数量改变,以确保路基的稳固和工程的实施。同样,对已修建成的路基,地下水的变化如可造成路基稳定性下降,也应采取必要的措施,将其变化调节到允许的限度内。例如,在饱和的软黏土地基上填筑路堤,当堤高形成的荷载大于地基的承载力时,就会造成一定的困难,如能使地基土排水固结,就可提高软土地基的强度,提高地基承载力并减小工后沉降。

在路堤堤身的稳定中,也常受到地下水的危害,如地下水位高,路堤填料为黏性土,在毛细作用下,水分可升至路堤内,使填料含水率增大,强度下降;在严寒地区,水是路堤出现冻害的重要因素。在路堑地段,如果路堑开挖到地下水位以下,若路堑边坡土为细粒土,则边坡的稳定性可受到地下水渗出的动力水压影响;当堑体为破碎的岩块时,地下水从裂隙中或含水层中流出时,也会使原有的胶结物质及沉淀的碎屑被带出而使边坡失去稳定。

地下水的存在形式常可因其补给来源的变化而变化,它对路基稳固性的影响还可因各种其他因素的作用而不同。例如在路堤中,当路堤的填筑高度在地基承载力允许的范围内,若在堤底铺设渗水土垫层,则地下水的存在和变化对路堤的影响可以忽略不计,在路堑中也可作相似的分析。所以,关于地下水的降低与排除仅是指地下水的存在形式和数量可以对路基的稳固造成危害时而设置的一种重要的工程措施。在地下水可对路基稳定造成危害时,降低和排除地下水常可取得良好的效果,所以应当十分重视。

2. 路基地下水降低与排除的主要设备

地下水可大致分为承压水和无压水(如潜水),又可据其存在环境分为裂隙水和孔隙水,在岩溶地区还有活动于溶洞、地下河等岩溶构造中的溶洞水,多年冻土地区的层上水、层间水和层下水等。降低路基地下水及排除地下水设备的选择,应根据不同类型的地下水及工程具体条件、要求确定。常用的降低和排除地下水的设备主要有:

1) 明沟及排水槽

明沟是兼排地面水及地下水的排水设备。沟底一般应挖至不透水层,见图 7.3-3a)。若不透水层太深,沟底置于透水层内,见图 7.3-3b),则沟底及水沟边坡应用不透水材料做护层,以免沟中水渗入土中。

排水槽也是一种兼排地面水和地下水的设备,见图 7.3-3c)。排水槽侧壁有渗水孔,侧壁外最好填一层粗砂、细砾石或炉渣组成的反滤层。渗水孔在槽壁的上部,槽内水面以下的槽壁是不透水的,以免水反渗入土中。

2) 渗水暗沟

渗水暗沟又称盲沟,是一种地下排水设备,用于拦截、排除较深含水层内的地下水,疏干滑体中的水或降低地下水位,通常采用明挖法施工。

渗水暗沟可分为有管渗沟和无管渗沟两种。埋设预制管节而成的渗沟称为有管渗沟;就地砌筑的矩形断面渗沟称为无管渗沟。深埋的渗沟为便于检查、修理,其断面应较大,便于工作人员进出。渗沟较长时,还应每隔适当距离设置检查井。沟顶应回填夯实,以免地面水渗入。按渗沟作用和设置部位,又可分为截水和引水渗沟、无砂混凝土渗沟、边坡渗沟和支撑渗沟等。

(1) 截水和引水渗沟。

截水和引水渗沟按其深度分为浅埋渗沟和深埋渗沟,浅埋渗沟深度一般为 2~6m,深埋渗沟的深度一般大于 6m。

浅埋渗沟可以引出低洼湿地、泉水出露地带和地下凹槽地层处的地下水,并使其循着最短通路排出,以疏干其附近土体中的水或降低地下水位。位于路堑侧沟下或侧沟旁的浅埋渗沟可以降低路堑范围内的地下水和疏干附近的土体,是需要布置在路基一侧或两侧,如图 7.3-4a)和图 7.3-5 所示。

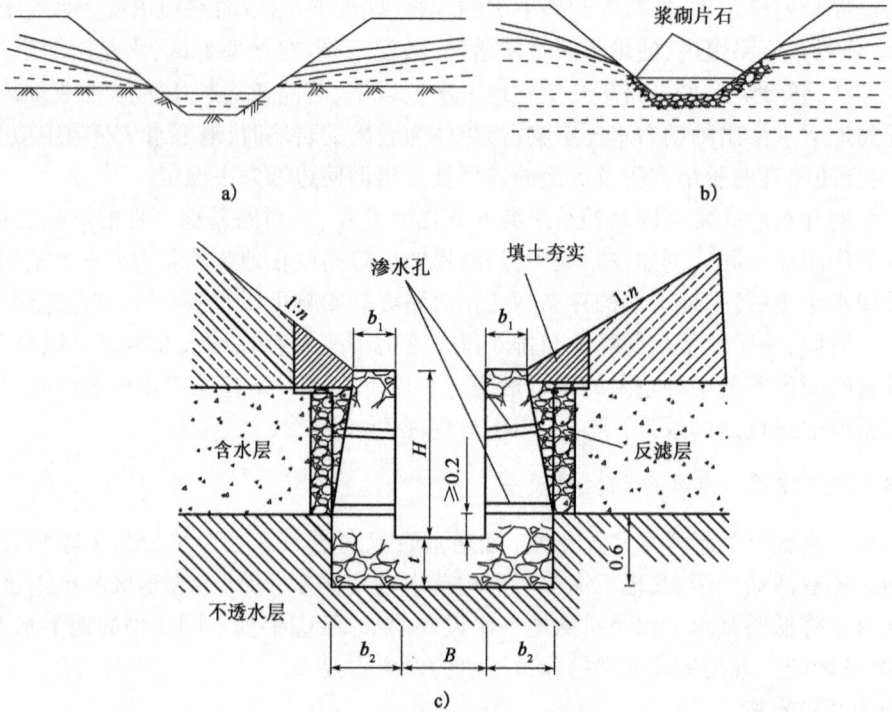

图 7.3-3　明沟及排水槽(尺寸单位:m)

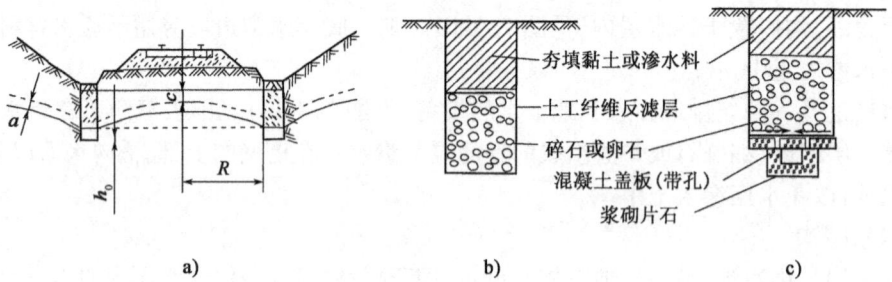

图 7.3-4　设置在侧沟下的渗沟

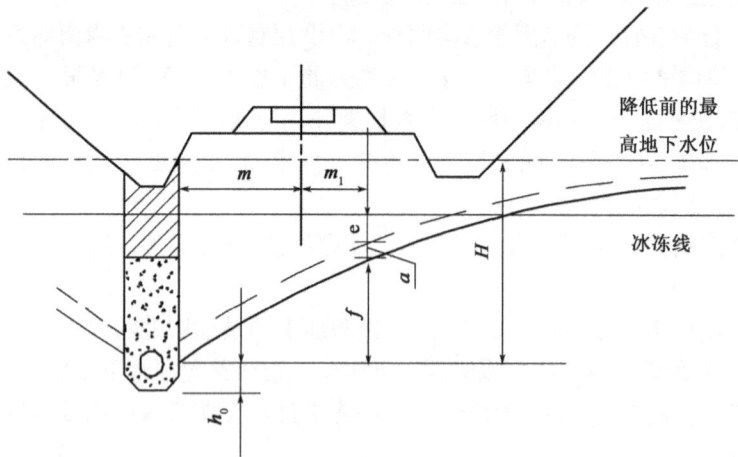

图 7.3-5　单侧渗沟

图 7.3-4a)中,c 表示两条渗沟之间地下水位降低的高度,按所要求降低地下水位的高度确定。

图 7.3-5 中,e 表示冻结面至毛细水上升曲面间距离,可取 $e = 0.25 \sim 0.5\text{m}$,$a$ 表示毛细水上升高度。

渗沟的底部设置排水通道,排水孔应设在冻结深度以下不小 0.25m 处,通常采用圆管(用 C15 混凝土预制)或盖板矩形沟(边墙及其底用 M7.5 浆砌片石砌筑,盖板用 C15 混凝土预制),如图 7.3-4c)所示,也可采用如图 7.3-4b)所示的形式,并用土工合成材料作反滤层。

对于浅埋渗沟,矩形沟尺寸一般用 0.3m × 0.4m,圆管内径一般用 0.3 ~ 0.5m。对于深埋渗沟,为了便于进入检查和维修,矩形沟尺寸可用 0.8 ~ 1.2m,圆管内径可用 1.0m,盖板上或圆管上所留进水缝隙或孔眼的大小及间距,以及反滤层的选择,可根据渗沟集水流量和所用填充材料的颗粒组成计算确定。

截水渗沟只需在渗流上游一侧沟壁进水,下游侧沟壁应不透水,可用黏土或浆砌片石做成隔渗层,如图 7.3-6 所示。截水的渗水暗沟的基底宜埋入隔水层内不小于 0.5m。

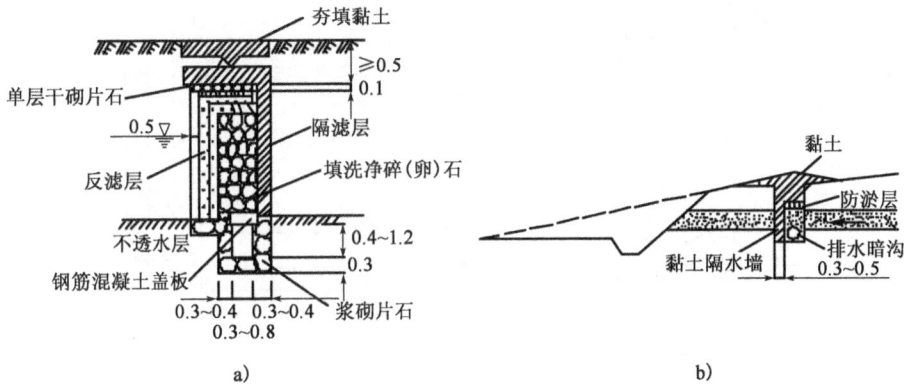

图 7.3-6　截水渗沟(尺寸单位:m)

渗沟顶部覆以单层干砌片石,表面用水泥砂浆勾缝,其上再用厚大于 0.5m 的土夯填到与地面齐平。

渗水暗沟的渗水部分可采用砂、砾石、无砂混凝土、土工合成材料作反滤层。反滤层的层数、厚度和颗粒级配要求应根据坑壁土质和反滤层材料经计算确定。砂砾石应筛选清洗,其中小于 0.15mm 的颗粒含量不得大于 5%。

无砂混凝土块板反滤层的厚度可采用 10 ~ 20cm。当坑壁土质为黏性土或粉细砂时,在无砂混凝土块板外侧,应加设 10 ~ 15cm 厚的中粗砂或土工合成材料反滤层。

土工合成材料反滤层可采用无纺土工织物。当坑壁土质为黏性土或粉细砂时,可在土工织物与坑壁土之间增铺一层 10 ~ 15cm 厚的中砂。

渗水暗沟内应采用筛选洗净的卵石、碎石、砾石、粗砂或片石充填;仰斜式钻孔内应设置相应直径的渗水管,渗水管可选用带孔的 PVC、PP/PE 塑料管、钢管、软式透水管、无砂钢筋混凝土管或混凝土管等。

渗水暗沟每隔 30 ~ 50m,渗水隧洞每隔 120m 及在平面转折、纵坡变坡点等处,宜设置检查井,检查井的井壁应设置反滤层。检查井内应设检查梯,井口应设井盖。当深度大于 20m

时,应增设护栏等安全设备。

渗沟的出水口一般采用端墙,其下部留出与渗沟排水管孔径一致的排水孔。端墙基础应埋入当地冻结深度以下的较坚实稳定的地层内。在端墙以外,应紧接一段有铺砌的排水沟,其长度由设计确定。

(2)无砂混凝土渗沟。

无砂混凝土渗沟由无砂混凝土壁板、钢筋混凝土横撑、钢筋混凝土盖板和普通混凝土基础等组成。无砂混凝土用水泥、粗集料(砾石或角砾)及水拌制而成。用无砂混凝土制作的各种圬工体均具有透水孔隙,在排水渗沟中用无砂混凝土作沟壁,以代替施工困难的反滤层和渗孔设备,具有透水性能和过渡能力好,施工简便及节省材料等优点。无砂混凝土具有一定的强度,可以省去渗沟内部的填充料。使用时应注意其所处的地层条件及制作工艺。无砂混凝土渗沟断面如图7.3-7所示。

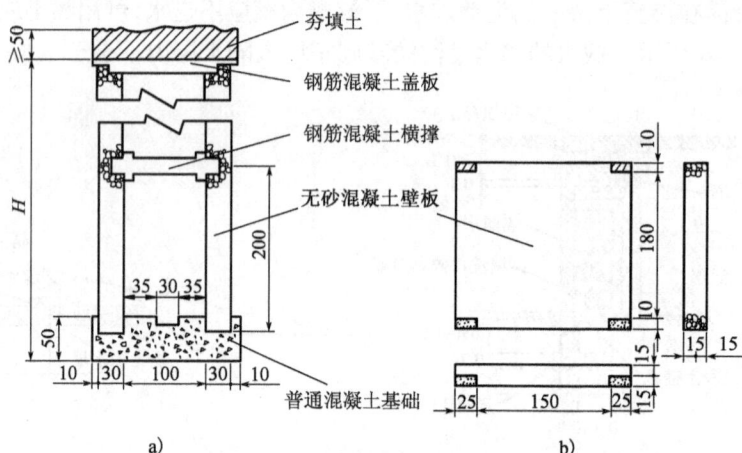

图7.3-7　无砂混凝土渗沟(尺寸单位:cm)
a)渗沟断面;b)无砂混凝土壁板大样

(3)边坡渗沟。

边坡渗沟用于疏干潮湿的边坡和引排边坡局部出露的上层滞水或泉水,并起支撑边坡的作用,适用于边坡不陡于1:1的土质路堑边坡,也可用于加固潮湿的容易发生表土坍滑的土质路堤边坡。边坡渗沟的平面形状可做成条带形、分岔形和拱形等。对于较小范围的局部湿土或泉水出露处,宜用条带形布置,对于较大范围的局部湿土,宜用分岔形布置,如图7.3-8a)所示。当边坡表土普遍潮湿时,宜用拱形与条带形相结合的布置,如图7.3-8b)所示。一般其宽度大于1.3~1.5m。

边坡渗沟应垂直嵌入边坡,渗沟基底埋置在边坡潮湿土层以下较干燥而稳定的土层内,按潮湿带的厚度做成具有2%~4%泄水坡的阶梯形,边坡渗沟纵断面如图7.3-9所示。

边坡渗沟断面通常采用矩形,其宽度不宜小于1.2m。其外周设置反滤层,渗沟内用筛洗干净的小颗粒渗水材料填充。渗沟顶部一般用单层干砌片石覆盖,其表面大致与边坡齐平。必要时可在干砌片石表面用水泥砂浆勾缝。边坡渗沟下部的出水口,一般采用干砌片石垛,其作用是支挡渗沟内部的填充料并将渗沟中集引的土中水或地下水排入路堑侧沟或路堤排水沟内。

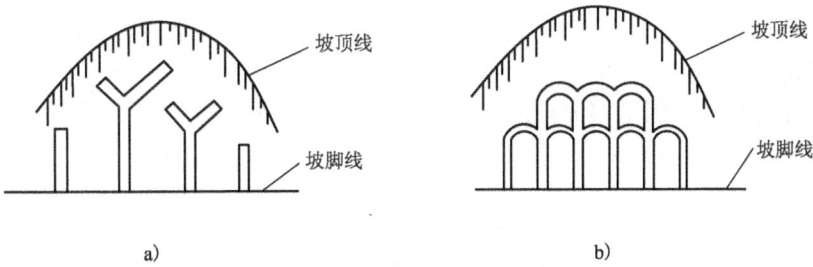

图7.3-8 边坡渗沟的平面形状图

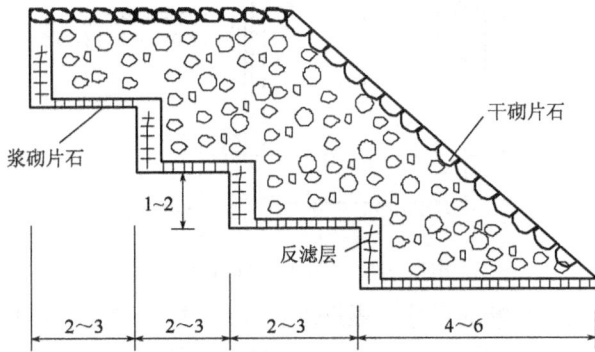

图7.3-9 边坡渗沟纵断面图(尺寸单位:m)

(4)支撑渗沟。

支撑渗沟主要起支撑作用,兼起排除地下水和疏干土壤中水的作用。支撑渗沟通常采用成组的条带形布置,断面采用矩形,宽度一般为2~3m,各条渗沟之间的距离一般为8~15m。一般深度为数米到十几米,应布置在地下水露头和土壤中水发育的地方,并顺滑动方向修筑。沟底必须置于滑面以下的稳定土层或基岩内,可以顺滑面的形状做成阶梯形,最下面一个台阶的长度宜较长,以增加其抗滑能力,基底应铺砌防渗。支撑渗沟的填充部分宜用重度较大的石块干砌。填充料与沟壁之间可视沟壁土层的性质设置设或不设反滤层。渗沟顶部可用单层干砌片石覆盖,其表面用水泥砂浆勾缝,以防止地面水流入。支撑渗沟的纵断面如图7.3-10所示。

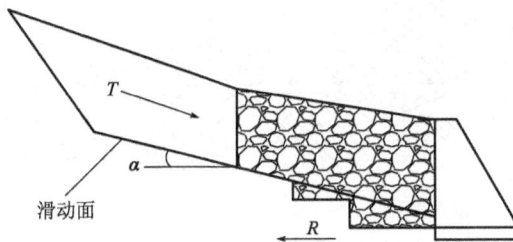

图7.3-10 支撑渗沟纵断面图

支撑渗沟可视地下水及土质条件布置成多种形式,支撑渗沟可单独使用,也可和抗滑挡墙联合使用。

3）渗水隧洞

渗水隧洞又称泄水隧洞，它用于截排或引排埋藏较深的地下水，或与立式渗井（渗管）群配合使用，以排除具有多层含水层的复杂地层中的地下水。

设置渗水隧洞时，必须掌握详细的水文地质资料，查明地下水的层次、分布及流量，以便准确地定出隧洞位置。如图 7.3-11 所示为一种常用的直墙式拱形断面。

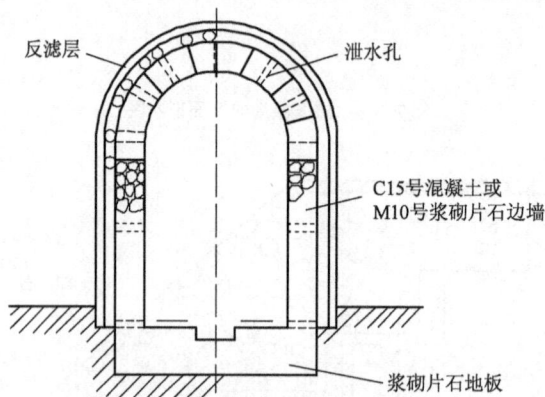

图 7.3-11　拱形深水隧洞断面图

渗水暗沟、渗水隧洞的横断面尺寸应根据埋置深度、施工和维修条件确定，结构尺寸应由计算确定。渗水暗沟和渗水隧洞的纵坡不宜小于 5‰，条件困难时不应小于 2‰。

4）平孔排水

平孔排水或称水平钻孔排水，是用平卧钻机向滑体含水层打倾斜角不大的平孔，然后在钻孔内插入带孔的钢管或塑料管，用以排除地下水而疏干土体。立面上可布置成一层或多层。单层平孔布置如图 7.3-12 所示。平孔位置必须在地下水位以下、隔水层顶板之上，尽量扩大其渗水疏干范围。平孔的间距视含水层渗透系数和要求疏干的程度而定，一般采用 5~15m 为宜。

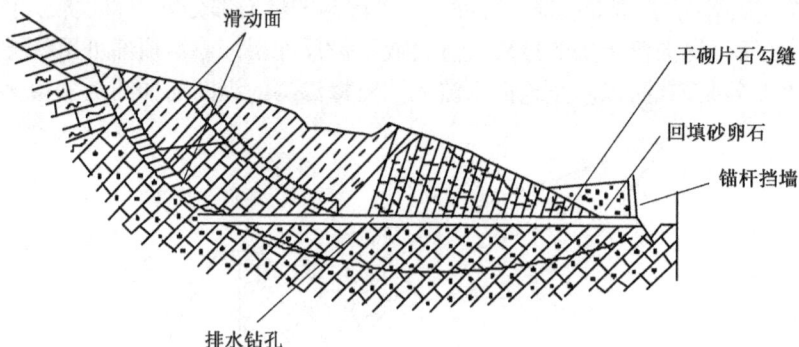

图 7.3-12　单层平孔排水布置图

5）集水渗井

当滑体中地下水埋藏较深或有多个含水层时，可用大口径竖井（直径可达 3.5m）和水平钻孔配合使用，以降低地下水和疏干其附近的土体，如图 7.3-13 所示。

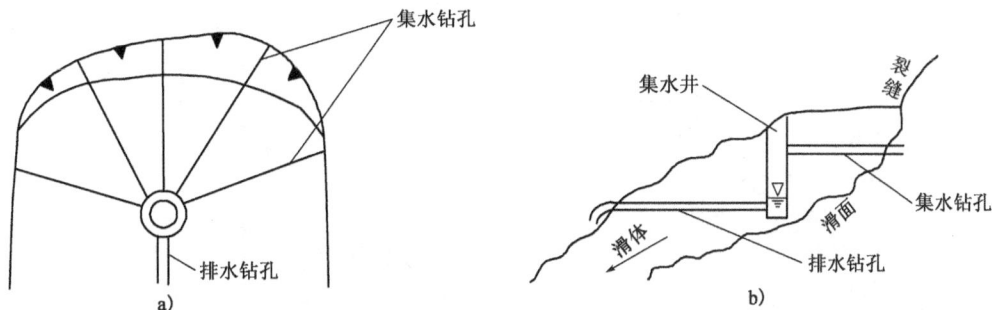

图 7.3-13　集水渗井

集水渗井或渗管的顶部应用隔渗材料覆盖,以防淤塞,圆形集水渗井也可采用无砂混凝土结构以代替设置反滤层和填充渗水材料。

地下各种排水渗沟、渗水隧洞及渗井等设备中,常用反滤层以防止含水地层中的细粒土被渗流带走,淤塞排除地下水建筑。目前常用的反滤层有卵砾石(或砂)反滤层、无砂混凝土块板反滤层及土工织物反滤层。土工织物具有一定的强度、柔韧性和连续性,它可直接铺设在需要设置反滤层的地方,如支撑渗沟、边坡渗沟的两侧和基底台阶部分,使用起来很方便。

第四节　铁路路基防护支挡工程

一、路基坡面防护

路基坡面的地表水流沿山坡流动,流速一般不大,它与边坡坡率及坡面状态等有关。缓坡、粗糙或有草木生长时流速小,反之就大。路基坡面的地表水流的破坏作用,表现为对坡面的洗蚀,最初只是冲走细小颗粒并搬运到坡脚或侧沟中,久而久之,则形成纹沟、鸡爪沟、冲沟,进而破坏路基边坡的稳定性。因此,应及时进行坡面防护,并修筑排水设备,保证排水畅通。坡面防护应根据边坡的土质、岩性、水文地质条件、边坡坡度与高度、环境保护、水土保护要求等,选用适宜的防护措施。

1. 植物防护

在坡面播种草籽(图 7.4-1),适用于坡度缓于 1:1.25 土质或严重风化了的基岩风化层边坡。若土质不宜种草,可铺一层种植土(厚 5 ~ 10cm)。种草成活后,可抵御流速为 0.4 ~ 0.6m/s 的冲洗作用。在边坡上种植小冠花,也是一种较好的护坡草本植物。

植树以低矮灌木为好,应选择根系发达、易于成活的树种栽种,如紫穗槐,除保护边坡以外,还有很大的经济价值。植树与种草亦可配合进行。还可采用喷混植生、客土植生等植物防护方法。

2. 坡面的补强及加固

对于不宜采用植物防护的边坡,如炭质页岩和浅变质的泥岩等易风化的岩质边坡,可采用抹面、喷浆、勾缝、灌浆等方法防护。一方面防止坡面水流的洗蚀,另一方面防止风化剥落。

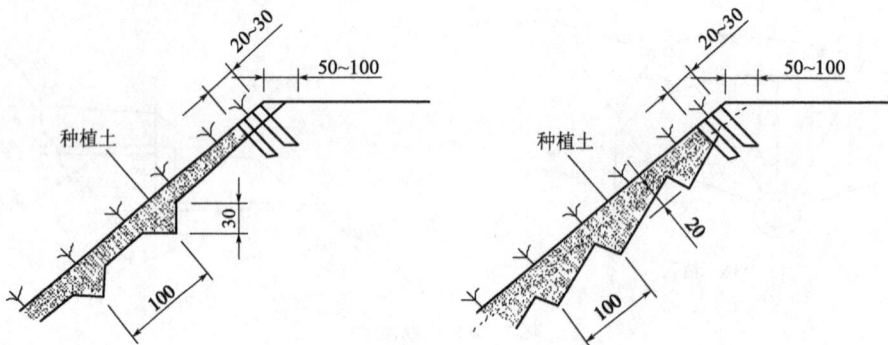

图 7.4-1 种植土层植草的两种形式(尺寸单位:cm)

对于不同岩性的边坡,可用锚杆铁丝网喷混凝土防护。混凝土厚 8～10cm,其材料配合比和水灰比一般应通过试喷确定。护面设有伸缩缝和泄水孔。应注意喷射混凝土护面适用于堑坡稳定、地下水不发育、边坡较干燥但陡峻的边坡。砂浆抹面施工较简单,而喷射混凝土护面水泥用量节省,较可靠。

由于土工合成材料的发展,无纺土工织物可用于坡面防护。对于不适于植物生成的边坡可采用无纺土工织物多层复合坡面防护。国外采用这种复合防护结构取得了良好效果。其结构为紧贴坡面铺设无纺土工织物用以排水,保证边坡稳定,其上铺设隔水的土工薄膜,防止水的渗入且具有一定保温作用。亦可两层合为一层采用复合土工膜代替,同时兼起以上两种作用。最上面铺设沥青土工膜作为保护层保暖、防水,如图 7.4-2 所示。

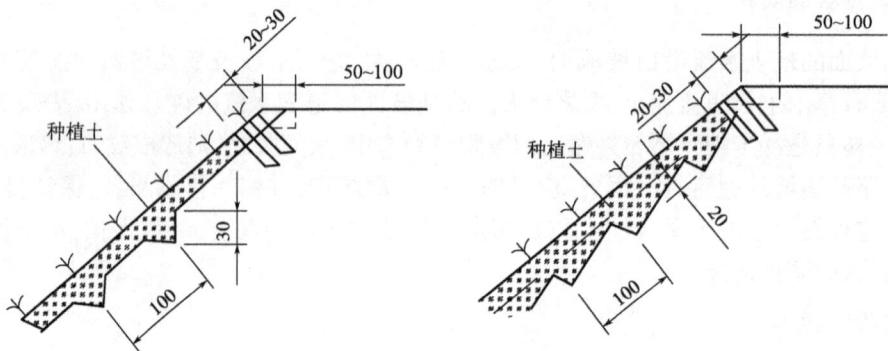

图 7.4-2 土工合成材料复合防护(尺寸单位:cm)

3. 砌石护坡

对边坡坡率缓于 1:1 的各种土质、土夹石及岩质边坡,坡面受地表水流冲蚀产生冲沟、泥流、小型表层溜坍,均可采用砌石护坡防护。

1)单层干砌片石

如图 7.4-3 所示,干砌片石适用于边坡缓于 1:1.25 的土质或土夹石边坡并经常有少量地下水渗出的情况,厚度一般为 0.3m。当边坡土质为粉土质土、松散砂和粉质黏土等易被冲蚀的土时,干砌片石应设不小于 0.1m 厚的碎石或砂砾垫层。干砌片石护坡基础应砌至侧沟底。

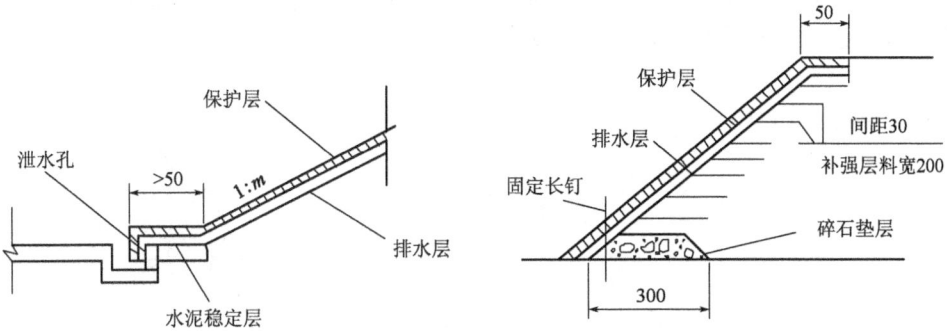

图 7.4-3 干砌片石护坡(尺寸单位:cm)

2)浆砌片石护坡

浆砌片石护坡适用于当地石料来源丰富,坡度缓于1:1的土质或岩质边坡。浆砌片石的厚度一般为0.3~0.4m。边坡高度大于20m时,应在中部设置不小于1m的平台。当这种护坡的面积较大时,可在护坡中增设肋以增强其刚度。浆砌片石护坡应设置泄水孔及伸缩缝,并在合适的位置设台阶踏步以利维修。

3)浆砌片石骨架护坡或混凝土骨架护坡

如图 7.4-4 所示,为节约片石及水泥,常用浆砌片石骨架或混凝土骨架,其内铺草皮或三合土、四合土捶面代替浆砌片石或混凝土。如草皮和捶面护坡易脱落,也可用方格形或拱形浆砌片石骨架加强。

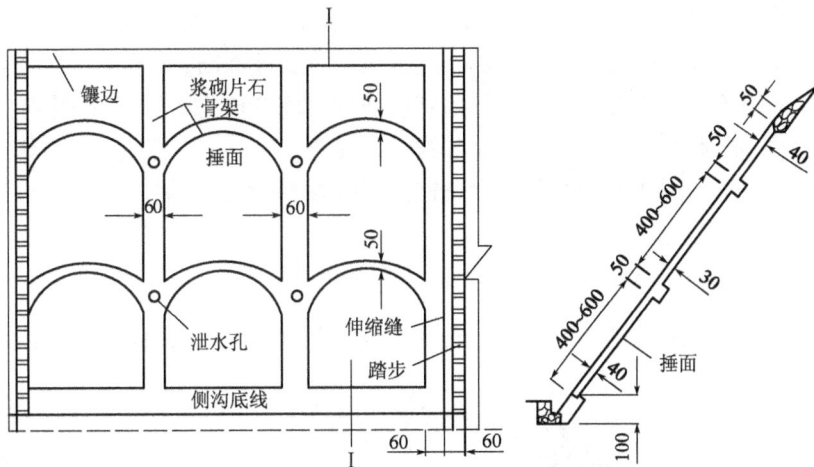

图 7.4-4 拱形浆砌片石骨架护坡(尺寸单位:cm)

4)浆砌片石护墙

如图 7.4-5 所示,浆砌片石护墙是由厚度0.4~0.5m的浆砌片石做成的实体或带孔窗式的护坡。护墙厚度有等截面、变截面两种。前者墙高一般不超过10m,后者墙高单级不宜超过12m,如需加大高度,可做成二级或三级护墙,并设置宽度不小于2.0m的平台。顶宽一般取0.4m。墙高时常设耳墙以增强其稳定性。耳墙宽为0.5m或1.0m护墙的基础,为防止冻害,应置于冻结线以下。墙底地基的承载力,要求在 300kPa 以上。为了增加护墙的抗滑稳定性,墙底往往做成 0.2:1 或 0.1:1 的倾斜反坡。

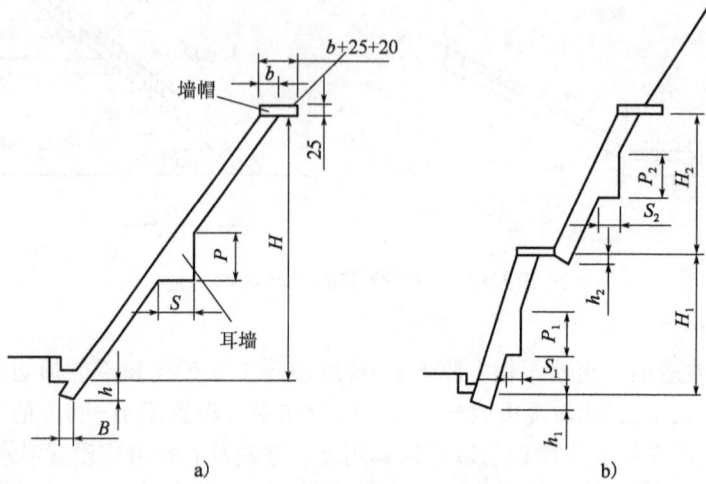

图 7.4-5　浆砌片石护墙(尺寸单位:cm)
a)等截面护墙;b)两极护墙

二、路基坡脚冲刷防护

沿河的路基,受河流的变迁及冲刷的威胁,尤其到了每年的洪水涨水季节,由于水流对路基的冲刷乃至冲毁,会给生命财产及行车安全造成巨大的灾害,故应根据河流的特性、水流性质、河道地貌、地质条件等因素,结合路基位置,选用适宜的坡面防护、导流或改河工程。

我国目前采用的路基边坡和河岸冲刷的直接防护措施有植物防护、干砌片石护坡、浆砌片石护坡、混凝土护坡、抛石、石笼、大型砌块和浸水挡墙等。

按冲刷防护应用范围,路基冲刷防护可分为直接防护和间接防护。

1.直接防护

1)铺草皮

选择适宜加固土质边坡的草皮叠砌,成活生成后根系错结,从而起防止冲刷的作用,如图 7.4-6所示。

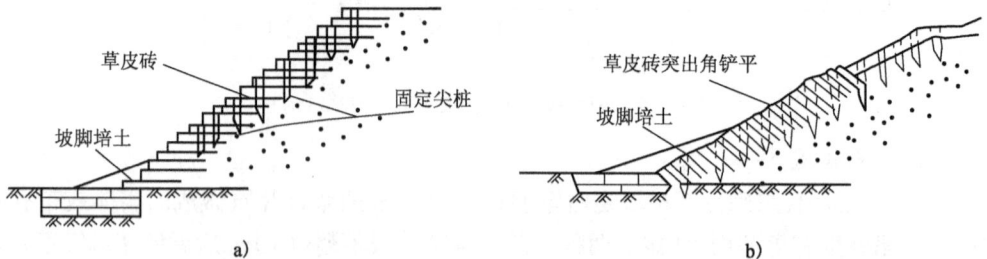

图 7.4-6　草皮防护冲刷

2）抛石防护

常用抛石防护断面如图 7.4-7 所示。图中反滤层亦可用无纺土工织物。

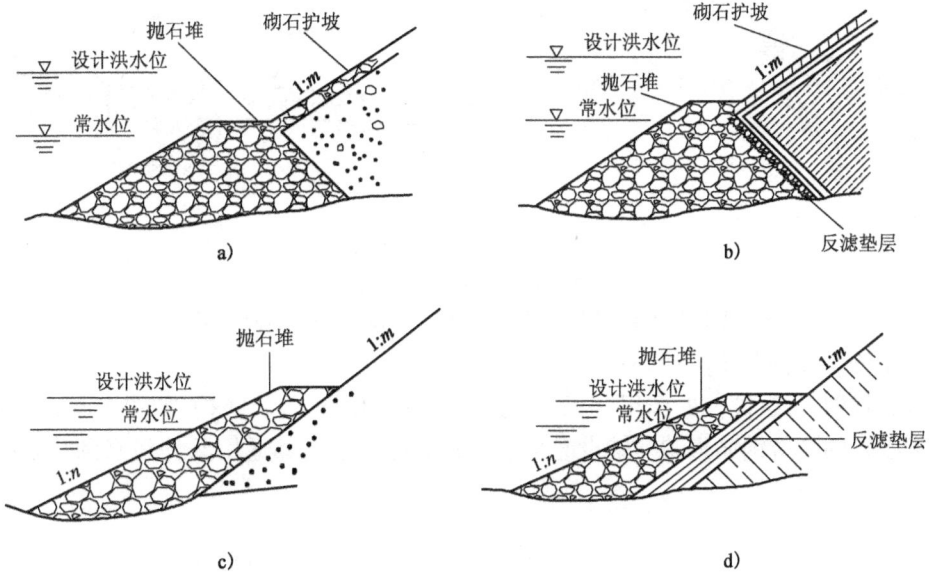

图 7.4-7　抛石防护示意图

3）片石护坡

片石护坡包括干砌片石护坡（图 7.4-8）和浆砌片石护坡（图 7.4-9）两类。片石护坡的基础设置需考虑最大冲刷深度。

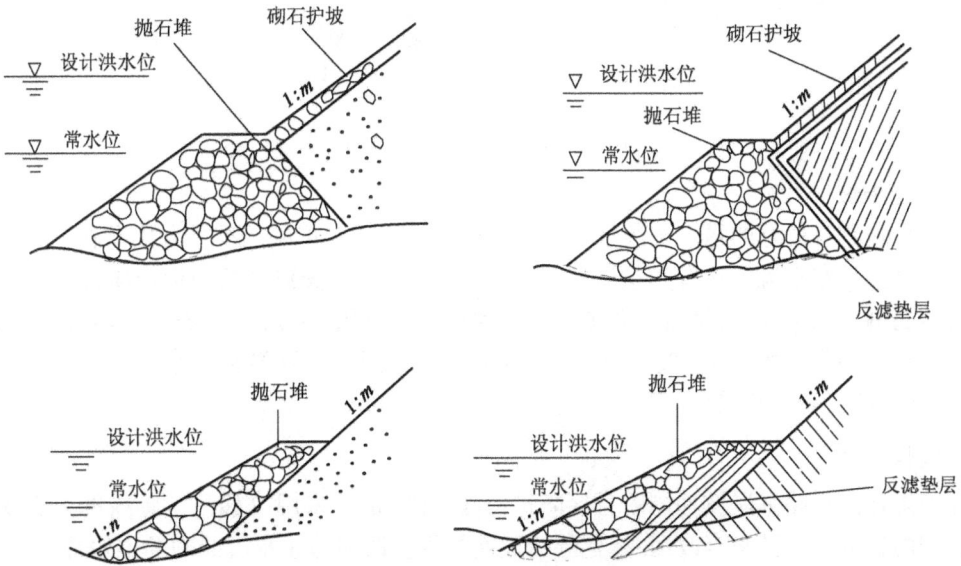

图 7.4-8　干砌片石护坡示意图

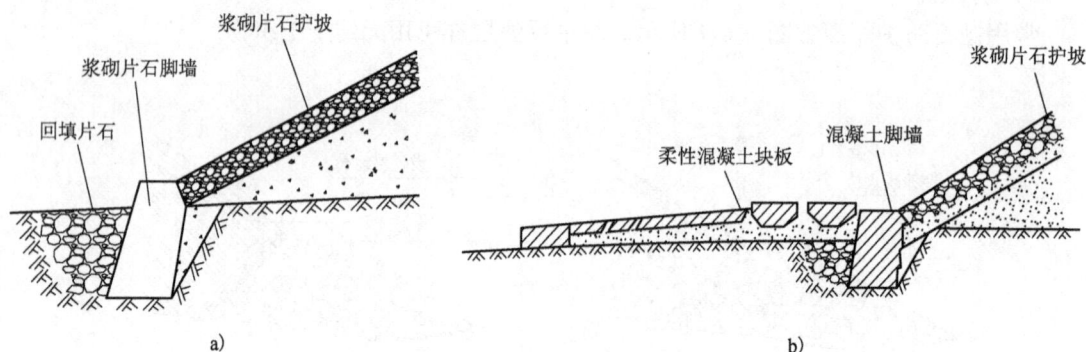

图 7.4-9　浆砌片石护坡示意图
a) 基础脚墙埋设在冲刷深度线以下；b) 柔性混凝土块板防护基础

4) 混凝土板及混凝土柔性块板

为抵御强烈水流、波浪的作用，可采用边长较大的混凝土板块防护，如图 7.4-10 所示。板块可设置必要的构造钢筋预制。铺设时板下设置砂砾垫层。其适用条件与浆砌片石相同，但造价较高。

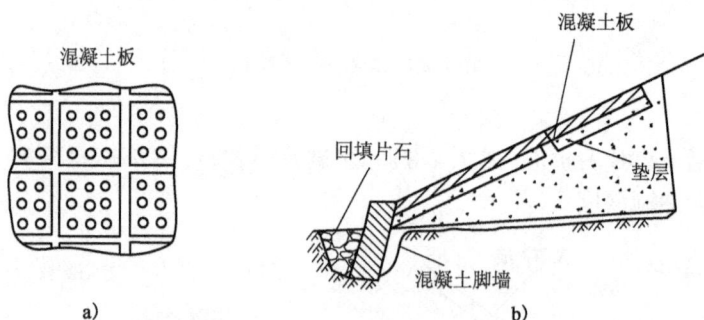

图 7.4-10　混凝土板护坡示意图

5) 石笼护坡

石笼护坡具有较好的强度与柔性，石笼构造如图 7.4-11 所示。不要大块石料。如果河床的地层较好而且在水流中夹有大量泥砂，石笼中的空隙会很快被淤满而形成整体。其缺点是石笼的金属网易锈蚀损坏，使石笼解体。一般镀锌铁丝可用 8～12 年，普通铁丝可用 3～5 年。我国南方地区，可采用竹编石笼护坡，较镀锌铁丝经久耐用。石笼护坡常用于缺乏大石料地区，水流中有滚石者不宜采用。

2. 间接防护

除了上述防止路基岸坡冲刷的直接防护措施以外，也可采用改移河流轴线的方法来达到防护冲刷的目的。其措施有改河、修建导流建筑物等。改河防止水流冲刷的工程量比较大，只在十分必要时选用。导流建筑物按其平面上的形式分，常用的有丁坝和顺坝两种，如图 7.4-12 和图 7.4-13 所示。

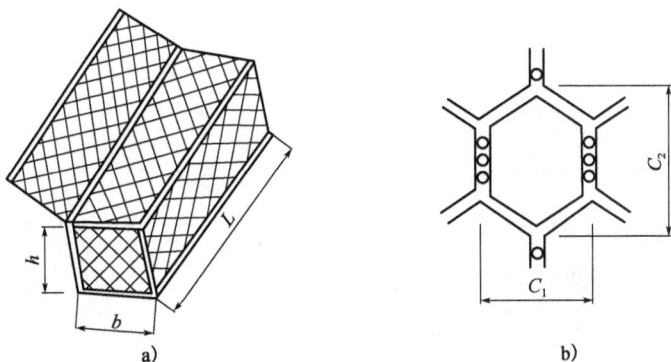

图 7.4-11　石笼构造图

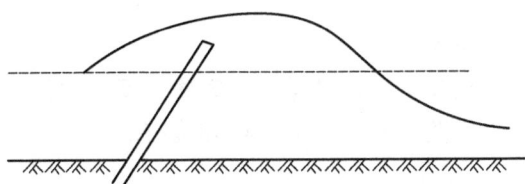

图 7.4-12　单个丁坝

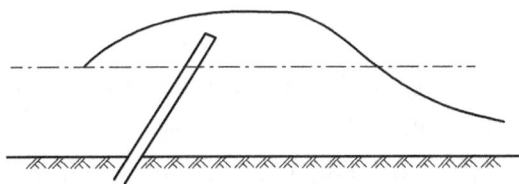

图 7.4-13　顺坝

三、路基防护工程

路基防护工程主要有遮挡建筑物、拦截建筑物和综合治山支补建筑物。

1.遮挡建筑物用于路堑边坡深而易造成山体崩塌变形的地段

根据其受力状态的不同,有明洞和棚洞等形式。

2.拦截建筑物用于有崩落物的山坡地段

根据其设置条件的不同,有落石平台、落石槽、拦石墙、拦石堤和柔性防护系统等形式。

目前公路、铁路防治工程中多用柔性防护系统代替传统的桩障和拦石网措施。现仅就柔性防护系统简述如下:

柔性防护系统是利用钢丝绳网作为主要构成部分来防护崩塌落石病害。按其作用及设置条件的不同,分为主动防护和被动防护两种,如图 7.4-14 和图 7.4-15 所示。

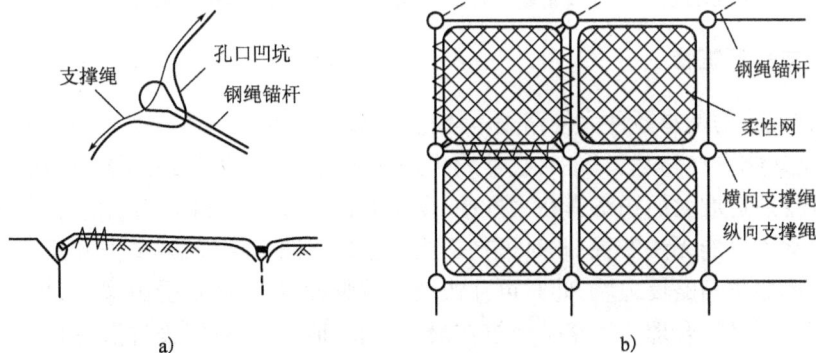

图 7.4-14　主动防护系统

a)支撑绳与锚杆安装关系;b)标准主动防护系统布置

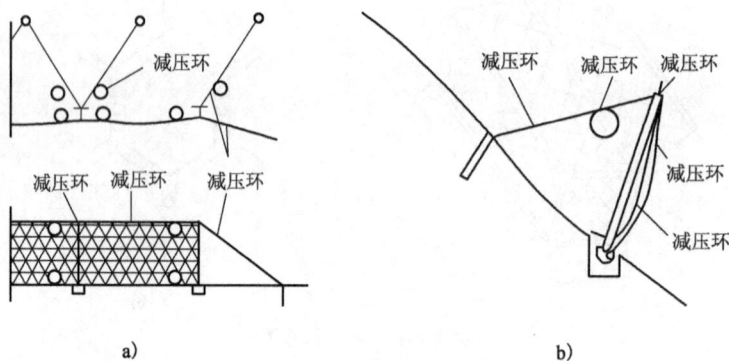

图7.4-15　被动防护系统

主动防护是利用锚杆和钢绳网将危石固定于原处,使之不能坠落。主动防护系统的传力过程是"钢绳网→支撑绳→锚杆→稳定地层"。作用原理类似于喷锚支护和锚钉墙等面层防护系统。由于其柔性特点,能承受较大下滑力。

被动防护系统由钢丝绳网、固定系统(拉锚和支撑杆)、减压环和钢柱四部分形成屏障,它可吸收并消散崩落危石的冲击能量,并将滚落的石块拦截住,达到防护的目的,避免传统刚性防护建筑自身的破坏。柔性系统来自钢丝绳网、支持绳和减压环结构,钢柱与基座间采用可动铰联结以保证整个系统的柔性匹配。

柔性防护系统功能可靠、耐久,施工简便快捷,只需少量人工及简单机具即可施工,对行车干扰少;布置较灵活,一般不需要破坏原始边坡表面植被,利于环保;防护系统整体性和协调性较强,在公路、铁路运营线上作为整治病害措施,使用较多,效果也较好。

3.综合治山支补建筑物

这种建筑物主要用于运营线上,对不稳定的山坡和岩体裂隙张开、空洞、危岩探头、孤石突出等进行防护,分别采用支顶、支撑、支护、喷锚和托梁加固等措施。

设计遮挡和拦截建筑物时,都需要进行有关落石的计算,其主要内容包括落石的腾起计算、弹跳计算和石块的冲击力计算等。有条件时,应尽可能在现场进行实地调查和试验,观测和收集石块下落的运动轨迹和弹跳高度计算参数,使设计能更切合实际。

四、路基支挡建筑物

路基支挡建筑物是指各种为使路基本体稳定,或者使与路基本体性状有关的周围土体稳定而修建的建筑物。在路基工程中,它常用于路堤或路堑的边坡受地形限制的地方,如深路堑的高边坡,开挖后边坡大面积暴露在大气中,受水和温度变化等自然因素的影响,极易导致失稳,同时大量弃方可能无法安置,此时可在适当位置修建路堑挡墙,减少土方开挖;陡坡上的路堤,在下坡一侧要收缩路堤边坡,此时可在边坡的坡脚设挡土墙,承受山体压力,减少开挖量或收回坡脚,使工程经济合理。当路基修筑在滑坡、崩塌地区时,可以设抗滑桩和拦挡、支撑建筑物。在隧道的洞口、桥梁与路堤连接的桥台处或沿河路堤,都设有支挡建筑物。在路基工程中,支挡建筑物常和其他功能的构造物结合使用。

1.挡土墙在路基工程中的应用和分类

在自然营力和附加荷载等人为因素的影响下,路基的稳固状态处于不断变化之中,为保证路基稳定,常采用一些加固措施,如改良边坡或地基的土质、设置支挡建筑物等。挡土墙就是其中之一,它被广泛应用于各种土建工程中。它的功能是抵抗土体的侧压力,防止墙后土体坍塌。

在路基工程中,遇高填路堤、陡坡路堤、河岸路堤时,常采用路肩墙(图7.4-16)或路堤墙(图7.4-17),防止路基边坡或基底滑动,收缩填土坡脚,减少土石方并少占农田;在岸边修建的挡土墙还可保护路基不受水流冲刷,保证库容或减少河床的压缩量。

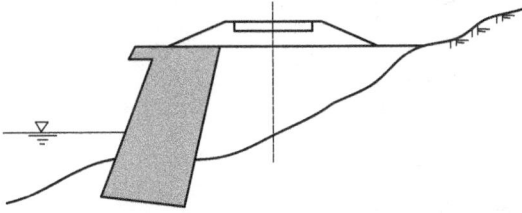

图 7.4-16　路肩墙

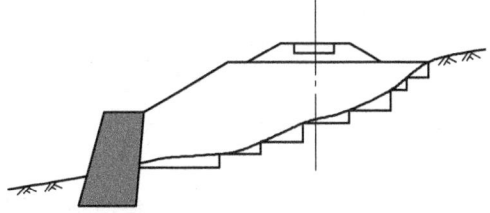

图 7.4-17　路堤墙

设置在路堑边坡的挡土墙称为路堑墙(图7.4-18),可支撑开挖后不稳定的边坡,减少刷方量,降低刷坡高度。路堑挡土墙还常与拦石墙、护墙等综合使用(图7.4-19),除支护边坡外还起基础的作用。此外,还有支撑不稳定山坡的山坡挡土墙;为避免侵占邻近线路的既有建筑物而修建的挡土墙;为缩短隧道或明洞的长度而在洞口设置的挡土墙;在车站上为供旅客上下车或装卸货物方便而设置的站台墙以及桥头翼墙等。总之,挡土墙在铁道和道路工程中被广泛应用。

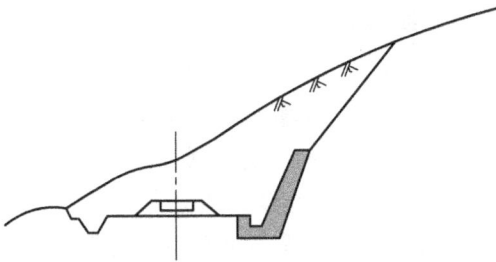

图 7.4-18　路堑墙

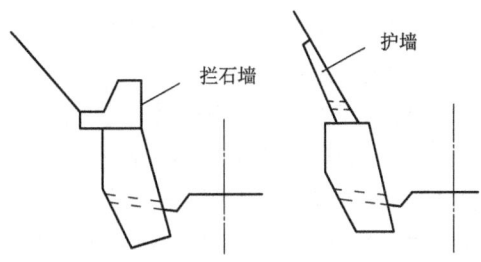

图 7.4-19　综合使用的路堑墙

选择挡土墙设计方案时,应与其他方案进行技术经济比较。例如,采用路堑或山坡挡土墙时,常须和隧道、明洞、棚洞或刷缓边坡的方案作比较;采用路堤或路肩挡土墙时,须与栈桥或高填方等相比较,以求工程经济合理。

根据建筑材料、计算理论和结构形式的不同,可将挡土墙分为以下两大类:

1)重力式挡土墙

主要依靠墙身自重维持稳定的挡土墙称为重力式挡土墙。重力式挡土墙多用干砌片石、浆砌片石、混凝土及砖等土石圬工建造,由于石料来源丰富,就地取材方便,不需复杂的施工设备和技术,所以普遍使用。图 7.4-20 为重力式挡土墙的两种主要形式,其中图 7.4-20b)为衡重式挡土墙。衡重式挡土墙依靠衡重台上填土和墙身自重维持稳定,是重力式挡土墙的一种特殊形式。为适应各种不同地形、地质条件及经济要求,重力式挡土墙的墙背具有多种形式,其中直线墙背最简单,土压力计算也简便。直线墙背又可分为俯斜式、仰斜式和竖直式,如图 7.4-21a)、b)、c)所示,如墙背多于一个坡度,则有折线墙背,如图 7.4-21d)所示。

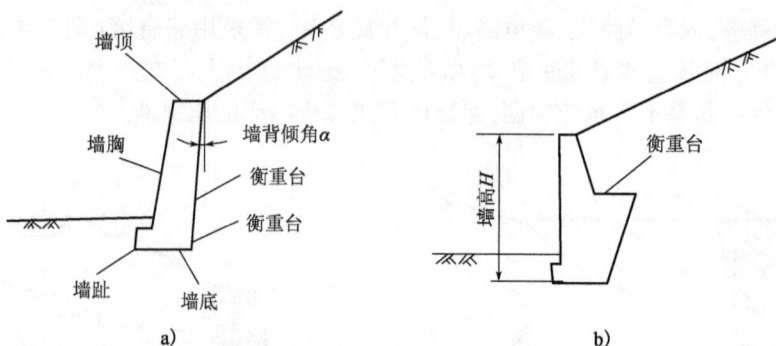

图 7.4-20 重力式挡土墙两种主要形式
a)直线墙背重力式挡土墙;b)衡重式挡土墙

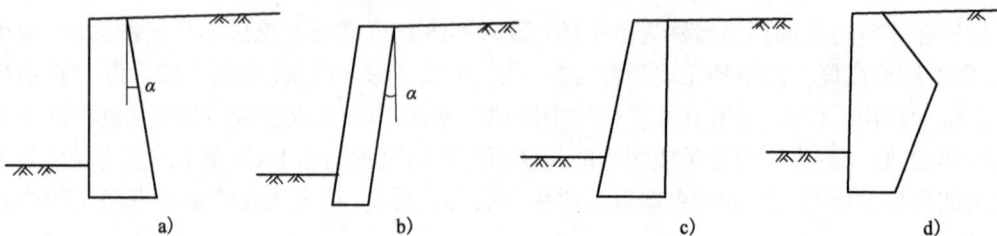

图 7.4-21 重力式挡土墙墙背形式
a)俯斜式;b)仰斜式;c)竖直式;d)折线墙背

2)轻型挡土墙

从 20 世纪 50 年代以来,由于铁路、公路、驳岸、船台、地下建筑等土木结构的迅速发展,为力求设计经济合理,充分应用新技术挡土墙的结构形式有了很大的发展,如锚杆挡土墙、锚碇板挡土墙、土钉墙、薄壁式挡土墙(分为悬臂式挡土墙和扶臂式挡土墙)、预应力锚索、加筋土挡土墙及抗滑桩等陆续出现,这些挡土墙多采用钢筋混凝土或不完全由土石圬工建造,其计算设计理论也各不相同,将它们总称为轻型挡土墙,还有一些新的结构形式尚在试验研究中。加筋土挡土墙的拉筋材料通常有镀锌薄钢带、铝合金、高强塑料及合成纤维等。轻型挡土墙的设计计算详见《路基及支挡结构》一书。

2.作用在挡土墙上的力系

进行挡土墙设计时,必须分析和计算作用在挡土墙上的力系。通常将作用力按其大小和作用时间分为主要力系、临时附加力和特殊力系。

1)主要力系

主要力系如图 7.4-22 所示,包括:

（1）挡土墙自重 G。

（2）由墙背填料自重及轨道和列车荷载或路面及荷载引起的主动土压力 E。

（3）墙顶有效荷载和可能有的墙背与第二破裂面之间的有效荷载 Q。

（4）基底法向反力 R 和摩擦力 T。

（5）常水位时的静水压力和浮力。

（6）当基础埋深较深，且地层稳定，不受水流冲刷和扰动破坏时，结合墙身的位移条件，可考虑适量的墙前被动土压力 E_p，一般情况不予考虑。

2）附加力和特殊力系

在浸水和地震等特殊条件情况下，还应考虑如下附加力和特殊力的作用：

（1）计算水位的静水压力。

（2）水位骤降时的动水压力。

（3）地震地区的地震力。

（4）波浪压力、漂浮物撞击力、冻胀力等。

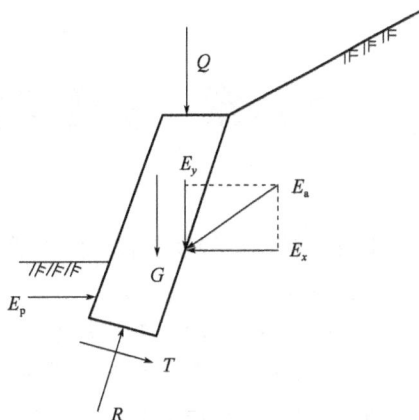

图 7.4-22 挡土墙上的主要力系

设计中，对于铁路列车荷载的影响，应按有荷及无荷分别考虑，对于双线、多线及站场挡土墙，除按实际股道均作用有列车荷载外，尚应考虑一线、二线有荷及无荷等组合，按最不利的情况计算。

作用于公路挡土墙的荷载，按性质分为永久荷载、可变荷载和偶然荷载，其荷载分类详见《公路路基设计规范》（JTG D30—2004）。

第八章　铁路与城市轨道交通的振动与噪声

随着国民经济的发展和人民生活水平的提高,对环境的要求也越来越高。对于目前国际上公认的环境问题主要有大气污染、水污染、土壤污染、光污染、噪声、振动、地基下沉和臭气等。对于铁路来说,污染主要有噪声、振动、微气压波、电磁辐射、日照、动力设备废气、化学物质、客车厕所排泄物等。此外,铁路施工时的振动、噪声、水质污染、植被破坏、妨碍交通、对水系干扰等,也可属于污染范畴。而对于当前的铁路交通(包括城市轨道交通),振动和噪声是需要治理的首要问题。

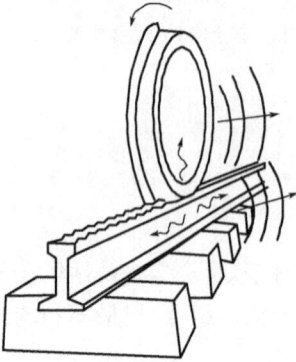

图 8.0-1　噪声与振动的关系

当列车通过时,如果轨面和车轮踏面绝对平顺,则轮轨之间就不会产生振动,噪声也就处于极微弱状态。但是轨面和车轮踏面都存在各种类型的不平顺,列车通过时轨道结构和车体都会产生振动。轮轨表面越不平顺,轮轨的振动强度也就越大。国内外的研究资料表明,噪声和振动是密切相关的,振动越大,噪声也就越大(如图 8.0-1)。振动和噪声是不可分开的两部分,振动由固体介质传播,噪声由空气介质传播,当物体振动时能引起噪声,同样噪声也能引起固体介质的振动。所以就要根据振动和噪声的特性采用适当的方法,以达到减振降噪的目的。

第一节　振动的产生及评价方法和标准

当列车以一定速度通过轨道时,由于存在各种各样的激振源,车辆和轨道都要在空间各个方向产生振动。引起振动强弱的原因有轨道几何形位的静、动态不平顺,钢轨顶面波浪形磨耗、轨面擦伤、钢轨接头,列车速度的高低,车轮踏面擦伤、车轮偏心及不圆顺等各种激振因素。由于车辆和轨道这两个系统的振动是一种耦合关系,这种耦合振动最终要通过轨道结构传递形式输出。对于路基上的线路,轨道结构的振动通过道床、路基向外扩散;对于桥梁,轨道结构的振动通过桥梁墩台传递到地面,然后向外扩散;对于隧道或城市地下线路,通过隧道周围的土介质将轨道结构的振动传递到地表,如图 8.1-1、图 8.1-2 所示。因此,轨道结构既是振源,也是振动传播途径中一个重要环节,直接影响最终的振动效应。从振源、传递因素的角度出发,研究铁路交通的减振性能是较为合理,也是最有效的方法。

研究表明,对骚扰居民生活的地面振动,其强度远低于可引起建筑物损坏的振动强度门槛值。人能感知的振动强度门槛值约为 65VdB(美国 FTA 的振动速度级),大多数振动的强度低于 50VdB。如表 8.1-1 所示是人对地面振动和结构二次噪声的反映。地面振动的典型振级如图 8.1-3 所示。

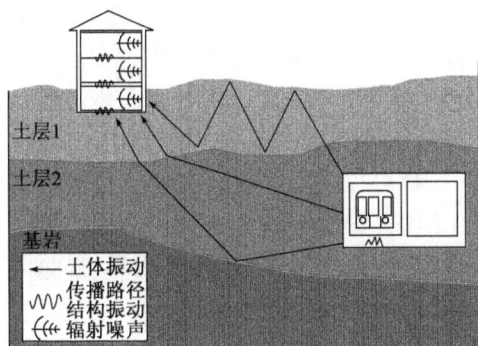

图 8.1-1　地铁列车引起房屋结构的振动及产生二次噪声

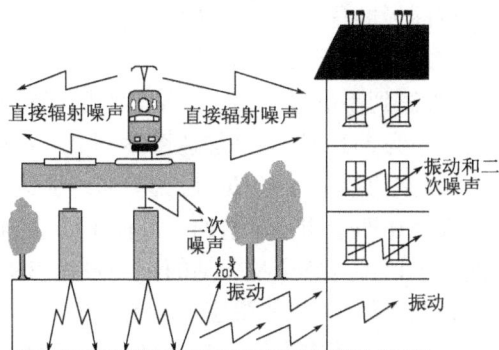

图 8.1-2　高架轨道交通振动和噪声的传播路线示意图

人对地面振动和结构二次噪声的反映（FTA 资料）　　　　表 8.1-1

振动速度级（VdB）	二次噪声强度（dB）		人群的反映
	低频（30Hz）	中频（60Hz）	
65	25	40	大多数人对地面振动和结构二次噪声感知的门槛值，对此低频声，通常人耳尚不能感知，但对于安静的睡眠区，中频区的噪声已影响人们的睡眠
75	35	50	是很少可感知和明显有感知的分界点，达到此强度的交通振动和噪声对大多数人已有骚扰，低频噪声对睡眠的影响尚可接受，但中频的影响则较大
80	45	60	一般情况下，如每天出现次数少于 30 次，如此强度尚可接受，但低频噪声影响睡眠，而中频噪声已影响学校、教堂等的正常活动

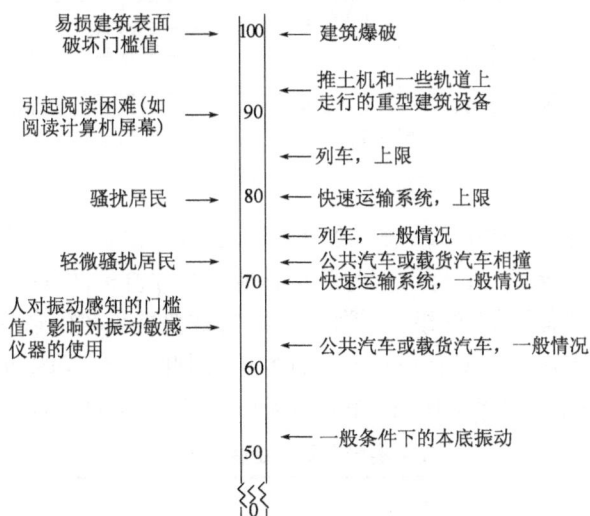

图 8.1-3　地面振动的典型振级（FTA 资料）

注：为均方根振动速度级，参考振动速度为 2.5×10^{-8} m/s。

国际标准化组织采用四个物理参数来规定人对振动的响应限界,分别是:振动频率、振动水平、振动作用于人体的方向和暴露时间。人处于振动环境中,将会产生人体生理和心理的效应,例如感到不舒服、麻感、头晕、困倦,严重时出现出汗、头痛、心慌甚至损害到人体心脏。当振动频率为5Hz时,振动加速度达到0.1g人就感到不舒服,达到0.4g时人就觉得不可忍受了;而当振动频率为80Hz时,振动加速度达到几个g人都可以忍受。所以人的生理和心理效应随着上述四个物理参数的不同而不同。国际标准化组织(ISO)用这四个物理参数的不同量值制定了评价人体全身振动的三种限界(ISO2631)。这三种限界是:工效降低限界、暴露限界和舒适性降低限界,并相应提出了各个界限在垂直和水平方向的加速度限值。

当振动作用在人体上时,会使人感到疲劳,工作效率降低。"疲劳—工效降低界限"规定了以1~80Hz频率范围作用在人体上的垂直振动加速度和横向振动加速度的极限值,该极限值的大小与振动频率和承受振动的时间有关,绘制了相应的曲线供查用,如图8.1-4所示。

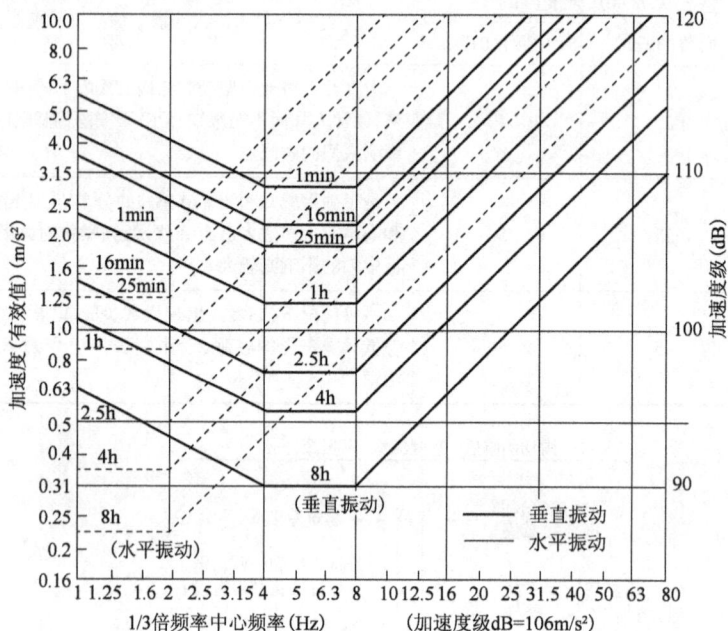

图8.1-4 疲劳—工效降低界限

根据图8.1-4,可得出人体能承受振动加速度的最小值,如表8.1-2所示。确定了保障工作效率的"疲劳—工效降低界限"后,即可依此制定其他两个评价标准,即舒适感降低界限和暴露极限。把"疲劳—工效降低界限"的相应值除以3.15即成为能保障舒适的"舒适感降低界限"。当人处于较强振动环境中,安全和健康就会受到影响,因此制定保障安全与健康的振动"暴露极限",把上述"疲劳—工效降低界限"的相应值提高一倍,就成为振动的"暴露极限"。

人体能承受振动加速度的最小值 表8.1-2

人体承受振动时间(h)	24	8	4
垂向振动加速度(m/s²)	≤0.14	≤0.315	≤0.53
横向振动加速度(m/s²)	≤0.1	≤0.224	≤0.355

第二节　噪声的产生及评价方法和标准

噪声和振动一样，无处不在。交通运输设备是主要噪声源之一。对于城市轨道交通，车辆电子控制系统和牵引电机发出"嗡嗡"声，内燃机发出噪声，冷却风扇发出空气紊乱噪声、机械传动噪声、轮轨噪声(分滚动噪声、冲击噪声和啸叫噪声)等都是噪声源。人耳能感觉的噪声强度具有较宽的范围，噪声强度用对数比例作为单位，称为分贝(dB)。国外将噪声等级与噪声源之间的直观关系表述如图 8.2-1 所示，轨道交通的噪声频率分布如图 8.2-2 所示。

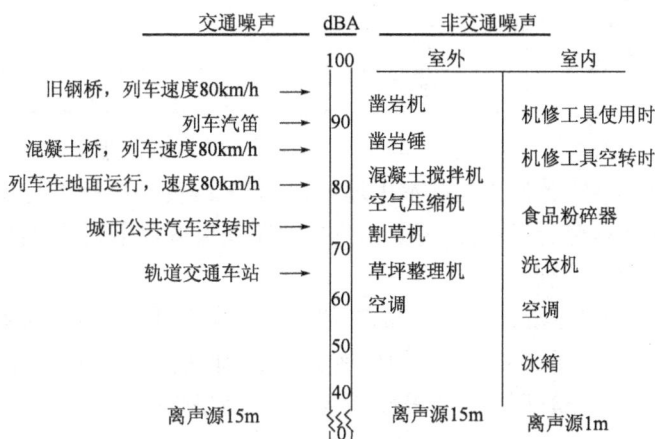

图 8.2-1　典型的 A 声级强度

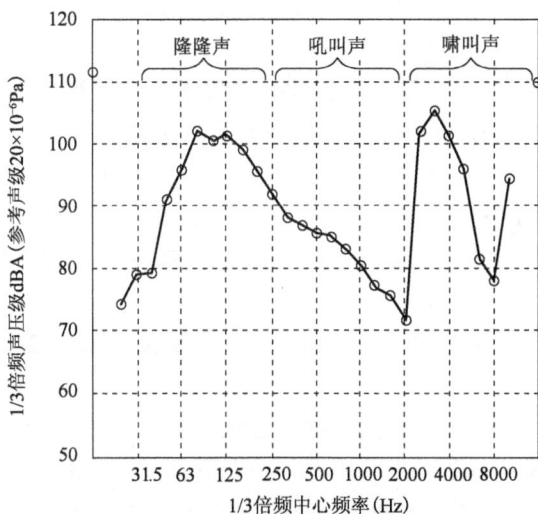

图 8.2-2　轨道交通的噪声范围与分布

大量研究表明，噪声危害人的听力，发生高频听阈损伤，甚至于耳聋或耳鼓膜破裂。噪声对于听力的危害程度，与噪声的形式、强度、频率及暴露时间密切相关。人们进入噪声环境，感到刺耳难受,停留一段时间再离开噪声环境,感到听觉变得迟钝,原来能听见的轻微声音也听不见了,就是说听力下降(或听阈上移)了。但离开噪声环境休息一段时间,听觉就会逐渐恢复原状,这种现象称为暂时性听力偏移,或听觉疲劳。若长年累月在强噪声环境下工作,内耳听觉器官经常受到强噪声刺激,这种听觉疲劳就会固定下降而不能恢复正常,就产生了永久性听力下降或听阈偏移,这种现象称为噪声性耳聋。如表 8.2-1 所示是对工作 40 后发生噪声性耳聋发病率的统计值,从表中可知,噪声强度越高,产生噪声性耳聋的发病率也越高。

工作 40 年后噪声性耳聋发病率 表 8.2-1

噪声(dBA)	国际统计(ISO)(%)	美国统计(%)	噪声(dBA)	国际统计(ISO)(%)	美国统计(%)
80	0	0	95	29	28
85	10	8	100	41	40
90	21	18	—	—	—

在噪声的影响下,可能诱发疾病,并与个人的体质、噪声的强弱和频率的大小有关。噪声作用于人的中枢神经系统,致使人的基本生理过程,即大脑皮层的兴奋与抵制的平衡失调,导致条件反射异常,感到疲劳、头昏脑涨等。如果这种平衡失调得不到及时恢复,久而久之,就形成牢固的兴奋灶,导致神经衰弱症。

噪声作用于中枢神经系统,还影响人的其他器官。噪声可使交感神经系统紧张,从而产生心跳加速、心律不齐、心电图 ST-T 段波升高、血管痉挛、血压升高;在噪声作用下会产生胃机能阻滞、消化分泌异常、胃酸酸度降低、胃蠕动减退等,其结果是引起消化不良、食欲不振、恶心呕吐、体质减弱等。

噪声影响人们的休息和睡眠。试验表明,在 40 ~ 45dBA 的噪声刺激下,进入睡眠的脑电波就出现觉醒反应;60dBA 的噪声可使 70% 的人从睡眠状态中惊醒,可见噪声对人的睡眠影响是相当严重的。

噪声干扰人们的谈话、听广播、打电话、上课、开会等。在强噪声的车间,人们无法用语言进行交流,特别是危险报警信号被掩盖时,往往容易发生事故。

在强噪声环境下工作,人们容易心情烦躁和疲劳,反应迟钝,工作效率大大降低。

噪声对建筑物和仪器设备也有危害,当大型喷气飞机以超声速低空掠过时,由空气冲击波所引起的强烈噪声会使地面建筑物受到很大损伤,如烟囱倒塌、墙体开裂、门窗玻璃破碎等。

在强噪声作用下,材料因噪声疲劳而引起裂纹甚至断裂,灵敏的自动遥控精密仪表设备受到噪声损害而失灵。

为了研究分析人们对噪声的反应,美国联邦运输局将噪声影响分为三个区域,如表 8.2-2 所示。不同区域,对环境噪声的要求也不一样。在既有背景噪声的条件下,人们对噪声的承受能力也不相同,背景噪声越大,产生的噪声影响也就越小。如图 8.2-3 所示,在背景噪声小于 55dBA 时,噪声源的噪声小于背景噪声时,则这一噪声源噪声对人们没有影响;但当背景噪声高于 55dBA 时,即使噪声源噪声与背景噪声同样强度,也会对人们产生影响,所以根据不同的背景噪声和噪声源噪声的强度,将噪声对人们的影响分为三种,即无影响、有影响和严重影响。

无影响是指在这一噪声区域内,人们不受噪声源发出噪声的影响;有影响是指大多数人对产生的噪声有反应;严重影响是指大多数人对噪声产生烦恼。

FTA(Federal Transit Administration U. S. A.)**的噪声区域类型划分**　　表 8.2-2

区 域 类 型	噪声量值(dBA)	区 域 类 型 说 明
1	室外 $L_{eq(h)}$ *	需要特别安静的区域,如音乐厅,国家纪念等建筑物的室内外
2	室外 L_{dn} **	居民区,包括民房、医院、旅馆等区域的室外
3	室外 $L_{eq(h)}$ *	包括学校、图书馆、教堂等

注:* L_{eq}-敏感时段内与交通有关的等效噪声。

　　** L_{dn}-昼夜等效噪声强度。

　　资料来源:Transit Noise and Vibration Impact Assessment,FTA,April1995。

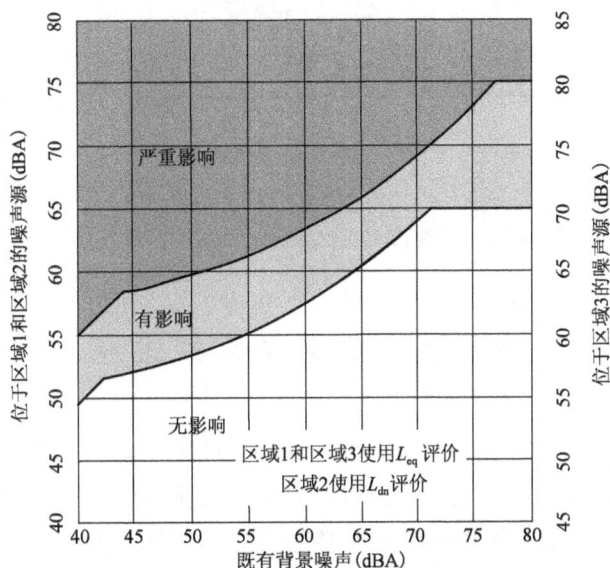

图 8.2-3　不同背景噪声条件下噪声对人们的影响

如图 8.2-4 所示为在本底噪声的基础上,增加的噪声值对人的影响。从图中可知,当本底噪声较低时,允许噪声增加量较大;当本底噪声较高时,则允许噪声增加量就较小。

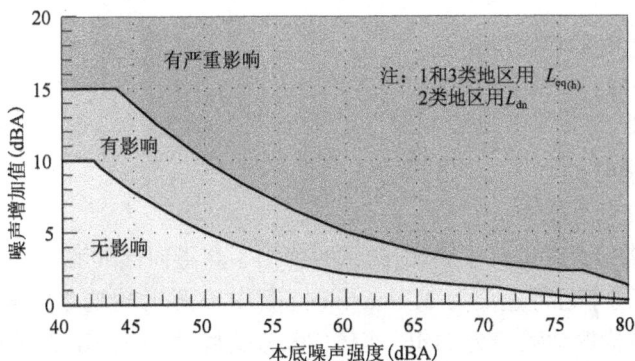

图 8.2-4　不同地区允许噪声增加值

美国环保署(EPA)对噪声对人们的影响作了调查,发现交通噪声是社区不满意最明显的原因。如图 8.2-5 所示,在噪声为 45dB 时,人们没有反应;噪声为 60dB 时,约有 10% 的人有反应;噪声为 85dB 时,70% 的人有反应。

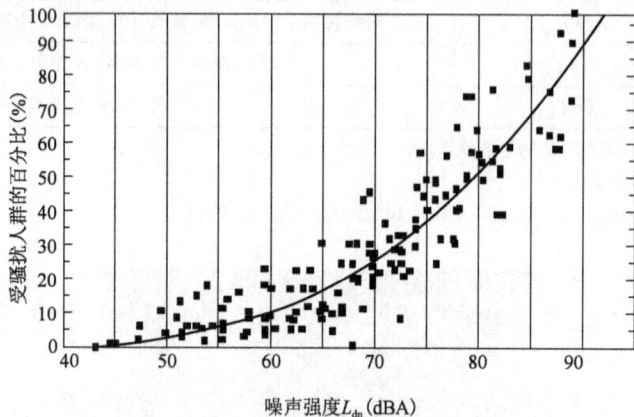

图 8.2-5　不同噪声强度人群反应的百分比
注:资料来源:Schultz,JASA。

第三节　铁路噪声的组成

列车产生的噪声由几部分组成。每一部分噪声都有其产生的机理,声源位置的特性、声源的强度、频率范围、方向等。国内外的研究资料表明,铁路噪声主要是由牵引电机和动力设备噪声、轮轨相互作用和轨道结构振动噪声、车体的空气动力噪声等组成;如桥梁地段,还有结构的二次噪声;如电力机车车辆,则还有受电弓噪声。但列车速度不同,各种噪声在综合噪声中所占的比例是不同的。如日本通过研究认为,高速列车的噪声主要由四部分组成:轮轨噪声、结构噪声、受电弓噪声和车体空气动力噪声,四种噪声形成综合噪声,计算式如下:

$$L = 10\lg(10^{LR/10} + 10^{LS/10} + 10^{LP/10} + 10^{LA/10}) \tag{8.3-1}$$

式中:L——列车通过时的综合噪声;

　　LR——轮轨噪声;

　　LS——结构噪声;

　　LP——受电弓噪声;

　　LA——车体空气动力噪声。

日本对高速铁路的噪声进行了测试,测试时使用了高指向性的噪声测试仪,可测试各噪声源的噪声声级,如当列车运行速度为 210km/h 时(其中一例),轮轨之间噪声为 78dB,集电弓噪声为 74dB,桥梁结构振动噪声为 71dB,车体空气动力噪声为 70dB,四种噪声综合为 80dB。

国外的许多研究资料表明,对于不同的列车运行状态,综合噪声的组成也不一样。荷兰学者 M. G. Dittrich 通过研究认为,当列车速度小于 60km/h 时,列车牵引电机及辅助设备噪声占主要成分;当列车速度为 60～200km/h 时,轮轨噪声占主要成分;当列车速度大于 200km/h 时,空气动力噪声占主要成分,如图 8.3-1 所示。

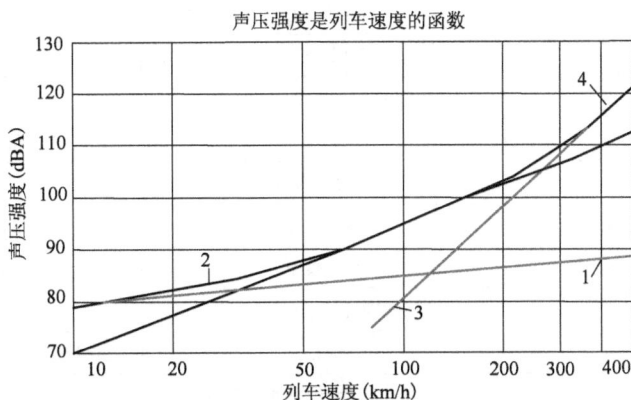

图 8.3-1　速度与噪声之间的关系
1-牵引电机噪声;2-滚动噪声;3-空气动力噪声;4-综合噪声

目前,我国铁路客车的运行速度为 120～160km/h,货车速度在 80km/h 左右,从图 8.3-1 可知,轮轨噪声要占主要部分。我国城市轨道交通列车的最高运行速度一般为 80km/h,区间运行速度为 60km/h。因此,轨道交通的噪声主要为列车运行时的稳定噪声,轮轨噪声也占主要部分。所以对轮轨噪声的治理是目前我国铁路噪声治理的一个主要方面。

在图 8.3-1 中没有结构噪声,而对于列车过桥时产生的二次噪声,有时超过轮轨噪声。如列车通过钢结构桥时所产生的噪声远大于其他噪声,上海城市轨道交通明珠线宝兴路段的钢梁下,综合噪声达 93dB,而在同一地段的混凝土箱梁下,综合噪声为 86dB(上海城市轨道交通管理处 2001 年 5 月 30 日测试资料),可见结构的二次噪声在综合噪声中要占较大的比例。

如图 8.1-2、图 8.1-3 所示,列车通过时引起地面振动,但不同的地基状态、土层结构,振动的传播路径也不相同。列车通过时轨道结构的振动通过土体的传播使建筑物产生振动,振动通过辐射及房屋门窗的振动碰撞产生噪声。建筑物的振动辐射噪声是一种低频的隆隆声,对房内的人员产生较大的影响。地铁和高架轨道交通列车通过时也会引起建筑物的振动噪声,但由于结构的不同,两者所产生的噪声强度也不同。交通噪声声源如表 8.3-1 所示。

交 通 噪 声 声 源　　　　　　　　　　　表 8.3-1

车 辆 或 设 备	噪 声 源	原因和状态
快速轨道交通,轻轨交通	轮轨接触	取决于轮轨的条件
	牵引系统	加速和高速时
	制动	停车时
	辅助设备	停车时
	车轮啸叫声	在小半径曲线轨道上
	综合	噪声随列车速度和长度而增加

车 辆 或 设 备	噪 声 源	原因和状态
有轨交通如有轨电车	车轮啸叫声	在小半径曲线轨道上
	辅助设备	停车时
	喇叭和过道口铃	过道口时
	综合	由于速度较低,其综合噪声也较小
普通铁路	内燃机排气	内燃牵引列车
	冷却风扇	内燃和电力机车
	轮轨接触	取决于轮轨的条件
	喇叭和过道口铃	过道口时
	综合	由机车和过道口时鸣笛为主要噪声
低和中等运量运输	动力系统,包括速度控制器	低速时
	通风系统	低速时
	轮胎与地面相互作用	橡胶轮胎车辆,包括独轨铁路
	轮轨接触	取决于轮轨的条件
	综合	噪声特性取决于交通类型
轨道交通停车场	轮轨接触	取决于轮轨的条件
	轮轨冲击噪声	钢轨接头和道岔部位
	滚动噪声	直线轨道
	辅助设备	24h 内都存在的噪声,包括排气噪声
	车辆摘挂钩噪声	存车线轨道
	信号喇叭	整个停车场
	综合	特殊场地,清晨和交通高峰时噪声明显
地铁	风扇口噪声	通风井噪声

声强随距离衰减如图 8.3-2 所示。声强衰减量随距离增大,但衰减量大小随噪声产生和辐射特性而变化。对于点声源,一般距离增加一倍,噪声衰减 6dB;对于列车噪声,距离增加一倍,L_{eq} 和 L_{dn} 值衰减 3dB,L_{max} 值衰减 3~6dB。如地面植被较茂盛,则声音衰减较快。不同的声源高度,其衰减也不一样,如图 8.3-3 所示是在图 8.3-2 衰减值基础上的附加衰减值。如距离较长,风和温度梯度都影响衰减率。在声传播路径上,人为地加上障碍物,如声屏障、土堆、树木等都能起到降噪作用。

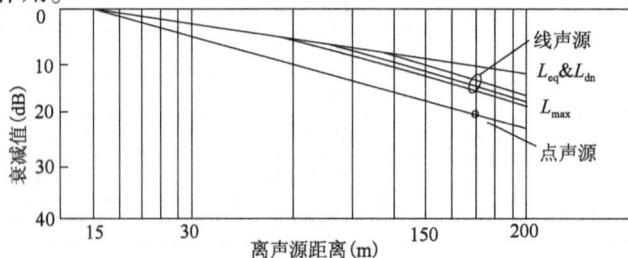

图 8.3-2 声音衰减与距离的关系

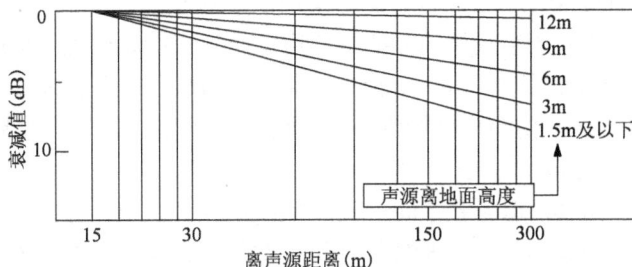

图 8.3-3　声源不同高度,声音衰减附加值

第四节　轮轨噪声

轮轨噪声可分为三种主要类型:尖叫噪声(啸叫噪声)、冲击噪声和轰鸣(或滚动)噪声。所有的轮轨噪声都是由车轮和钢轨之间的相互作用产生振动,向外辐射出声波。研究表明,尖叫噪声是当车辆通过小半径曲线时,由于车轮受转向架的约束,不能正切于钢轨运行,也即车轴不能处于曲线的径向位置,于是引起车轮沿着钢轨滚动时横向滑过轨头,由此产生轮轨接触表面的黏着和空转,引起车轮共振,接着产生强的窄频带的尖叫声。冲击噪声是车轮通过轨缝、道岔或擦伤的车轮等在钢轨上滚动时所引起的噪声,如低(高)接头、钢轨剥落、车轮扁瘢等都可以引起附加的轮轨动力,激发车轮和钢轨振动造成轮轨辐射噪声。轰鸣(或滚动)噪声是通常没有擦伤的车轮在连续焊接、状态良好的直线钢轨上滚动时所产生的噪声,这是由于车轮和钢轨表面上的小面积粗糙产生的。

研究表明,车轮噪声峰值为 1000 ~ 2000Hz,属高频噪声;钢轨噪声峰值为 500 ~ 1000Hz,属中、低频噪声;滚动噪声峰值为 500 ~ 1000Hz,主频集中在 500Hz 左右,以中、低频成分为主;尖叫噪声的频率集中在 4000 ~ 6000Hz 高频范围内。由此看出,轮轨噪声主要由钢轨振动产生。

一、轰鸣噪声(Rolling Noise)

轮轨表面不平顺,如车轮表面的轻微扁疤,钢轨表面的压溃、波浪形磨耗等被认为是产生轮轨滚动噪声的最主要原因。钢轨表面的粗糙度可分解成不同的波长,如粗糙度的波长短于轮轨接触斑的长度,则接触斑长度内的粗糙度在轮轨接触应力作用下被压平,其作用就像在接触斑内的粗糙度得到了滤波。这一粗糙度的波长一般小于 2.5mm,这样的粗糙度对产生低频噪声影响不大。轨道结构参数变化,主要是指轮轨弹性模量、钢轨支承刚度、轮轨接触刚度(主要在钢轨横截面上轨头半径的变化)等的变化。弹性模量变化量为 3% ~ 10% 时才能产生如轨面粗糙所产生的噪声,轨头半径变化量为 10% ~ 15% 时所产生的噪声也等同于钢轨表面粗糙度所产生的噪声,这一粗糙度的波长为 25 ~ 50mm,但要在实践上将这一变化与粗糙度所产生的噪声等同起来,还有一定的难度。

车轮在运行过程中要产生纵向、横向和旋转蠕滑。一些研究者认为纵向蠕滑对轮轨噪声影响不大,这是因为列车在制动和加速时轮轨噪声并不增大。但钢轨打磨后,列车加速和减速对轮轨噪声有本质上的影响,这与纵向蠕滑对噪声没有影响这一结论相矛盾。列车通过曲线时,由于轮轨之间的黏滑而产生众所周知的啸叫声。虽然直线轨道上横向蠕滑并不重要,但是当车轮在有波磨的钢轨上运行时,由于车轮在滚动时的减载而出现横向动力蠕滑,而这一横向蠕滑认为是主要的噪声源。由于车辆的锥形踏面使得车轮在运行时产生旋转蠕滑,但旋转蠕滑是否产生噪声还缺乏足够的证据。

如果钢轨表面没有波磨,但轮轨之间的滚动噪声仍较大,就有可能是在轨面上有肉眼看不出或看得出的粗糙度,如轨面凹坑、压溃和另外一些轨面缺陷。如轨面的轮轨接触光带不规则、宽度不一,就有可能造成较大的轮轨噪声。产生较大噪声的原因是由于轨面的粗糙度不足以大到将轮轨接触斑的面积分成几小块,如果轮轨接触斑被分成两块或几块,则轮轨之间的噪声就不是滚动噪声,而是冲击噪声,所以较大的滚动噪声是与轨面的粗糙度成正比的。

二、冲击噪声(Impact Noise)

如果轨面存在有波幅很大的轨面不平顺,如车轮扁疤、钢轨接头、钢轨焊接接头的凹台、钢轨表面缺陷等,就会造成轮轨之间的冲击噪声。轮轨冲击噪声涉及轮轨接触的瞬间分离而产生的非线性现象。如果列车速度超过某一临界值,则一定波长的轨面不平顺就可能产生冲击噪声。临界速度的计算式如下:

$$V_{cr} = \sqrt{\frac{g\left(1+\frac{M}{m}\right)}{y''}\left(1+\frac{m}{\rho}\frac{\beta}{2}\right)}, \beta = \sqrt[4]{\frac{k}{4EJ}} \qquad (8.4\text{-}1)$$

式中:g——重力加速度;

$\quad M$——轮载;

$\quad m$——车轮重度;

$\quad \rho$——单位长度钢轨重度;

$\quad y''$——钢轨纵向高低不平顺;

$\quad k$——钢轨基础分布刚度;

$\quad EJ$——钢轨截面刚度。

即使没有可见的轨面不连续,也会产生轮轨冲击。如车轮重400kg,钢轨50kg/m,钢轨基础分布刚度41MN/m²,不平顺波长0.4m,不平顺深度2mm,则可得轮轨接触点分离的临界速度为96.6km/h。如不平顺波长为0.05m,不平顺深度1.3mm(这是波长较短的波磨),则可得轮轨接触点分离的临界速度为48.3km/h。轮载越轻,则越有可能出现轮轨接触分离现象,所以轻载车辆越倾向于出现动力减载、横向蠕滑等。

当车轮顺向通过高低台阶的钢轨接头时,轮轨接触就会脱离,车轮扁疤也有这一现象,于是可导得轮轨冲击的列车临界速度为:

$$V_{cr} = \sqrt{rg\left(1+\frac{M}{m}\right)\left(1+\frac{m}{\rho}\frac{\beta}{2}\right)} \qquad (8.4\text{-}2)$$

式中:r——车轮半径。

虽然钢轨接头的台阶高度和车轮扁疤深度影响到轮轨的冲击速度,但不影响产生轮轨冲击的列车临界速度。轮轨冲击产生的声压峰值直接与钢轨接头台阶高度和车辆扁疤深度有关。

随着列车速度的提高,由车轮扁疤引起的噪声减小,这与车轮扁疤引起的轮轨冲击速度随列车速度的提高而减小的情况相一致。如果列车速度很高,则由于车轮扁疤引起的冲击噪声远小于正常的轮轨噪声而几乎察觉不到。同理,当列车速度较高时,车轮通过钢轨接头轨缝所产生的冲击噪声也较低。

车轮迎台阶通过钢轨接头时,轮轨之间总是产生冲击,冲击速度直接与列车速度成正比,这时就没有一个临界速度,产生噪声的声压峰值随速度的增大而提高。车轮迎台阶通过钢轨接头时总会有一个较明显的冲击噪声,不像列车速度较高时,车轮顺台阶通过钢轨接头和车轮扁疤引起的噪声会淹没在轮轨的滚动噪声中。轮轨的冲击力可用下式计算:

$$F = vm_{eq} \sqrt{\frac{2h}{r}} \tag{8.4-3}$$

式中:v——列车速度;

m_{eq}——钢轨弯曲刚度和钢轨单位长度确定的等效质量;

h——钢轨台阶高度。

对于一些典型的钢轨支承方式和钢轨弯曲刚度,等效质量约为单位长度质量的0.4倍。

三、波磨噪声(Corrugated Rail Noise)

钢轨波磨引起一种特别声调的滚动噪声。钢轨波磨引起的噪声听起来像吼叫声(隆隆声),所以称为"轮轨吼叫"。波磨产生的噪声比正常滚动噪声大得多。当钢轨存在波磨时,列车通过时的噪声值要增大5~15dB。用1/3倍频或窄带功率谱分析,可得波磨引起的噪声有较宽的频带,并有一峰值,如图8.4-1所示。噪声功率谱的第一峰值位于500Hz处,也是波磨功率谱的功率峰值位置(相当于波磨的波长为0.05m),第二峰值位于1000Hz处。所以通过对噪声的窄带功率谱分析,可确定波磨的波长或轨面的周期性不平顺。如果列车速度较高,就有可能产生轮轨接触脱离而导致冲击噪声。

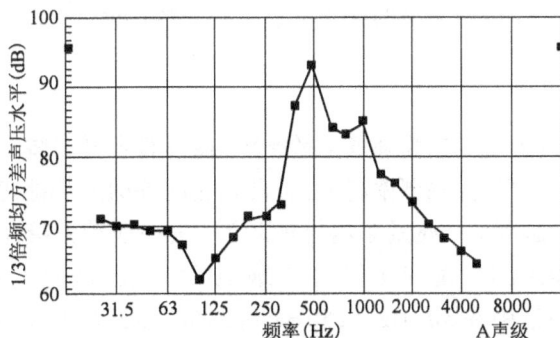

图 8.4-1　由于钢轨波磨引起噪声的1/3倍频功率谱

注:v=89km/h,无弹性扣件轨道结构测试点离轨道中心15.24m。

对列车通过波磨轨道段和钢轨打磨以后轨道段的车辆内噪声进行分析,结果如图8.4-2所示。从图8.4-2中可明显看出列车速度在106km/h时,钢轨未打磨地段的功率谱峰值位于400Hz和600Hz处,而钢轨打磨地段的噪声功率谱在400Hz和600Hz处的峰值就较小(但打磨后峰值在1400Hz处就较突出,此时要考虑轮对或轨道的共振引起的峰值)。

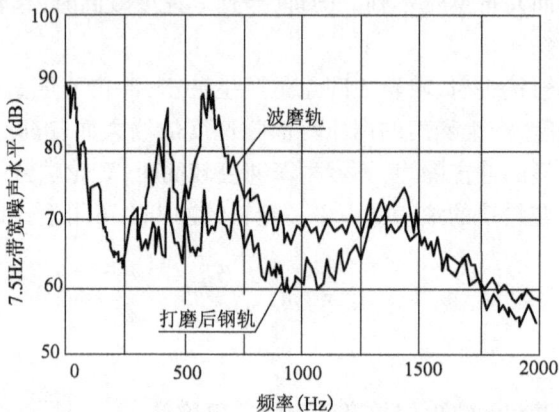

图8.4-2　列车走行在波磨钢轨上时的车厢内噪声($v=106$km/h)

在存在波磨的条件下,轮轨之间的作用相当复杂,主要原因是由于车轮在具有波磨的轨面上运行时,车轮踏面不能跟随波磨的起伏变化,从而导致轮轨接触分离。波磨的波幅越大,造成轮轨之间的动力作用也越大。较大的波磨造成轮轨接触分离,轮轨之间的作用力减小,从而增加了轮轨之间横向蠕滑的可能性。轮轨之间的周期性横向蠕滑将导致波磨的进一步发展。波磨深度在0.05mm条件下,在630Hz倍频范围内,相邻频带的噪声增加8~10dB;波磨深度在0.1mm条件下,在500~1000Hz频带范围内产生较宽的功率谱峰值。

轮轨之间的接触分离可能是波磨引起噪声的主要原因。试验资料表明,只要轨面存在微小的波磨,轮轨之间的噪声就大大增加。当轮轨之间存在横向滑动或接触分离情况下,轮轨之间的动态位移就会加大,这实际就是车轮横向振动的激振源,此时车轮辐射出的噪声能量与钢轨的噪声能量之比就要大于钢轨无波磨条件下这一相应的比值。

四、啸叫噪声(Squeal)

轮轨啸叫声是一种令人难受的高强度高频噪声,在所有半径曲线上都可能会发生这种噪声,曲线半径越小,此种噪声发生的概率越大,而且车厢内外的人都能感觉到。轮轨之间摩擦特性的变化,钢轨表面污脏度的变化及车辆与轨道之间的曲线动力特性的变化等都会使得啸叫声断断续续。啸叫噪声的强度变化很大,在潮湿的早上,可能大多数曲线都不会产生啸叫声。啸叫声的频率集中在500Hz、1250Hz和3150Hz三个1/3倍频带上(不同的条件下频率范围有所不同)。人对高强度和分散频率的噪声具有较高的感知性,并且这种噪声令人讨厌。

在三种情况下会产生轮轨啸叫声:轮轨之间的纵向黏滑;轮缘与钢轨侧面接触;由于轮轨之间存在冲角,车辆沿轨头横向蠕滑引起的黏滑。

由于列车通过曲线时,一轮对在内外轨走行的距离不一致造成车辆的黏滑运动。如曲线半径大于800m,车轮踏面的锥度能补偿内外轨的这一轨线长度差。有时为了使一轮对的外轮走大圆,内轮走小圆,有意将钢轨踏面进行不对称打磨以满足这一要求(参见轮轨接触受力方面书籍)。有人通过研究认为,轮轨之间的纵向黏滑不是产生轮轨啸叫声的主要原因。

如图8.4-3所示,轮轨之间的摩擦系数为0.25,但当蠕滑率小于1%时,蠕滑系数大于摩擦系数,也即轮轨之间的蠕滑力大于摩擦力。但当蠕滑率再增大,则蠕滑系数下降直至轮轨之间产生滑动,轮轨之间产生滑动后,蠕滑率迅速下降至小于100。随着轮对的进一步运行,蠕滑率进一步积累,导致下一轮的轮轨黏滑运动,如此反复,轮轨之间一直进行着黏滑运动。

许多人认为列车通过曲线时,外轮轮缘与钢轨侧面接触摩擦是引起轮轨啸叫的主要原因,可是将轮缘涂油后这一啸叫声仍然存在;也有人认为内轨是轮轨啸叫声的主要原因,而内轨的轮缘与钢轨侧面是不接触的。

通过分析研究,最后认为车辆踏面在轨顶面上横向滑动也是产生轮轨啸叫声的主要原因,从理论上讲,这一观点也最易被证明的。即使在大多数情况下,列车通过曲线时轮缘与钢轨侧面接触,但轮轨之间的啸叫声主要是由于轮轨之间横向滑动产生的。

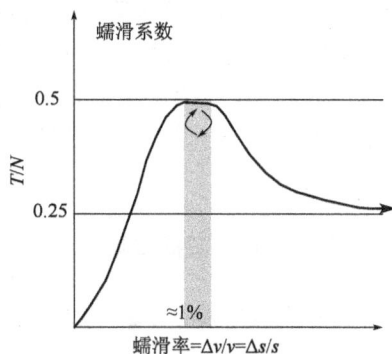

图 8.4-3 轮轨之间的黏滑

第五节 轨道交通减振降噪技术措施

振动和噪声是不可分割的两部分,只是其表现的形式不同。在对轮轨运行采取减振措施时,同时也起到降噪作用,但有时降噪措施,如防噪墙、声屏障,则对减振就不起作用。所以一般都把这两个问题一起考虑,以求取得最好的减振降噪效果。

如前所述,直线轨道的轮轨噪声包括正常轮轨滚动噪声、高强的轮轨滚动噪声、冲击噪声和波磨噪声,所以对噪声的控制方法也要根据不同的噪声类型确定。如钢轨表面光滑,同时也要求车轮踏面圆顺,则列车运行时轮轨的接触斑宽度就不会变化(宽度为12.5~20mm),轨头也不会出现塑性流动的飞边。如果钢轨顶面光带宽度和位置都发生变化,则轮轨噪声就增大,就要对钢轨进行打磨和对车轮进行镟削。实际上,有些车辆和轨道旁的降噪措施对于所有类型的噪声也是有效的。以下就一些降低轮轨噪声的措施加以叙述。

一、车辆降噪措施

控制滚动噪声的一种有效的方法是给车厢加裙边,这样利用车厢裙边吸收噪声和增大声能的传播损失,从而达到降噪的目的。

如在车厢裙边内侧安装吸声材料,则能减小铁路旁的噪声约2dB。裙边应向内侧弯曲,这样能吸收车轮的辐射噪声,对啸叫噪声的控制效果更好。对于有砟轨道,车厢裙边的降噪效果要比整体道床差,因为道砟吸收了一部分噪声。由于钢轨位置低于裙边,所以裙边对吸收钢轨的辐射噪声效果较差。

在车厢底安装吸声材料,能降低车厢内外噪声 $2 \sim 3dB$。但在车厢底部安装吸声材料增加了对车厢底部养护维修的困难。

弹性车轮能降低车厢内外的噪声为 $1 \sim 2dB$。使用弹性车辆主要是要降低轮轨之间啸叫噪声,但使用弹性车辆也降低了轮轨滚动噪声,同时又降低了轮轨之间的冲击荷载。

车体隔音装置对减小车内噪声非常必要。车体隔音装置主要包括车厢体、地板、车窗、车门以及转向架和车体的连接部位。车体使用二层隔声材料,并在车厢内衬以玻璃纤维吸音材料,用弹性地板层组成复合地板,用密封玻璃窗和门封条,这样就能大大降低车厢内噪声。

二、轨道结构减振降噪

轨道结构减振的方法一般分为以下几类:减振扣件、弹性轨枕减振、浮置板减振、钢轨埋入式减振及其他一些措施。

三、减振降噪型钢轨及钢轨调谐减振装置

当车轮在钢轨上运行时,钢轨产生振动,从而产生噪声。振动沿钢轨长度方向衰减,离轮轨作用点越远,振动越小,直至振动为零。在时间上,当轮轨作用时,钢轨起振,随着时间的流逝,振动越来越弱,如图 8.5-1 所示,振动体系的阻尼不同,其衰减速率也不相同。钢轨吸振器就是在距离上和时间上增大钢轨振动的衰减速率,所以钢轨吸振器具有较好的噪声衰减效果。钢轨吸振器是阻尼弹簧结合的振动系统,吸振器吸收和消散振动能量。吸振器用夹子固定在钢轨上,根据要求优化吸振器,在某一频率范围可把振动能转化为热能,从而降低钢轨的振动。

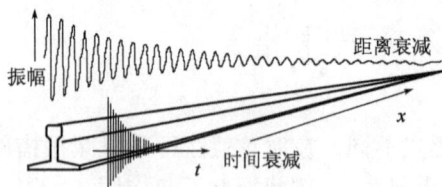

图 8.5-1　钢轨振动的衰减

四、无砟轨道道床铺设吸音材料

对于整体道床轨道结构,在轨道上铺设吸声材料的效果较好。有砟轨道结构的噪声比无砟轨道结构的噪声要高 $4 \sim 5dB$。但吸声材料铺设在轨道上容易积累脏污物。铺设吸声材料有三种:铺设密度为 $14.6kg/m^2$ 的玻璃纤维板;喷射吸声混凝土;铺设一薄层道砟。

五、重型轨和无缝线路

理论研究和实验表明,采用 $60km/g$ 重型钢轨,可降低钢轨的振动频率,从而降低钢轨的振动强度,钢轨辐射的噪声水平相应下降。研究表明,$60kg/m$ 钢轨的振动强度比 $50kg/m$ 钢轨低 10%。无缝线路消灭的普通钢轨接头,大大提高轨道的平顺性,从而降低轮轨冲击引起的振动和噪声。据欧美国家资料介绍,无缝线路可降低噪声 $2 \sim 10dBA$,我国资料介绍可降低噪声 $2 \sim 3dBA$。

第六节　减振降噪型轨道结构

大量研究结果表明,列车引起的噪声可分为四个部分:轮轨噪声、集电弓噪声、车厢的空气动力噪声和桥梁结构的二次振动噪声。对于城市轨道交通,动力设备、空调系统等噪声也占较大比例。国外对振动噪声问题的研究已开展多年,认为当列车速度低于 60km/h 时,主要为发动机噪声;当列车速度在 60～200km/h 时,轮轨噪声要占较大的比例;当列车速度大于 200km/h 时,主要是空气动力噪声。而城市轨道交通的列车速度一般在 60～80km/h,故车体的空气动力噪声较小,其综合噪声主要是由轮轨噪声、动力设备噪声、结构振动噪声组成。

合理选择减振降噪型轨道结构,可降低轮轨噪声。对噪声要求不同的地段,可采用不同的降噪型轨道结构。由于噪声声级的对数叠加特性,在整治主要噪声源的同时,应对其他噪声源加以控制,阻断噪声的传播途径,缩小噪声污染范围。因此,减振降噪是一项系统工程,需要有关专业共同配合、综合治理才能取得满意效果。

有砟轨道的道砟提供了很好的弹性,对减振降噪有利。但有砟轨道在列车荷载作用下会发生几何形位的变化,需进行经常性的养护。轨道交通线路如采用有砟轨道,在运营时间内对其进行养护维修几乎不可能,而夜间的养护维修作业在安全、质量和设备要求上提出了更为苛刻的要求;此外,高架桥上采用道砟道床增加了桥梁的自重,增加投资,且道床的清筛粉尘也对城市环境造成污染。因此,与有砟轨道相比,无砟轨道具有稳定性、平顺性、刚度均匀性好、维修工作量少、简洁、易清洗等显著优点。日本、德国等国家已把它作为高速铁路和城市轨道交通的主要轨道结构形式加以发展和应用。

一、无砟轨道结构的振动与噪声特点

轨道结构的噪声为轮轨噪声。钢轨与车轮的相互作用激起钢轨和轨下基础的振动,钢轨即向外辐射噪声。振动来源于轨道的不平顺。振动随轨下基础向周围传递,或引起振动,或造成结构"二次噪声"。轮轨噪声可分为三种主要类型:尖叫、冲击和轰鸣(或滚动)噪声。当车辆通过小曲线半径时,由于车轮受转向架的约束,不能正切于钢轨运行,引起车轮沿着钢轨滚动时横向滑过轨头,由此产生轮轨接触表面的黏着和空转,引起车轮共振而产生强的窄频带尖叫噪声。车轮通过轨缝、道岔或擦伤的车轮在钢轨上滚动时引起的是冲击噪声。轰鸣噪声是通常没有擦伤的车轮在状态良好的直线钢轨上滚动时所产生的噪声,这是由于车轮和钢轨表面上的小面积粗糙造成的。

由于噪声和振动在 500～2500Hz 频率范围内线性相关,且在此范围内钢轨是主要辐射体(特别是在 500～1000Hz 范围内),因此抑制钢轨振动、减小钢轨的振动加速度和频率,对降噪起着关键作用。通过研究轨道结构各组成部件参数的合理匹配,可以达到这一目的。弹性钢轨和弹性车轮的成功经验,证明这种方法是行之有效的。轨道结构的减振可采用隔振技术,阻断振动的传播途径,使得轨道作为振源向周围土介质或向梁跨结构传递的振动较小,从而避免结构的"二次噪声"。

二、减振降噪型无砟轨道结构设计的主要原则

减振降噪应以工程环境评价报告为依据,经现场详细调研,明确振动与噪声的保护对象和范围,确定期望值,根据线路铺设形式、地质条件等合理选型。据此,减振降噪型轨道结构的设计应遵循以下主要原则:良好的稳定性和耐久性;良好的减振降噪性;结构简单,施工和安装的简便性;轨道几何形位的可调性;低成本及少维修养护。

课程设计基本内容

　　学生应认真学习铁路选线规范,参考本书相关章节,进行本课程设计。要求根据附图部分所给出的四张地形图,任选一个进行针对性的课程设计,设计内容包括平面设计、纵断面设计、横断面设计、土方计算及调配等。其目的是让学生系统地巩固所学的理论知识,培养理论联系实际的观点,初步掌握铁路设计工作的基本内容和设计方法,并通过设计过程,培养学生的计算、绘图、独立思考和独立工作的能力。具体内容要求如下:

　　1)明确设计任务,查找学习相关设计标准

　　2)纸上定线

　　(1)识图。

　　(2)平面设计。

　　(3)纵断面设计。

　　(4)横断面设计。

　　3)计算指标

　　(1)完成附表中主要技术经济指标的计算。

　　(2)用平均断面法计算土石方数量。

　　4)编写设计说明书

　　说明书按照以下内容编写,并按此顺序装订成册(应包含目录)。

　　(1)设计任务书。

　　(2)概况:包括设计任务、设计目的及设计标准。

　　(3)路线设计:包括平面设计(设计概述及计算资料)、纵断面设计(设计概述及计算资料)、横断面设计(设计概述及计算资料)。

　　(4)工程技术经济指标计算资料。

　　(5)填写工程技术经济指标计算表。

　　(6)土石方数量计算及调配计算资料,并填写附表2。

　　5)设计图纸整饰

　　具体要求详见设计任务书。

课程设计任务书

学生应认真学习铁路选线规范,在老师的指导下,独立完成课程设计,具体要求如下表所示。其中:技术经济指标表见附表1,土石方数量平均断面法计算表见附表2,地形图见附图4~附图7。

课 程 设 计 要 求

设计基础资料	1. 沿线土质:泥质页岩; 2. 路线起终点如图所示; 3. 其中1号、3号和4号图纸为丘陵区Ⅱ级铁路,2号图纸为山岭区Ⅱ级铁路; 4. 地形图的比例尺为1:25000; 5. 牵引类型:电力; 6. 到发线有效长度:650m; 7. 正线数目:单线; 8. 路基宽度:路堤7.0m;路堑6.4m
提交成果	1. 提供平面图; 2. 纵断面图(H 1:25000;V 1:1000); 3. 标准横断面图(1:100)、横断面图(1:200)、土石方数量表; 4. 设计说明书
提交成果要求	1. 规格:图纸一律采用A3图纸,说明文件可采用A4图纸; 2. 装订整齐

课程设计说明书格式(参考)

格式示例(仅供参考,可根据教学内容进行有针对性调整)

铁路路线设计说明书

一、概况

1. 设计任务

包括平面设计、纵断面设计、横断面设计、土方计算及调配等内容。

其目的是让学生系统地巩固所学的理论知识,培养理论联系实际的观点,初步掌握铁路设计工作的基本内容和设计方法,并通过设计过程,培养学生的计算、绘图、独立思考和独立工作的能力。

2. 设计标准

根据要求设计平原微丘区……(本部分要求摘录列出用到的相关设计标准)

二、路线设计

1. 平面设计

要求包含设计概述及计算资料。

2. 纵断面设计

要求包含设计概述及计算资料。

3. 横断面设计

要求包含设计概述及计算资料。

4. 工程数量汇总

工程数量汇总以表格形式给出。

5. 设计问题与解决方案

在选线设计过程中所遇到的实际问题与解决方案。

三、方案比选过程

正选方案与备选方案比较,正选方案的优势与劣势,以及最终确定正选方案原因。

四、设计体会

根据设计过程中自己的心得体会撰写,字数要求 200~500 字。

技术经济指标表 附表1

序号	项　目	单　位	数　量	造价(万元)
1	建筑长度	正线公里		
2	运营长度	正线公里		
3	航空距离	km		
4	展线系数	—		
5	通过能力	对/天		
6	输送能力	万吨/年		
7	最大坡地段长度(上行)	km		
8	最小曲线半径地段(长度/个数)	m/个		
9	克服高度总和	m		
10	土石方工程	万 m³		
11	大桥	座/延米		
	其中最大桥长延米	延米		
12	中桥	座/延米		
13	小桥	座/延米		
14	涵洞	座/延米		
15	隧道 其中最大隧道长	座/延米 m		
16	铁路用地	亩		
17	工程用地	亩		
18	运营费总和	万元		
19	换算工程运营费	万元/年		

<h3 style="text-align:center">土石方数量平均断面法计算表 附表2</h3>

百米标及加标	高程(m)		断面积(m²)		平均面积(m²)		距离(m)	土石方数量(m³)		段落小计(m³)	备注
	填	挖	填	挖	填	挖		路堤	路堑		
1	2	3	4	5	6	7	8	9	10	11	12

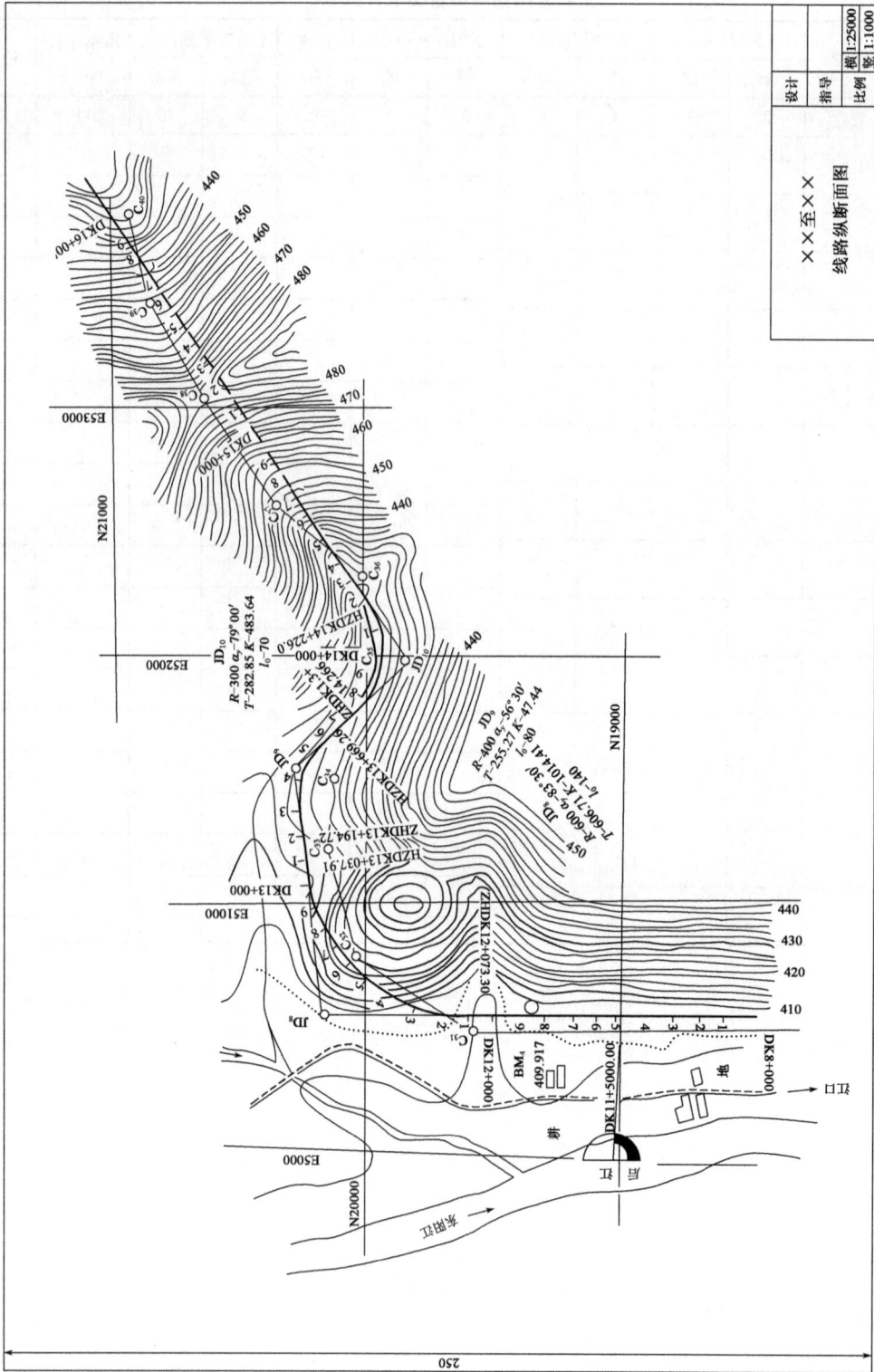

附图1　平面设计样图

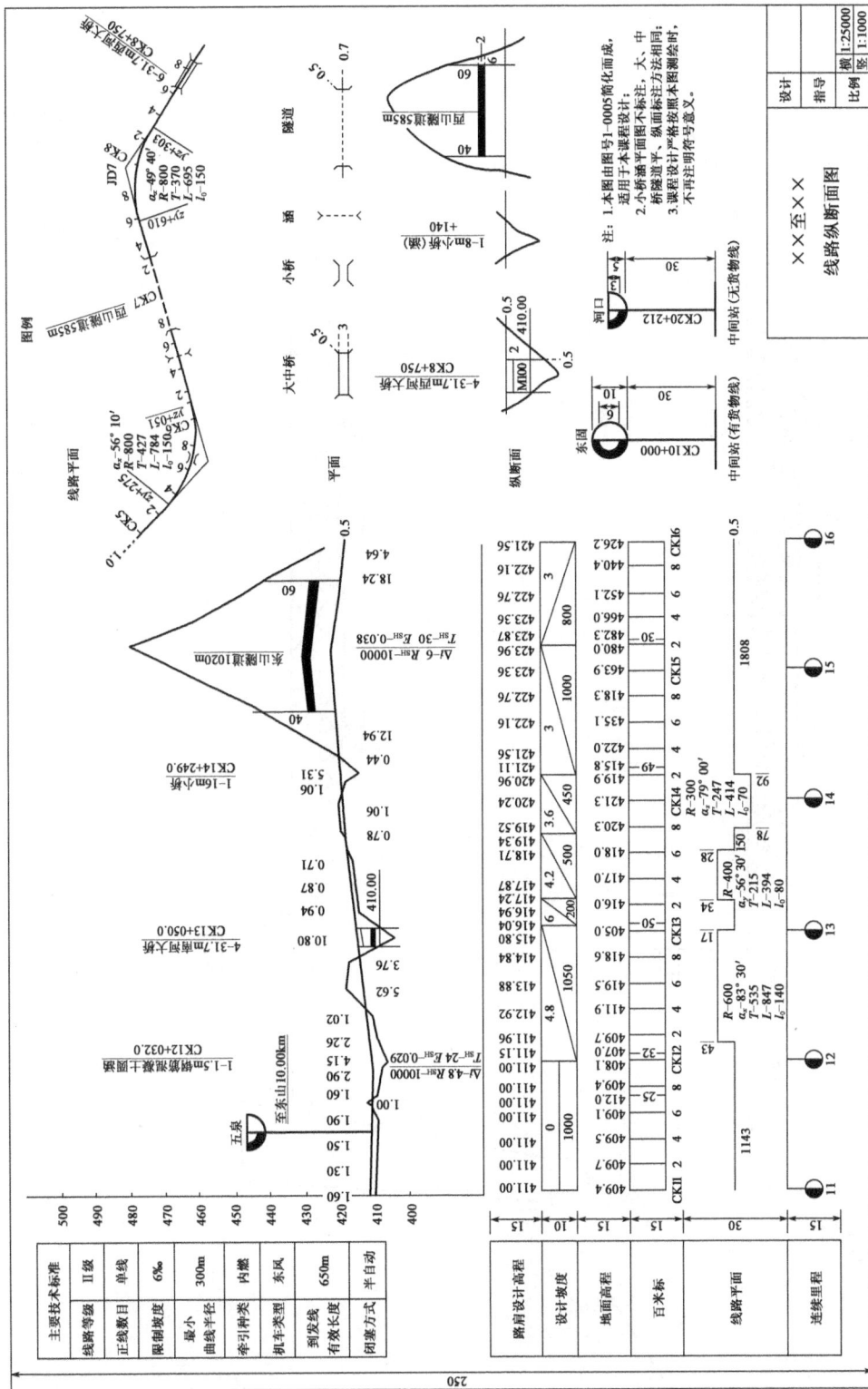

附图2　纵断面设计样图

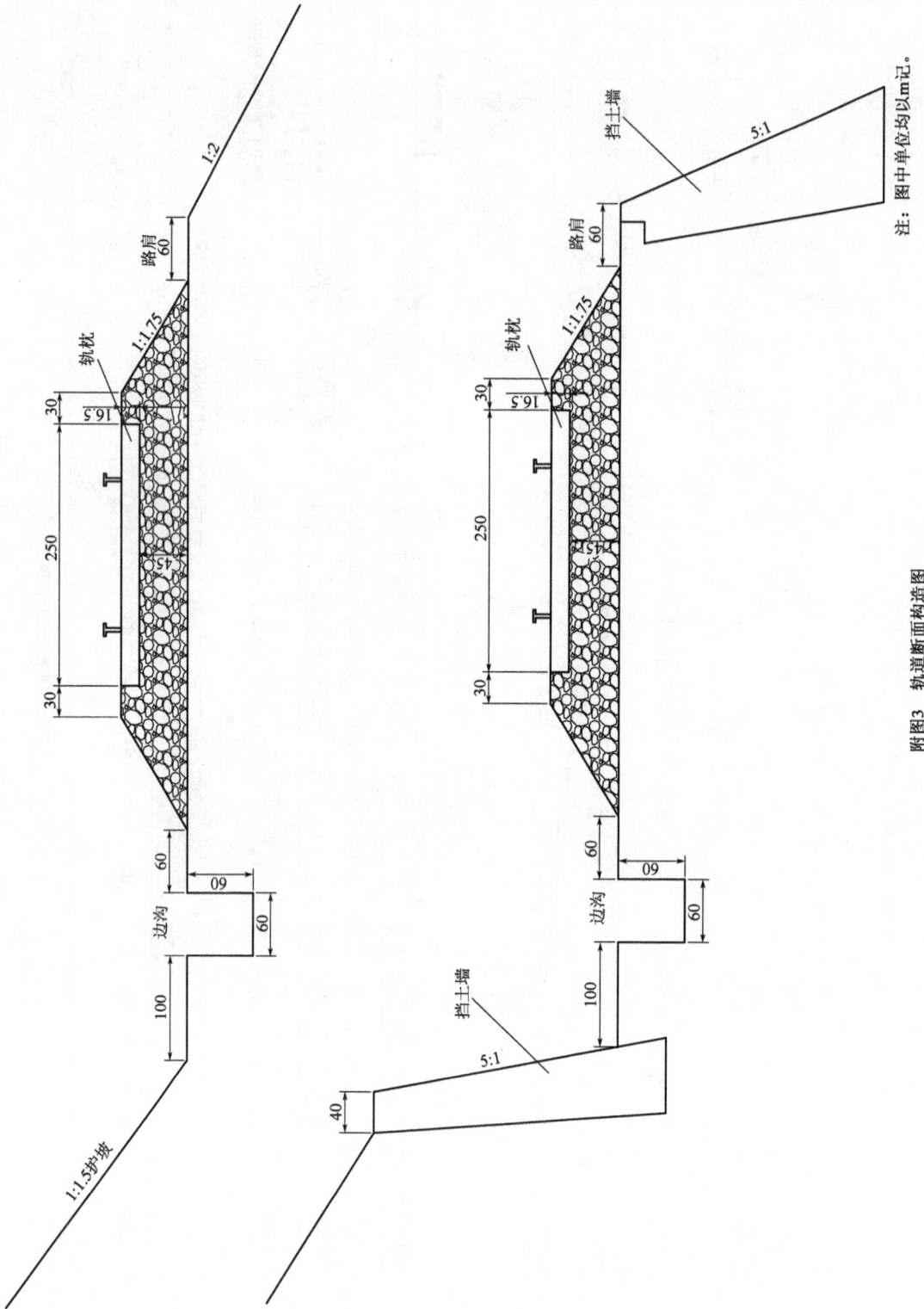

附图3 轨道断面构造图

注：图中单位均以m记。

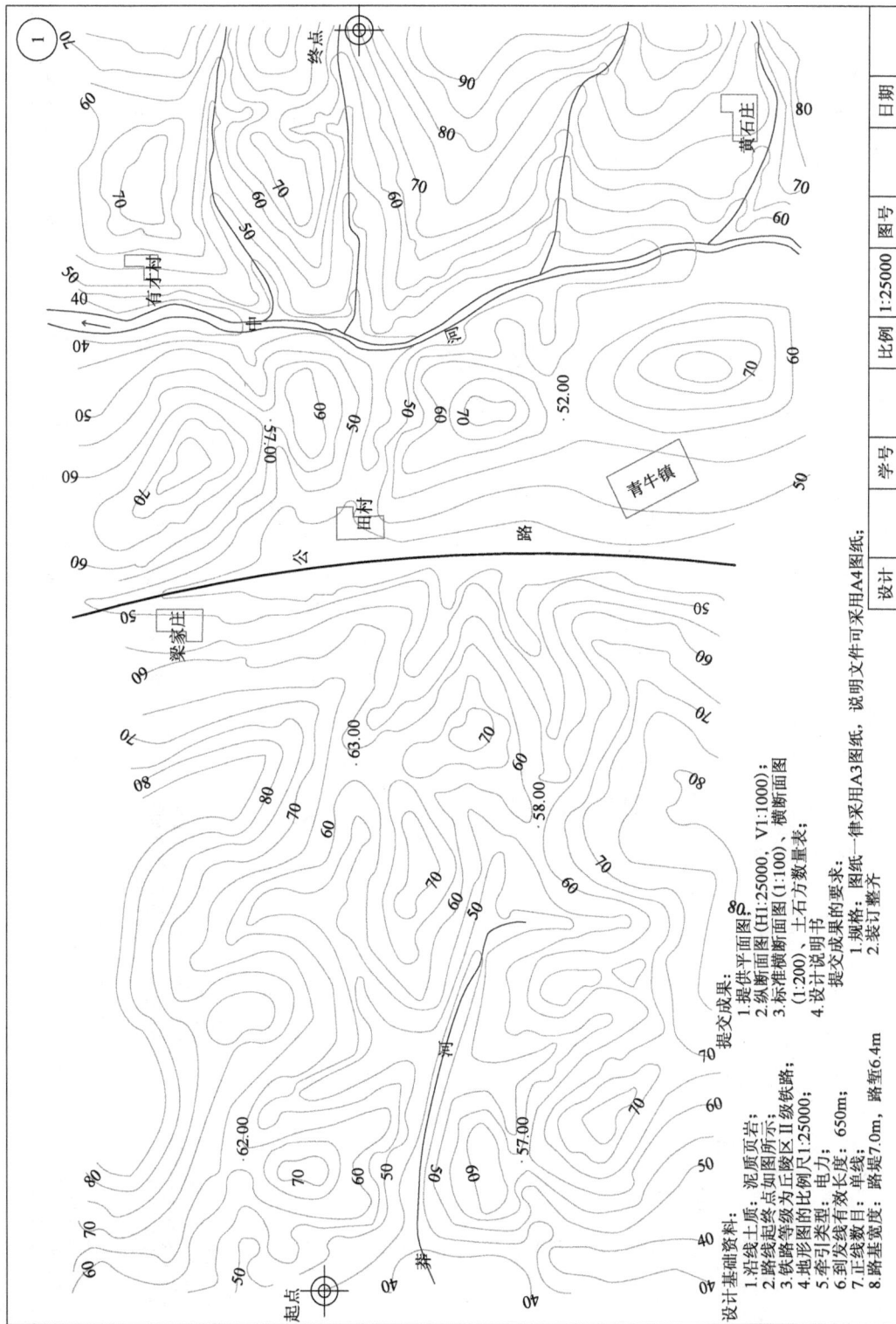

附图4 选线图——路线图1

设计基础资料：
1.沿线土质：泥质页岩；
2.路线起终点如图所示；
3.铁路等级为丘陵区Ⅱ级铁路；
4.地形图的比例尺1:25000；
5.牵引类型：电力；
6.到发线有效长度：650m；
7.正线数目：单线；
8.路基宽度：路堤7.0m，路堑6.4m

提交成果：
1.提供平面图；
2.纵断面图（H1:25000，V1:1000）；
3.标准横断面图（1:100），横断面图
（1:200），土石方数量表；
4.设计说明书

提交成果的要求：
1.规格：图纸一律采用A3图纸，说明文件可采用A4图纸；
2.装订整齐

	设计		学号		比例 1:25000		图号		日期

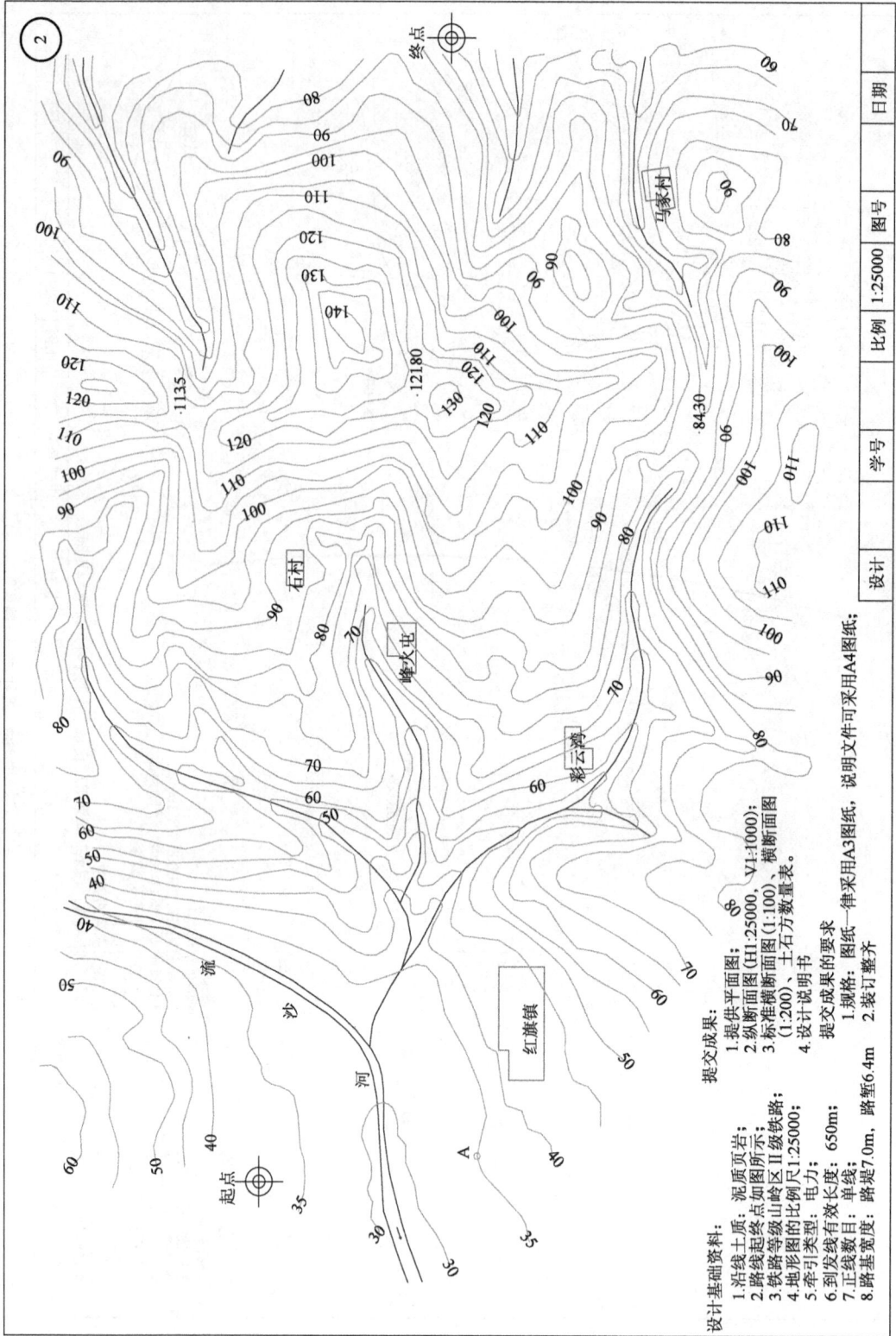

附图5　选线图——路线图2

设计基础资料：

1. 沿线土质：泥质页岩；
2. 路线起终点图如图所示；
3. 铁路等级：山岭区Ⅱ级铁路；
4. 地形图的比例尺1:25000；
5. 牵引类型：电力；
6. 到发线有效长度：650m；
7. 正线数目：单线；
8. 路基宽度：路肩7.0m，路堤6.4m

提交成果：

1. 提供平面图；
2. 纵断面图(H1:25000，V1:1000)；
3. 标准横断面图(1:100)、横断面图(1:200)、土石方数量表。
4. 设计说明书

提交成果的要求：

1. 规格：图纸一律采用A3图纸，说明文件可采用A4图纸；
2. 装订整齐

| 设计 | | 学号 | | 比例 | 1:25000 | 图号 | | 日期 | |

③

终点

50

菁云镇

50

底正

40

50

50

60

60

文兴村

40

70

70

三贝坪 58.00

80

70 60 70 60 50

50

70

70

60

70

50 60 50

60

50

元气湾

70

50 60

40

50

桃园村

60

80 70

刘家屯

80 70

80

60

70

70 60 80

80

60 80

起点

90

90

70

设计基础资料：
1.沿线土质：泥质页岩；
2.路线起终点如图所示；
3.铁路等级为丘陵区Ⅱ级铁路；
4.地形图的比例尺1:25000；
5.牵引类型：电力；
6.到发线有效长度：650m；
7.正线数目：单线；
8.路基宽度：路堤7.0m，路堑6.4m

提交成果：
1.提供平面图；
2.纵断面图（H1:25000，V1:1000）；
3.标准横断面图（1:100），横断面图（1:200）、土石方数量表；
4.设计说明书

提交成果的要求：
1.规格：图纸一律采用A3图纸，说明文件可采用A4图纸；
2.装订整齐

设计 | 选线图——路线图3 | | 学号 | 比例 1:25000 | 图号 | 日期

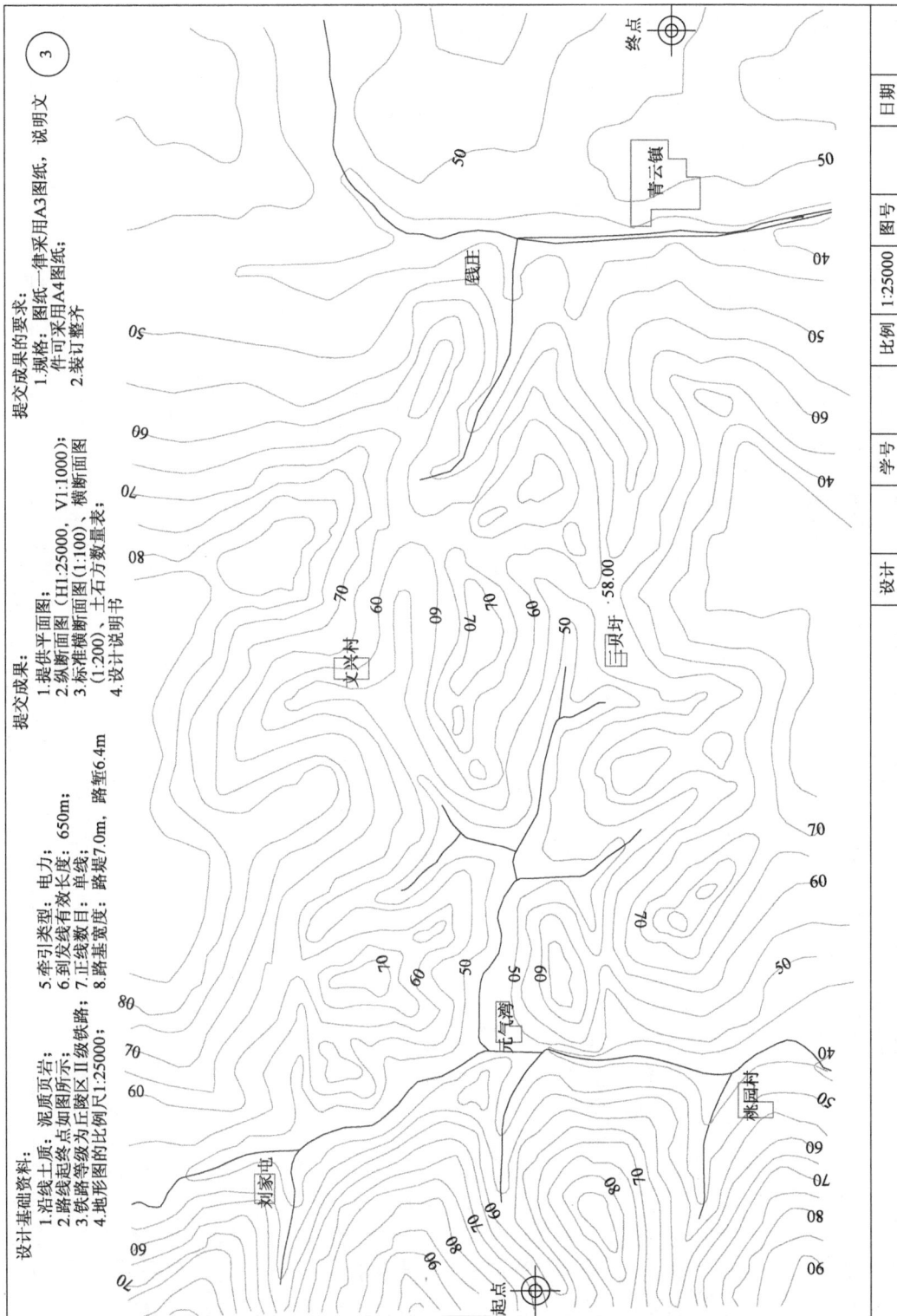

附图6 选线图——路线图3

303

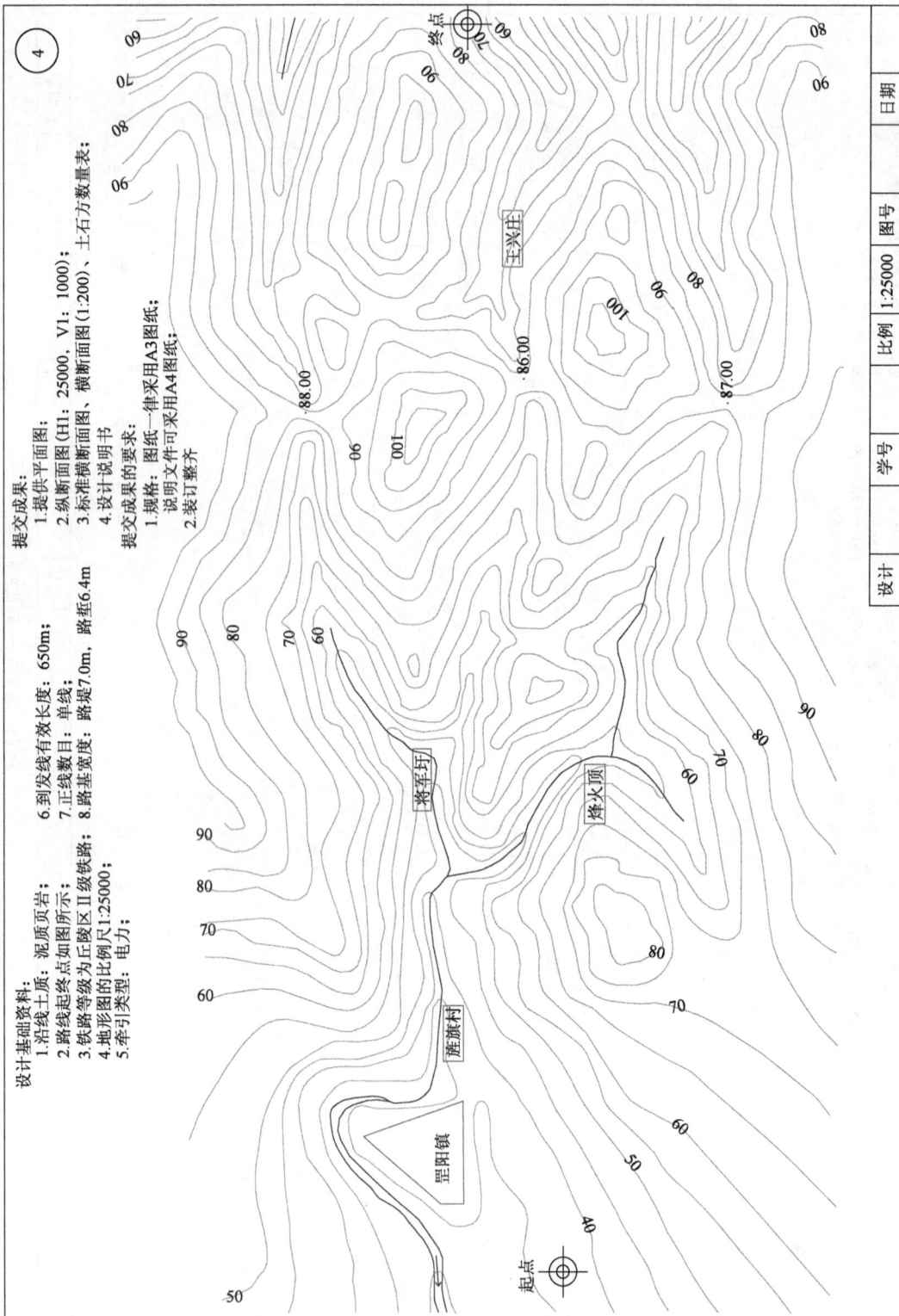

附图7 选线图——路线图4

设计基础资料：
1. 沿线土质：泥质页岩；
2. 路线起终点如图所示；
3. 铁路等级为丘陵区Ⅱ级铁路；
4. 地形图的比例尺1:25000；
5. 牵引类型：电力；

6. 到发线有效长度：650m；
7. 正线数目：单线；
8. 路基宽度：路堤7.0m，路堑6.4m

提交成果：
1. 提供平面图；
2. 纵断面图 (H1: 25000, V1: 1000)；
3. 标准横断面图、横断面图 (1:200)，土石方数量表；
4. 设计说明书

提交成果的要求：
1. 规格：图纸一律采用A3图纸，说明文件可采用A4图纸；
2. 装订整齐

比例 1:25000

参 考 文 献

[1] 练松良.轨道工程[M].北京:人民交通出版社,2009.

[2] 杨广庆.路基工程[M].北京:中国铁道出版社,2013.

[3] 韩峰.铁道线路工程概论[M].北京:中国铁道出版社,2010.

[4] 高亮.轨道工程[M].重庆:重庆大学出版社,2014.

[5] 叶霞飞,顾保南.轨道交通线路设计[M].上海:同济大学出版社,2010.

[6] 池淑兰.路基工程[M].北京:中国铁道出版社,2014.

[7] 王午生.铁道线路工程[M].上海:上海科学技术出版社,1999.

[8] 中华人民共和国行业标准.TB 10001—2005　铁路路基设计规范[S].北京:中国铁道出版社,2005.

[9] 中华人民共和国行业标准.TZ 211—2005　客运专线铁路轨道工程施工技术指南[S].北京:中国铁道出版社,2005.

[10] 中华人民共和国行业标准.TZ 216—2007　客运专线无砟轨道铁路施工技术指南[S].北京:中国铁道出版社,2007.

[11] 中华人民共和国行业标准.TB 10082—2005　铁路轨道设计规范[S].北京:中国铁道出版社,2005.

[12] 施红忠,王安升.秦岭特长隧道弹性整体道床施工技术[J].铁道建筑技术,2001(1):34-37.

[13] 雷晓燕.轨道力学与工程新方法[M].北京:中国铁道出版社,2002.

[14] 中华人民共和国行业标准.TB 10621—2016　高速铁路设计规范[S].北京:中国铁道出版社,2016.

[15] 何武华.无碴轨道技术[M].北京:中国铁道出版社,2005.

[16] 孔庆铃,刘启斌.铁路运输能力计算与加强[M].北京:中国铁道出版社,1999.

[17] 雷晓燕.轨道力学与工程新方法[M].北京:中国铁道出版社,2002.

[18] Zarembski A. M. Longitudinal Rail Forces:The effect of braking and acceleration[J]. Railway Track and Structure,1994(9).